État et jeux d'argent : les jeux sont-ils faits ?

Cet ouvrage est issu des actes du colloque qui s'est tenu les 23 et 24 mai 2013 à l'Université Montesquieu Bordeaux IV. Ce colloque a été réalisé avec le soutien de nombreux partenaires. Nous leur adressons nos plus vifs remerciements.

Sous le haut patronnage de :

Avec le soutien de nos partenaires :

Sous la direction de
Jean-Baptiste Vila

État et jeux d'argent : les jeux sont-ils faits ?

Organisé par le Centre d'études et de recherches
sur le droit administratif et la réforme de l'Etat (CERDARE)

L'Harmattan

Avec les contributions de

Jean-Philippe Dom	Jean-François Brisson
Sophie Massin	Olivier Chambord
Jean-Pierre Alezra	Aude Rouyère
Solène Ringler	Jean-Paul Markus
Sébastien Saunier	Alain Pariente
Laurence Calandri	Christophe Alonso
Laurent Givord	Frédéric Martinez
Christophe Blanchard Dignac	Isabelle Poirot Mazères
Jean-François Vilotte	Dominique Sistach

5-7, rue de l'Ecole-Polytechnique, 75005 Paris

http://www.harmattan.fr
diffusion.harmattan@wanadoo.fr
harmattan1@wanadoo.fr

ISBN : 978-2-343-03632-8
EAN : 9782343036328

Sommaire[1]

---

[1] Les intervenants au colloque figurent dans cet ouvrage en leur(s) qualité(s) respective(s) au moment où le colloque s'est tenu à l'Université de Bordeaux IV. Leur(s) fonction(s) professionnelle(s) ont depuis lors pu évoluer.

INTRODUCTION GENERALE A LA PRATIQUE DU DROIT PUBLIC DES JEUX D'ARGENT ET DE HASARD – *Amorce réflexive*

Jean-Baptiste VILA
Maître de conférences en Droit public,
Membre du Centre d'étude et de recherche sur le droit administratif et la réforme de l'Etat (CERDARE),
Université de Bordeaux.

Les 23 et 24 mai 2013 s'est tenu à l'Université Bordeaux IV Montesquieu un colloque sur la/ les relation(s) qu'entretient l'État, pris au sens de personne publique dans son ensemble, et les jeux d'argent et de hasard. Il portait pour titre : « Etat et jeux d'argent : les jeux sont-ils faits ? ».

De nombreux partenaires ont accepté de se joindre à cette opération scientifique. Sans eux, elle n'aurait pu voir le jour. Nous profitons de ces quelques lignes pour leur adresser nos plus vifs remerciements tant en leur qualité de partenaires institutionnels qui nous ont accordé leur haut patronage (Ministère des Sports, de la Jeunesse, de l'Education populaire et de la Vie associative ; Autorité de régulation des jeux en ligne) que ceux ayant collaboré par un soutien matériel (Ville de Bordeaux, région Aquitaine, barreau de Bordeaux), ou encore en leur qualité de professionnels soit des jeux d'argent et de hasard, soit du droit public des affaires (Cabinet DS Avocats, Cabinet AdDen, Cabinet AdDen Bordeaux, Groupe Partouche, la Française des Jeux) et du monde de l'édition juridique dont les éditions L'Harmattan. Au-delà de leur contribution respective, ce colloque n'aurait pu être organisé sans leur soutien intellectuel à la démarche qui a été inaugurée par le Centre de Recherches sur le Droit administratif et de la réforme de l'État (CERDARE) de l'Université Bordeaux IV pour étudier les étrangetés de cette relation publique / privé. Nous leur exprimons donc toute notre gratitude.

Les jeux constituent par excellence aujourd'hui, et depuis l'activité empirique de qualification réalisée sous l'égide du juge administratif, une activité d'intérêt général, recevant parfois le qualificatif de service public comme dans le cas des concessions de casinos.

Pourtant rien ne laissait présager une telle qualification. Tout du moins si l'on se réfère à ce qu'a pu considérer le doyen Maurice Hauriou dans sa célèbre note sous la jurisprudence *Astruc* de 1916 pour lequel les activités de théâtre ne relèvent pas de l'intérêt général. La comparaison est opportune puisqu'un casino n'est à ce jour un service public que s'il réunit trois activités dont les salles de spectacle (en sus des jeux et de l'hôtellerie/ restauration).

Aussi la question peut être posée de savoir comment nous en sommes arrivés à une telle consécration juridique (qui, notons-le, diffère selon le secteur d'activité de jeux) ? A n'en pas douter le juge administratif a eu un rôle fondamental dans cette opération. Même s'il a mis un temps certain pour valider le concept juridique de droit public pour les jeux, d'autant plus d'argent et de hasard (Ne récusait-il pas le qualificatif de service public aux casinos dans sa jurisprudence *Ville de Saint-Malo* en 1922[i] ?), il a fini par l'intégrer au sein de la chose publique et de sa sphère d'activité.

Mais c'est bien contre toute attente que les jeux d'argent et de hasard ont intégré le champ d'activité de la personne publique, plus précisément de l'État à l'origine, en 1966 (jurisprudence *Ville de Royan*[ii]). Le raisonnement qui a conduit à cette consécration, certes discutable à maints égards selon les opinions de chacun, résulte toutefois de l'idée selon laquelle les jeux pouvaient avoir la qualité d'une activité d'intérêt général, sous la responsabilité de la personne publique, disposant pour ce faire de prérogatives de puissance (critères de la jurisprudence de 1960 *Narcy*[iii] pour l'identification d'un service public) afin de laisser cette activité aux errances et aux externalités négatives induites par un marché où seuls les opérateurs privés auraient eu à réguler son fonctionnement.

Les jeux d'argent et de hasard sont donc entrés, presque discrètement, et demeurent aujourd'hui sous l'égide de la *res publica*. La référence à Rome s'impose bien entendu ici. Elle nous permet de comprendre qu'il ne pouvait en être autrement (les jeux dans la sphère publique) car depuis l'origine, depuis la nuit des temps nous serions tentés de dire, l'État et les jeux d'argent et de hasard ont entretenu une relation ambiguë.

Nous connaissons tous le principe général d'interdiction de pratiquer de tels jeux en France. L'ancien code pénal le prévoyait en son article 410 reprenant l'article 1er de la loi n°83-629 du 12 juillet 1983 (JO 13 juill.) qui trouvait son origine dans les lois du 21 mai 1836 et du 2 juin 1891 visant à sanctionner les paris sur les courses. Mais l'émergence d'un tel principe relève assurément du symbolique, non pas au sens d'emblème mais plutôt de représentation religieuse, un interdit moral dont la société, le groupe social tente de s'abjurer. Bertrand Mathieu, dans l'exposé d'une loi de 1924, le constatait d'ailleurs : « *La loterie est dangereuse comme faisant naître l'espoir d'un gain important qui n'a pas sa source dans le travail ; elle détourne de l'effort et engage à l'inaction.* »

Un simple symbole donc. En effet, l'histoire de la relation entre l'État et les jeux d'argent et de hasard ne se caractérise pas et ne s'est jamais caractérisée à travers l'histoire par une prestation interdiction du premier envers les seconds. Au contraire, souvenons-nous du célèbre adage « *Panem et circenses* », du pain et des jeux. Eh oui, la célèbre formule de Jules César prononcée en son temps montre bien que les jeux ont pu avoir à travers l'histoire et ont certainement encore aujourd'hui une utilité publique.

Certes il s'agit d'une utilité publique contestable puisqu'elle se résumait à acheter une paix sociale voire sociétale. Mais une utilité publique quand même et, qui plus est, qui a su perdurer dans le temps sans qu'il soit nécessaire de multiplier les exemples parfois d'actualité. La question essentielle est de se demander s'il aurait pu en être autrement. L'État, et plus largement la personne publique, pouvait-il, devait-il consacrer un principe général d'interdiction des jeux d'argent et de hasard et dans le même temps, de manière paradoxale, instituer, sous l'égide de la juridiction administrative, un droit aux jeux mais organisé à son seul profit ? Car ce monopole dont jouit la personne publique est effectivement avéré dans tous les secteurs de jeux d'argent et de hasard.

Les casinos font obligatoirement l'objet, aux termes du régime juridique qui leur est applicable, d'une délégation de service public entre un opérateur privé et une collectivité territoriale, contrat nécessitant l'aval du ministère de l'Intérieur (autorisation de jeux après avis de la Commission supérieure des jeux). Les jeux en ligne ont encore récemment connu des précisions suite à l'ouverture à la concurrence décidée en 2010 par le législateur et sont organisés grâce à une autorité administrative indépendante. Nous le comprenons, les jeux d'argent et de hasard sont, au-delà de l'aspect de police administrative pourtant chère aux étudiants de 2ème année en droit, une activité organisée par la personne publique et dont les prélèvements publics témoignent bien souvent du fait qu'elle est organisée au profit de la personne publique. Comment arriver à une conclusion différente quand le régime des prélèvements publics sur le produit brut des jeux des casinos augmente corrélativement avec l'importance du chiffre d'affaires pouvant arriver jusqu'au taux de 80% de prélèvement sur ce PBJ ?

Les exemples pourraient être multipliés mais ces derniers suffisent à démontrer que les jeux d'argent et de hasard sont parfois organisés par et pour l'État. Ce constat indiscutable est-il au cœur d'une relation État/ Jeux d'argent qui serait inéluctable ? La réponse ne peut être positive tant le raisonnement, s'il est vrai, n'en demeure pas moins réducteur. L'État a pu encadrer, assumer et organiser les jeux d'argent et hasard dans un autre objectif : celui d'éviter que cette activité, aux conséquences délicates sur un plan financier, technique et donc social, ne se situe en dehors de tout cadre, ou tout le moins d'un cadre juridique qui n'aurait pas empêché ce qu'il convient d'appeler les externalités négatives du marché. Dans ce contexte, il nous est donné de comprendre pourquoi les jeux d'argent et de hasard devaient se situer dans le champ de l'action publique et non en dehors. Il apparaît donc, au terme de cette relation qui s'est construite à travers l'histoire, que les jeux d'argent et de hasard constituent ce que Richard. A Musgrave appelait un « bien public ».

Partant, nous pouvons légitimement nous demander si toutes les externalités négatives induites par cette activité ont été ou non anticipées, encadrées et donc prévenues. Sur ce point, de nombreuses interrogations demeurent en suspens. Elles concernent quasiment toutes au premier chef le phénomène de jeu pathologique que Freud avait très bien résumé ainsi : « *Le contraire du jeu n'est pas le sérieux, mais la réalité. En dépit de tout investissement d'affect, le joueur distingue fort bien de la réalité le monde de ses jeux, il cherche volontiers un point d'appui aux objets et aux situations qu'il imagine dans les choses palpables et visibles du monde réel.* »

Sur cette question, force est de constater que tout n'a pas encore été fait. Les données disponibles sont encore limitatives, comme le démontre la première étude réalisée sous l'égide de l'INSERM qui conduirait à considérer que la population française serait la moins addictive dans le monde, à tout le moins dans les pays où les activités de jeux d'argent et de hasard existent. Les impacts sociaux et sociétaux sont encore assurément mal appréciés. Son classement juridique sur le fondement des données médicales internationales est encore erratique.

Mais il existe d'autres enjeux dans la relation entre la personne publique et les jeux. Ces dernières années est apparu un besoin, celui de la régulation étatique des jeux d'argent et de hasard. Celle-ci constitue la posture moderne de l'État à l'égard des jeux. Elle est en grande partie due à l'influence pour ne pas dire plus de l'Union européenne et de sa Commission. La régulation est-elle conforme à ce qu'attendent les instances européennes dans la lignée de la jurisprudence classique de la Cour de justice ? La réponse n'est pas évidente. De nombreux aspects tendent à démontrer que des réformes sont à venir en la matière. Au premier chef la définition qu'il conviendrait de donner en France à la notion de régulation, qui se caractérise aujourd'hui par une absence d'unité évidente en fonction du prisme scientifique qui l'étudie.

C'est d'ailleurs pour cette raison que le principe d'interdiction initiale demeure encore aujourd'hui, sous l'égide des services de police spécialisés dans les jeux et les courses, comme s'il était à lui significatif de l'idée de régulation des jeux d'argent et hasard. Les deux séries de tolérances en attestent. D'abord celle issue du droit civil autorisant l'organisation de loteries diverses et variées. Ensuite celle, nous serions tentés de dire presque plus importante puisqu'elle est un principe et non pas une exception, consacrée dans le droit public.

L'enjeu est donc aujourd'hui pour l'Etat de définir et d'assurer son rôle postmoderne à l'égard des jeux d'argent et de hasard. Le cas des jeux en ligne est particulièrement manifeste à ce sujet. S'il témoigne d'avancées sur un plan juridique, économique, pénal et finalement social grâce à la réforme introduite par la loi de 2010, il est parfois mis en œuvre de manière erratique. L'absence de mise en œuvre au cours de l'année 2011 de la clause de revoyure prévue dans ce régime juridique le montre.

Mais, plus largement, le point d'achoppement de la relation entre la personne publique, l'État ou les collectivités territoriales, et les jeux d'argent et de hasard ne serait-il pas les difficultés qui résultent de l'adoption et de la mise en œuvre de régimes juridiques adoptés sans peut-être en mesurer les effets au moyen d'analyses prospectives et prévisionnelles ? D'un certain côté il est possible de le penser et de l'autre difficile de l'affirmer. L'absence de remise en cause de la place du droit administratif semble le confirmer. La relation entre l'acte administratif unilatéral et le contrat en atteste. L'absence de subsidiarité du droit administratif le confirme, alors qu'il est possible de penser le contraire a priori vu la concurrence des autres branches juridiques en la matière (droit constitutionnel, droit civil, droit pénal). Mais des manifestations plus concrètes vont aussi dans ce sens.

Il en est par exemple ainsi des prélèvements publics sur les produits des jeux qui sont réalisés par l'État et les collectivités territoriales. Derrière une complexité particulièrement peu évidente à appréhender pour le néophyte se dissimulent des opérations financières, des contrôles et un régime de responsabilité très étoffé.

Il en est aussi d'un cas plus polémique aujourd'hui au niveau sociétal : le phénomène d'addiction aux jeux. La confrontation des analyses relatives à la psychologie sociale et à la prise en compte juridique de cette question montre encore toutes les disparités qui peuvent exister dans les divers champs de recherche sur ce sujet et sur la véritable place à lui accorder, et ce malgré une analyse comparatiste qui démontre sa prise en compte chez nos voisins européens ou outre-Atlantique grâce à ce qui est appelé des « Gambling act ».

Il apparaît donc au final que cette relation entre l'État et les jeux d'argent et de hasard est aujourd'hui à la recherche de son modèle puisque ses contours ne sont pas encore tout tracés. Ils sont pourtant indispensables, à première vue et à ce jour, pour que les paradoxes qui lui sont immanents au pire s'estompent, au mieux disparaissent.

Un autre secteur d'activité des jeux d'argent et de hasard concourt à asseoir cette idée : les paris sportifs en ligne. Les perspectives d'une convention du Conseil de l'Europe sur fond d'éthique dans le sport montrent très bien que les jeux d'argent et de hasard ne sont pas quelque chose de normal, d'anodin. Ils exigent une régulation efficiente afin que la confrontation entre la norme juridique et la norme sociale ne soit précisément plus une confrontation, sinon une ambivalence et un complément. De ce point de vue, des perspectives d'évolution par la prise en compte de cette activité économique par le droit de l'Union européenne est à craindre (ou à espérer selon les points de vue) si l'État n'opère pas un replacement de son positionnement à l'égard du destin et de ses conséquences.

Les enjeux sont posés. Gageons qu'il y soit apporté une solution dans les meilleurs délais. Peut-être et même certainement durant la prochaine décennie. Sait-on jamais, faites vos jeux !

Introduction

Aux origines de la relation Etat et jeux d'argent et de hasard

L'ETAT, LE DROIT ET LES JEUX D'ARGENT ET DE HASARD : AUX ORIGINES DE LA RELATION

Jean-Philippe DOM
Professeur de droit privé,
Membre du Centre universitaire rouennais d'études juridiques (CUREJ),
Université de Rouen

1. Droit privé – Droit public. – Dans les rapports qu'entretiennent l'Etat et les jeux d'argent, comment exprimer un point de vue du droit privé sur un sujet et des thèmes dont le droit public, à voir les principaux points qui vont être abordés pendant ces deux journées, paraît s'être amplement saisi ? C'est en effet face au hasard que le droit privé a été le plus réservé. Pour la doctrine privatiste, dans la mesure où l'évènement fortuit n'est pas lié à une cause, il ne peut être rattaché à un évènement antérieur(2). Le jeu serait-il donc un contrat sans cause ? La *causa jocandi* n'existerait-elle pas ? On serait, de prime abord, tenté de le penser. Le principe concernant l'organisation des jeux d'argent est celui de l'interdiction légale. Mais cette interdiction ne cache-t-elle pas une mainmise de l'Etat sur un secteur d'activité ludique et lucratif ?

Dès lors, se demander si la cause des jeux d'argent existe revient à la question de savoir comment l'Etat définit ses propres rapports avec ces mêmes jeux d'argent.

Répondre à cette interrogation sans empiéter sur les thèmes qui seront abordés tout au long de ce colloque suppose que l'on mette en balance les éléments de réponse technique qu'a pu proposer la doctrine au fil des temps (I) et les éléments de justification que propose l'encadrement légal des jeux (II).

---

2 A. Bénabent, *La chance et le droit*, Bib. Dr. Privé, t. 128, préf. J. Carbonnier, LGDJ 1973, spéc. p. 15.

I. La cause des jeux d'argent : des réponses doctrinales diffuses

2. L'aléa, fondement objectif du jeu. – Le jeu est certes un contrat aléatoire, un contrat qui dépend du hasard ([3]). Néanmoins, s'il est présent dans le Code civil, c'est essentiellement pour en délimiter le domaine et anéantir la dette de jeu ou celle résultant du pari (C. civ., art. 1965 et s.). Il est vrai que l'idée de laisser le montant d'une dette dépendre du sort peut déjà paraître saugrenue. Pourtant elle s'est répandue de façon surprenante. Accepter des règles du jeu économique et payer ses dettes *in fine* en fonction d'une valeur définie par l'offre, la demande et le cours de l'argent, n'est-ce pas le principe même du marché ? La théorie des jeux, sur laquelle s'appuient la plupart des axiomes de l'économie contemporaine, est d'ailleurs elle-même issue d'un ouvrage d'Emile Borel, publié en 1938, intitulée « Applications de la théorie des probabilités aux jeux de hasard » ([4]). Avec les jeux d'argent, ce n'est plus seulement le montant dû qui varie en fonction d'un aléa, c'est l'existence même de la dette de jeu ou de son pendant heureux, le gain, qui sont en question.

3. Le plaisir, motivation subjective du joueur. – Quelle peut bien être la contrepartie d'un tel aléa qui nie la logique même de l'argent et du crédit, ces conventions sur la monnaie et la valeur du transfert de richesses qu'elles représentent ([5]) ? Il faut accepter l'évidence. La cause du jeu existe au-delà de la simple prise en compte de l'aléa. Mais elle est subjective et difficilement avouable... Elle correspond tout simplement au plaisir. Le plaisir de contredire le destin, car le jeu est un antidestin. Sous l'Ancien Régime, la Noblesse l'avait fort bien

---

3 « Aléa » et « hasard » ont une étymologie respective qui ramène au même objet : le « dé », en latin et en arabe. Aussi le Vocabulaire juridique ss. la dir. de G. Cornu, Puf 2ème éd. 1990, pour V° Aléatoire, précise « qui dépend d'un événement dont la survenance ou les résultats sont incertains ». Le contrat aléatoire est celui « dont l'objet est de faire dépendre les prestations des parties d'un événement incertain dont la survenance ou les résultats feront que l'un réalisera un gain, l'autre subira une perte, que la convention ait pour fin première la poursuite d'une chance de gain ou la recherche d'une garantie contre un risque de perte ».

4 E. Borel, *Applications de la théorie des probabilités aux jeux de hasard*, Paris, Gauthier-Villars 1938. – Auparavant, « La Théorie du Jeu et les Équations Intégrales à Noyau Symétrique », *CRAS*, n° 173, 1921.

5 V. *L'Argent et le droit*, Arch. Phil. Dr. T. 42, Ed. Sirey 1998 et plus spéc. E. Perrot, « L'Argent sous les feux de la religion », spéc. p. 65 ; ainsi quc D. Tcrré, « Les Vertus de l'argent ou la quête du spirituel », spéc. p. 75.

compris lorsqu'elle voyait dans le jeu le moyen de tutoyer le hasard et mettait tout en œuvre pour honorer les dettes qui en résultaient ([6]). Or, le plaisir n'est pas connu du droit ([7]). S'agissant du jeu d'argent, la raison est d'ordre religieux ([8]). Le plaisir obtenu aux jeux d'argent et de hasard traduirait la satisfaction de l'esprit de lucre et induirait l'âme en tentation d'envie et de haine. A l'occasion des débats ayant présidé à l'insertion des articles 1965 et suivants du Code civil, les intervenants à l'Assemblée avaient d'ailleurs traduit le propos religieux en termes laïcs ([9]). En outre, Portalis l'avait clairement annoncé dans son discours préliminaire : « la loi n'écarte (de ses effets) que les jeux dont le hasard est l'unique élément » ([10]).

4. La *ratio legis* de l'article 1965 du code civil. – Au final ce rejet de toute cause liée à l'évènement fortuit explique la lettre de l'article 1965 du Code civil : « La loi n'accorde aucune action pour une dette du jeu ou pour le paiement d'un pari. » Pas de contrepartie, pas de cause, pas d'intérêt à agir ! Pour cette raison, en 1804, en matière de jeux, dans le code civil, on ne consacre plus la nullité des dettes de jeu avec répétition, telle qu'elle existait en droit romain ([11]) ou dans l'ancien

---

6 V. O. Grussi, *La Vie quotidienne des joueurs sous l'Ancien Régime à Paris et à la cour*, Hachette 1985. – Saint-Simon, *Mémoires* (1702-1708), Gallimard, coll. Bibliothèque de la Pléiade, 1983, t. I, p. 704 ; t. II, p. 480 et pp. 500-501 ; t. III, p. 985-986. – F. Freundlich, *Le Monde du jeu à Paris, 1715-1800*, Albin Michel, 1995.
7 En dehors des médailles dites « pièces de plaisir » dans le code général des impôts (par ex. CGI, annexe 1, art. 220) et des musées dédiés au plaisir du public dans le code du patrimoine (C. patrim., art. L.410-1).
8 Timothée 6:10 dit, "Car l'amour de l'argent est une racine de tous les maux; et quelques-uns, en étant possédés, se sont égarés loin de la foi, et se sont jetés eux-mêmes dans bien des tourments." Hébreux 13:5 déclarent, "Ne vous livrez pas à l'amour de l'argent; contentez-vous de ce que vous avez; car Dieu lui-même a dit: Je ne te délaisserai point, et je ne t'abandonnerai point." Matthieu 6:24 proclame, "Nul ne peut servir deux maîtres. Car, ou il haïra l'un, et aimera l'autre; ou il s'attachera à l'un, et méprisera l'autre. Vous ne pouvez servir Dieu et Mamon."
9 « Qui ignore combien souvent notre personne est avilie par le jeu ? A combien d'humiliations et de bassesses il entraîne ses malheureuses victimes » : Siméon, *Recueil complet des travaux préparatoires du Code civil*, P.A. Fenêt, t. XIV, p. 548. - « Ministre aveugle et forcené du hasard… Monstre antisocial » Siméon, op. cit., Fenêt XIV, 566 et s.
10 Portalis, Exposé des motifs du titre XII, Siméon, op. cit., Fenêt, t. XIV, p. 535 et s.
11 Paul, D. XI, 5, de aleatoribus, 4. - Justinien accorda même la répétition au fisc lorsque le perdant ne la demandait pas.

droit ([12]). L'article 1965 du Code civil exclut toute action en justice. Pour expliquer cette solution, le jeu a été considéré par certains comme un acte entaché d'une cause immorale ([13]) justifiant l'application du principe suivant lequel nul ne peut invoquer sa propre turpitude ([14]). Pour d'autres, il aurait fallu voir dans les effets que l'on attache au jeu, ceux de l'obligation naturelle, une obligation dont l'irrespect n'est pas sanctionné ([15]) mais que l'exécution spontanée rend contraignante.

5. Le péché du jeu ou la faute du joueur. – Pour d'autres enfin, aucun acte ne pouvant être constaté, la dette de jeu serait un simple fait juridique, fautif de la part de l'ensemble des joueurs qui y participent ([16]). Cette dernière qualification, proposée sous l'angle du délit d'un point de vue civil est soutenue depuis 1810 par un dispositif répressif fameux qui a récemment glissé du droit pénal (c. pén. ancien, article 410, 475 et 477) dans le champ des dispositions de police administrative (c. séc. intér., art. L. 324-1). Le rapport qu'entretient notre société avec les jeux d'argent et leur organisation est donc fondé sur la défiance. En atteste encore la loi n° 2010-476 du 12 mai 2010 relative à l'ouverture à la concurrence et à la régulation du secteur des jeux d'argent et de hasard en ligne. Son article 1er dispose de façon générale, avant toute définition, que « les jeux d'argent et de hasard ne sont ni un commerce ordinaire, ni un service ordinaire ; dans le respect du principe de subsidiarité, ils font l'objet d'un encadrement strict au regard des enjeux d'ordre public, de sécurité publique et de protection de la santé et des mineurs. » Son article 2 poursuit par la définition suivante : « Est un jeu de hasard un jeu payant où le hasard prédomine sur l'habileté et les combinaisons de l'intelligence pour l'obtention du gain. » Enfin l'article 3 donne le ressort entre l'avertissement de l'article 1er et la définition donnée par l'article 3 : « Compte tenu des risques d'atteinte à l'ordre public et à l'ordre social, l'exploitation des jeux d'argent et de hasard est placée sous un régime de droits exclusifs délivrés par l'Etat. » Voilà qui

---

12 Capitulaire de Charlemagne en 813, puis ordonnance de saint Louis (1254), Charles IV (1319), Charles V (1369), Charles IX, (1560), Louis XIII (1611 et 1629).

13 R. Dorat des Monts, *La Cause immorale*, préf. H. Mazaud, Paris, Librairie Rousseau, 1956. - V. également en ce sens les propos des codificateurs de 1804, in A. Bénabent, *op. cit.*, spéc. p. 53, note 54 et les réf. cit.

14 Planiol et Ripert, *Droit civil*, t. XI, par Besson, n° 1205.

15 Aubry et Rau, *Droit civil*, 6ème éd., t. VI, § 386, note 2.

16 Duveyrier, Discours devant le corps législatif, Siméon, op. cit., Fenêt, XIV, p. 566 et s.

vient étayer le principe général suivant lequel « on ne peut faire de son argent tous les usages que l'on veut, car la loi en prohibe certains » ([17]). Avec les jeux d'argent, l'Etat s'est ainsi saisi d'un commerce très spécifique.

6. On ne spécule pas sur l'aléa. - Au XIXe, sur des bases qui ont peu évolué, le hasard était exclu du commerce juridique. Ce principe était d'application généralisée. Par exemple, à l'époque, l'assurance permettait d'indemniser le *damnum emergens* et non le *lucrum cessans*. Le XXème siècle mit un terme à ce rejet, car il connut et organisa une poussée des mœurs vers les jeux de hasard et d'argent ([18]), l'Etat en conservant la maîtrise pour protéger les masses laborieuses. De nos jours, la profusion des jeux de hasard est telle, en termes de créativité, qu'il faut renoncer à en poursuivre une présentation historique. Le jeu s'est dématérialisé et internationalisé. Les jeux et les joueurs se sont multipliés, notamment derrière leur écran d'ordinateur. Pourtant, le principe reste, en France, celui de la prohibition, sauf dérogation ([19]).

---

17 V. D. Truchet, L'Argent et la liberté, in *L'Argent et le droit*, Arch. Phil. Dr. T. 42, Ed° Sirey 1998, spéc. p. 57.

18 Par exemple, dès la fin du XIXème, pour encourager l'amélioration de la race chevaline, on autorisa et organisa les courses de chevaux (loi du 2 juin 1891). Pour suivre le modèle économique qui fit à la Belle Epoque la fortune de Monte-Carlo et de son casino, l'Etat français décida, avec la loi 15 juin 1907, de permettre, sous réserve d'une autorisation administrative, les jeux dans les casinos des stations thermales et balnéaires. Une loi de finances du 30 juin 1923 étendit ce régime aux cercles privés constitués en associations. Avant, une loi de 1919 avait interdit les jeux de hasard dans un rayon de 100 km autour de Paris. La loi du 31 mars 1931 autorisa les stations thermales situées à moins de 100 km de Paris à détenir un casino (le jeu de la boule restant interdit). En 1930, l'article 6 de la loi de finances du 16 avril répandit le pari aux courses dans toutes les villes de France par l'institution du Pari Mutuel Urbain, le P.M.U. La crise financière sévissant, la loi de finances du 31 mai 1933 créa avec son article 136, la Loterie nationale. Le tiercé fut institué en 1954. Une loi du 5 mai 1987 autorisa les machines à sous dans certains établissements. Prise à l'initiative d'un amendement porté par Jacques Chaban-Delmas, la loi du 5 janvier 1988 permit aux « villes ou stations classées touristiques constituant la ville principale d'une agglomération de plus de 500 000 habitants et participant pour plus de 40 %, le cas échéant avec d'autres collectivités territoriales, au fonctionnement d'un centre dramatique national, d'un orchestre national et d'un théâtre d'opéra présentant en saison une activité régulière d'au moins vingt représentations lyriques » de détenir un établissement de jeux.

19 C. séc. intérieure, art. L324-1 et L.324-2 pour les maisons de jeux ; art. L. 322-1 et L324-6 concernant les loteries.

7. L'ordre public comme support de la politique fiscale. – Pour une éminente doctrine, dès les années 1970, un constat s'impose : le maintien de l'interdiction prolonge « l'ancienne réprobation morale et ne sert plus que de motif à l'Etat pour taxer sévèrement les jeux, à son plus grand profit » ([20]). Dans son rapport d'information de l'année 2011, le sénateur Trucy ne constate pas autre chose. Selon lui, si, en matière de jeux, l'Etat n'a pas la même posture en fonction des activités (FDJ, casinos, PMU), « il n'y a que deux constantes communes aux trois régimes : l'Etat prélève pour lui directement ou indirectement un maximum sur le produit des jeux, et il pèse de tout son poids sur les structures, les entreprises et les acteurs » ([21]). On ne peut se satisfaire d'un tel constat pour comprendre les rapports qu'entretiennent l'Etat et les jeux. En ce sens, à propos de la police des jeux, le droit de l'Union européenne a d'ailleurs caractérisé l'incohérence des États qui invoquent l'ordre public pour réglementer l'accès à une activité pour des motifs financiers ([22]). Les jeux de hasard et d'argent, quels qu'ils soient, sont le point de rencontre de différentes problématiques juridiques ([23]) qui paraissent infléchir des principes du droit français.

8. Les jeux d'argent investis par l'Etat et le droit public. – La première problématique réside dans les curieux rapports qu'entretiennent droit public et droit privé en la matière. Le droit privé a délaissé le jeu d'argent, en rejetant sa pratique vers la prohibition pénale et la répression. Force est de constater qu'en dépit de la persistance de zones de non-droit, l'ordre juridique est comme la nature, il a horreur du vide. Le droit public et l'Etat, se sont saisis des jeux de hasard et d'argent, directement, en reprenant ce même principe de prohibition, et indirectement, en contrôlant les dérogations, en délivrant des droits exclusifs et en appréhendant une grande partie des mises des joueurs, pour également participer à l'organisation des jeux d'argent public, avec la Loterie nationale devenue aujourd'hui la Française des Jeux, société d'économie mixte.

---

20 A. Bénabent, op. cit., spéc. p. 84, n° 111.

21 F. Trucy, *Les jeux de hasard et d'argent en France*, rapport d'information 223 (2001-2002) – Commission des finances, spéc. p. 13.

22 CJCE, 6 mars 2007, *aff. C-338/04*, *C-359/04* et *C-360/04*, Placanica, Palazzese et Sorricchio. – V. aussi CJCE, 6 nov. 2003, *aff. C-243/01*, Gambelli et a.

23 V., sur ce point M. Escande, *Droit des jeux d'argent et de hasard*, préf. C. Castets-Renard, L'Harmattan 2013.

9. Les jeux d'argent, une activité réglementée. – L'activité des jeux d'argent est réglementée au même titre que le sont l'activité bancaire, l'activité assurantielle ou l'entreprise d'investissement. Trois activités pour lesquelles la réglementation nationale est récente, comparée à celle qui existe en matière de jeux. Il a fallu attendre la Seconde Guerre mondiale et la nécessité de protéger la monnaie française sous l'occupation allemande pour que la réglementation bancaire et le principe du monopole des établissements de crédit soient créés. Quant au droit des entreprises d'assurance et à celui des entreprises d'investissements, bien que parachevés sous l'impulsion du droit de l'Union européenne, ils sont encore en germe. Comment considérer que le consommateur de produits financiers ou celui de produits d'épargne ou le titulaire de comptes bancaires ou encore l'assuré sont moins dignes de protection que le joueur ? Contrairement au jeu, l'assurance, comme le compte bancaire sont parfois obligatoires. L'assurance-vie, jeu de l'ultime, connaît même encore certaines conditions juridiques et fiscales avantageuses. Pourquoi de telles disparités de conception et d'appréhension des activités réglementées ?

Pour envisager la réponse à cette question, il faut alors projeter non plus des éléments de technique juridique, mais les justifications légales qui en constituent l'environnement immédiat.

II. – Des justifications légales confuses

10. Les jeux d'argent, une activité présumée immorale ? – La première raison qui permet d'expliciter la différence entre l'activité réglementée des jeux d'argent et les autres activités réglementées tient, à l'évidence, dans une conception moralisatrice du jeu d'argent. L'omniprésence de la morale dans l'acceptation sociale du jeu d'argent est permanente. Elle réalise la troisième problématique venant nourrir les débats. Pour les autres activités réglementées, la banque, l'assurance, l'investissement, il est question de maintenir, de faire fructifier ou de transmettre un patrimoine ou ses éléments au sein de la famille. Avec les jeux d'argent, il n'en est rien. Le joueur confie un patrimoine ou ses éléments au hasard, l'Etat s'avérant, par les prélèvements réalisés, le grand vainqueur des statistiques.

11. Les jeux d'argent, des risques d'addiction. – La morale est également présente en ce que la pratique des jeux peut entrainer des addictions. Les drogues, l'alcool, le tabac, la sexualité et la consommation sont ou peuvent être addictifs. Il est question de santé et de droit privé pour les quatre premières, d'économie pour la dernière. Les dangers sont connus, il n'est pas question de les nier. Pour autant, faut-il systématiquement des mesures de police administrative pour lutter contre toute forme d'addiction ? Raisonnons par l'absurde : que dire des personnes qui dépensent leur fortune en voyageant autour du monde ? Elles aiment les voyages, certaines sont en état d'addiction, car préférer sans cesse le voyage à la destination, n'est-ce pas occulter l'inéluctable repos éternel ? Le vice possède une vertu : l'oubli. Ces personnes vont parfois consommer leur entier patrimoine, sans s'organiser, sans transmettre, juste pour en profiter, égoïstement. Faut-il pour autant interdire les voyages et les festivités ? L'absurde rencontre ses limites mais impose un constat : le rapport du droit aux jeux d'argent baigne dans des présupposés moraux. Comme l'a écrit le doyen Carbonnier – « Il y a dans ces pseudo-contrats une immoralité de nature, contre laquelle la société a le devoir de s'ériger en justicière. Mais que peut-elle bien reprocher d'immoral à la chance ? – poursuit-il – Sans doute, de faire au travail et à l'épargne une concurrence déloyale. L'accusation est aussi vieille que le jeu de dés. Il est probable, toutefois qu'elle a acquis dans les temps modernes une âpreté particulière, avec l'essor de l'industrialisme, la montée de la bourgeoisie et des vertus bourgeoises » ([24]).

12. Les jeux d'argent soumis à la théorie des climats. – Il y a donc dans les jeux d'argent, une cristallisation des valeurs morales et économiques de la société. Or, quatrième problématique propre au jeu, de façon internationale – car la production et la mise à disposition des jeux et la place des joueurs s'internationalisent grâce notamment au réseau numérique –, la résolution d'un conflit de lois passe avant tout par celle d'un conflit de valeurs ([25]). Et, du point de vue des valeurs et donc du droit, certaines législations sont plus favorables que d'autres à l'épanouissement des entreprises de jeux. Par exemple, à Las Vegas, le joueur fume dans les casinos. A Macao, les contrôles d'identité

---

24 J. Carbonnier, Préf. à « La chance et le droit », op. cit., spéc. p. XIII et XIV.

25 S. Vrellis, Conflit ou coordination de valeurs en droit international privé, *Académie de droit international, recueil des cours*, T. 328, 2007, p. 175 et s.

n'existent pas à leur entrée. Il ne faut voir là aucune critique du système français, juste le constat de la persistance de disparités concernant les valeurs sociales. Les joueurs sont une masse volatile. Ils vont là où il fait bon jouer. Quant à la localisation internationale des entreprises organisant des jeux en ligne, le débat est tranché de façon mercantile, en termes de compétitivité économique, juridique et fiscale.

13. L'ambivalence de l'Etat face aux jeux d'argent. – Alors, puisqu'il est question d'évoquer les origines de la relation, comme si ce colloque pouvait marquer un nouveau point de départ – souhaitons qu'il s'agira de celui d'un réalisme pragmatique de la part de l'Etat – prolongeons brièvement les racines des origines dans les branchages feuillus du présent en insistant sur deux points que droit public et droit privé se partagent et qui fédèrent l'ensemble des quatre problématiques précédemment évoquées. L'Etat et les collectivités publiques peuvent-ils être les principaux gagnants d'une activité commerciale réglementée sans encourir aucune critique sur le terrain du conflit d'intérêts ? Répondre à cette question suppose que l'on envisage la position quelque peu contradictoire de l'Etat, peu à peu devenu, sur fond d'une législation édictée contre le vice, acteur, juge et partie. Inévitablement, parce que les opérateurs internationaux en matière de jeux sont d'un poids sans commune mesure par rapport aux opérateurs nationaux, la réponse à cette question devrait emporter une réflexion de fond concernant la ligne qu'il conviendrait de tenir entre la surréglementation, la libéralisation et l'harmonisation de la pratique des jeux d'argent en France et en Europe.

14. Les jeux d'argent, une activité commerciale. – L'activité d'organisation de jeux semble, aux termes de la loi, être une activité commerciale. Celle-ci n'est pas un « commerce ordinaire » (L. 12 mai 2010, art. 1er), mais s'apparente à une entreprise qui, en droit privé, rappelle le contrat de commission (c. com., art. L132-1 et s.). L'entreprise de jeux propose ses services en son nom, pour le compte de l'Etat. Concession, corrigeront les publicistes, et non pas commission. Certes, par exemple, pour les casinos, l'article L. 321-2 du code de la sécurité intérieure en atteste : il s'agit, littéralement, d'une concession.

15. Les jeux d'argent, une activité prohibée sauf dérogation, mais pourquoi ?. – Mais si l'on fait prévaloir l'esprit sur la lettre (C. civ., art. 1156) de cette organisation contractuelle, que voilà une concession particulière. Où réside l'intérêt du public ? Jouer ? Cela n'est pas moral, puisque cela est interdit. Jouer en sécurité pour soi-même et pour les autres ? Cela revient à jouer en limitant l'offre et la consommation des jeux et en respectant les préceptes de l'article 3, I de la loi n° 2010-476 du 12 mai 2010.

Quels sont ces préceptes ? Suivant le 1°, il s'agit de « prévenir le jeu excessif ou pathologique et protéger les mineurs »... Voilà qui paraît redondant avec les mesures du code civil protégeant les mineurs et celles relatives à la protection des majeurs en situation de difficulté ou d'incapacité. Fallait-il graver dans le marbre un principe élémentaire de l'éducation ? Les enfants ne jouent pas avec l'argent (L. n° 2010-476 du 12 mai 2010, art. 5). Le mineur ne peut jouer d'argent. Il ne s'agit ni d'un acte de gestion courante ni d'un acte de conservation.

D'après le 2°, il serait question d' « assurer l'intégrité, la fiabilité et la transparence des opérations de jeu »... Cette fois, n'est-ce pas le droit de la consommation qui paraît sollicité ? Le joueur n'est-il pas un consommateur de services de jeux ? Son droit à l'information peut être renforcé et comme tout commerce, le jeu s'organise de bonne foi.

Pour le 3° l'encadrement légal des jeux d'argent permet de « prévenir les activités frauduleuses ou criminelles ainsi que le blanchiment de capitaux et le financement du terrorisme »... Ne faut-il pas se retourner vers le Code pénal et le Code monétaire et financier pour trouver les dispositions d'application relatives à une pétition de principes déjà connus et à un arsenal de mesures des plus conséquentes.

La *ratio legis* transparait enfin au 4° de ce même article. Suivant celui-ci la politique de l'Etat tend à « veiller au développement équilibré et équitable des différents types de jeu afin d'éviter toute déstabilisation économique des filières concernées. » Dans ce fatras textuel qui tient plus de la justification que du droit, une vérité triviale saute ainsi aux yeux : surtout ne pas tuer la poule aux œufs d'or ! A l'Etat de segmenter et de protéger des secteurs de marchés rentables que lui-même occupe, directement ([26]) ou indirectement ([27]).

16. Une politique juridique incohérente. - Se présentant comme le preux défenseur de la vertu, l'Etat ne pourrait-il donc contenir les vices du joueur autrement qu'avec des principes d'interdiction, des dérogations et des effets d'annonces concernant des droits existants, autonomes et déjà applicables à la défense de l'ordre public ? Cette interrogation prend tout son sel lorsque l'on constate que, dans le même temps, par un jeu d'habilitation du législateur au gouvernement ([28]) et de délégation du gouvernement à la Française des Jeux ([29]), cette dernière crée pas loin de 60 nouveaux jeux par an. Cette politique juridique est-elle cohérente ? La raison d'être de ces barrières textuelles n'est-elle pas plus prosaïquement d'ordre budgétaire ? En effet, vendre le vice avec une dérogation et des concessions a tout de même un prix : l'Etat et les communes concernées prélèvent une dîme d'un nouveau genre, un prélèvement avant impôts sur une récolte d'argent. Et quand l'Etat risque de ne plus maîtriser l'origine et partant les produits de cette manne, notamment en raison de la dématérialisation et de l'internationalisation de l'offre de jeux, il institue des mesures coercitives (C. mon. et fin., art. L563-2).

17. Les opérateurs de jeux, des commissionnaires. - Les produits des jeux autorisés par l'Etat sont donc mis à disposition des opérateurs autorisés et bénéficiaires d'une concession pour qu'ils les offrent en leur nom aux consommateurs de jeux, réalisent les opérations commerciales à leurs frais et risques, perçoivent les revenus, en remettent l'essentiel à l'Etat, se paient avec une forme de commission et acquittent des impôts et charges sociales. L'opérateur de jeux agit en son nom et pour le compte de l'Etat. L'opérateur de jeux d'argent paraît

---

26 Pour les casinos, par exemple, le droit de prélèvement institué sur les produits des jeux n'est concevable dans les proportions que prévoit le code des collectivités territoriales (C. coll. territ., art. 2333-54 et s.) qu'en raison de la prohibition de principe de l'organisation des jeux. Il en va notamment de même pour les jeux en ligne (CGI, art. 302 bis ZH) et le pari mutuel (CGI, art. 302 bis ZG).
27 Notamment par sa participation à la FDJ.
28 Art. 136 de la loi du 31 mai 1933 et article 42 de la loi n° 84-1208 du 29 décembre 1984.
29 Article 21 du décret n°78-1067 du 9 novembre 1978 relatif à l'organisation et à l'exploitation des jeux de loterie.

plus être un commissionnaire de droit privé qu'un concessionnaire de droit public.

18. Conclusion. – Shakespeare a placé le jeu et le risque au centre du *Marchand de Venise*. A tous les niveaux de cette pièce, dans les aventures économiques comme dans les aventures amoureuses, dans l'opposition entre Shylock et Antonio comme dans l'histoire des trois coffres d'or, d'argent et de plomb qui ouvriront, à celui qui a su bien choisir, le cœur de Portia. Le premier, d'or, porte cette inscription : « Qui me choisit aura ce que beaucoup désirent » ; le second, d'argent, dit : « Qui me choisit obtiendra selon son mérite » et le troisième, en plomb, annonce : « Qui me prend doit donner, hasarder tout son bien » ; c'est le coffre gagnant ([30]).

Gageons que la boîte qu'ouvre ce colloque en s'interrogeant sur les rapports qu'entretiennent les jeux d'argent et l'Etat ne sera pas une boîte de pandore, mais bien le coffre de l'espérance.

---

[30] Shakespeare, *Le Marchand de Venise*, Acte II, scène VII, v. 5-7-9.

L'IMPACT SOCIOECONOMIQUE DES JEUX D'ARGENT ET DE HASARD

Sophie MASSIN
Docteur en économie
Membre du SESSTIM
INSERM/IRD/ Aix-Marseille Université

Les éléments exposés ci-dessous sont issus d'un travail de recherche en cours, financé par l'Observatoire des jeux (ODJ). Face à la multiplication de l'offre liée en partie à la diversification des supports (numériques notamment) et aux évolutions législatives (ouverture de l'offre des jeux de hasard et d'argent en ligne à la concurrence par la loi du 12 mai 2010), l'évaluation des conséquences économiques et sociales des pratiques ludiques est devenue un enjeu crucial et une attente forte des décideurs en vue d'adapter les politiques publiques dans ce domaine. Pour ces raisons, l'étude de l'impact des jeux de hasard et d'argent sur le bien-être collectif constitue à l'heure actuelle l'une des priorités de l'ODJ, qui a procédé en septembre 2012 à un appel à projets auprès des équipes de recherche en science économique afin de réaliser un état des lieux des éléments d'évaluation disponibles en France. Le préalable au travail de recherche de sources et de traitement de données a été une revue de littérature la plus exhaustive possible concernant le cadre méthodologique à adopter et les études étrangères existantes. Le colloque « État et jeux d'argent : les jeux sont-ils faits ? » a été l'occasion de présenter une synthèse des résultats de ces recherches préliminaires.

Pourquoi chercher à mesurer l'impact socioéconomique des jeux de hasard et d'argent ?

Historiquement, l'estimation de l'impact socioéconomique des jeux de hasard et d'argent est devenue un enjeu politique et un débat académique importants aux États-Unis à partir du début des années

1990, au moment où l'ouverture de casinos a été autorisée en dehors des régions traditionnelles de jeu qu'étaient le Nevada et Atlantic City[31], notamment comme stratégie de développement économique de certaines régions déshéritées. D'un point de vue méthodologique, ce type d'étude s'inscrit dans la tradition des études dites de « coût social » appliquées à la consommation de substances (tabac, alcool, drogues illicites). La raison de cette filiation tient au fait que la pratique des jeux de hasard et d'argent, tout comme la consommation de substances, constituent des « activités de plaisir avec potentiel d'abus » (le caractère addictif des jeux de hasard et d'argent est aujourd'hui scientifiquement reconnu, des listes de critères cliniques – SOGS[32], DSM-5[33] ou ICJE[34] par exemple – permettant d'identifier des profils de joueurs « problématiques », « pathologiques » ou « excessifs »). Par conséquent, l'ensemble de ces activités ont en commun de présenter un fort intérêt économique (source importante d'emplois et de revenus fiscaux car beaucoup de consommateurs sont prêts à dépenser beaucoup dans ces activités) et des risques de conséquences sanitaires et sociales néfastes. L'idée est alors de proposer une évaluation chiffrée (généralement monétaire, ce qui permet de disposer d'une unité de mesure commune) de l'ensemble des conséquences liées à l'existence de ces activités afin de se prononcer sur leur désirabilité sociale et d'éclairer la définition et la mise en œuvre de politiques publiques.

État des lieux de la recherche

Les premières estimations monétaires du coût imposé à la société par les jeux de hasard et d'argent ont été réalisées aux États-Unis. On peut citer en particulier la publication du livre de Goodman[35] et celle d'un

---

[31] D. M. Walker et S. M. Kelly, "The Roots of Modern 'Social Cost of Gambling' Estimates", *Economic Affairs* 31, no. 1 (2011).
[32] H. R. Lesieur et S. B. Blume, "The South Oaks Gambling Screen (Sogs): A New Instrument for the Identification of Pathological Gamblers", *American Journal of Psychiatry* 144, no. 9 (1987).
[33] American Psychiatric Association, *Diagnostic and Statistical Manual of Mental Disorders. (5th Ed.)* (Washington, DC : American Psychiatric Association, 2013).
[34] J. Ferris et H. Wynne, *L'Indice canadien du jeu excessif* (Ottawa : Centre canadien de lutte contre l'alcoolisme et les toxicomanies, 2001).
[35] R. Goodman, *Legalized Gambling as a Strategy for Economic Development* (1994).

rapport d'information du Congrès fédéral américain[36], toutes deux en 1994, qui ont souligné et évalué les coûts associés aux comportements « excessifs » de jeu dans les casinos, Goodman rapportant ainsi par exemple un coût social d'environ 13 200 dollars par joueur pathologique chaque année[37].

A l'heure actuelle, la recherche dans ce domaine reste très majoritairement anglo-saxonne. Un rapport canadien publié en 2011[38] visant à identifier la littérature concernée de manière exhaustive a recensé 62 % d'études réalisées aux États-Unis, 16 % au Canada, 8 % en Australie, 4 % en Nouvelle-Zélande et 10 % dans d'autres pays (Corée du Sud, Royaume-Uni, Chine, Slovénie, Afrique du Sud, Taïwan, Autriche, Allemagne, Hong Kong, Suisse, Malaisie). Il convient de noter cependant que la recherche bibliographique effectuée pour ce rapport s'est limitée aux publications en langue anglaise, écartant ainsi de fait de potentielles publications rédigées dans d'autres langues. Nos propres recherches ont permis d'élargir l'éventail des langues analysées (français, allemand, espagnol, italien) et ont conduit à l'identification de plusieurs publications

---

[36] Rapport d'information du Congrès américain, *The National Impact of Casino Gambling Proliferation* (1994). http://ia600402.us.archive.org/3/items/nationalimpactof00unit/nationalimpactof00unit.pdf (accès le 3 septembre 2013).

[37] R. Goodman, *Legalized Gambling as a Strategy for Economic Development* (1994). p.63.

[38] R.J. Williams, J. Rehm et R. Stevens, *The Social and Economic Impacts of Gambling: Final Report*, ed. Canadian Consortium for Gambling Research (2011).

complémentaires, en langue allemande, concernant trois pays : la Suisse[39], l'Allemagne[40] et l'Autriche[41].
Un élément particulièrement frappant de cette littérature réside dans l'étendue des estimations proposées. En 1999, la *Productivity Commission*[42] notait que les estimations faites pour les États-Unis s'étalaient de 560 à 52 000 dollars par joueur problématique et par an. Ces disparités avaient conduit Grinols[43] à proposer une moyenne des estimations disponibles (10 330 dollars) pour y voir plus clair. L'étendue des estimations s'explique essentiellement par la diversité des approches utilisées. La validité de ces différentes approches a été largement débattue dans la littérature et dans les conférences académiques. Deux conférences académiques internationales, qui se sont tenues au Canada en 2000[44] et 2006[45], ont été spécifiquement consacrées à cette thématique. Malgré l'abondance d'échanges et de travaux, il n'existe cependant à l'heure actuelle toujours pas de consensus sur la méthodologie à adopter. Les éléments faisant débat s'articulent autour de trois questions fondamentales : la définition du cadre conceptuel, la définition du périmètre d'analyse et enfin la quantification. Nous les détaillons successivement ci-dessous. Même

---

[39] C. Jeanrenaud, M. Gay, D. Kohler, J. Besson et O. Simon, *Le coût social du jeu excessif en Suisse* (Institut de recherches économiques de l'Université de Neuchâtel et Centre du jeu excessif de Lausanne, 2012) ; K. Künzi, T. Fritschi, T. Oesch, M. Gehrig et N. Julien, *Coûts sociaux du jeu dans les casinos. Etude sur les coûts sociaux engendrés par les casinos suisses* (Bern : Büro für arbeits- und Sozialpolitische Studien (BASS), 2009) ; K. Künzi, T. Fritschi et T. Egger, *Les jeux de hasard et la pathologie du jeu en Suisse. Etude empirique de la pratique et du développement des jeux de hasard, de la dépendance au jeu et de ses conséquences*, (Bern : Büro für Arbeits- und Sozialpolitische Studien (BASS), 2004).

[40] T. Becker, *Soziale Kosten des Glücksspiels in Deutschland* (2011) ; F.W. Peren, R. Clement, W. Terlau, *Eine volkswirtschaftliche Kosten-Nutzen-Analyse des gewerblichen Geld-Gewinnspiels für die Bundesrepublik Deutschland* (München : Verlag Medien und Recht, 2012).

[41] J. Köberl et F. Prettenthaler, *Kleines Glücksspiel – Großes Leid? Empirische Untersuchungen zu den sozialen Kosten des Glücksspiels in der Steiermark* (Graz : Leykam Verlag, 2009).

[42] Productivity Commission, *Australia's Gambling Industries* (Canberra : AusInfo, 1999).

[43] E. L. Grinols, *Gambling in America: Costs and Benefits* (2004). p.171.

[44] 1er symposium international sur les répercussions économiques et sociales des jeux d'argent et de hasard, Whistler, Canada, septembre 2000.

[45] 5ème conférence annuelle organisée par le Alberta Gambling Research Institute, intitulée "Social and economic costs and benefits of gambling", Alberta, Canada, avril 2006.

si l'argumentaire lié à certains points semble abstrait, il faut garder à l'esprit que les choix qui en découlent ont des implications très concrètes et peuvent influencer considérablement l'estimation finale, en intervenant soit sur la liste des coûts inclus dans l'analyse, soit sur la valeur qui leur est attribuée.

Éléments méthodologiques

Définition du cadre conceptuel

Le calcul du coût social selon la tradition économique tire son fondement méthodologique de la branche de l'économie du bien-être. Il semble important de retenir deux points essentiels pour comprendre la philosophie générale de cette approche. En premier lieu, le choix du point de vue, même s'il peut paraître trivial, est primordial. Le coût social s'intéresse à la société prise dans son ensemble. Un certain nombre d'études adoptent d'autres points de vue. Par exemple, certaines effectuent des études d'impact budgétaire pour les pouvoirs publics[46]. D'autres s'intéressent aux liens entre offre de jeu et développement économique[47] ou encore cherchent à identifier les gagnants et les perdants de l'offre de jeu légale[48]. De manière générale, il est important de distinguer l'impact du jeu sur les finances publiques et l'impact du jeu sur le bien-être social.

En second lieu, il faut avoir conscience que tout calcul de coût repose nécessairement – souvent de manière implicite malheureusement – sur la définition d'un scénario contrefactuel (ou univers de comparaison) qui constitue la situation de référence à partir de laquelle l'estimation est réalisée. Un grand nombre de scénarios contrefactuels est envisageable, allant de l'absence complète du phénomène (en l'occurrence, le jeu) à une simple limitation de son ampleur. Bien que ne faisant pas l'unanimité car purement théorique et reposant sur des hypothèses assez fortes et discutables, le scénario dans lequel l'activité étudiée n'existe pas et n'a jamais existé se révèle très opérationnel et finalement plus réaliste que beaucoup d'autres scénarios plus intuitifs.

---

[46] F. Vaillancourt et A. Roy, *Gambling and Government in Canada, 1969-1998: How Much? Who Pays? What Payoff?* (Toronto : Canadian Tax Foundation, 2000).

[47] L. E. Henriksson et R. G. Lipsey, "Should Provinces Expand Gambling?", *Canadian Public Policy / Analyse de Politiques* 25, no. 2 (1999).

[48] M. S. Kearney, "The Economic Winners and Losers of Legalized Gambling", *National Taxe Journal* 58 (2005).

Collins et Lapsley[49] rappellent que dans une telle situation, l'argent qui est aujourd'hui dépensé dans le secteur du jeu ne serait pas perdu mais épargné ou dépensé dans d'autres secteurs (hypothèse de parfaite réallocation des facteurs de production). Par ailleurs, conformément aux préceptes de la théorie économique, on suppose que les ressources seraient utilisées de la meilleure manière possible (hypothèse de réallocation vers des activités non dommageables). Au total, on cherche donc à mesurer le coût induit par l'activité jeu par rapport à une situation hypothétique dans laquelle le jeu n'aurait jamais existé et aurait été remplacé par une activité non dommageable (générant les mêmes bénéfices sans les coûts). Si l'on se place dans ce cadre, il faut donc bien interpréter le coût social comme un coût d'opportunité, et non comme un coût évitable (puisque l'univers de comparaison est irréaliste).

Périmètre des coûts à inclure dans l'analyse

Sur un plan plus pratique, au moment de l'analyse des conséquences engendrées par la pratique du jeu, une difficulté importante réside dans la distinction entre ce qui constitue des coûts privés et doit être exclu du calcul et ce qui constitue des coûts sociaux et doit être inclus dans le calcul. Markandya et Pearce[50] rappellent que « dans la mesure où les coûts sont supportés de manière consciente et libre par le consommateur ou le producteur, ils constituent des coûts privés, mais lorsque ce n'est pas le cas et qu'ils reposent sur le reste de la société, ils constituent des coûts sociaux ». L'origine de cette distinction réside dans les fondements mêmes de la théorie économique selon laquelle les agents (consommateurs et producteurs) agissant librement adoptent des comportements maximisateurs permettant de garantir la plus grande richesse sociale, à condition qu'ils aient conscience et supportent tous les coûts et bénéfices de leurs actions. Dans le cas contraire (si certains coûts ou bénéfices sont supportés par des tiers, ou si les agents n'en ont pas pleinement conscience), le libre comportement individuel des agents conduit à une allocation inefficace des ressources. Il en découle que « le coût social d'une action est le montant dont cette action réduit la richesse réelle agrégée

---

[49] D. Collins et H. Lapsley, "The Social Costs and Benefits of Gambling: An Introduction to the Economic Issues", *Journal of Gambling Studies* 19, no. 2 (2003).
[50] A. Markandya et D. Pearce, "The Social Costs of Tobacco Smoking", *British Journal of Addiction* 84, no. 10 (1989). p.1139-1140.

de la société »[51]. Malgré son apparente simplicité, cette définition n'est cependant pas toujours aisée à mettre en œuvre. Cinq difficultés ressortent particulièrement de la littérature.
Une première difficulté consiste à ne pas confondre « coût sociaux » et « transferts » selon la terminologie de Walker[52], ou encore « coûts réels » et « coûts pécuniaires » selon la terminologie de Collins et Laspley[53]. Ainsi, pour reprendre un exemple fréquemment cité, lorsqu'un vol se produit, la valeur de l'objet volé est transférée d'un individu à un autre. Il s'agit donc d'un coût privé. En revanche, les coûts engendrés par l'existence du vol (coûts de police, de justice, d'emprisonnement, d'assurance, de renforcement de la protection, coûts psychiques…) entraînant une diminution réelle de la richesse de la société sont des coûts sociaux. Jean Renaud et al.[54] reprochent ainsi par exemple à l'étude BASS[55] d'intégrer les prêts non remboursés à la mesure du coût social du jeu en Suisse, alors que ceux-ci constituent en réalité des transferts.
Le deuxième point concerne les coûts que le joueur s'impose à lui-même (tels que les problèmes financiers, médicaux, judiciaires, les difficultés au travail…), que l'on appelle parfois « coûts internes ». Traditionnellement, la théorie microéconomique considère que les agents prennent leurs décisions de consommation en étant parfaitement informés et parfaitement rationnels, au sens où ils tiennent parfaitement compte de l'ensemble des coûts et bénéfices présents et futurs de leur action. Dans ce contexte, les coûts internes constituent clairement des coûts privés. Il existe cependant une importante controverse concernant la rationalité du processus de décision en situation d'addiction, et donc dans les situations de jeu problématique et pathologique. En 1988, Becker et Murphy ont

---

[51] Définition proposée par D. M. Walker et A. H. Barnett, "The Social Costs of Gambling: An Economic Perspective", *Journal of Gambling Studies* 15, no. 3 (1999).
[52] D. M. Walker, "Methodological Issues in the Social Cost of Gambling Studies", *Journal of Gambling Studies* 19, no. 2 (2003).
[53] D. Collins et H. Lapsley, "The Social Costs and Benefits of Gambling : An Introduction to the Economic Issues", *Journal of Gambling Studies* 19, no. 2 (2003).
[54] C. Jeanrenaud, M. Gay, D. Kohler, J. Besson et O. Simon, *Le Coût social du jeu excessif en Suisse* (Institut de recherches économiques de l'Université de Neuchâtel et Centre du jeu excessif de Lausanne, 2012).
[55] K. Künzi, T. Fritschi et T. Egger, *Les Jeux de hasard et la pathologie du jeu en Suisse : Etude empirique de la pratique et du développement des jeux de hasard, de la dépendance au jeu et de ses conséquences* (Bern : Büro für arbeits- und sozialpolitische Studien (BASS), 2004).

construit un modèle dit d'« addiction rationnelle » reposant sur l'idée que le phénomène de dépendance n'empêche pas les agents de se comporter rationnellement. Suivant cette logique, les coûts que le joueur s'impose à lui-même devraient donc être considérés comme des coûts privés. Mais de nombreux auteurs estiment au contraire que les agents dépendants ne sont pas parfaitement rationnels. On peut citer par exemple Gruber et Köszegi[56] qui proposent une analyse des comportements addictifs en introduisant une hypothèse d'incohérence temporelle. Les coûts que le joueur s'impose à lui-même deviennent alors des « externalités interpersonnelles » qui doivent être traitées comme des coûts sociaux.

Le troisième aspect à signaler concerne les coûts que le joueur impose à sa famille. Habituellement, les économistes estiment que la famille est l'unité qui sert de référence aux décisions de consommation, les coûts en question étant alors des coûts privés. Pourtant, comme le soulignent Collins et Lapsley[57], comment ignorer les coûts infligés par le jeu sur des agents qui ne prennent pas part à la décision de jouer et qui peuvent en souffrir terriblement (séparation, stress, difficultés financières...) ? Cette question est complexe et peut être abordée suivant deux axes. Le premier rejoint en partie les débats concernant la rationalité du joueur : il semble peu raisonnable de penser qu'un joueur à rationalité limitée, qui ne tient déjà pas parfaitement compte des coûts qu'il s'impose à lui-même, intègre parfaitement les répercussions familiales de son comportement. Par ailleurs (second axe), indépendamment de la rationalité du joueur, on peut envisager que les poids individuels attribués par le joueur-chef de famille aux différents membres de la famille au sein de la fonction d'utilité familiale soient différents de ceux préconisés par le planificateur bienveillant. Ainsi, même dans le cas d'un joueur parfaitement conscient des coûts imposés à sa famille, on peut envisager qu'un planificateur bienveillant veuille intervenir à l'intérieur de la famille pour contrevenir à une situation dictatoriale dans laquelle le joueur imposerait un équivalent intrafamilial biaisé en sa faveur. Ce type de

---

56 J. Gruber et B. Köszegi, "Is Addiction "Rational"? Theory and Evidence", *The Quarterly Journal of Economics* 116, no. 4 (2001).

57 D. Collins et H. Lapsley, "The Social Costs and Benefits of Gambling : An Introduction to the Economic Issues", *Journal of Gambling Studies* 19, no. 2 (2003).

considération a été étudié au sein de modèles économiques de la famille[58].

La quatrième difficulté est liée au fait que la configuration institutionnelle du pays étudié peut être à l'origine de certains types de coûts (les dépenses de lobbying, par exemple, dont le montant dépend en partie du fonctionnement du système politique) ou peut influencer le classement de certaines conséquences en tant que coûts privés ou sociaux (on peut penser aux pertes de productivité ou aux soins médicaux par exemple, dont la catégorisation dépend du fonctionnement du marché du travail et de l'existence ou non d'un système de Sécurité sociale). Le cadre méthodologique d'estimation du coût social du jeu doit donc être adapté aux spécificités nationales.

Enfin, il convient de bien distinguer les coûts dus à l'existence même du jeu de ceux dus à l'intervention de l'État pour encadrer l'activité jeu (par exemple les dépenses de prévention, de collecte de taxes ou de recherche), qui sont qualifiés de « coûts discrétionnaires » par Collins et Lapsley[59]. Dans ce cas, le problème est de savoir si l'action des pouvoirs publics est efficace : si elle l'est, cela signifie qu'elle réduit les conséquences négatives du jeu et les dépenses qu'elle engendre doivent compter comme des coûts sociaux, alors que si elle n'est pas efficace, son montant reflète le coût social de l'inefficacité de l'État, mais pas le coût social du jeu.

Mesure des coûts

Les méthodes de recueil des données et d'estimations sont nombreuses et le fait d'en retenir une plutôt qu'une autre n'est pas sans conséquence sur les estimations finales. Trois points, non exhaustifs, méritent une attention particulière : les sources des données, la causalité et la monétarisation.

Premièrement, le choix des sources des données pour chaque type de coût est essentiel. Généralement, les données proviennent soit d'enquêtes, soit des registres de diverses institutions. Dans tous les cas, il faut s'assurer que les données sont fiables et représentatives de la population générale. En particulier, il faut éviter de recourir à des enquêtes faites sur des échantillons de joueurs en cours de traitement

---

58 J. R. Behrman, "Intrahousehold Distribution and the Family", in *Handbook of Population and Family Economics*, ed. M. R. Rosenzweig and O. Stark (Elsevier, 1997).

59 D. Collins et H. Lapsley, "The Social Costs and Benefits of Gambling : An Introduction to the Economic Issues", *Journal of Gambling Studies* 19, no. 2 (2003).

(comme par exemple Ladouceur et al.[60]) car, même si elles sont utiles pour identifier et analyser les types de conséquences, elles ne peuvent prétendre estimer le coût social du jeu dans l'ensemble de la population.
Deuxièmement, il est important de bien faire la distinction entre corrélation et causalité et d'essayer d'estimer les coûts *attribuables* au jeu sans se contenter des coûts *associés* au jeu. La quantification de l'impact du jeu sur une dimension donnée (criminalité, productivité, santé, etc.) est souvent très délicate et peut nécessiter des études spécifiques approfondies (voir par exemple, Grinols et Mustard[61], sur l'évaluation du lien entre présence de casinos et crimes aux États-Unis). Dans les études de coût social plus généralistes, il n'est habituellement pas possible d'entrer dans un tel niveau de détail. Deux approches principales ont été développées. Dans certaines enquêtes, il a été demandé aux répondants de définir eux-mêmes les conséquences qu'ils estimaient attribuables à leur implication dans le jeu[62]. Cela permet un certain contrôle des estimations, malheureusement assez subjectif et imparfait. Une autre méthode répandue pour estimer les coûts attribuables au jeu problématique et pathologique consiste à effectuer des régressions utilisant successivement comme variables dépendantes un ensemble de conséquences envisageables (être au chômage, être déprimé, avoir des problèmes de santé, etc.) et des variables indicatrices du jeu problématique et pathologique, ainsi qu'un ensemble de variables de contrôle, comme explicatives. Les coefficients estimés pour les indicatrices de jeu problématique et pathologique permettent d'évaluer l'excès de « difficultés » rencontrées par les joueurs appartenant à ces catégories tout en contrôlant un nombre relativement important (selon les disponibilités des données) de facteurs confondants. Cette approche ne règle cependant pas le problème de la causalité. Par exemple, si l'on trouve un coefficient significatif de l'indicatrice « jeu pathologique » dans les régressions visant à expliquer le fait d'être au chômage, il ne sera pas possible de trancher concernant le sens de la causalité : est-ce le fait d'être joueur pathologique qui augmente la probabilité d'être au

---

[60] R. Ladouceur, J.M. Boisvert, M. Pépin, M. Loranger et C. Sylvain, "Social Cost of Pathological Gambling", *Journal of Gambling Studies* 10, no. 4 (1994).
[61] E. L. Grinols et D. Mustard, "Casinos, Crime, and Community Costs", *Review of Economics and Statistics* 88 (2006).
[62] Productivity Commission, *Australia's Gambling Industries* (Canberra : AusInfo, 1999).

chômage, ou est-ce le fait d'être au chômage qui augmente la probabilité d'être joueur pathologique ? Pour répondre de manière véritablement efficace à ces questions, des études longitudinales de joueurs sur longue période sont nécessaires.

Troisièmement, il faut avoir conscience des limites des méthodes de monétarisation. Beaucoup de conséquences négatives associées au jeu n'ont pas de valeur monétaire directement attribuée par le marché et doivent être évaluées par l'économiste. C'est ce que l'on appelle les « coûts intangibles ». L'étude nationale australienne[63] révèle que ce type de coût constitue l'essentiel des coûts associés au jeu. Il s'agit notamment de la détresse psychologique des joueurs (pouvant les mener à la dépression et au suicide) et de leur famille proche. Pour certains types de coûts intangibles, il existe des méthodes de monétarisation couramment utilisées. C'est le cas par exemple de l'évaluation du coût des décès prématurés, qui peut se faire selon deux méthodes principales : celle du « capital humain » (valeur actualisée des revenus perdus du fait du décès prématuré) ou celle de la « willingness to pay » (somme que les individus sont prêts à payer pour modifier leur espérance de vie). Les résultats obtenus dans les deux cas ne sont pas équivalents (ils sont presque toujours plus faibles avec la première méthode) et il faut donc veiller à bien préciser la méthodologie adoptée. Pour d'autres types de conséquences, notamment tous les coûts psychologiques, il n'existe pas de méthode d'évaluation faisant autorité. Il n'existe alors malheureusement pas de « bonne » solution. Recourir à des méthodes de monétarisation innovantes rend les comparaisons difficiles et presque toujours discutables. Il est alors prudent de rendre compte de la sensibilité des estimations, à la manière de la *Productivity Commission*[64] qui présente une version haute et une version basse de ses estimations.

L'ensemble de ces éléments implique que les estimations de coût social reposent sur un grand nombre d'hypothèses et de choix relativement arbitraires. Certains auteurs pensent que le fait de résumer ces choix en un chiffre unique risque de donner une fausse impression de précision aux lecteurs non avertis[65] et recommandent de

---

[63] Ibid.

[64] Ibid.

[65] D. M. Walker et S. M. Kelly, "The Roots of Modern 'Social Cost of Gambling' Estimates", *Economic Affairs* 31, no. 1 (2011).

changer légèrement de perspective de recherche. Williams et al.[66] suggèrent notamment :
-de ne pas se focaliser sur la notion de « coût », dont l'interprétation peut reposer sur des éléments d'appréciation subjectifs et de lui préférer la notion d'« impact », plus large, mais surtout plus neutre ;
-de ne pas nécessairement chercher à tout monétariser, ce qui peut impliquer de renoncer à fournir une estimation sous forme d'un chiffre synthétique unique.

Liste d'impacts à envisager

Afin de donner un contenu plus concret à l'exercice considéré, le tableau n°1 liste un ensemble d'impacts qu'il semble intéressant de retenir. Pour dresser cette liste, nous nous sommes inspirés du travail de Williams et al.[67], en écartant les éléments centrés sur l'évaluation des impacts locaux d'une modification de l'offre de jeu (implantation d'un casino dans une région donnée par exemple) et en nous concentrant sur les éléments permettant de dresser un état des lieux d'une situation nationale à un moment donné.

Tableau 1. Liste des impacts à envisager

Type d'impact	**Description**
Revenus du gouvernement	Revenus perçus par les autorités publiques, soit directement en tant qu'opérateur de jeu, soit indirectement via la taxation (frais de licence, impôt foncier, impôt sur le revenu des sociétés et impôts sur les biens et services). Il est aussi important de se demander si les impôts auraient augmenté si les autorités publiques n'avaient pas reçu un complément de revenu grâce aux jeux.
Coûts de réglementation	Montant des dépenses nécessaires à la réglementation du secteur des jeux.
Nombre d'entreprises / Revenus	Nombre d'entreprises évoluant dans le secteur des jeux. Revenus tirés de cette activité.

[66] R.J. Williams, J. Rehm et R. Stevens, *The Social and Economic Impacts of Gambling: Final Report*, ed. Canadian Consortium for Gambling Research (2011).
[67] Ibid.

commerciaux / Emplois	Nombre d'emplois à temps plein et partiel, créés directement ou indirectement par le jeu, et part de la population active générale que cela représente.
Jeu problématique	Prévalence du jeu problématique et des indices associés (faillites personnelles, divorces, suicides, thérapies, etc.). Ces impacts sont essentiellement de nature sociale, non monétaire, mais ils entraînent aussi des coûts monétaires qu'il faut mesurer (pertes de productivité, coûts de traitement et de prévention, coûts de lutte contre la criminalité, coûts de prise en charge sociale des problèmes familiaux et des problèmes d'emploi).
Criminalité (hors du jeu problématique)	Nombre et ampleur des activités illégales liées au secteur des jeux (y compris jeux illégaux eux-mêmes). Le choix du scénario contrefactuel est crucial ici : dans une situation dans laquelle le jeu serait interdit, les jeux illégaux se multiplieraient vraisemblablement, contrairement à une situation dans laquelle on suppose que le jeu n'existe pas.
Inégalités socioéconomiques	Impact différencié du jeu selon le niveau socioéconomique (activité plus ou moins « régressive »).
Activité de loisir	Place du jeu dans les comportements de loisir de la population. Peut être mesuré à l'aide du concept microéconomique de « surplus du consommateur » (différence entre ce que le consommateur est prêt à payer pour jouer et ce qu'il paye effectivement).

La catégorie « jeu problématique » est probablement l'une des plus complexes à traiter. Elle recouvre un ensemble de conséquences de natures variées pouvant être approchées par différents types d'indicateurs, que nous avons tenté de lister dans le tableau n°2. Ces indicateurs constituent les éléments de base de l'estimation du « coût social » du jeu.

Tableau n°2. Indicateurs monétaires et non monétaires du jeu problématique

	Indicateurs monétaires	**Indicateurs non directement monétaires**
Thérapies/traitements	Coûts des traitements (en distinguant coûts hospitaliers et coûts en ambulatoire)	Nombre de joueurs en traitement
Endettement/faillites personnelles	Niveau moyen d'endettement Coûts administratifs engendrés par les faillites personnelles	
Délinquance et criminalité visant à financer les mises	Coûts de lutte contre la délinquance et la criminalité (enquêtes, arrestations, procédures judiciaires, incarcérations...)	Nombre d'actes criminels
Difficultés familiales	Coûts administratifs et de prise en charge sociale des problèmes familiaux	Nombre de séparations et divorces
Faible qualité de vie (mauvaise santé physique et mentale)	Équivalent monétaire de la variation de statut de santé	Nombre de dépressions, de suicides et tentatives de suicide

		Diminution moyenne du niveau de santé physique et mentale (perte de QALYs – Quality Adjusted Life Years)
Problèmes d'emploi et pertes de productivité	Coûts de prise en charge sociale des problèmes d'emploi Perte de revenu mensuel	Nombre de licenciements Nombre de jours d'absentéisme Nombre d'heures non productives (à cause des jeux en ligne au travail)
Prévention	Coûts de prévention	

Quelques résultats d'études étrangères

A titre d'illustration, nous reproduisons ci-dessous quelques résultats d'études étrangères, en insistant sur les exemples européens les plus récents : l'Allemagne et la Suisse[68].

Estimations du coût social du jeu

Les tableaux n°3 et n°4 présentent les résultats d'estimations du coût social annuel du jeu pour l'Allemagne et la Suisse. Afin de faciliter les comparaisons entre pays, il est utile de convertir les estimations dans la même devise (ce qui a été fait, en euros), mais aussi de rapporter l'estimation à un indicateur reflétant la "taille" du pays considéré (le PIB, le nombre d'habitants, le nombre total de joueurs, le nombre de joueurs problématiques, etc.), ce qui est proposé dans le tableau n°5.

---

[68] T. Becker, *Soziale Kosten des Glücksspiels in Deutschland* (Forschungsstelle Glücksspiel - Universität Hohenheim, 2011) pour l'Allemagne ; C. Jeanrenaud, M. Gay, D. Kohler, J. Besson et O. Simon, *Le Coût social du jeu excessif en Suisse* (Institut de recherches économiques de l'Université de Neuchâtel et Centre du jeu excessif de Lausanne, 2012) pour la Suisse ; sauf indication contraire, les éléments cités dans la suite de cette section sont issus de ces deux références.

Tableau n°3. Estimation du coût social annuel du jeu en Allemagne en millions d'euros

Coûts directs		%
Coûts des traitements hospitaliers	17,0	5,2
Coûts des traitements ambulatoires	24,0	7,4
Coûts de l'endettement	0,4	0,1
Coûts de la criminalité	30,0	9,2
Coûts des contrôles, tribunaux et application de la loi	18,2	5,6
Frais administratifs liés au chômage	12,1	3,7
Coûts des divorces	15,9	4,9
Coûts des mesures de protection des joueurs et des jeunes	26,0	8,0
Coûts de recherche et de prévention	8,8	2,7
Coûts indirects		
Coûts liés à la perte d'emploi	84,8	26,0
Coûts liés aux congés maladie	75,2	23,1
Coûts liés aux pertes de productivité sur le lieu de travail (jeu sur Internet)	13,6	4,2
Total	326	100

Tableau n°4. Estimation du coût social annuel du jeu en Suisse en millions d'euros

	Variante basse		**Variante haute**	
		%		%
Coûts médicaux	5,5	1,5	5,5	1,3
Pertes de production	278,8	77,7	293,5	69,7
Pertes de qualité de vie	74,8	20,8	122,4	29,1
Total	359	100	421	100

Taux de conversion : 1 franc suisse = 0.65 euro (en 2007)

Tableau n°5. Comparaison du coût social par habitant et par joueur pathologique en Allemagne et en Suisse (en euros)

	Allemagne	**Suisse**
Coût social par habitant*	4	46 - 54
Coût social par joueur pathologique	1 367	9 880 - 11 310

*estimation personnelle de l'auteur

Rapporté au nombre d'habitants, le coût social du jeu apparaît comme 10 fois plus élevé en Suisse qu'en Allemagne. Il est cependant vraisemblable que l'essentiel de cet écart vient de différences de méthodes, dont on peut avoir un aperçu en comparant le contenu des tableaux n°3 et n°4. Un point de divergence particulièrement notable tient à l'importance accordée par l'étude suisse à l'estimation des coûts indirects (pertes de production et pertes de qualité de vie, ces dernières n'étant pas incluses dans l'étude allemande). Ceci renforce l'idée qu'il est indispensable de préciser le cadre méthodologique retenu et la liste des impacts pris en compte lors de la publication de tels résultats. Si certains impacts ont été écartés, il convient de préciser quelles en sont les raisons (indisponibilité de données ou justification méthodologique).

Comparaison avec le coût social du tabac, de l'alcool et des drogues illégales

Il peut être intéressant de comparer le coût social du jeu avec celui d'autres types d'activités, notamment d'autres « activités de loisir à potentiel d'abus » comme la consommation de tabac, d'alcool et de drogues illicites, à condition - toujours - que les méthodologies employées soient relativement proches (ce qui a plus de chances d'être le cas pour des études menées au sein d'un même pays, parfois par les mêmes équipes de recherche). Pour l'Allemagne, Becker fournit les estimations reportées dans le tableau n°6. Pour la Suisse, Jeanrenaud et al. indiquent que le coût d'un joueur problématique (10 000 euros) est du même ordre de grandeur que celui d'une personne qui abuse de l'alcool (9 000 euros)[69] et plus élevé sur celui d'un fumeur (3 250 euros)[70]. Le coût social total du tabagisme (6,4 milliards d'euros)[71] et de l'abus d'alcool (4 milliards d'euros)[72] est cependant très supérieur à celui du jeu excessif (0,4 milliard d'euros) car la population concernée est nettement plus nombreuse dans les deux premiers cas.

---

[69] C. Jeanrenaud, F. Priez, S. Pellergini, H. Chevrou-Severac et S. Vitale, *Le coût social de l'abus d'alcool en Suisse* (Institut de recherches économiques de l'Université de Neuchâtel, 2003). Conversion en euros de l'auteur.

[70] S. Vitale, F. Priez et C. Jeanrenaud. *Le Coût social de la consommation de tabac en Suisse* (Neuchâtel : IRER, 1998). Conversion en euros de l'auteur.

[71] S. Fueglister-Dousse, C. Jeanrenaud, D. Kohler et J. Marti, *Coûts et bénéfices des mesures de prévention de la santé : tabagisme et consommation excessive d'alcool* (Institut de recherches économiques de l'Université de Neuchâtel, 2009).

[72] Ibid.

Tableau n°6. Comparaison du coût social total du tabac, de l'alcool et du jeu en Allemagne, en milliards d'euros

	Tabac	**Alcool**	**Jeu**
Coût	20-50	20-30	0,1-0,5

Ventilation par type de jeu

Enfin, il peut être intéressant de ventiler les estimations par type de jeu afin d'identifier les activités les plus « dommageables ». Les estimations de Becker pour l'Allemagne indiquent que les machines à sous supportent l'essentiel des dommages tant en termes de prévalence de joueurs pathologiques que de montant du coût social associé (tableau n°7). Ce type de calcul suppose que l'on dispose de sources de données suffisamment fines, ce qui n'est pas toujours possible.

Tableau n°7. Ventilation du coût social par type de jeu en Allemagne

	Prévalence de joueurs pathologiques	**Coût social (en millions d'euros)**
Machines à sous (hors casinos)	69 %	225
Machines à sous (casinos)	11 %	36
Paris sportifs	9 %	30
Casinos	9 %	31
Loteries	1 %	3

Au-delà du coût social : l'analyse coût-bénéfice

Une fois que l'on dispose d'un indicateur des coûts sociaux, il semble assez naturel de vouloir le confronter aux bénéfices générés par l'activité « jeu » (surplus, ou bénéfices, des producteurs + surplus des consommateurs + revenus des taxes), afin de déterminer la désirabilité sociale de cette activité. Les études étrangères disponibles font apparaître un bénéfice net important (voir par exemple le tableau n°8 pour le cas de l'Allemagne).

Tableau n°8. Estimations des coûts et bénéfices sociaux des jeux de hasard et d'argent en Allemagne[73]

Coûts sociaux	**Bénéfices sociaux**	**Rapport**
225 millions €	1,37 milliard €	1 : 6,1
300 millions €	1,37 milliard €	1 : 4,6

Il n'est cependant pas certain que ce calcul soit très informatif. Il pourrait en effet tendre à faire penser que les dommages sanitaires et sociaux engendrés par le jeu sont négligeables par rapport aux bénéfices économiques et qu'il n'y a donc pas à s'en préoccuper. Or, il ne faut pas oublier que si l'on raisonne par rapport à un scénario contrefactuel dans lequel l'activité « jeu » n'existe pas, les ressources investies dans cette branche ne disparaîtraient pas, mais seraient investies dans d'autres activités. Même si l'hypothèse de parfaite réallocation des facteurs de production vers des activités non dommageables peut sembler un peu excessive étant donné la conjoncture économique actuelle, il est intéressant de la garder en tête comme idéal à atteindre plutôt que de simplement se satisfaire de la situation présente. Dans les estimations, plusieurs scénarios peuvent éventuellement être envisagés, selon l'hypothèse que l'on fait concernant la productivité du secteur dans lequel les ressources des jeux seraient réinvesties.

Une alternative au coût social : la part de chiffre d'affaires généré par les joueurs problématiques

Du fait des difficultés soulevées par l'estimation du coût social, certains auteurs[74] recommandent d'utiliser des indicateurs alternatifs, plus simples à calculer et tout de même informatifs pour le décideur public. Il s'agit en particulier du pourcentage de mises effectuées par

[73] Données tirées de F.W Peren, R. Clément, W. Terlau, *Eine volkswirtschaftliche Kosten-Nutzen-Analyse des gewerblichen Geld-Gewinnspiels für die Bundesrepublik Deutschland* (München : Verlag Medien und Recht, 2012).

[74] R. J. Williams et R. T. Wood, "The Proportion of Ontario Gambling Revenue Derived from Problem Gamblers", *Canadian Public Policy / Analyse de Politiques* 33, no. 3 (2007) ; R. J. Williams et R. T. Wood, "The Proportion of Gaming Revenue Derived from Problem Gamblers: Examining the Issue in a Canadian Context," *Analyses of Social Issues and Public Policy* 4, no. 1 (2004) ; ainsi que Ingo Fiedler, chercheur à l'Université de Hambourg (communication personnelle).

les joueurs problématiques, qui permet de se faire une idée du pourcentage de chiffre d'affaires généré par ces joueurs. Ce calcul suppose de disposer des mises moyennes par type de joueur au sein d'un échantillon représentatif de la population. Le tableau n°9 présente quelques résultats de telles estimations.

Tableau n°9. Estimations de la part du chiffre d'affaires provenant des joueurs problématiques dans 4 pays

Pays	**Part du chiffre d'affaires**	**Prévalence**
Australie[75]	33%	2.1 %
États-Unis[76]	15%	0.5%
Nouvelle-Zélande[77]	19%	1.3%
Canada[78]	23%	4.2%

Conclusion

Le travail mené jusqu'ici a permis de dresser un état des lieux de la recherche concernant la mesure de l'impact socioéconomique des jeux de hasard et d'argent au niveau international. Il s'agira d'être capable d'en tirer le meilleur parti possible pour la suite de l'étude qui visera à identifier les sources de données disponibles pour la France, à établir quelques indicateurs préliminaires et à formuler des propositions dans le but d'améliorer les estimations à l'avenir. Les données du Baromètre

---

[75] Productivity Commission, *Australia's Gambling Industries* (Canberra : AusInfo, 1999).

[76] D. Gerstein, S. Murphy, M. Toce, J. Hoffmann, A. Palmer, R. Johnson, C. Larison, L. Chuchro, A. Bard, L. Engelman, M.A. Hill, T. Buie, R. Volberg, H. Harwood, A. Tucker, E. Christiansen, W. Cummings et S. Sinclair, *Gambling impact and behavior study: Report to the National Gambling Impact Study Commission* (Chicago : National Opinion Research Center, 1999).

[77] M. W. Abbott et R. A. Volberg, *Taking the pulse on gambling and problem gambling in New Zealand: A report on phase ONE of the 1999 National Prevalence Survey* (New Zealand : Department of Internal Affairs, Government of New Zealand, 2000).

[78] R. J. Williams et R. T. Wood, "The Proportion of Gaming Revenue Derived from Problem Gamblers: Examining the Issue in a Canadian Context," *Analyses of Social Issues and Public Policy* 4, n°. 1 (2004).

Santé 2010 constitueront inévitablement une ressource centrale de cet exercice. Un module de questions consacrées au comportement de jeu a en effet été introduit dans cette enquête et a fourni les premières mesures de prévalence liées au jeu en France[79]. On évalue ainsi le nombre de joueurs « problématiques » à environ 600 000 (1,3 % de la population générale), dont 200 000 pouvant être qualifiés de joueurs « pathologiques » (0,4 % de la population générale). Cette estimation constituait un préalable indispensable à l'évaluation des conséquences socioéconomiques des jeux de hasard et d'argent. Il reste à explorer la meilleure manière de l'utiliser pour fournir l'évaluation la plus complète et légitime possible.

---

[79] J.M. Costes, M. Pousset, V. Eroukmanoff, O. Le Nezet, J.B. Richard, R. Guignard, F. Beck et P. Arwidson, "Les niveaux et pratiques des jeux de hasard et d'argent en 2010", *Tendances* 77 (OFDT, 2011).

Première Partie

De la prohibition à la consécration d'un droit aux jeux

UN DROIT PENAL COMME TEMOIN DE LA PROHIBITION

Jean-Pierre ALEZRA
Commissaire divisionnaire,
Chef du service central des
courses et jeux,
Direction centrale de la police judiciaire

Le monde des jeux fascine, d'abord par l'épaisseur des tapis des salles de jeux où des fortunes sont misées dans une atmosphère feutrée ne laissant entendre que le bruit de la bille sur le cylindre de la roulette, puis par son univers de couleurs et de lumières, par le cliquetis des machines à sous des casinos, les clameurs qui entourent le déroulement des courses hippiques, ou encore le grand silence qui règne aux tables de poker.

Pourtant, ce monde peut être le territoire de l'argent facilement gagné tout comme un enfer terrestre.

Dans la réalité des chiffres, le secteur des jeux français fait partie du paysage économique du pays, non seulement en raison de ses rapports pour l'Etat et les établissements de jeux mais encore eu égard aux emplois qu'il génère.

A titre d'exemple, pour la saison 2011/2012, les 196 casinos ont comptabilisé un produit brut des jeux de 2 milliards 274 millions d'euros (dont 90% provenant des machines à sous), en 2012, le PMU a enregistré un chiffre d'affaires total de 10,4 milliards d'euros et la Française des Jeux de 12 ,1 milliards d'euros.

L'exploitation des jeux en France, la prévention contre la pénétration et l'utilisation de ce secteur par le milieu du crime organisé et le traitement judiciaire des infractions aux jeux sont encadrés par un arsenal juridique efficace.

Mais d'abord, que représente le jeu ?

Quelques tentatives de définitions

Le jeu peut se définir de différentes façons, selon l'activité qu'il implique. Ainsi, il peut consister en une activité physique ou mentale, purement gratuite qui n'aura d'autre but que le plaisir qu'elle procure : c'est alors un divertissement.
Il peut consister aussi en une activité ludique organisée selon des règles définissant un succès et un échec, un gain et une perte (jeux dits intellectuels, faisant appel à l'intelligence du joueur, son érudition ou sa mémoire ou jeux d'adresse dans lesquels l'habileté du joueur, sa dextérité et sa pratique et le calcul ont un rôle primordial ou jeux de hasard). Dans tous ces cas, l'espoir d'un gain peut être présent.
En France, seuls les jeux de hasard font l'objet d'une réglementation particulière et leur exploitation est soumise à une autorisation du ministre de l'Intérieur : les jeux de hasard non autorisés sont tous interdits.

Selon le dictionnaire Larousse, le hasard est une cause fictive, supposée aux faits dont on ne connait pas la cause réelle.

Une autre forme de jeu prend le nom de pari lorsque le gain dépend, après le versement d'une certaine somme par le parieur, de l'issue d'une partie à laquelle le parieur ne prend pas part lui-même.

L'attrait de la grande criminalité pour le monde des jeux

Utiliser les jeux et paris pour escroquer, frauder et blanchir des fonds a toujours été considéré comme l'apanage de la grande criminalité qui, animée par le goût du risque et l'appât du gain, est naturellement attirée par le monde du jeu.
Les infractions classiques commises par les professionnels de la triche, si elles existent encore sous forme de marquage des cartes, de « poussettes » ou « tirettes » à la roulette (enjeux mis sur le numéro gagnant après son annonce par le croupier), bille truquée, montage de combinaison aux cartes, semblent aujourd'hui dépassées et avoir cédé la place à la recherche du blanchiment de l'argent sale.
Aux Etats-Unis, prostitution et organisations mafieuses sont à l'origine de la création de Las Vegas, ville du jeu.

En France, assassinats, enlèvements, extorsions et autres formes de violences sont apparus en toile de fond du monde des jeux.
Disparition d'Agnès Le Roux afin de prendre le contrôle du Palais de la Méditerranée à Nice, assassinat le 23 octobre 1998 à Nice de Noël Fratoni, fils de l'empereur des jeux sur la Côte d'Azur Jean-Dominique Fratoni, le 16 janvier 1982 dans le parking de son immeuble, rue de la Faisanderie à Paris, de Marcel Francisci exploitant d'un cercle de jeux parisien, le 27 septembre 2000, dans le club de courses de la rue d'Artois à Paris, de Francis Vanverberghe..

Soucieux d'éviter que le secteur des jeux ne tombe entre les mains de la grande criminalité, l'Etat français s'est efforcé, au fil du temps, d'encadrer ces activités ludiques.
Commenter le droit pénal portant sur le jeu prohibé passe obligatoirement par le descriptif de la partie du droit public qui réglemente le secteur autorisé. Mais, après tout, dans sa définition des sanctions dont l'Etat, par l'intermédiaire des tribunaux judiciaires, frappe les individus qui transgressent les règles de droit, le droit pénal n'est-il pas partie intégrante du droit public ?

I - Un droit pénal construit au fil de l'histoire pour aboutir à un système sécurisant

Quelques éléments historiques

Le droit pénal du jeu s'est forgé au fil du temps en répondant à une double exigence contradictoire: d'une part préserver les citoyens contre les risques d'addiction et de fraudes, et d'autre part préserver les intérêts des pouvoirs publics pour lesquels les jeux peuvent générer des ressources considérables.

Eu égard aux conflits individuels qu'ils déclenchaient, dès 461 av. J.-C., en Grèce, Périclès prit un décret prohibant l'usage des dés et des osselets et ordonnant la fermeture des très nombreuses maisons de jeux de hasard.
Par la suite, les interdictions furent multiples : l'Empire romain interdit les mises d'argent aux dés et aux osselets, Charlemagne, dans ses capitulaires, puis saint Louis, dans son ordonnance de 1254, interdirent les jeux de hasard de façon absolue. Saint Louis suspendit même la fabrication des dés en 1254, Charles IV prohiba les dés, le

trictrac, les billes, les quilles jusqu'au palet sous peine d'amende, Louis XV et Louis XVI multiplièrent les édits prohibitifs des jeux de hasard L'Ancien Régime a prohibé les jeux de hasard, la Révolution a prôné une certaine tolérance.
En 1806 une première réglementation apparut sous la forme d'un décret prohibant les maisons de jeux de hasard, aménageant toutefois un régime particulier pour Paris et les villes d'eaux.
Puis l'article 410 du Code pénal de 1810, a été élaboré pour punir ceux qui tenaient une maison de jeux de hasard admettant le public
A la fin du XIXe siècle, plusieurs casinos fonctionnaient avec succès sur le territoire national dans les stations thermales et, de la même façon, les cercles de jeux, ayant le statut d'association et n'admettant que leurs membres, ont pu fonctionner avec l'autorisation des pouvoirs publics.
Prenant conscience de l'argent investi dans les activités ludiques, souhaitant protéger les joueurs et ses intérêts, l'Etat a mis en œuvre le principe d'exception selon lequel tous les jeux de hasard sont interdits, sauf ceux qu'il autorise.
Ainsi l'Etat a successivement : prohibé les loteries (loi du 21 mai 1836) - permis la constitution des associations (loi du 1er juillet de 1901) - réglementé les jeux dans les casinos des stations balnéaires, thermales et climatiques (loi du 15 juin 1907) et dans les cercles (loi de finances du 30 juin 1923).
Les paris sur les courses de chevaux ont été organisés par la loi du 2 juin 1891, réglementant l'autorisation et le fonctionnement des courses de chevaux et réprimant les prises de paris clandestins.
Au travers d'une pluralité de textes promulgués depuis le début du XXe siècle, l'exploitation des jeux de hasard en France a été très encadrée.
Une nouvelle espèce de jeu a vu le jour sous la forme des machines à sous importées principalement des Etats-Unis. Le milieu criminel s'est rapidement intéressé à ce marché très lucratif. Un décret-loi de 1937 remplacé par la loi du 12 juillet 1983, puis par l'ordonnance n° 2012-351 du 12 mars 2012 relative à la partie législative du code de la sécurité intérieure a interdit l'importation, la fabrication, la détention, la mise à disposition de tiers dans les lieux publics ou privés de ce type d'appareils. La loi réprime également la tenue de maison de jeux de hasard et autorise, dans certaines conditions, l'exploitation de machines à sous dans les casinos.

Des monopoles d'exploitation de jeux et paris ont été accordés au Pari Mutuel Urbain (PMU), groupement d'intérêt économique à but non lucratif qui couvre les paris sur courses de chevaux, et à la Française des Jeux, société d'économie mixte n'ayant pas d'objectif économique, qui s'est vu réserver le monopole des loteries.
Les jeux de hasard pratiqués avec argent drainent des sommes très importantes et, attiré par l'appât du gain, le milieu du grand banditisme tente de l'utiliser comme vecteur de blanchiment de son argent sale, que ce soit par le biais des jeux en dur (cercles de jeux et casinos ou machines à sous clandestines) que par celui d'Internet. C'est aussi pour ces motifs que l'Etat a encadré les activités de ce secteur de manière stricte.

Le système français : un dispositif sécurisant et efficace

En France, les activités de jeux de hasard avec mises d'argent, paris et loteries sont strictement encadrées.
Le principe général est l'interdiction, pondérée par des dérogations accordées à certaines entités et pour des activités spécifiques.
Le but de la réglementation est d'assurer la garantie du respect de la régularité et de la sincérité des jeux. La législation mise en place et la jurisprudence qui en découle s'articulent autour de deux notions essentielles: celle de jeu de hasard et celle de sacrifice financier.
Le monde du jeu allait être profondément bouleversé en ce début de XXIe siècle avec le développement considérable des jeux et paris sur Internet, mais je ne souhaite pas aborder le détail du droit nouveau dans ce domaine, laissant à Monsieur Jean-François VILOTTE, président de l'Autorité de régulation des jeux en ligne (ARJEL), le soin de le faire.
Le dispositif pénal aujourd'hui s'articule autour d'un service de police spécialisé, d'un arsenal législatif ancien mais très complet et, in fine, d'un traitement judiciaire qui cible l'infiltration du crime organisé dans le monde des jeux et paris.

Le rôle de la Police des jeux : le Service central des courses et jeux de la Direction centrale de la police judiciaire.

La police des jeux est apparue dès 1892 pour surveiller le bon déroulement des courses hippiques. Elle s'est définitivement structurée en 1946, année de son rattachement au sein du ministère de

l'Intérieur à la Direction centrale des Renseignements généraux. Depuis 2008, cette police spécialisée qui a pris la forme d'un service central, dépend de la *Direction centrale de la police judiciaire*
Le Service central des courses et jeux (SCCJ) a une compétence nationale et est chargé de la surveillance des établissements de jeux, des champs de courses, des paris hippiques et sportifs et des jeux liés aux nouvelles technologies. Il exerce une mission de police administrative et de police judiciaire.

Il veille au respect de la régularité et de la sincérité des jeux, quels qu'ils soient, ainsi qu'à la protection des joueurs et à la défense des intérêts de l'Etat, et procède aux enquêtes administratives relevant du domaine réglementaire des jeux.

L'organisation du Service central des courses et jeux est calquée sur les missions qui lui sont confiées et qu'il exécute en coordination avec ses correspondants locaux, fonctionnaires de police affectés dans les directions interrégionales de police judiciaire, couvrant ainsi l'ensemble du territoire sur lequel se trouvent 195 casinos et 250 hippodromes.

Composé d'officiers de police judiciaire à compétence nationale, le SCCJ est chargé de réprimer les infractions de droit commun dans le domaine des jeux et de lutter contre les jeux clandestins ou illégaux, dont les jeux d'argent et de hasard sur Internet.

Outre son activité pénale, le SCCJ, dans le cadre de sa mission de police administrative portant sur la surveillance et le contrôle des jeux dans les casinos et les cercles,(les employés de jeux font partie des professions réglementées), a en charge notamment, les contrôles techniques et réglementaires des casinos et l'instruction des dossiers soumis à la commission consultative des jeux de cercles et de casinos (ex- commission supérieure des jeux), dans le cadre général de la loi du 15 juin 1907 réglementant les jeux dans les casinos des stations balnéaires, thermales et climatiques.

En outre, le SCCJ, désigné comme autorité de contrôle de l'ensemble des acteurs autorisés à exploiter des jeux de hasard en « dur », par un décret de décembre 2009 concernant la lutte contre le blanchiment d'argent et le financement du terrorisme, s'assure du respect des obligations de déclaration de soupçons par les directeurs de casinos et des cercles.

Enfin, le SCCJ surveille le secteur des courses hippiques, diligentant, en matière hippique, les enquêtes administratives préalables aux autorisations de « faire courir, d'entraîner et de monter ».

II - Un arsenal pénal spécifique ancien pour encadrer les secteurs de jeux traditionnels et lutter contre les fraudes.

La loi française couvre tous les secteurs des paris sur les courses hippiques jusqu'à l'exploitation des jeux de hasard sur Internet.

Les paris sur les courses de chevaux

En 1866, trois sociétés destinées à promouvoir l'amélioration des races de chevaux sont autorisées à organiser des courses de chevaux avec recours au pari.
Très vite, sont apparus sur les champs de courses des parieurs surtout motivés par l'appât du gain, transformant le pari sur les courses en véritable jeu de hasard contre lequel une jurisprudence a d'abord réagi mettant en œuvre l'article 410 du code pénal de 1810, avant que le législateur mette en place la loi du 2 juin 1891 qui a dérogé à l'interdiction générale du pari sur les courses. Cette loi légalise les paris sur les courses de chevaux et instaure le principe de mutualisation (les parieurs jouent les uns contre les autres et se partagent les gains une fois effectués les prélèvements légaux). Plus ils jouent sur un cheval, plus ils en font baisser la cote.
Seul le pari mutuel est autorisé par la loi sous certaines conditions.
Depuis la loi du 12 mai 2010, plusieurs opérateurs de jeux autres que le PMU sont également autorisés à prendre des paris sur les courses de chevaux.
La loi du 2 juin 1891 qui a pour objet de réglementer l'autorisation et le fonctionnement des courses de chevaux punit quiconque aura, en quelque lieu ou sous quelque forme que ce soit, offert de recevoir ou reçu des paris sur les courses de chevaux, soit directement soit par intermédiaire.
Pour que ce délit de réception de paris illicites soit constitué, il faut être en présence de paris sur les courses de chevaux et de la réception

illégale de paris (il faut qu'une personne ait reçu le pari qui aurait dû être enregistré par le PMU ou le PMH).
La tentative comme la complicité sont punissables (c'est le seul jeu prohibé dans lequel le joueur est punissable et cela doit se comprendre car sans sa participation, le délit ne peut exister).
Les sanctions pénales sont les mêmes qu'en matière de loteries ou de jeux de hasard prohibés.
Le crime organisé tente de pénétrer le domaine des courses par divers biais. Ainsi, il peut utiliser un homme de paille connu dans le milieu hippique pour acheter un cheval avec de l'argent sale. Il peut également tenter de financer l'achat d'un bar-PMU, de racheter des tickets gagnants pour justifier de ressources de manière plausible, de corrompre un entraîneur de doper un cheval pour être sûr d'en tirer le meilleur gain.

Les loteries

Dans le langage courant, la loterie est un jeu de hasard où l'on distribue un certain nombre de billets numérotés et où des lots sont distribués à ceux qui sont désignés par le sort (Robert).
En droit, la définition est plus large: c'est l'opération, quelle qu'en soit la dénomination, offerte au public et par laquelle un gain et un avantage quelconque est attribué à une ou plusieurs personnes par la voie du sort. (G.Cornu, Vocabulaire juridique, éd.Puf).
Comme pour tous les jeux de hasard, l'attitude des pouvoirs publics à l'égard des loteries a toujours été ambivalente, la loterie étant tantôt considérée comme moralement condamnable pour entretenir dans le public le goût du gain facile et rapide et tantôt considérée comme une source de revenus intéressante qui a ainsi permis de financer des bâtiments publics ou d'autres œuvres d'intérêt général (principe de la tombola).
Le Code pénal de 1810, dans son article 410, punit d'une peine d'emprisonnement ceux qui auront établi ou tenu des loteries non autorisées par la loi.
C'est finalement la loi du 21 mai 1836, reprise parle code de la sécurité intérieure, qui pose le principe de l'interdiction «des loteries de toutes espèces» à l'exception des loteries de bienfaisance, autorisées par le préfet du département et les lotos traditionnels dans certaines conditions (organisés dans un cercle restreint, mises ne dépassant pas 20€, dans un but social, culturel, scientifique, d'animation sociale,

éducatif ou sportif, les lots ne pouvant pas consister en sommes d'argent).
La loi de finances du 31 mai 1933 a autorisé le gouvernement à créer une loterie nationale. De nombreux systèmes de loterie ont été offerts au public avec un succès croissant.
Les loteries sont un monopole de l'Etat et sont exploitées par la Française des Jeux, société d'économie mixte dont l'Etat détient 72 % du capital.
L'article 2 de la loi du 21 mai 1836 donne la définition suivante de la loterie: « *Sont réputées loteries (...) les ventes d'immeubles, de meubles et de marchandises effectuées par la voie du sort, ou auxquelles auraient été réunis des primes ou autres bénéfices dus, même partiellement, au hasard et généralement toutes opérations offertes au public, sous quelque dénomination que ce soit, pour faire naître l'espérance d'un gain qui serait acquis par la voie du sort.* »
Pour que le délit de loterie soit constitué, quatre éléments doivent être réunis :
- l'offre d'une loterie faite au public,
- l'espérance d'un gain,
- le caractère aléatoire du gain qui doit être acquis par la voie du sort,
- la participation financière ou sacrifice pécuniaire, même minime, du participant (ce quatrième élément a été ajouté par une jurisprudence constante).

La tenue publique de loterie est prohibée (cas dans lesquels la loterie a été établie dans les rues, chemins, places ou lieux publics) et punie d'une peine principale de 6 mois d'emprisonnement et de 7 500€ d'amende .
Outre les loteries de bienfaisance et les lotos traditionnels, d'autres loteries sont autorisées.
L'organisation et l'exploitation des loteries sont confiées à la société La Française des Jeux dont le président est nommé par décret.
Les jeux revêtent actuellement plusieurs formes :

- les jeux de grattage qui se présentent comme des tickets occultés qui présentent des nombres ou symboles dont certaines combinaisons sont gagnantes et que le joueur découvre après grattage,
- les jeux de pur hasard pour lesquels le joueur remplit une grille (Keno, loto, Superloto, Euromillion). Le tirage au sort a lieu en présence d'un huissier. Le gain augmente en fonction du nombre de numéros gagnants,

- d'autres jeux font appel à la combinaison de résultats d'évènements sportifs et du hasard : loto sportif autorisé en 1984, puis paris sportifs.

Jusqu'à l'entrée en vigueur de la loi du 12 mai 2010, la Française des Jeux, avait officiellement le monopole des jeux de loterie et de paris sportif sur tout le territoire. Elle conserve encore aujourd'hui le monopole des loteries.

La loi du 12 juillet 1983 relative aux jeux de hasard (ordonnance du 12 mars 2012 – partie législative du code de la sécurité intérieure)

Les prohibitions concernant les jeux de hasard et la tenue d'une maison de jeu de hasard

L'article 1er de la loi du 12 juillet 1983 réprime « *le fait de participer, y compris en tant que banquier, à la tenue d'une maison de jeux de hasard où le public est librement admis, même lorsque cette admission est subordonnée à la présentation d'un affilié*».

Ce texte punit également le fait d'établir ou de tenir sur la voie publique ou dans un lieu public tout jeu de hasard non autorisé par la loi.

De même, la publicité, par quelque moyen que ce soit, en faveur d'une maison de jeux de hasard non autorisée est également sanctionnée.

Jusqu'à l'entrée en vigueur de la loi du 12 mai 2010, les textes n'ont pas donné de définition du jeu de hasard.

Celui-ci peut prendre deux formes:

- soit ce sont les joueurs eux-mêmes qui engagent leurs enjeux sur leurs chances respectives de succès,
- soit ils engagent leurs enjeux sur des parties auxquelles ils ne prennent pas part eux-mêmes et il s'agit dans ce cas d'un pari.

Constituent des jeux de hasard ceux où le hasard seul décide et où les aptitudes physiques ou intellectuelles du joueur ne prennent aucune place (machine à sous, dés, poker).

La question se complique lorsque le jeu comporte à la fois une part de hasard et une part d'habileté et d'intelligence.

Sur ce point la jurisprudence a évolué. Dans un premier temps n'étaient jeux de hasard que «ceux où le hasard seul préside», puis la Cour de cassation, en 1877 a qualifié de jeux de hasard ceux

où la chance prédomine sur l'habileté, la ruse, l'audace et les combinaisons de l'intelligence.
Cette jurisprudence élargit la notion de jeu de hasard.
Sur ces bases, on distingue traditionnellement les jeux de hasard des jeux d'adresse.
Lorsque le hasard n'intervient aucunement, on est en présence d'un jeu d'adresse (jeux de dames, d'échecs, jeux-concours…).
Mais comment déterminer les jeux où le hasard prédomine sur l'habileté : cela nécessite un examen approfondi des règles du jeu et une analyse mathématique du calcul des probabilités.
Ainsi, la belote et le bridge ne sont pas des jeux de hasard car la chance n'intervient qu'en début de partie, au moment de la distribution des cartes, la suite de la partie dépendant de la perspicacité des joueurs.
A contrario, les jeux de dés, les petits chevaux, le poker, jeux dans lesquels la chance prédomine, sont des jeux de hasard.
Si des paris sont engagés sur d'autres joueurs, il convient de distinguer entre les mises pariées sur les chances de joueurs se livrant à un jeu de hasard, cas dans lequel le pari revêt le caractère d'un jeu de hasard, des paris engagés par des personnes connaissant la force et l'habileté des joueurs (calculs et combinaisons possibles), cas ne correspondant pas à un jeu de hasard.
Conformément à cette jurisprudence, l'article 2 de la loi du 12 mai 2010 donne la définition suivante : « *Est un jeu de hasard un jeu payant où le hasard prédomine sur l'habileté et les combinaisons de l'intelligence pour l'obtention d'un gain.* »
Pour que l'infraction soit établie, il faut un enjeu qui peut porter sur de l'argent ou des objets. La jurisprudence définit l'enjeu de façon extensive. Peu importe que la valeur de celui-ci soit faible.
Les joueurs ne sont pas punissables, à moins qu'ils aient participé à l'organisation ou à l'administration de la maison de jeux illégale.

La mise en œuvre de la procédure judiciaire pour tenue de maison de jeux de hasard

La loi ne définit pas matériellement la maison de jeu.
Le terme de «maison» peut désigner certes un édifice, mais aussi, par extension, une entreprise
L'ouverture au public est également requise pour que l'infraction soit caractérisée.

La tenue de jeux de hasard dans une maison privée n'est pas punissable dans la mesure où seuls l'occupant des lieux, sa famille ou ses invités y prennent part.
Une maison ouverte au public peut viser une maison privée où le public est librement admis ou si l'entrée en est subordonnée à un contrôle de pure forme, comme la présentation d'un affilié.
L'incrimination prévoit «*le fait de participer à la tenue d'une maison, y compris en tant que banquier...* »: cette formule est large et l'interprétation jurisprudentielle est extensive. Elle permet de poursuivre les organisateurs, le personnel qui fait fonctionner la maison de jeu et aussi le joueur qui tient le rôle de banquier.
Doit être établie la conscience d'avoir participé à la tenue d'une maison de jeu.
La poursuite du délit de tenue d'une maison de jeu de hasard est régie par les règles du droit commun, notamment en matière de preuve. La procédure peut débuter sur la base d' un renseignement étayé par des surveillances, des interceptions téléphoniques et des témoignages de joueurs démontrant qu'il y a bien pratique d'un jeu de hasard avec mises d'argent.
L'ensemble de ces éléments permettra ensuite des interpellations en flagrant délit.
Cependant, comme les autres infractions spécifiques aux jeux, l'incrimination de tenue de maison de jeu de hasard n'est pas citée dans l'article 706-73 du Code de procédure pénale qui vise les infractions relevant de la criminalité organisée de grande complexité.
Les techniques d'enquête dérogatoires telles que les infiltrations, les sonorisations ou captations d'images prévues pour ces infractions ne peuvent donc s'appliquer, ce qui parait regrettable, d'autant que depuis le développement récent de la passion pour le poker, le nombre de tripots s'est accru, le Milieu y ayant trouvé un moyen rapide d'engranger de l'argent à moindre frais d'investissement.

La prohibition de certains appareils de jeux

L'article 2 de la loi du 12 juillet 1983 vise « *tout appareil dont le fonctionnement repose sur le hasard et qui permet, éventuellement par l'apparition de signes, de procurer un avantage direct ou indirect de quelque nature que ce soit, même sous forme de parties gratuites* ».
L'appareil doit fonctionner « moyennant enjeu » (présence d'un monnayeur).

Le texte vise l'importation et la fabrication mais également la détention, la mise à disposition des tiers, l'installation et l'exploitation de ces appareils sur la voie publique ou dans des lieux ouverts au public.
Sont également prohibées l'exploitation de ces appareils ou leur mise à disposition de tiers par une personne privée dans des lieux privés.
Des exceptions à la prohibition sont prévues dans l'enceinte et pour la durée des fêtes foraines, ainsi que dans les casinos.
La bande organisée est le plus souvent retenue dans les affaires de machines à sous qui impliquent les importateurs, les placiers, les cafetiers, et les membres du Milieu qui tirent profit du réseau.

La réglementation des jeux dans les casinos

La loi du 15 juin 1907 légalise l'exploitation des casinos dans lesquels sont pratiqués des jeux de hasard : «*Un casino est un établissement comportant trois activités distinctes : le spectacle, la restauration et le jeu, réunies sous une direction unique sans qu'aucune d'elles puisse être affermées*».

Par dérogation à l'interdiction légale de la tenue d'une maison de jeux de hasard, il peut être accordé aux casinos des stations balnéaires, thermales ou climatiques et des villes de plus de 500 000 habitants ayant un opéra, l'autorisation temporaire d'ouvrir au public des locaux spéciaux distincts et séparés où seront pratiqués certains jeux de hasard.
Cette autorisation est accordée par arrêté du ministre de l'Intérieur, après enquête de ses services (SCCJ) et avis de la commission consultative des jeux de cercles et de casinos.
Les machines à sous qui procurent actuellement près de 90 % du chiffre d'affaires des casinos autorisés à les exploiter peuvent être acquises à l'état neuf ou d'occasion auprès d'un autre casino.
En vue de lutter contre le blanchiment de capitaux provenant d'activités illicites, les casinos doivent enregistrer les noms et adresses des joueurs qui remettent ou qui reçoivent des moyens de paiement en échange de jetons ou plaques, ainsi que la référence du document d'identité produit, dès lors que les sommes en cause sont égales ou supérieures à 2000€ par séance.
Par ailleurs, dans le cadre des dysfonctionnements réglementaires relevés par les fonctionnaires du SCCJ ou leurs correspondants

territoriaux à l'occasion de contrôles ou de surveillance, des sanctions administratives allant de l'avertissement jusqu'au retrait d'agrément peuvent être proposées au ministre de l'Intérieur contre les employés de jeux ou membres du comité des jeux ou du directeur responsable du casino.
En cas de fautes graves, un retrait d'autorisation de jeux peut même être envisagé.
Ces mesures n'excluent pas les poursuites pénales éventuelles.

Réglementation des jeux dans les cercles : un caractère très spécifique

A / Le fonctionnement des cercles de jeux
Le statut des cercles de jeux (4 à Paris et un à Reims) peut paraître ambigu.
Les jeux de hasard étaient pratiqués dans les cercles moyennant une autorisation administrative qui est devenue caduque par l'effet de la loi du 1er juillet 1901 sur la liberté d'association.
La base légale de création d'un cercle de jeux est en effet le statut d'association. La loi du 30 juin 1923 est intervenue pour légaliser les cercles. Elle soumet à l'autorisation révocable du ministre de l'Intérieur la pratique des jeux de hasard et instaure les prélèvements sur le produit brut des jeux (PBJ).
Les cercles revêtant la forme d'une association, celle-ci doit d'abord être constituée conformément à l'article 5 de la loi de 1901 (*Loi du 30 juin 1923, art. 47)*. On distingue les jeux de hasard et les jeux de «commerce» qui désignent divers jeux de cartes où le hasard joue d'ailleurs un rôle, mais qui ne sont pas, en principe, des jeux d'argent.
Le cercle doit poursuivre *«un but principal social, sportif, artistique, littéraire ou autre. Il doit justifier de l'aide réelle qu'il y apporte» (Instruction ministérielle du 15 juillet 1947, art.6)*.
La demande d'autorisation, adressée au préfet et au ministre de l'Intérieur, comporte l'engagement de se soumettre à la réglementation et aux mesures de contrôle ; elle indique les jeux d'argent qui seront pratiqués et le nom des membres du comité des jeux. L'autorisation est toujours révocable *(loi du 30 juin 1923, art. 47)*, et strictement personnelle (elle ne peut être cédée).

Comme pour les casinos, une série de règles importantes encadre le fonctionnement des cercles dans lesquels les jeux ne peuvent y être

pratiqués qu'argent comptant, les sommes pouvant être représentées par des billets de banque, des jetons ou des plaques.
Par ailleurs, les cercles sont soumis au même contrôle de la police qu'ils soient ouverts (la direction des jeux est assurée par un comité de direction désigné par le conseil d'administration de l'association) ou fermés (le cercle s'administre lui-même, le conseil d'administration gère la direction des jeux sous l'autorité de son président) et sont assujettis au contrôle des agents des impôts qui peuvent pénétrer dans les locaux à toute heure du jour et de la nuit.
D'autres dispositions légales prescrivent des mesures réglementaires dont l'absence de respect entraîne la sanction.
Les cercles étant des associations privées, seuls les membres à jour de leur cotisation annuelle ont le droit de pénétrer dans les salles où sont pratiqués les jeux *(D. 5 mai 1947, art.4)*. A ce sujet il convient de noter qu'ont été déclarés coupables de tenue d'une maison de jeux de hasard les dirigeants d'un cercle où la police avait trouvé des personnes étrangères au cercle qui y étaient rentrées librement sans avoir de cartes et sans présentation des adhérents *(Cass. Crim., 12 janvier 1924 : Bull. Crim., n°24)*.
A la différence des casinos où il existe plusieurs parties prenantes, le produit des jeux des cercles est assujetti à un impôt au profit de l'Etat, sans distinction selon la nature des jeux pratiqués.
Les ressources des cercles sont constituées par les cotisations des membres, les cagnottes (prélèvements effectués sur les gains des joueurs par le cercle) et les produits des restaurants et bars.
La police des jeux assure dans les cercles une présence importante en surveillant le déroulement des jeux et en contrôlant les documents, les cagnottes, le respect du contrôle des interdits de jeux et de l'obligation de déclaration de soupçon imposée aux cercles de jeux.
La loi du 30 juin 1923 prévoit l'application des sanctions pénales édictées par la loi du 12 juillet 1983 modifiée contre quiconque administre, dirige ou exploite un cercle où seraient pratiqués des jeux de hasard sans autorisation ou après retrait de l'autorisation. *(L. 30 juin 1923, art. 49)*.

B/ Le rôle particulier du banquier, membre du cercle

Dans les cercles de jeux, les jeux de cercle se jouent entre membres de l'association du cercle, certains jeux (comme le multicolore, le baccara) nécessitent que l'un des membres, appelé le banquier, assure

la contrepartie des enjeux contre les autres joueurs. En théorie, chaque joueur a vocation à tenir la banque pour un temps déterminé (durée de la séance ou plusieurs fois par séance lorsque la banque est mise aux enchères : par exemple, tous les 8 coups au multicolore).
Dans la réalité, eu égard au dispositif légal (article 50 et suivants de l'instruction ministérielle du 15 juillet 1947), aux montants de l'enchère et à la nécessité d'un dépôt de garantie en espèces suffisant, la banque est souvent tenue par les mêmes personnes.
Ainsi, le montant de l'achat de la banque dépend du montant de l'adjudication des tables de jeux qui varie dans les cercles parisiens de 5000€ à 20 000€ par table. Cela signifie que pour assurer la contrepartie, le banquier doit disposer de fortes sommes.
La règlementation n'oblige pas le banquier à justifier de l'origine des fonds qu'il dépose pour l'adjudication, même si la police des jeux s'assure de leur provenance. Toutefois, en cas de gains par séance dépassant la somme de 5000€, son nom et son adresse doivent être enregistrés par le cercle (art. L 561 – 13 du code monétaire et financier).
Les gains au jeu ne sont pas imposables sauf si le fisc est en présence d'un joueur professionnel (le jeu est sa seule source de revenus). D'une manière habituelle, les banquiers des cercles ont d'autres ressources officielles que la tenue de la banque : leurs revenus tirés du jeu ne sont donc pas imposés en dehors des taxes réglementaires au moment de chaque adjudication ou arrosage.
Au travers de cette situation, on comprend aisément l'influence du banquier dans le fonctionnement de l'association, d'autant qu'il n'y a aucune obligation pour un cercle de déclarer les banquiers. Cette situation peut favoriser le recours à des prête-noms qui sont des personnes à la moralité irréprochable, mais qui blanchissent l'argent des voyous.

A la suite de nombreuses enquêtes judiciaires, le nombre de cercles de jeux est passé de 9 à 4 à Paris au cours des 5 dernières années.

Des sanctions pénales harmonisées :

Afin d'assurer le respect du principe d'égalité devant la loi qui commande que l'offre illégale de jeux soit punie des mêmes peines, quelles que soient les formes de jeux, la loi du 12 mai 2010 a opéré une harmonisation des textes répressifs en matière de jeux et paris prohibés, par un alignement sur les peines applicables à l'offre illégale de jeux «en ligne».

Cette harmonisation concerne les textes suivants:

- •la loi du 21 mai 1836 portant prohibition des loteries,
- •la loi du 2 juin 1891 ayant pour objet de réglementer l'autorisation et le fonctionnement des courses hippiques,
- •la loi du 12 juillet 1983 relative aux jeux de hasard,

Elle s'applique à la fois à l'offre illégale de jeux et à la publicité illicite et couvre tant les peines principales que les peines complémentaires.

A/ Peines encourues en matière d'offres illégales de jeux :

1- Pour les personnes physiques: trois ans d'emprisonnement et 90 000€ d'amende.
Les peines sont portées à 7 ans d'emprisonnement et 200 000 euros d'amende lorsque l'infraction est commise en bande organisée.
La loi prévoit également une série de peines complémentaires parmi lesquelles:
- Confiscation des biens meubles ou immeubles, divis ou indivis, ayant servi directement ou indirectement à commettre le délit ou qui en sont le produit,
- Fermeture définitive ou temporaire de l'établissement ayant servi à commettre l'infraction.

2 – Pour les personnes morales : 450 000€ d'amende selon les modalités de l'article 131-38 du code pénal outre des peines complémentaires (dissolution, fermeture d'établissements ...)
Si les faits sont commis en bande organisée, l'amende encourue est portée à 1 000 000 euros.

B/ Peines encourues en matière de publicité pour une offre de jeu illégal :

Pour les personnes physiques : une amende de 100 000 euros
Pour les personnes morales : une amende de 500. 000 euros
Mais le Tribunal peut porter le montant de l'amende au quadruple du montant des dépenses publicitaires consacrées à l'activité illégale.

Comment s'organise la réponse judiciaire s'appuyant sur cet arsenal législatif ?

III - Le traitement judiciaire de la délinquance traditionnelle liée aux jeux

Le grand banditisme a depuis longtemps tenté d'investir le domaine du jeu, en particulier le marché très lucratif des machines à sous qui a pris pendant un temps la place de l'exploitation de la prostitution.
Le contentieux pénal lié au jeu est le plus souvent, comme à Paris, suivi par les juridictions interrégionales spécialisées dans la lutte contre la criminalité organisée (JIRS). Ces juridictions regroupent des magistrats spécialisés du Parquet, de l'Instruction mais également des juridictions de jugement.
Ces équipes travaillent en collaboration étroite avec les services spécialisés et se consacrent à la lutte contre la criminalité de grande complexité pour laquelle le législateur a prévu des techniques d'enquête dérogatoires comme l'infiltration ou la sonorisation et captations d'images mais paradoxalement, il ne les a pas étendues aux incriminations en matière de jeux.
En revanche, la circonstance aggravante de la bande organisée qui est prévue pour les infractions liées au jeu permet de pratiquer des écoutes téléphoniques plus largement qu'en droit commun et d'appliquer un régime de garde à vue prolongée.
En matière de jeux, la politique pénale mise en œuvre se concentre essentiellement sur la lutte contre les réseaux d'implantation de machines à sous, les cercles de jeux clandestins et les activités de blanchiment susceptibles d'utiliser le vecteur des jeux.
Dans ce domaine, il faut aussi tenir compte du fait que « jouer comporte des risques » (slogan de la Française des Jeux dans le cadre de la prévention contre l'addiction au jeu) et que le Milieu ne souhaite pas perdre l'argent qu'il entend blanchir. Pour ce dernier motif, il préfère investir dans du matériel ou racheter des tickets gagnants de la Française des Jeux ou du PMU, plutôt que de « tenter sa chance » au casino.

La lutte contre les réseaux d'implantation des machines à sous

Le débit de boissons, lieu de convivialité et de rencontres, attire une clientèle qu'il faut fidéliser. Le jeu y a toujours trouvé sa place (fléchettes, baby-foot, billard et autres flippers ou jeu vidéo) et les jeux d'amusement dont le fonctionnement repose sur l'adresse, ont rapidement été détournés afin d'en augmenter la rentabilité et les groupes criminels les ont transformés en machines à sous clandestines, démarchant les bars intéressants pour proposer le «placement» des machines. Ce démarchage peut se faire en douceur ou de façon plus violente si les propositions ne sont pas acceptées.
Les machines transformées arrivent en général en pièces détachées depuis les pays de fabrication (Italie, Espagne, Belgique ou pays de l'Est). Elles font l'objet d'un formatage qui consiste à ajouter une carte magnétique permettant le jeu. Le montage est amorti très rapidement.
Les machines dissimulant des jeux de bingos ou vidéo poker disposent d'un logiciel ou d'un mécanisme qui permet de modifier le type de jeu.
Un système permettant l'accès à la comptabilité électronique et au réglage du taux de redistribution est en général prévu.
Les gagnants obtiennent des gains en espèces dont les plus élevés peuvent avoisiner 500 euros.
Chaque machine, qui peut se dissimuler aujourd'hui sous la forme d'une borne Internet, rapporte plusieurs milliers d'euros par mois, répartis par moitié entre le gérant du bar et celui qui a placé le jeu. Les entreprises qui effectuent ces placements sont souvent dirigées par des gérants de paille qui dissimulent des membres du grand banditisme dont ils sont des « alimentaires ».
Compte tenu de l'ampleur des profits illicites dégagés, le contrôle de ce marché a donné lieu à une véritable guerre entre groupes criminels dans les années 90 et le début des années 2000 dans le sud de la France.
Plus de 300 règlements de compte attribués à ce trafic, avaient été dénombrés durant cette période
Des équipes structurées, comportant les importateurs, les gérants, les « placiers » et les agents de maintenance ont été et sont périodiquement démantelées.

Les cercles de jeux clandestins

A/Les « tripots »

Les cercles de jeux clandestins ont toujours existé. Cependant avec l'engouement pour le poker, ces cercles se sont multipliés.
Certains cercles de bridge se sont mis à organiser des parties de poker clandestines, engendrant ainsi des profits importants pour les organisateurs.
D'autres cercles de jeux, installés discrètement dans des appartements de grandes villes, rassemblent des membres issus d'un même milieu spécifique: petits caïds ou communautés diverses.

B/Le détournement des cercles de jeux officiels

Il arrive également que le milieu criminel exploite un cercle de jeux officiel pour dissimuler une activité illégale et très lucrative consistant à organiser, à l'intérieur de l'établissement, un cercle de jeux clandestin.
Ainsi, au milieu des tables de poker régulières, se sont trouvées plusieurs tables exploitées en seule faveur de voyous spécialisés dans la pratique de ce jeu de hasard et dans celle des prêts d'argent aux joueurs perdants.

Au-delà de ces législations spécifiques, la lutte contre les mécanismes traditionnels de blanchiment

Les jeux truqués ou le rachat des gains de joueurs sont utilisés pour expliquer la provenance de ressources inexplicables autrement.
Les tickets gagnants sont payés en espèces avec un petit bonus. Les blanchisseurs disposent ainsi d'un chèque officiel émis par l'organisme qui gère les paris (sportifs ou hippiques), ce qui justifie au regard des contrôles l'origine des fonds.
Sur les hippodromes ou dans les points courses, il est possible d'observer ces rachats de tickets gagnants. Lorsque les résultats sont connus, les gagnants peuvent être abordés par des individus et, après une courte discussion, les tickets changent de main. Les joueurs n'y voient aucun inconvénient : ils peuvent avec les espèces qu'ils viennent d'obtenir, retourner jouer et ils bénéficient en plus d'un rachat supérieur à la valeur du gain.
La récupération de gains peut se faire à grande échelle grâce à de nombreuses «petites mains» qui surveillent les gagnants et qui les abordent de manière systématique lorsqu'ils viennent encaisser leur

dû. Cette utilisation de nombreux porteurs de petites sommes permet de fractionner les dépôts.
Le grand banditisme a utilisé cette technique de blanchiment par rachat de tickets gagnants de PMU pour des centaines de milliers d'euros, grâce à la complicité d'exploitants de « points courses». Francis Vanverberghe, membre célèbre du grand banditisme surnommé Francis le Belge, a justifié de ses ressources en fournissant les photocopies d'une multitude de tickets gagnants du PMU alors qu'il faisait l'objet de poursuites pour proxénétisme.
Le procédé est le même s'agissant des tickets gagnants de loteries. Les négociants propriétaires des locaux dans lesquels les paris et gains sont payés peuvent aussi jouer un rôle important dans le montage frauduleux. Ils peuvent en effet être amenés à jouer le rôle de banquier pour les joueurs les plus importants (ils perçoivent 5% du montant des enjeux encaissés dans leur point de vente).
Lorsque le paiement se fait sans enregistrement informatique (paiement en espèces au joueur gagnant) le négociant peut disposer d'un stock de tickets gagnants qu'il peut revendre à des blanchisseurs intéressés à moins de leur avoir désigné préalablement un gros gagnant.
L'exploitant malhonnête d'un point d'enregistrement de jeux peut aussi récupérer des tickets gagnants en prétendant qu'ils ne le sont pas, profitant de la naïveté de joueurs peu attentifs.
Ces procédés ont donné lieu à des poursuites pour blanchiment et un palliatif a été mis en place : tous les joueurs peuvent maintenant lire eux-mêmes les tickets joués en utilisant un appareil mis à leur disposition par la FDJ dans les commerces points de vente desdits tickets de loteries (Moto, Euro Millions, Keno…) .

Pourtant, l'infraction de blanchiment n'est pas facile à établir : la difficulté réside dans la démonstration de l'origine des fonds blanchis (prouver l'infraction « source » commise par des individus et des réseaux qui se livrent à de multiples activités illicites n'est pas chose aisée).

Pour ce motif, il apparaît nécessaire d'orienter également l'enquête vers la recherche d'éléments de train de vie, souvent peu en rapport avec des ressources déclarées, ce qui peut permettre d'établir le délit de la non-justification de l'origine de ressources.

Ainsi, en présence de jeunes délinquants connus pour trafic de stupéfiants, il est intéressant d'établir, en cas de fréquentation assidue de leur part des machines à sous ou des tables de poker des casinos, le montant de leurs gains mais également le montant de leurs enjeux.

Ce traitement traditionnel des infractions liées au jeu s'est trouvé cependant bouleversé par l'apparition des jeux en ligne et par l'abolition des frontières que le support Internet entraîne.

Les jeux sur Internet

Le développement rapide des jeux par Internet a augmenté les risques de fraude et de blanchiment : les transactions informatisées sont opaques et rapides, qu'il s'agisse de flux financiers ou de transfert des données informatiques.
Pour faire face à cet afflux d'offre de jeux en ligne qui est venu mettre à mal d'une part la prohibition de principe des jeux de hasard et des loteries, et d'autre part, les monopoles installés, le législateur a fait le choix d'une ouverture régulée et contrôlée.

Bref aperçu ci-après de la loi du 12 mai 2010 relative à l'ouverture à la concurrence et à la régulation du secteur des jeux d'argent et de hasard en ligne.

Ce texte vise à faire face au développement rapide de l'offre de jeux d'argent et de hasard sur Internet, offre qui s'opère le plus souvent dans un cadre illégal.
Il répond aussi à une injonction de la Commission européenne qui, depuis 2007, demande à la France d'ouvrir ce marché à la concurrence sous peine de poursuites devant la Cour de Luxembourg. Il existe en effet désormais une dimension européenne du monopole et du contrôle étatiques sur les jeux. Le principe de la libre prestation de service a été réaffirmé par la jurisprudence de la Cour de justice de l'Union européenne. Toutefois des dérogations relevant des raisons impérieuses d'intérêt général sont autorisées.

La loi française propose, par la régulation, de trouver un juste équilibre au travers d'une ouverture «maîtrisée» caractérisée par :
- une ouverture limitée à certains jeux et paris faisant appel à l'expertise des joueurs (paris hippiques, uniquement sous leur forme

mutuelle, paris sportifs, mutuels, à cote fixe, en direct et uniquement le poker pour les jeux de cercle) ;

- une très forte régulation, avec la création d'une autorité administrative indépendante en charge de réguler le nouveau secteur des jeux et paris en ligne (ARJEL) ;

- un renforcement des moyens de lutte contre les sites illégaux, grâce à la mise en place de procédures civiles et pénales.

La législation française répond aux critères de la jurisprudence européenne dont l'objectif qui m'apparaît comme principal est celui de prévenir les activités frauduleuses ou criminelles ainsi que le blanchiment des capitaux et le financement du terrorisme.

La loi nouvelle ne libéralise que les paris sportifs, hippiques et les jeux de cercles et dans la seule mesure où ils sont organisés sur le réseau Internet. Elle est entrée en vigueur après avoir été déclarée entièrement conforme à la Constitution par le Conseil constitutionnel dans la décision du 12 mai 2010 (DC n°2010-605).

Le dispositif mis en place repose sur l'autorité de régulation mise en place, le dispositif d'agrément et de contrôle qu'elle exerce et la mise en œuvre d'une série de sanctions administratives et pénales à l'encontre des contrevenants.

Est ainsi créée l'Autorité de régulation des jeux en ligne (ARJEL), une autorité administrative indépendante (AAI). Je ne doute pas que son président, Jean-François Vilotte, évoque devant vous ses missions.

La lutte contre le blanchiment dans la loi du 12 mai 2010 :

La loi inclut l'activité des jeux en ligne au livre V titre VI du Code monétaire et financier, ce qui impose un ensemble d'obligations nouvelles aux opérateurs de jeux et de paris en ligne.

L'article L 561-2 de ce code qui vient dresser une liste des professions assujetties aux obligations de vigilance à l'égard de leur clientèle, vise les représentants légaux et responsables des entreprises de jeu «en dur» qui exercent physiquement sur le territoire national (casinos, société de paris et de pronostic hippiques ou sportifs) mais aussi les représentants légaux et responsables des entreprises des jeux en ligne qui ont obtenu l'agrément délivré par l'autorité de régulation.

Le dispositif impose ainsi une obligation de vigilance: en effet les opérateurs doivent désormais identifier leurs clients lorsque ceux-ci sollicitent l'ouverture d'un compte, c'est-à-dire l'activation d'un compte individuel attribué pour un ou plusieurs jeux qui retrace les mises et les gains liés aux jeux et paris, les mouvements qui leur sont

liés ainsi que le solde des avoirs du joueur auprès de l'opérateur (article 10 4 °).
Le dispositif impose ensuite une obligation déclarative de soupçon lors du paiement des gains. Comme les responsables de jeux «en dur», si l'opérateur sait ou soupçonne que les gains sont des sommes qui proviennent d'une infraction passible d'une peine privative de liberté supérieure à un an (opération de blanchiment), ou participent au financement du terrorisme, ou encore présentent les caractéristiques d'une fraude fiscale, l'opérateur devra en faire la déclaration de soupçon au service TRACFIN conformément aux articles L 561-15 et 16 du code monétaire et financier et s'abstenir d'effectuer l'opération de crédit des gains. C'est donc l'ensemble du jeu et du pari, de quelque nature soit-il, qui se retrouve soumis au dispositif de lutte contre le blanchiment.

Par ailleurs, la loi du 12 mai 2010 a mis en place un double contrôle sur les opérateurs, contrôle exercé par l'ARJEL.

L'ARJEL entretient des contacts étroits avec la Direction centrale de la police judiciaire (SCCJ) en vue de coordonner les poursuites pénales envisageables contre les infractions constatées, le joueur conservant évidemment toute possibilité de déposer une plainte en cas d'escroquerie ou autre dol dont il serait victime. Un officier de liaison du SCCJ a été placé auprès de l'ARJEL pour assurer la mission de cette nécessaire coordination.

La lutte contre les sites illégaux

Face à l'encadrement très strict et complet des opérateurs agréés par le dispositif français subsiste une offre illégale importante de jeux en ligne venant principalement d'opérateurs implantés à l'étranger. Comme l'a prévu la loi du 12 mai 2010, une veille sur Internet est opérée par les services spécialisés. Ainsi plus de 50 sites illégaux assurant une offre de jeux à destination du public français ont été dénoncés au Procureur de la République de Paris.

Divers mécanismes de lutte contre les sites illégaux ont été mis en place: d'une part, une mise en demeure préalable adressée à l'opérateur rappelant les sanctions encourues et l'enjoignant de cesser son activité d'offre de paris ou de jeux d'argent et de hasard suivie, en cas d'inexécution de la saisie par le président de l'ARJEL du président du tribunal de Grande Instance de Paris, statuant en la forme des référés, aux fins d'ordonner l'arrêt de l'accès à ce service aux hébergeurs et fournisseurs d'accès et de voir prescrite, le cas échéant sous peine d'astreinte, toute mesure destinée à empêcher l'accès et faire cesser le référencement du site.

D'autre part, si la mise en demeure n'est pas respectée, le président de l'ARJEL peut solliciter le ministre du Budget afin que celui-ci prenne un arrêté en vue de bloquer les flux financiers en provenance et à destination de l'opérateur visé pour une durée de 6 mois qui peut être renouvelée. Cette mesure se heurte, néanmoins, à la difficulté pratique d'identifier les comptes de l'opérateur de jeux.

Enfin, sur le plan pénal, le signalement au Procureur de la République qui peut ouvrir une enquête confiée au service central des courses et jeux, à la gendarmerie ou aux services de la Douane judiciaire. A l'issue de cette enquête, des poursuites judiciaires pourront être engagées contre l'opérateur en application de l'article 56 de la loi qui sanctionne, de la même façon que pour les opérateurs de jeux et paris «en dur», l'offre au public de paris ou jeux d'argent et de hasard, en ligne, sans être titulaire de l'agrément prévu par la loi.

En pratique, la mise en œuvre de ces sanctions se heurte à la difficulté principale de l'identification exacte de l'opérateur illégal le plus souvent basé à l'étranger et de ses comptes bancaires. Les noms de domaine changent très vite ainsi que les personnes morales.

Certains opérateurs sont installés dans des pays de l'Union européenne (Grande-Bretagne, Malte, Chypre, notamment) où ils exercent légalement leur activité. Les mesures d'entraide afin d'identifier des personnes morales et des comptes bancaires se heurtent à un manque de diligence de nos voisins européens chez qui les opérateurs exercent en toute légalité.

Des problèmes de coopération bien plus importants surgissent lorsque les opérateurs se trouvent installés en dehors de l'Union, dans des Etats relevant de la liste grise ou noire établie par l'OCDE.

Ces difficultés de mise en œuvre des sanctions pénales sont celles, malheureusement, qui se rencontrent couramment dans les enquêtes relatives aux infractions commises sur Internet.

Néanmoins, le dispositif français a un effet dissuasif et cela constitue incontestablement un succès.

La lutte contre la corruption en matière de compétitions sportives

La corruption dans le sport a toujours existé mais, en dehors de l'affaire ayant touché un match de football ayant opposé l'OM de Marseille à Valenciennes, en 1993, il n'y a pas d'exemple connu en France.

L'arrivée des paris en ligne a cependant considérablement augmenté les enjeux financiers et a entrainé une multiplication de parieurs, donc des personnes ayant un intérêt économique personnel et direct à la manipulation des résultats des compétitions sportives, objets d'un grand nombre de paris.

Il y a un risque réel d'atteinte à l'intégrité des compétitions sportives par la corruption ou la manipulation par des investissements très importants du crime organisé en vue d'en tirer d'importants profits par le biais de paris truqués.

Les services de police internationaux ont pris conscience de cette problématique et ont confié à Interpol la mise en place d'une « taskforce » d'échanges internationaux de renseignements sur les matches truqués afin d'unifier des méthodes d'action. Le football, déjà objet d'actions mafieuses trouvant leur origine à l'Est et en Asie, n'est pas le seul sport touché et la France a enrichi son arsenal pénal en février 2012 en créant le délit de corruption sportive.

Face aux profits illégaux atteignant des montants inouïs encaissés par le crime organisé dans ce domaine, une sensibilisation accrue des acteurs du sport s'est mise rapidement en place , impliquant les fédérations sportives et les représentants des ministères concernés par ce problème qui génère de nouvelles enquêtes judiciaires.

Conclusion

Avec la création de l'ARJEL et la mise en place de contrôles et de sanctions spécifiques, le dispositif pénal français a poursuivi son adaptation au paysage évolutif des jeux.

La lutte contre les nouvelles formes de criminalité devrait encore entraîner la modification en profondeur du statut des cercles de jeux (abandon du statut associatif, adoption d'une réglementation proche de celle des casinos, renforcement des systèmes de contrôle vidéo, comptées aux tables, statut de banquier ou remplacement par un employé du cercle) à moins qu'une réforme différente n'aboutisse simplement à leur suppression.

En tant que policier, j'oserais proposer l'extension aux jeux d'argent des règles de procédures dérogatoires réservées aux infractions de la criminalité organisée : cela permettrait aux enquêteurs de mettre en œuvre des infiltrations, des sonorisations ou captation d'images et de lutter ainsi plus efficacement contre les réseaux occultes qui tentent de pénétrer le secteur des jeux.

Un optimisme naturel me pousserait même à imaginer la création d'une véritable juridiction spécialisée compétente au niveau national pour connaître ce contentieux pénal très particulier : elle deviendrait un pôle efficient contre les dérives criminelles de l'ensemble du secteur des jeux et paris.

DES TOLERANCES CIVILISTES EN MATIERE DE JEUX ET PARIS

Solène RINGLER
Maître de conférences en droit privé, Membre de l'Institut de droit privé (IDP), Université de Valenciennes

> « *Je vis naturellement dans un état d'alarme continuelle, je joue le plus modestement possible et j'attends quelque chose, je suppute, je passe des journées entières près des tables et j'observe le jeu, je le vois même en rêve. Malgré tout, j'ai le sentiment d'être engourdi, de m'être enlisé dans une sorte de vase* »[80].

Les jeux et paris divertissent, passionnent, suscitent des espoirs de gains fondés sur le hasard[81], mais force est de constater qu'ils occasionnent le plus souvent pertes et déceptions. Ils offrent à un individu des perspectives d'argent facile suite à la réalisation d'un événement aléatoire que ce dernier espère contrôler. Ce goût du risque est susceptible d'entraîner un comportement addictif, de sorte que le législateur tente d'encadrer strictement ces pratiques considérées comme dangereuses dans la mesure où elles peuvent conduire à la ruine.

Le droit civil français s'est longtemps montré suspicieux à l'égard des jeux d'argent et de hasard. S'il ne les condamne pas, il leur impose

[80] F. DOSTOIEVSKI, *Le Joueur*, 2010, p. 183.

[81] Etymologiquement, le terme hasard provient de l'arable *al-zahr* qui signifie le jeu de dés. Il était donc associé à la chance. *A contrario*, en langue anglaise le terme *hazard* renvoie plutôt à l'idée de risque voire de danger.

néanmoins de nombreuses limites[82]. Bien que codifiés aux articles 1965 à 1967 du Code civil, le législateur n'a entendu leur conférer aucun effet. Aux termes de ces articles, en cas de succès, un joueur ne dispose d'aucune action en paiement d'une dette de jeu ou d'un pari. Ce régime juridique défavorable s'explique historiquement par la défiance qui règne à l'encontre de ces contrats. Leur conclusion n'est pas prohibée, toutefois ils ne peuvent faire l'objet d'un paiement forcé des gains, dans la mesure où ces derniers font l'objet d'une réprobation morale de la part du législateur[83]. Le régime juridique des jeux et paris se montre donc ambivalent. Ces contrats sont tout à la fois conformes à la loi, mais les gains qu'ils font naître sont contraires aux bonnes mœurs.

Les contrats qui se fondent sur le hasard font naître l'espoir d'un gain qui demeure aléatoire par essence, ce qui rend leur pratique dangereuse. En effet, la volonté de s'enrichir peut conduire un joueur à sa propre ruine. Aussi, les codificateurs ont tenté de répondre à une double critique à l'égard des jeux et paris, leur défaut d'utilité sociale d'une part, et leur immoralité d'autre part[84]. Ces contrats se voient donc strictement encadrés. Pour certains auteurs, les jeux et paris ne constituent pas de véritables conventions car ils sont dépourvus de sanctions juridiques. Ce seraient plutôt des activités d'un autre système de valeurs que le droit[85]. Pour autant, le législateur prévoit certes, qu'aucune action ne peut être engagée en paiement d'un jeu ou d'un pari, il admet pourtant les actions en répétition en cas de dol, supercherie ou escroquerie du gagnant. Par ailleurs, un certain nombre de dispositions spéciales admettent le principe de ces contrats aléatoires tels que les jeux d'adresse, les jeux autorisés par l'Etat ou encore ceux pratiqués dans les casinos[86].

Les jeux et paris sont par nature des contrats et plus précisément des contrats aléatoires. En tant que tels, ils sont régis par le droit

---

[82] Ph. MALAURIE, L. AYNES, P-Y. GAUTIER, *Les Contrats spéciaux*, Defrénois, 2012, n° 973.

[83] PORTALIS, *Exposé des motifs du Code civil*, FENET, T. XIV, p. 535. Le rédacteur estimait que le jeu « favorise l'oisiveté et conduit à la dureté et à l'égoïsme ».

[84] Ph. MALAURIE, L. AYNES, P-Y. GAUTIER, *loc. cit.*

[85] F. COLLART-DUTILLEUL, Ph. DELEBECQUE, *Contrats civils et commerciaux*, Dalloz, 2011, n° 18.

[86] V. *Infra.*

commun[87]. Les articles 1104 et 1964 du Code civil définissent les contrats aléatoires comme « ceux où l'équivalent dépend, soit pour toutes les parties, soit pour l'une ou plusieurs d'entre elles, d'un événement incertain »[88]. Ils permettent aux participants de spéculer sur un événement incertain. Par conséquent, les avantages que peuvent retirer les parties de ces contrats, dépendent d'un aléa constitué par une chance de gain ou au contraire, un risque de perte lesquels constituent la cause du contrat. Les jeux et paris disposent d'un régime juridique qui leur est propre, codifié aux articles 1965 à 1967 du Code civil. Le législateur distingue expressément ces deux conventions.

Le jeu est entendu largement. C'est un contrat aléatoire dans lequel les parties prennent une part active. Elles ont une influence certaine sur l'issue de la partie. Dès lors, celui qui remporte le jeu se verra remettre un bien ou une somme d'argent représentant l'enjeu du contrat. Le contrat jeu peut revêtir différentes formes. Il peut être en dur ou en ligne, payant ou à titre gratuit, mais aussi dépendre ou non du pur hasard. Toutes les formes de jeu ne sont pas admises en droit civil, certaines sont prohibées alors que d'autres sont autorisées sous le contrôle de l'Etat[89].

Le contrat de pari ne revêt pas la même nature que le jeu. En l'occurrence, les parties adoptent un comportement passif quant à l'issue du contrat. Elles misent sur la survenance d'un événement qui leur est impossible de contrôler. A l'échéance, le parieur ayant eu raison se verra remettre l'objet du pari, en règle générale, une somme d'argent.

La formulation des articles du Code civil consacrée aux jeux et paris n'a pas varié depuis la promulgation du Code en 1804. Le thème des jeux et paris suscite pourtant un regain d'intérêt ces dernières années, faisant ainsi l'objet de nombreuses études liées notamment à l'évolution des pratiques de jeu[90] et suite au développement des jeux

---

[87] Art. 1108 et s. du Code civil.

[88] A. BENABENT, *Les Contrats spéciaux civils et commerciaux*, Montchrestien, 2011 n°1311.

[89] V. *infra*.

[90] M. BEHAR-TOUCHAIS, J. ROCHFELD, A. GUILLENCHMIDT-GUINOT (dir.), *Les Jeux en ligne et en Europe : quelles réformes trois ans après l'ouverture du marché ?*, Société de législation comparée, 2013 ; M. ESCANDE, *Les Mutations de l'ordre public en droit des jeux d'argent et de hasard*, thèse Toulouse, 2012 ; G. JULIA (dir.), *Jeu, argent et droit*, colloque 13 déc. 2012 ; V. DA SILVA, « Jeu et droit », *JCP G* 2011, I, 1029.

en ligne[91]. Toutefois, le législateur n'a pas assoupli les strictes dispositions civiles relatives à ces contrats. Les tolérances civilistes ne portent dès lors que sur les seules pratiques qui s'exercent à titre gratuit, les jeux qui participent à la promotion des activités physiques, ou encore, ceux qui demeurent sous le contrôle de l'Etat[92].

I. LES INTOLERANCES CIVILISTES EN DROIT COMMUN DES JEUX ET PARIS

Le droit civil tolère les jeux et paris mais se détourne de leur étude[93]. Les articles 1965 à 1967 du Code civil admettent ces pratiques mais refusent au gagnant toute action en paiement en cas de succès. Corrélativement, le perdant qui a volontairement payé sa dette ne peut agir en répétition des sommes versées. Par conséquent, les jeux et paris se trouveraient dans une zone de non-droit[94] dans laquelle aucune action en paiement ne serait admise. Tel est le paradoxe des jeux et paris en droit civil qui sont des contrats dont le régime juridique est strictement limité.

A. L'IMPOSSIBLE RECOUVREMENT D'UNE DETTE DE JEU

Le législateur a souhaité ôter toute attractivité aux jeux et paris refusant au gagnant toute action en paiement en cas de succès. Selon l'adage « *dette de jeu, dette d'honneur* », les dettes nées à l'occasion

---

[91] Loi n° 2010-476 du 12 mai 2010 relative à l'ouverture de la concurrence et à la régularisation du secteur des jeux d'argent et de hasard en ligne, V. B. TOULEMONT et H. ZAPF, « la nouvelle fiscalité des jeux en ligne », *Gaz. Pal.* 2010, n° 345, p. 33 ; C. RIBEYRE, « Loi n° 2010-476 du 12 mai 2010 relative à l'ouverture à la concurrence et à la régulation du secteur des jeux d'argent et de hasard en ligne », *RCS* 2010, p. 906 ; Ordonnance n° 2012-351 du 12 mars 2012 relative à la partie législative du code de la sécurité intérieure abrogeant les lois du 21 mai 1836 sur la prohibition des loteries, du 12 juillet 1983 sur les jeux de hasard, du 15 juin 1907 sur les casinos. Elles font l'objet désormais de nouvelles dispositions insérées aux articles L. 320-1 et suivants du Code de la sécurité intérieure.

[92] Pour une critique des prohibitions étatiques, J. CARBONNIER, *Flexible droit*, LGDJ, 2001, p. 341.

[93] CA Colmar, 29 janv. 1841, *S.* 1842, II, 492. Dans cet arrêt, la Cour d'appel énonce que « le jeu est une chose tolérée ». Cet arrêt n'envisage pas le jeu sous sa forme contractuelle.

[94] J. CARBONNIER, *Ibid.*, p. 25.

d'un jeu doivent rester hors du droit. Aussi, seule la conscience peut contraindre le perdant à honorer sa dette, et non le droit[95]. A ce titre, l'article 1965 du Code civil dispose que « la loi n'accorde aucune action pour une dette de jeu ou pour le payement d'un pari ». Il en résulte que le gagnant qui assigne en justice son cocontractant aux fins de paiement pourra se voir opposer l'exception de dette de jeu[96]. Cette exception s'applique tant aux jeux qu'aux paris dès lors que les sommes demandées trouvent leur cause dans ces contrats aléatoires. L'exception de dette de jeu ou de pari se présente sous la forme d'une exception procédurale permettant de débouter l'adversaire de sa demande. Elle constitue donc une fin de non-recevoir puisque la créance de jeu n'est pas frappée de nullité, seul le créancier étant privé d'action[97]. Par conséquent, l'exception de jeu ou de pari est dirigée contre l'action en paiement et non contre le jeu. Du point de vue du régime juridique de l'action, en tant que fin de non-recevoir, l'exception de jeu pourra être opposée en tout état de cause et par là même, pour la première fois en appel ou devant la Cour de cassation[98]. D'un point de vue procédural, la partie qui invoque l'exception de dette de jeu doit rapporter la preuve de l'origine de la créance litigieuse. Cette preuve peut être rapportée par tous les moyens, y compris par témoignages[99] ou par présomptions. Elle peut se déduire notamment de la signature de reconnaissance de dettes mensuelles sur une longue période, de l'importance de la somme globale prêtée, outre le fait que la qualité de joueur du débiteur et du créancier était avéré[100].

Les dispositions restrictives de l'article 1965 du Code civil s'appliquent au paiement et par extension, à tous les contrats favorisant le jeu. En l'occurrence, la pratique du prêt pour jouer a suscité de nombreux litiges, et notamment, lors de la demande en remboursement des sommes avancées. De jurisprudence constante, la Cour de cassation estime que les prêts destinés à entretenir le jeu ou le pari sont frappés des mêmes sanctions que ces contrats en cas de

---

[95] B. BEIGNIER, *L'Hhonneur et le droit*, Préf. J. FOYER, LGDJ, 1995.
[96] H. MAYER, « Jeux et exception de jeu », *JCP* 1984, 3141.
[97] Ch. JUBAULT, «Les Exceptions dans le Code civil, à la frontière de la procédure et du fond », *LPA* 2003, n° 11, p. 4.
[98] Cass. civ., 15 nov. 1864, *DP* 1865, I, 224.
[99] Cass. 1ère civ., 18 juill. 1977, *Bull. civ.* I, n° 341.
[100] Cass. 1ère civ., 4 nov. 2011, *Bull. civ.* I, n° 192 ; *D.* 2011, p. 2793, obs. X. DELPECH.

demande de remboursement. En effet, ils sont considérés comme ayant une cause tout aussi immorale que le jeu ou le pari[101]. Cette jurisprudence s'explique par le fait que le prêteur participe volontairement à l'endettement du joueur, il apporte donc son concours à la conclusion d'un acte illicite[102]. Les juges appliquent donc aux prêts destinés à entretenir le jeu, les strictes dispositions du Code civil. Ils prohibent ainsi les actions en paiement d'une dette de jeu ou d'un pari. En conséquence, la partie ou le tiers qui consent un prêt aux fins d'entretenir la conclusion de contrats de jeux ou de paris de la part de l'emprunteur, peut se voir opposer l'exception de l'article 1965 du Code civil en cas de demande de remboursement[103]. Dès lors que les sommes litigieuses portent sur un prêt ou une ouverture de crédit en vue de la pratique des jeux de hasard, les juges refusent au créancier le recouvrement de sa créance[104]

La charge de la preuve de la destination des sommes prêtées incombe à la partie qui invoque cette exception. L'avance de fonds au moyen d'un crédit ne peut se déduire du simple paiement de la dette par carte de crédit. Le débiteur doit démontrer à quelles fins la dette a été contractée[105]. La preuve de la connaissance de la cause du contrat de prêt par le créancier doit être rapportée par l'emprunteur. Il doit démontrer que son cocontractant savait que les prêts étaient destinés à entretenir le jeu. Selon la Cour de cassation, le fait pour un casino d'autoriser un client à n'établir qu'un seul chèque à la fin de la partie plutôt que plusieurs chèques successifs en contrepartie de la remise de jetons ne constitue pas un prêt mais un simple accord de commodité. Dès lors, le client qui ne démontre pas l'existence d'avances pour jouer ne peut se prévaloir des dispositions de l'article 1965 du Code civil[106]. Au contraire, les juges peuvent déduire de la signature par le client de plusieurs chèques, sans indication de date ni indication du tiré, qu'il existe un véritable crédit consenti par le casino, destiné à alimenter le jeu, de sorte que le client pouvait valablement opposer l'exception de dette de jeu[107]. A ce titre, le prêteur doit avoir eu

---

[101] Cass. civ., 15 nov. 1864, *DP* 1865, 1, p. 224.

[102] Ph. MALAURIE, L. AYNES, P-Y. GAUTIER, *op. cit.*, n° 979.

[103] Cass. 1ère civ., 4 nov. 2011, préc.

[104] CA Paris, 22 nov. 2007, n° 06/5790.

[105] Cass. 1ère civ., 3 déc. 1996, *Bull. civ.* I, n° 432.

[106] Cass. 1ère civ., 3 mai 1988, *Bull. civ.* I, n° 124 ; *RTD civ.* 1988, p. 732, obs. J. MESTRE.

[107] Cass. 1ère civ., 31 janv. 1984, *Bull. civ.* I, n° 41 ; *D.* 1985, p. 40, note P. DIENER.

connaissance de la destination des fonds prêtés. L'article 1965 du Code civil n'est pas opposable au créancier qui ignorait la cause exacte du contrat.

Si la preuve est rapportée, l'exception de jeu étant d'ordre public, le juge rejettera la demande en paiement. Un arrêt récent illustre la différence entre la dette de jeu et les autres sommes demandées en justice à l'occasion de la passation de contrats de jeu[108]. En l'espèce, une joueuse avait été interdite de jeu par l'autorité administrative, à sa demande. Cette dernière a néanmoins continué à fréquenter le casino en y accumulant des pertes. La joueuse a assigné la société en paiement de dommages-intérêts sur le fondement de la responsabilité délictuelle car le contrat de jeu était nul dans la mesure où il reposait sur une cause illicite. Les juges ont fait droit à sa demande. En effet, cette dernière ne sollicitait pas le paiement des sommes gagnées, mais des dommages-intérêts pour le préjudice né de l'abstention fautive de la société. En l'espèce, la demande ne portait pas sur le paiement d'une dette de jeu constituant un profit illicite[109], mais sur l'indemnisation du préjudice né de la faute de l'établissement, qui n'avait pris aucune disposition pour s'assurer de l'efficacité de la mesure d'exclusion.

Les dispositions de l'article 1965 du Code civil s'appliquent également aux parties qui mettent en commun leurs mises afin de pouvoir étendre leurs combinaisons. En vertu du principe de prohibition du paiement des dettes de jeu, celui qui a réglé l'intégralité de la perte ne peut par la suite agir en remboursement auprès des autres parties pour la part qui leur incombe. La jurisprudence modère toutefois cette prohibition à propos des billets de loterie et des tickets de pari mutuel urbain. Lorsqu'un billet de loterie est acheté en commun par plusieurs joueurs, les juges peuvent requalifier le contrat en société créée de fait. Il s'agit de l'hypothèse dans laquelle des personnes se sont comportées comme des associés mais sans entreprendre les démarches nécessaires à la constitution d'une société. En achetant en commun le ticket de loterie, elles ont la volonté de

---

[108] Cass. 2ème civ., 30 juin 2011, *Bull. civ.* II, n° 146 ; D. 2011, p. 2448, note O. PENIN ; *RTD civ.* 2011, p. 770, obs. Ph. JOURDAIN.

[109] Cass. 2ème civ., 22 fév. 2007, *Bull. civ.* II, n° 49 ; *JCP G* 2007, II, 10099, note M. BRUSORIO-AILLAUD ; *Ibid.* I, 185, obs. Ph. STOFFEL-MUNCK ; *RTD civ.* 2007, p. 572, obs. P. JOURDAIN.

s'associer pour le partage des bénéfices ou des pertes[110]. Dès lors, en cas de gain, les associés pourront solliciter le paiement des bénéfices qui leur reviennent. Les juges se montrent également disposés à offrir aux joueurs ayant mis en commun des sommes afin d'acheter des tickets au pari mutuel urbain, les moyens de solliciter les sommes gagnées, en cas d'encaissement par une seule des parties de la totalité des gains. Ce dernier ne peut opposer l'exception de jeu aux autres parieurs dans la mesure où le PMU étant organisé et réglementé par la loi, échappe aux dispositions de l'article 1965 du Code civil[111] en vertu du principe *specialia generalibus derogant.* Dans cette hypothèse, les participants ont mandaté l'un d'eux pour conclure les différents paris. Au même titre que le jeu, la conclusion d'un mandat pour jouer n'est pas considérée comme illicite. La Cour de cassation permet au mandataire de jouer ou parier pour le compte du donneur d'ordre dès lors que celui-ci agit occasionnellement et à titre gratuit[112].

B. L'IMPOSSIBLE REPETITION DES SOMMES VOLONTAIREMENT VERSEES

Corrélativement à l'article 1965, l'article 1967 du Code civil dispose : « Dans aucun cas, le perdant ne peut répéter ce qu'il a volontairement payé, à moins qu'il n'y ait eu, de la part du gagnant, dol, supercherie ou escroquerie. » Cet article énonce le principe selon lequel celui qui a payé sa dette de jeu ou celle résultant d'un pari, ne peut par la suite arguer de l'existence d'une exception de jeu afin de se faire restituer les sommes ainsi versées. Dans cette hypothèse, le perdant s'est volontairement acquitté de sa dette. Il ne saurait donc agir en répétition de l'indu au motif que les sommes versées auraient une cause immorale. La jurisprudence fait de cette règle un principe absolu. Les fondements de cet article soulèvent un vif débat doctrinal[113]. Il semble que l'on peut y voir la manifestation d'un devoir de conscience, le respect non pas d'une norme juridique mais d'une certaine justice[114].

---

[110] Cass. 1ère civ., 14 janv. 2003, *Bull. civ.* I, n° 13.
[111] Cass. 1ère civ., 4 mai 1976, *Bull. civ.* I, n° 154 ; *JCP G* 1977, II, 18540, R. DE LESTANG.
[112] Cass. crim. 28 mai 1970, *Bull. crim.*, n° 173.
[113] N. MOLFESSIS, « L'obligation naturelle devant la Cour de cassation: remarques sur un arrêt rendu par la première Chambre de la Cour de cassation le 10 octobre 1995 », *D.* 1997, p. 85.
[114] B. BEIGNIER, thèse préc., p. 558.

Le paiement se manifeste tantôt par la remise d'une somme d'argent, tantôt par la remise de l'objet qui constitue l'enjeu de la partie[115]. Seules les sommes effectivement versées ne peuvent donner lieu à répétition. Cela suppose un véritable dessaisissement de la part du débiteur. A ce titre, les promesses de payer ne sont pas considérées comme un paiement. Par conséquent, le perdant pourra toujours opposer l'exception de jeu, en cas de demande de paiement de la part de son créancier.
Certaines difficultés ont pu apparaître lors de la remise d'un chèque en guise de règlement d'une dette de jeu. Il n'existe pas de litige en cas de paiement d'un chèque régulièrement provisionné et encaissé. En revanche, qu'advient-il si, entre le moment de l'émission du chèque et son encaissement, le tireur s'oppose au paiement ou si le chèque était sans provision? A cette question, deux thèses s'opposent. La première consiste à considérer que la seule émission du chèque démontre l'intention du perdant d'honorer sa dette. Parce qu'il désire s'acquitter de sa dette, le tireur ne saurait par la suite faire obstacle au paiement du chèque émis[116]. D'autres auteurs considèrent, en revanche, que le tiré peut refuser le paiement d'un chèque provisionné avant qu'il ne soit encaissé par le tireur[117]. A supposer qu'il s'oppose valablement au paiement, l'émetteur du chèque pourra faire l'objet de poursuites relativement dissuasives. En effet, selon cette seconde thèse, le perdant qui refuse le paiement du chèque aura la faculté de se prévaloir de l'exception de dette de jeu sur le fondement de l'article 1965 du Code civil. Toutefois, il pourra être poursuivi pour non-paiement d'un chèque[118] hors des cas mentionnés par la loi[119]. A cet égard, le Code monétaire et financier prévoit de lourdes sanctions pour l'émetteur du chèque qui organise son insolvabilité ou qui refuse le

[115] Ch. AUBRY, Ch.-F. RAU, *Droit civil français*, t. 6, Litec, 1975, § 382.

[116] H. CAPITANT, note sous Cass. crim., 19 nov. 1932, *DP* 1933, I, 26.

[117] J .-L. MOURALIS, « Jeu-Pari », *Rép. civ.*, Dalloz, n° 77.

[118] Art. L. 163-1 Code monétaire et financier prévoit une peine d'amende de 6.000 € à l'encontre du tiré qui refuse le paiement d'un chèque hors des cas prévus par la loi. Art. L. 163-2 du même code prévoit que le tireur est passible de cinq ans d'emprisonnement et 375000 euros d'amende lorsqu'il fait défense au tiré de payer hors des cas prévus par la loi.

[119] Art. L. 131-35 Code monétaire et financier « Il n'est admis d'opposition au paiement par chèque qu'en cas de perte, de vol ou d'utilisation frauduleuse du chèque, de procédure de sauvegarde, de redressement ou de liquidation judiciaires du porteur. Le tireur doit immédiatement confirmer son opposition par écrit, quel que soit le support de cet écrit ».

paiement de celui-ci[120]. La question se pose dans d'autres termes lorsque le chèque remis au créancier se révèle sans provision. Dans cette hypothèse, l'absence de provision équivaut à une absence de paiement effectif de sorte que l'article 1965 du Code civil est opposable à la partie qui réclame le paiement de ses gains[121]. Le porteur du chèque ne pourra pas davantage se prévaloir de dommages-intérêts puisque le préjudice résulte du non-paiement d'une dette de jeu[122]. De jurisprudence constante, si un joueur émet un chèque afin de se voir remettre des jetons ou exercer un pari, le porteur de l'instrument de paiement ne peut en réclamer le paiement en cas d'émission d'un chèque sans provision ou lorsque le tireur a fait opposition. En conséquence, le débiteur bénéficie de l'exception de jeu ou de pari tirée de l'article 1965 du Code civil pour se soustraire à son obligation. Ainsi, les juges décident que la demande en remboursement d'un chèque sans provision par le directeur d'un cercle de jeu doit être rejetée, lorsque le paiement a été remis en contrepartie de la remise de jetons destinés à alimenter le jeu[123]. La solution diffère lorsque le chèque sans provision est remis à un casino. Ces établissements bénéficient d'un régime prétorien favorable. La Cour de cassation décide que la tenue de jeux de hasard dans ces établissements (de jeu) est autorisée par la loi et réglementée par les pouvoirs publics. Ces derniers sont ainsi autorisés à recevoir des chèques comme moyens de paiement. Lorsqu'un joueur remet un chèque sans provision, il ne peut opposer l'exception de jeu à la demande en remboursement de son cocontractant. Par conséquent, les établissements de jeu peuvent réclamer le paiement de chèques sans provision ou solliciter l'octroi de dommages-intérêts pour le préjudice subi du non-paiement de la dette[124].

Le principe selon lequel le perdant ne peut répéter les sommes indûment versées comporte une exception. Aux termes de l'article 1967 du Code civil, seul le paiement volontaire exempt de tout vice peut donner lieu à répétition. *A contrario*, le paiement qui a été forcé

---

[120] Art. L. 163-2 du Code monétaire et financier.

[121] Cass. 1ère civ., 13 juin 2006, Inédit, n° 04-11819.

[122] CA Rennes, 2 mai 1950, *Gaz. Pal.* 1950, II, 14.

[123] Cass. crim., 15 nov. 1995 ; *Bull. crim.* n° 339 ; *D.* 1995, p. 302, note J.-L. MOURALIS.

[124] Ch. Mixte, 14 mars 1980, *Bull. ch.* mixte n° 3 ; *D.* 1980, IR 336, obs. M. PUECH ; *ibid,* IR. 434, obs. M. CABRILLAC.

n'est pas libératoire. Dès lors, si le consentement du perdant a été vicié à la suite d'un dol, d'une supercherie ou d'une escroquerie, le remboursement des sommes versées pourra être sollicité. En effet, la tricherie commise par l'un des joueurs supprime l'aléa[125] constituant la cause du contrat. Si elle arrive à démontrer l'existence d'un tel vice, la partie qui a payé pourra solliciter le remboursement des sommes ou du bien remis en paiement de la dette.

II. LES TOLERANCES CIVILISTES EN DROIT SPECIAL DES JEUX ET PARIS

Le régime d'intolérance énoncé aux articles 1965 et 1967 du Code civil constitue le droit commun des jeux et paris. Il s'applique pour autant que le législateur n'a pas prévu de dispositions spéciales régissant des situations particulières. Il existe donc des contrats qui n'entrent pas dans le champ d'application des règles de droit commun des jeux et paris. En effet, il existe des jeux tolérés par le législateur et pour lesquels les actions en paiement sont permises.

A. LES TOLERANCES A L'EGARD DES JEUX D'ADRESSE

Aux termes de l'article 1966 alinéa 1 du Code civil, « les jeux propres à exercer au fait des armes, les courses à pied ou à cheval, les courses de chariot, le jeu de paume et autres jeux de même nature qui tiennent à l'adresse et à l'exercice du corps, sont exceptés de la disposition précédente ». Cet article permet, dans les cas énoncés, d'échapper à l'exception de dette de jeu ou de pari et d'engager utilement une action en paiement. La lettre du Code ne vise que les jeux, c'est-à-dire les contrats qui supposent une participation active des parties sur le résultat obtenu. Ces dispositions semblent donc exclure les paris de leur champ d'application[126].

Par ailleurs, le texte comporte une seconde exclusion. En effet, les règles favorables édictées par l'article 1966 du Code civil ne s'appliquent qu'aux seuls jeux d'adresse. Les obligations qui trouvent leur source dans les jeux de pur hasard n'entrent pas dans le champ

[125] J.-L. MOURALIS, « Jeu-Pari », *Rép. civ.*, Dalloz, n° 43.
[126] *Contra.* M. ESCANDE, thèse préc., n° 191.

d'application de cette disposition[127]. Une telle limitation s'explique originellement par le fait que le législateur souhaitait promouvoir la pratique des sports physiques ou encore permettre le développement de compétences profitables en temps de guerre[128]. Les jeux d'adresse tels qu'énumérés en 1804 semblent devenus obsolètes. Pour autant, la liste énoncée par les codificateurs n'est pas exhaustive. Par conséquent, d'autres jeux, de pratique plus récente, entrent dans le champ d'application de l'article 1966 du Code civil. La qualification de jeu d'adresse doit être étendue à toutes les compétitions sportives qui se déroulent dans le respect des règles du jeu. Lorsqu'un jeu comporte des éléments liés à la fois l'adresse et au hasard, la jurisprudence applique la théorie de la prédominance[129] qui s'attache à vérifier que la part d'adresse est supérieure à la part de hasard.

L'article 1966 du Code civil constitue une exception importante au principe d'illicéité du paiement des dettes de jeu. Le perdant sera tenu de payer sa dette sans pouvoir opposer à son cocontractant l'exception de dette de jeu. Le législateur demeure vigilant quant au caractère raisonnable de l'enjeu du contrat. Il réserve au juge la possibilité de modérer les gains des joueurs. En effet, l'alinéa 2 du texte dispose que « le tribunal peut rejeter la demande, quand la somme lui paraît excessive ». En cas de mises trop importantes, le juge peut rejeter la demande en paiement du gain dans la mesure où celle-ci est jugée excessive. Le caractère excessif de l'enjeu s'apprécie *in concreto*, en fonction des parties en présence, de leur fortune, de la nature du jeu ou encore de leur expérience. C'est une question de fait qui relève de l'appréciation souveraine des juges du fond. Ces derniers vérifient que le contrat comporte bien un aléa, permettant à chaque partie de disposer d'une chance de succès dans le jeu. Cela ne serait pas le cas par exemple si un jeu d'adresse opposait un professionnel à un néophyte. Dans cette hypothèse, ce dernier n'aurait aucune chance de succès, de sorte que le contrat perdrait son caractère aléatoire.

Initialement, le texte ne visait que les seuls jeux d'adresse corporelle. Or, les jeux d'adresse intellectuelle peuvent également entrer dans le champ d'application de l'article 1966 du Code civil. La jurisprudence

---

[127] PORTALIS, *op. cit.*, p. 538.

[128] F. BUY, « Article 1966 », in Bicentenaire du Code civil, les petits articles sont également de la fête, *RLDC* 2004, n° 7, p. 66.

[129] M. ESCANDE, thèse préc., n° 181 et s.

admet de longue date que ce texte s'applique aux jeux où l'habileté prédomine sur le pur hasard. En la matière, la jurisprudence n'est pas figée et se montre même évolutive. Des jeux traditionnellement considérés comme des jeux de hasard peuvent se voir appliquer le régime juridique du jeu d'adresse, si les juges estiment que l'habileté des joueurs influe davantage sur le résultat que le pur hasard.
Le jeu de hasard se définit comme celui « où le hasard prédomine sur l'habileté et les combinaisons de l'intelligence pour l'obtention du gain »[130]. A ce titre, le poker fut longtemps considéré comme un jeu de pur hasard. Il ne donnait lieu à aucune action en paiement au regard des dispositions restrictives de l'article 1965 du Code civil. Toutefois, la Cour d'appel de Toulouse, dans un arrêt en date du 17 janvier 2013, a considéré que le texas hold'em poker ne faisait pas l'objet de prohibition dans la mesure où il s'agit d'un jeu dans lequel l'adresse intellectuelle prédomine sur le hasard[131]. Les juges du fond ont longuement argumenté sur le fait que « le jeu de poker n'est que marginalement un jeu de hasard, l'adresse étant prédominante dans la pratique (...) le joueur habituel s'appuie sur son expérience, approfondit les mécanismes et les ressorts du jeu et se fonde sur une connaissance des probabilités, sur la perspicacité dans la compréhension de la stratégie des autres joueurs ainsi que sur la suggestion de sa propre tactique et vient ainsi par son action personnelle minimiser et même supplanter le hasard initial». Il ressort donc de l'ensemble de ces constatations que le texas hold'em poker entre dans la catégorie des jeux d'adresse. Les conséquences sont donc importantes, et particulièrement en matière civile, puisque le gagnant d'un tournoi organisé entre particuliers pourra agir en paiement de ses gains sans que ne puisse lui être opposée l'exception de dette de jeu. Néanmoins, cette solution n'est pas admise sans réserve. Outre le fait que la Cour de cassation ne s'est pas encore prononcée sur la nature du texas hold'em poker, la Cour d'appel de Toulouse distingue le joueur expérimenté du joueur occasionnel. En effet, selon les termes de l'arrêt, pour le joueur occasionnel le poker reste un jeu qui se fonde en majeure partie sur le hasard. Ainsi, seul le joueur averti bénéficie de cette jurisprudence favorable et peut ainsi obtenir en justice le paiement de ses gains.

---

130 Art. 2. Loi n° 2010-476 du 12 mai 2010 relative à la concurrence et à la régularisation du secteur des jeux d'argent et de hasard en ligne, préc.

131 CA Toulouse, 17 janv. 2013, n° 11/00947 ; M. ESCANDE, « Le poker et la théorie de la prédominance : quand l'adresse chasse l'aléa », *cah. dr. sport* 2013, n° 30, p. 71.

B. LES TOLERANCES VIS-A-VIS DES JEUX EN BOURSE

Les jeux en bourse sont de véritables paris sur les variations de cours de valeurs mobilières ou de marchandises[132]. La spéculation sur les marchés à terme revêt toutes les caractéristiques du pari. Les parties restent extérieures à l'événement. Elles ne peuvent influencer le cours des marchés de sorte qu'elles se fondent sur le hasard. Ils sont conclus à des fins exclusivement spéculatives, et les gains ou les pertes vont dépendre de l'évolution du marché, sur laquelle les cocontractants sont d'avis contraire.

En tant que véritables paris, les jeux en bourse entraient initialement dans le champ d'application des articles 1965 et 1967 du Code civil. Dès lors, les actions en paiement de gains relatifs à un pari se trouvaient rejetées en raison de l'immoralité de leur cause. Selon le législateur, les spéculations boursières présentaient donc un danger, dans la mesure où les sommes doivent être payées au terme convenu et ce, quel que soit le cours du marché. Les juges condamnaient la passation de tels contrats. Ils estimaient « que la stricte exécution des lois et des règlements en cette matière, peut seule mettre un frein à cette ardeur immodérée de s'enrichir qui s'est emparée des pères de famille qui, au lieu des se livrer à des professions honnêtes et utiles, se précipitent dans les opérations désavouées par la morale, et toujours suivies d'une ruine complète ou d'une fortune scandaleuse »[133].
L'utilité économique des marchés à terme a rapidement conduit le législateur à élaborer une réglementation spéciale relative à la spéculation boursière et ainsi contourner les dispositions restrictives du droit commun des jeux et paris. La loi du 28 mars 1885 modifiée par la loi du 11 juillet 1985 disposait à cet égard que « tous marchés à terme sur effets publics et autres, tous marchés à livrer portant sur valeurs mobilières, denrées ou marchandises ainsi que tous marchés sur taux d'intérêt sont reconnus légaux. Nul ne peut, pour se soustraire aux obligations qui en résultent, se prévaloir de l'article 1965 du Code civil, lors même qu'ils se résoudraient par le paiement d'une simple différence » [134]. Suite à l'ordonnance du 8 janvier 2009[135], le Code

---

[132] J.-L MOURALIS, art. préc., n° 136.
[133] Cour royale, 9 août 1823, cité par N. HISSUNG-CONVERT, *La Spéculation boursière face au droit 1799-1914*, Préf. B. GALLINATO, LGDJ, 2009, p. 145.
[134] Art. 1, Loi n° 85-695 du 11 juillet 1985 relative aux marchés à terme.
[135] Ordonnance n° 2009-15 du 8 janvier 2009.

monétaire et financier dispose désormais que « nul ne peut, pour se soustraire aux obligations qui résultent de contrats financiers, se prévaloir de l'article 1965 du code civil, alors même que ces opérations se résoudraient par le paiement d'une simple différence ». Le critère de l'exception est la qualification de l'opération en « contrats financiers » tels que listés à l'article D. 211-1 A du Code monétaire et financier.

Le débiteur d'un marché à terme se trouve privé du bénéfice de l'exception de pari de l'article 1965 du Code civil[136]. Les juges *refusent* que le débiteur puisse se prévaloir de ces dispositions[137] dans la mesure où la remise de sommes d'argent pour les opérations de bourse est licite car dérogeant au droit commun[138]. La Cour de cassation a d'ailleurs précisé à ce propos que les dispositions spéciales des contrats financiers n'étaient pas contraires à l'ordre public international. Dans la mesure où l'exécution en France d'un contrat financier de droit anglais n'était pas assimilable à un pari, les règles protectrices de l'article 1965 du Code civil ne pouvaient recevoir application[139]. Le droit commun français des jeux et paris relève d'un ordre public de direction qui a pour fonction de dissuader de jouer et d'éviter ainsi que les parties ne s'adonnent à la conclusion de ces contrats. Force est de constater que l'évolution institutionnelle des jeux et paris a fait échapper ces contrats à la réglementation civile de droit commun, appliquant désormais des règles spécifiques liées à la prolifération des monopoles de l'Etat et l'ouverture à la concurrence des jeux en ligne.

---

[136] F. AUCKENTHALER, « Instruments financiers à terme ou contrats financiers », *J.-Cl. Banque, Crédit, Bourse* 2013, n° 67.
[137] Cass. civ., 19 déc. 1939, *DH* 1940, p. 37.
[138] CA Paris, 4 juill. 1967, *D.* 1967, p. 721.
[139] Cass. 1ère civ., 16 mars 1999, *Bull. civ.* I, n° 94 ; *Defrénois* 1999, p. 1324, obs. Ph. DELEBECQUE.

LE JUGE ADMINISTRATIF ET LA RECONNAISSANCE D'UN DROIT PUBLIC AUX JEUX

Sébastien SAUNIER
Professeur de droit public,
Membre du Centre de recherches juridiques (CRJ),
Université Pierre Mendès France Grenoble II.

Existe-t-il une protection de la puissance publique par le juge administratif pour reprendre la formule d'Achille Mestre[140], révélant le second visage de Janus, une « face cachée »[141] du Conseil d'Etat en matière de jeux d'argent et de hasard qui s'opposerait à l'image traditionnelle d'un contrôle juridictionnel toujours plus poussé sur les activités de l'administration ? Autrement dit, dans le droit public des jeux, « le juge administratif (...) joue-t-il un rôle politique et dans l'affirmative lequel ? »[142].
Cette interrogation à laquelle les propos qui suivent tentent d'apporter une réponse s'appuie bien évidemment sur le constat de la mutation de la relation entre l'Etat et les jeux d'argent : ainsi que l'a très bien mis en évidence J.-B. Darracq, « l'Etat et le jeu forment un couple ancien aux relations complexes et paradoxales. De leurs rapports naît un droit spécifique marqué par des règles originales »[143], à propos duquel les organisateurs de ce colloque ont pensé qu'il convenait de se demander si le juge administratif avait pu, directement ou indirectement, concourir à la reconnaissance d'un « droit public *aux* jeux », expression

---

140 A. Mestre, *Le Conseil d'Etat protecteur des prérogatives de l'administration*, LGDJ, 1974, p. 11
141 *Ibid.*
142 P. Weil, Préface, D. Lochak, *Le Rôle politique du juge administratif français*, LGDJ, 1972, p. VII
143 J.-B. Darracq, *L'Etat et le jeu, étude de droit français*, Préface C. Journés, PUAM, 2008, p. 15, v. spéc. p. 39 et s.

qui appelle des premières précisions, en raison de l'approximation des termes qu'elle contient.
Premier constat, l'existence d'un droit public *des* jeux n'est guère contestable. Il convient de rappeler que « le droit public des jeux est constitué du corps de règles qui, par dérogation au principe de prohibition, permet à l'Etat de contrôler de manière étroite l'activité des opérateurs de jeux autorisés »[144]. L'origine du droit public des jeux, mise en forme juridique d'une « politique des jeux »[145], se trouve dans le principe d'interdiction d'organisation des jeux[146]. Pour se limiter au droit contemporain, qui est d'ailleurs peu lisible en raison de la multiplicité des textes applicables et ce, malgré la codification récemment opérée[147], l'interdiction des jeux était contenue dans la loi générale de prohibition n°83-628 du 12 juillet 1983 relative aux jeux de hasard, abrogée par l'ordonnance du 12 mars 2012 relative à la partie législative du code de la sécurité intérieure, dont les principes sont désormais repris par les articles L. 324-1 et s. du code de la sécurité intérieure auxquels s'ajoute l'article L. 320-1 qui renvoie au chapitre 1er de la loi du 12 mai 2010 relative à l'ouverture à la concurrence et à la régulation du secteur des jeux d'argent et de hasard en ligne[148]. Cette interdiction générale est complétée par deux interdictions spécifiques : d'une part, les articles L. 322-1 et 322-2 du Code de la sécurité intérieure reprennent les principes énoncés à l'article 1 de la loi du 21 mai 1836 qui prohibait l'organisation des loteries définies à l'article 2 ; d'autre part, l'article 4 de la loi du 2 juin 1891 ayant pour objet de réglementer l'autorisation et le fonctionnement des courses de chevaux, toujours en vigueur et modifiée en 2010, interdit les paris sur les courses de chevaux, étendue aux paris sur les courses de lévriers par l'article 2 de la loi n°51-681 du 24 mai 1951. Le droit public des jeux est aussi

---

144 S. George, « Le Droit public des jeux. Emergence et mutations d'une forme originale de maîtrise étatique », *Pouvoirs* 2011, p. 77 et s. V. aussi J.-B. Darracq, *L'Etat et le jeu, op. cit.*, p. 28

145 Qui consiste selon F. Trucy « à tout interdire des jeux, quels qu'ils soient, pour disposer de la possibilité d'en autoriser certaines formes, dans certains lieux et selon certaines circonstances, dont l'Etat décide seul ». V. F. Trucy, rapport Sénat n°58, session ordinaire 2006-2007, *L'évolution des jeux de hasard et d'argent*, p. 292

146 J.-B. Darracq, *L'Etat et le jeu, op. cit.*, p. 28

147 J.-M. Pontier, « Le Code de la sécurité intérieure », *JCP A* 2012, n°2186

148 Loi n°2010-416 du 12 mai 2010 *relative à l'ouverture à la concurrence et à la régulation du secteur des jeux d'argent et de hasard en ligne*, *JO* 13 mai 2010, p. 8881 ; *AJDA* 2010, p. 1366, comm. J.-B. Vila ; *D.* 2010, p. 1495, comm. V. Lasserre-Kiesow et P. Le More ; *Revue de science criminelle* 2011, p. 906, C. Ribeyre

constitué de dérogations sectorielles faisant dire au Conseil constitutionnel que les législations précédentes « n'ont jamais conféré à ces règles un caractère absolu mais les ont constamment assorties de dérogations et d'exceptions importantes »[149]. Le marché français des jeux dits « organisés »[150], qui seul retiendra l'attention ici, est donc réparti en quatre secteurs économiquement importants : le secteur des jeux de casinos, qui trouvait sa base juridique dans la loi du 15 juin 1907 abrogée par l'ordonnance du 12 mars 2012, dorénavant régi par les articles L. 321-1 et s. du code de la sécurité intérieure ; les paris mutuels portant sur les courses de chevaux, les courses de lévriers et les parties de pelote basque[151] ; la loterie d'Etat dont le fondement légal provient de l'article 136 de la loi de finances du 31 mai 1933 portant fixation du budget général qui a permis au gouvernement de créer par décret la Loterie Nationale et dans la loi du 29 décembre 1984 modifiée par la loi du 12 mai 2010, qui autorise les jeux de pronostics sportifs dont la gestion est confiée à une société d'économie mixte depuis le décret du 9 novembre 1978, la Société de la Loterie nationale, devenue en septembre 1991, la Française des jeux. La loi du 12 mai 2010 a donné naissance à un quatrième secteur économique du marché des jeux, les paris et jeux sur Internet[152]. Cependant, ne sont concernées par cette dérogation que trois catégories de jeux : les paris sportifs en la forme mutuelle ou à la cote pour les compétitions sportives légalement autorisées en France ou à l'étranger (art. 4, II, 2er al. et art. 12), les paris sur les courses hippiques légalement organisées en France ou à l'étranger (art. 4, II, 1er al. et art. 11) et les jeux de cercle en ligne qui se limitent pour le moment au poker. La loi n'a d'ailleurs pas remis en cause certains droits exclusifs : la FDJ et le PMU conservent le

[149] C.C., 12 mai 2010, déc. n°2010-605 DC, consid. 7

[150] Qui se distinguent des jeux « libres » pratiqués entre particuliers. « Font partie de la catégorie des jeux organisés la quasi-totalité des jeux exploités en France par des opérateurs spécialement habilités par la loi ou le règlement : jeux de casino, paris sur les courses de chevaux ou de lévriers, et jeux de la Française des Jeux », J.-B. Darracq, *L'Etat et le jeu, op. cit.*, p. 24.

[151] Leur base juridique se trouve pour les premières dans la loi du 2 juin 1891 précitée qui autorise « les courses de chevaux ayant pour but exclusif l'amélioration de la race chevaline » (art. 2 et 5 de la loi précitée complétés par le décret n°97-456 du 5 mai 1997 relatif aux sociétés de courses de chevaux et au pari mutuel). L'article 68 de la loi n°96-314 du 12 avril 1996 portant diverses dispositions d'ordre économique et financier autorise les paris sur les parties de pelote basque, toujours en vigueur

[152] Art 10, à savoir ceux qui passent « exclusivement par l'intermédiaire d'un service de communication en ligne ».

monopole d'exploitation des paris dits « en dur », c'est-à-dire enregistrés par le biais du réseau physique de détaillants[153], tandis que la FDJ conserve son monopole sur l'organisation des loteries[154] et les jeux de hasard.

Si l'existence d'un droit public *des* jeux n'est guère contestable, en revanche, l'expression « droit public *aux* jeux » est plus incertaine, l'idée d'un « droit à... » renvoyant habituellement aux prérogatives que le droit, ou droit objectif reconnaît à un individu ou à un groupe d'individus, des sujets de droit, et dont ceux-ci peuvent se prévaloir dans leurs relations avec les autres en invoquant la protection des pouvoirs publics, d'où l'expression de « droits subjectifs » par laquelle on désigne les droits ainsi entendus[155]. Les droits subjectifs se manifestent d'ailleurs principalement dans la perspective des relations des particuliers soit dans leurs rapports entre eux, soit dans leurs rapports avec les biens[156]. Point donc de droit subjectif aux jeux détenus par l'Etat ou les collectivités locales... Une voie de secours pourrait être recherchée du côté de la tendance contemporaine à la « fondamentalisation » des droits subjectifs[157]. L'analyse du droit positif montre en effet qu'« il n'est aujourd'hui pas douteux que les personnes morales sont titulaires de droits fondamentaux »[158], même si les controverses doctrinales sont vives sur le sujet et particulièrement développées dès lors qu'il s'agit d'en faire bénéficier les personnes publiques[159]. Cependant, même pour ses partisans, encore faut-il qu'il

---

[153] A propos des paris sportifs, CE, 30 déc. 2011, *Société Stanley International Betting Limited*, n°330604, *RJEP* 2012, comm. 33, A. Friboulet, *AJDA* 2012, p. 581, chron. S. Nicinski

[154] CE, 30 déc. 2011, *Société Bwin Interactive Intertainment AG*, n°321920

[155] F. Terré, *Introduction générale au droit*, Précis, Dalloz, 8ème éd., 2009, n°3

[156] *Ibid.*, n°203

[157] J. Rochfeld, *Les Grandes Notions du droit privé*, PUF, 2011, p. 151

[158] X. Dupré de Boulois, « Les Droits fondamentaux des personnes morales », *RDLF* 2012, chronique, n°1

[159] E. Picard, « La Liberté contractuelle des personnes publiques constitue-t-elle un droit fondamental ? », *AJDA* 1998, p. 651 ; R. Drago, « Droits fondamentaux et personnes publiques », *AJDA* 1998, numéro spécial, p. 130 ; P. Wachsmann, « Personnes publiques et droits fondamentaux », *in La personnalité publique,* Paris, Litec, coll. Colloques et débats, 2007, p. 145 ; B. Faure, « Les Droits fondamentaux des personnes morales », *RDP* 2008, n°1, p. 233 ; O. Maetz, *Les droits fondamentaux des personnes publiques*, Thèse, Fondation Varenne, 2011 ; P. Delvolvé, « Droits publics subjectifs des administrés et subjectivisation du droit administratif », *in Les Droits Publics subjectifs des administrés*, Litec, 2011, spéc. p. 4-5

s'agisse de droits « essentiels »[160] comme le droit de propriété, la liberté contractuelle, le droit à un tribunal indépendant et impartial, etc. Le droit aux jeux n'en fait donc vraisemblablement pas partie. Le point de vue d'E. Picard semble donc ici particulièrement adapté et généralisable : lorsque l'expression « droit public aux jeux » est utilisée, il s'agit plutôt de souligner que les personnes publiques « reçoivent des missions ou des fonctions, des attributions, des compétences, des pouvoirs et même des prérogatives, des privilèges (...) mais pas de droits fondamentaux »[161]. L'expression « droit public aux jeux » semble donc devoir être comprise comme le « pouvoir », la « compétence » ou le « privilège » de la puissance publique d'organiser et de réglementer le jeu, détenu principalement par l'Etat et accessoirement par les collectivités locales.

Reste alors à déterminer le rôle joué par le juge administratif dans l'identification, l'attribution et l'existence juridique de ce droit[162] ainsi qu'y invite le titre de la communication. Cette dernière question bien qu'importante se heurte d'emblée à une « objection de principe » : D. Lochak soulignait dès l'introduction de sa thèse que « l'idée qu'une juridiction puisse jouer un rôle politique semble *a priori* paradoxale, voire hérétique »[163]. Cependant, plusieurs études ont montré « le caractère illusoire de l'impartialité du juge administratif »[164] : « Le juge administratif français n'est pas un juge comme les autres. Son rôle n'est pas de trancher des litiges entre particuliers, mais de juger l'Administration », dont l'activité est un des moyens de réalisation de la politique gouvernementale[165]. Par conséquent, « son activité s'insère tout naturellement dans la sphère du politique »[166]. Précisément, en qualifiant juridiquement la notion de jeu, le juge administratif trace les contours du pouvoir de l'Etat, d'autant plus qu'il mobilise en la matière comme l'a souligné J.-B. Darracq « les notions les plus fondamentales

---

160 Y. Guyon, « Droits fondamentaux et personnes morales de droit privé », *AJDA* 2008, numéro spécial, p. 136

161 « La Liberté contractuelle des personnes publiques constitue-t-elle un droit fondamental ? », *op. cit.*, p. 663

162 Termes synonymes de celui de « reconnaissance » selon le dictionnaire de la langue française *Le Robert*

163 D. Lochak, *Le Rôle politique du juge administratif français*, *op. cit.*, p. 9

164 *Ibid.*, p. 319. A. Mestre insiste sur le caractère « volontaire » de cette protection, *op. cit.*, p. 279

165 *Ibid.*, p. 11

166 *Ibid.*

de notre droit administratif »[167], qui ont cependant toutes en commun de constituer des catégories juridiques largement indéterminées, des « concepts à contenu variable » qui étendent le champ d'action de la compétence de l'administration[168] et qui sont maîtrisées par le juge administratif[169], et ce, aussi bien lorsqu'il est amené à se prononcer sur les fondements du droit public aux jeux (I) que sur ses manifestations (II).

I. Les fondements de la reconnaissance d'un droit public aux jeux d'argent et de hasard

M.-C. Rouault souligne que « les jeux, paris et loteries sont traités par le droit, lorsqu'il ne les ignore pas, avec une certaine hostilité, plus ou moins marquée selon les époques »[170]. Or, il semble bien que le discours du juge administratif participe de ce jugement général[171]. L'étude de la jurisprudence permet en effet de dégager les deux piliers de la reconnaissance d'un droit public aux jeux : d'une part, il existe manifestement une conception négative du jeu consacrée par la jurisprudence administrative (A) qui, d'autre part, se prolonge par l'appréhension du jeu sous le prisme de l'ordre public (B).

A. Une conception négative du jeu consacrée par la jurisprudence administrative

Ainsi que l'a mis en évidence J.-B. Darracq, la notion générique de jeu est définie par le droit positif comme « une opération socialement inutile, immorale et dangereuse, faisant naître l'espoir d'un gain qui serait dû au hasard en contrepartie d'un sacrifice pécuniaire des participants »[172]. Or, si cette conception péjorative du jeu apparaît très

---

[167] J.-B. Darracq, *L'Etat et le jeu, op. cit.*, p. 515

[168] A. Mestre, *op. cit.*, p. 177

[169] « En l'absence d'une réglementation écrite complète et cohérente en matière administrative, le juge dispose en effet d'une grande liberté pour édicter les normes auxquelles il entend soumettre l'action de l'administration », D. Lochak, *Le rôle politique du juge administratif français, op. cit.*, p. 15

[170] M.-C. Rouault, « Police des spectacles et des jeux », *J.-Cl. Adm.*, Fasc. 211, refondu par C. Ribeyre, n°197

[171] V. à propos plus généralement des juges français, J.-B. Darracq, *L'Etat et le jeu, op. cit.*, p. 115

[172] *Ibid.*, p. 23

nettement dans les travaux préparatoires des principales lois applicables en la matière[173], l'auteur relève très justement que « l'autorité compétente, pour apprécier si une opération juridique doit être qualifiée de jeu, est le juge qui y procède sous couvert d'une démarche prétendument objective »[174]. Ce propos général semble parfaitement applicable au juge administratif, ainsi que le montre l'étude de sa jurisprudence et des conclusions des commissaires du gouvernement. Première observation, il n'est pas rare de trouver dans ces dernières un renvoi à la fameuse note de M. Hauriou sous l'arrêt *Astruc*[175]. Le parallèle effectué est assez révélateur non seulement de la façon dont étaient appréhendés les jeux par le juge administratif au début du XXème siècle mais encore du point de départ de la conception retenue. L'idée de moralité était d'ailleurs présente dès les premiers arrêts rendus par la haute juridiction comme en témoigne celui du 3 juillet 1908, *Chambre syndicale des banquiers et changeurs*, relatif au contrôle exercé sur les autorisations préfectorales des « loteries de bienfaisance », régies alors par l'article 5 de la loi du 21 mai 1936 par dérogation à la prohibition énoncée aux articles 1 et 2 et à propos desquels le Conseil d'Etat a admis que le ministre de l'Intérieur pouvait interdire la vente de billets lorsque le prix du billet dépassait 20 francs dans un « but de moralité publique »[176]. Dans le prolongement, quelques décennies plus tard, M. Waline expliquera que si le Conseil d'Etat refuse aux courses de chevaux la qualité de service public dans l'arrêt du 30 octobre 1953, *Bossuyt*, c'est en raison de « l'élément de jeu », s'agissant d' « une activité immorale ou démoralisante » qui ne saurait avoir le caractère d'intérêt public[177]. La jurisprudence adoptée jusqu'à la fin des années 1970 fait donc dire à D. Truchet que l'activité de jeux constitue un des rares cas où le juge administratif a perdu sa neutralité dans la définition de l'intérêt général. En effet, la haute

[173] *Ibid.*, p. 113 et s.
[174] *Ibid.*, Darracq, p. 23.
[175] M. Hauriou y affirme que le théâtre présente « l'inconvénient majeur d'exalter l'imagination, d'habituer les esprits à une vie factice et fictive au grand détriment de la vie sérieuse, et d'exciter les passions de l'amour, lesquelles sont aussi dangereuses que celles du jeu et de l'intempérance ». V. note sous CE, 7 avril 1916, *Astruc et Sté du Théâtre des Champs-Elysées c. Ville de Paris, S.* 1916.II.49
[176] CE, 3 juill. 1908, *Chambre syndicale des banquiers et changeurs, S.* 1910, III, 144
[177] M. Waline, obs. sur CE, 30 oct. 1953, *Bossuyt, RDP* 1954, p. 178

juridiction administrative considérait ces activités comme contraires à une certaine éthique administrative[178].
Seconde observation, cette conception négative du jeu n'a guère perdu de sa vigueur. En 1990, lorsque le juge administratif a déduit de la loi du 12 juillet 1983 que l'interdiction de l'importation, de la fabrication, de la détention et l'exploitation des appareils permettant la pratique des jeux de hasard avait pour objectif de protéger la jeunesse et la sécurité publique, et qu'ainsi le législateur avait entendu exclure toute indemnisation des sociétés dont l'activité se rattache au commerce ou à la fabrication des jeux de hasard[179], il en a été légitimement déduit que la jurisprudence se faisait encore « l'écho de cette réprobation traditionnelle »[180]. Certes, comme le souligne J.-B. Darracq, à propos du juge civil, « on note (...) une évolution sensible » vraisemblablement liée à l'évolution des mentalités[181]. Ainsi, dans ses conclusions sur l'arrêt *Rolin*, Madame Daussun indique, s'interrogeant sur le caractère d'intérêt général de la mission de la Française des Jeux, que « les jeux de hasard ne sont plus entourés de la réprobation dont ils étaient l'objet lors du vote des lois de 1836 ou de 1924 et ont connu une banalisation du fait même d'ailleurs de l'action de l'Etat et de sa société d'économie mixte »[182]. J.-Ph. Thiellay constatait aussi récemment que « les temps ont (...) changé »[183]. Il reste cependant que cette conception négative du jeu n'a pas disparu[184]. Ainsi, en 1995, le Conseil d'Etat a affirmé à propos des courses de chevaux et du pari mutuel urbain qu'ils se bornent à offrir « aux parieurs une espérance de gain fondée sur le hasard »[185], formule très instructive car similaire à celle utilisée déjà par

---

[178] D. Truchet, *Les Fonctions de la notion d'intérêt général dans la jurisprudence du Conseil d'Etat*, LGDJ, 1977, p. 274-276

[179] CE, 11 juill. 1990, *Sté Stambouli Frères, Rec.* p. 214, *DA* 1990, comm. 466

[180] B. Jorion, « Les délégations de casinos », *DA* 2005, Etude 1, n°1

[181] V. Lasserre-Kiesow estime que « la condamnation morale des jeux et de l'amour du gain n'a plus cours depuis longtemps », « Jeux en ligne. Nouvelle régulation sectorielle », *D.* 2010, p. 1495

[182] M. Daussun, concl. sur CE, Sect., 27 oct. 1999, *M. Rolin, RDP* 1999, p. 1845 et s., spéc. p. 1851

[183] Concl. sur CE, 9 mai 2008, *Société Zeturf Limited*, n°287503, *Rec.* p. 179, *RFDA* 2008, p. 1043

[184] L. Touvet et J.-H. Stahl soulignent que « le droit positif français demeure marqué, pour les jeux de hasard, par la force des principes moralisateurs qui ont conduit à leur interdiction générale »

[185] CE, Sect., 17 mars 1995, *Syndicat des casinos autorisés de France, Rec.* p. 131, *RDP* 1995, p. 810, concl. Martine Denis-Linton, *AJDA* 1995, p. 375, chron. Laurent

Portalis ou Pothier et qui renvoie à une sorte de « morale économique »[186] présente dans l'exposé des motifs de la loi du 21 mai 1836[187]. Récemment, le Conseil d'Etat a considéré, dans l'arrêt du 19 mars 2012 *SA Groupe Partouche,* que « les jeux de casino ne constituent pas, par eux-mêmes, une activité de service public »[188], confirmant que l'activité de jeu isolément ne relève pas du « label de service public »[189], selon un raisonnement très instructif : le juge s'est appuyé sur les dispositions de la loi du 15 juin 1907 ainsi que les travaux parlementaires qui ont précédé son adoption, textes qui en retenaient une vision extrêmement réprobatrice[190]. D'ailleurs, déjà en 2003, le commissaire Mitjaville avait précisé que si la qualité de service public n'était pas retirée aux casinos, la raison en était non « la simple espérance du gain » mais le fait qu'« ils concourent à l'animation culturelle et touristique »[191]. La doctrine en avait légitimement conclu qu'il y a là la trace d'une « suspicion morale » toujours présente à l'égard des jeux d'argent et qui imposait d'attribuer aux casinos « un but plus noble pour pouvoir qualifier leurs activités de service public »[192].

Face à ce qui constitue désormais un « fait social majeur »[193], l'on peut se demander si cette conception du jeu n'est pas la manifestation d'une forme de conservatisme d'un Conseil d'Etat, qui « résiste aux transformations économiques et sociales en continuant à appliquer des principes anciens à des situations nouvelles »[194]. Le juge administratif paraît effectivement se montrer en la matière nettement plus

---

Touvet et J. Henri-Stahl. On retrouve encore cette formule en 1999 dans les conclusions du commissaire du gouvernement Daussun

[186] J.-B. Darracq, *L'Etat et le jeu, op. cit.*, p. 125-127

[187] « La loterie est dangereuse comme faisant naître l'espoir d'un gain important qui n'a pas sa source dans le travail », citée par L. Touvet et J.H. Stahl, préc.

[188] CE, 19 mars 2012, n°341562, *SA Groupe Partouche, CMP* 2012, comm. 157, G. Eckert ; *RJEP* 2012, comm. 41, G. Pellissier ; *JCP A* 2012, n°2319, comm. U. Ngampio-Obélé-Bélé ; J.-B. Vila, « Bilan en demi-teinte d'un service public aux intérêts financiers : les concessions de casinos », *CMP* 2012, Etude 2, spéc. n°3 et s.

[189] B. Jorion, « Les délégations de casinos », *DA* 2005, Etude 1

[190] J.-B. Darracq, *L'Etat et le jeu, op. cit.*, p. 121.

[191] Concl. sur CE, 3 oct. 2003, *Commune de Ramatuelle, BJCP* 2004, p. 50 et s.

[192] B. Jorion, « Les délégations de casinos », *op. cit.*, §6.

[193] F. Trucy, Rapport Sénat n° 223, session ordinaire 2001-2002, *Les jeux de hasard et d'argent en France*, p. 225

[194] Sur le conservatisme du juge administratif, v. D. Lochak, *Le Rôle politique du juge administratif français, op. cit.*, p. 297 et p. 313 et s., p. 321

conservateur que l'opinion moyenne[195] ainsi que le révèlent les différents rapports parlementaires[196].

B. L'invocation de la notion d'ordre public par le juge administratif

L'ordre public est généralement défini comme désignant « les valeurs sociales les plus importantes pour la société »[197]. Or, comme l'explique J.-L. Mouralis, « c'est plutôt pour lutter contre les atteintes qu'il porte à l'ordre public que les Etats condamnent ou réglementent le jeu »[198]. Il convient toutefois de rappeler que l'ordre public ne constitue qu'une « représentation de l'ordre social » dont le contenu exact est « déterminé par les organes de l'Etat » et dont il revient au juge administratif d'en rechercher « la substance »[199]. En outre, comme le soulignait déjà A. Mestre, le Conseil d'Etat a étendu considérablement le domaine de l'ordre public, ce qui accroît d'autant les compétences des organes de police et les moyens d'action de l'administration[200].

A cet égard, il n'est pas inutile de rappeler que les jeux d'argent font l'objet de différentes polices : la police générale mais aussi plusieurs

---

[195] *Ibid.*

[196] F. Trucy, Rapport Sénat n° 223, session ordinaire 2001-2002, *Les jeux de hasard et d'argent en France*, p. 15 et s. ; F. Trucy, Rapport Sénat n°58, session ordinaire 2006-2007, *L'Evolution des jeux de hasard et d'argent*, p. 123 ; A. Filippetti et J.-F. Lamour, Rapport Assemblée nationale, n°3463, 2011-2012, *La Mise en application de la loi n°2010-476 du 12 mai 2010 relative à l'ouverture à la concurrence et à la régulation du secteur des jeux d'argent et de hasard en ligne*, p. 19 et s. ; F. Trucy, rapport Sénat, n°17, 2011-2012, *L'Evaluation de la loi n°2010-476 du 12 mai 2010 relative à l'ouverture à la concurrence et à la régulation du secteur des jeux d'argent et de hasard en ligne*, p. 135

[197] M.-C. Vincent-Legoux, *L'Ordre public, Etude de droit comparé interne*, Paris, PUF, 2001, p. 525

[198] J.-L. Mouralis, « La Loi, le juge et le jeu », *RRJ* 1995, p. 381, spéc. p. 382

[199] A. Mestre, *Le Conseil d'Etat protecteur des prérogatives de l'Administration, op. cit.*, p. 212 ; v. également D. Lochak, *Le rôle politique du juge administratif français, op. cit.*, p. 144 : « la loi prévoit bien que l'ordre public doit être maintenu, mais elle n'en donne aucune définition concrète. Le juge est donc amené à appliquer aux cas d'espèces la conception qu'il se fait de cette notion » ; v. aussi p. 187 : « si l'accord est général sur la nécessité du maintien de l'ordre, il est en revanche moins facile de déterminer ce que recouvrent concrètement les exigences de l'ordre public. La première difficulté provient du caractère imprécis de la notion d'ordre public, dont le juge a dû lui-même définir les contours »

[200] A. Mestre, *Le Conseil d'Etat protecteur des prérogatives de l'Administration, op. cit.*, p. 211

polices spéciales (police des débits de boissons, police des jeux notamment)[201]. Précisément, une première illustration de l'application de la notion d'ordre public aux jeux est fournie par le contentieux de la fermeture des débits de boissons. Les pouvoirs du Préfet sont prévus par l'article L. 3332-15 du Code de la santé publique[202]. Or, dès un arrêt du 17 mars 1982, le Conseil d'Etat a jugé légale la décision de fermeture administrative prononcée par le Préfet au motif que « des jeux d'argent se pratiquaient régulièrement au bar exploité par la requérante ; que les joueurs interpellés étaient, pour une part, des repris de justice, et que les montants des jeux étaient importants (...) que la durée de trois mois fixée à cette fermeture n'est pas entachée d'une erreur manifeste d'appréciation » ; la mesure de police avait été édictée « dans intérêt de l'ordre et de la moralité publics ». Dans un arrêt du 30 juin 1990, le Conseil d'Etat a également jugé légale la fermeture préfectorale temporaire d'un débit de boissons au motif que des « rixes y avaient éclaté, que de l'alcool était servi à des clients manifestement ivres et que des jeux d'argent étaient organisés » ce qui constituait « des atteintes graves et répétées à l'ordre, à la santé et à la salubrité publics »[203]. Le Conseil d'Etat a même admis dans l'arrêt du 7 juin 1902 *Commune de Néris-les-Bains*, la légalité d'un arrêté municipal « portant interdiction des jeux de hasard et d'argent sur l'ensemble du territoire de sa commune »[204], acceptant ainsi une interdiction générale et absolue. A l'inverse, dès lors qu'aucune modalité de gain d'argent n'est prévue, le juge administratif paraît nettement plus strict avec l'administration. Ainsi, a-t-il pu estimer que l'exploitation d'un « flipper » procurant des parties gratuites ne pouvait justifier la fermeture d'un débit de boissons[205].

La seconde illustration du rôle « légitimant » de la notion d'ordre public est fournie par le contentieux sur les monopoles. L'ordre public a

---

201 M.-C. Rouault, C. Ribeyre, « Police des spectacles et des jeux », préc.

202 « La fermeture des débits de boissons et des restaurants peut être ordonnée par le représentant de l'Etat dans le département pour une durée n'excédant pas six mois, à la suite d'infractions aux lois et règlements relatifs à ces établissements. (...) En cas d'atteinte à l'ordre public, à la santé, à la tranquillité ou à la moralité publics, la fermeture peut être ordonnée par le représentant de l'Etat dans le département pour une durée n'excédant pas deux mois »

203 CE, 30 juin 1990, *Benacer*, n°72107

204 CE, 7 juin 1902, *Commune de Néris-les-Bains, Rec.* p. 115, *S.* 1902, III, 81 note Hauriou

205 CE, 27 juin 1986, *Commissaire de la République du département et de la région de La Réunion*, n°57824

toujours constitué dans ce contentieux un argument du juge administratif. Qu'il soit invoqué par l'Etat, cela ne semble en rien surprenant. A. Jacquemet souligne pertinemment que « ce concept joue un rôle majeur, puisque le souci de préserver l'ordre public justifie l'organisation des jeux de hasard selon des formes d'exploitation exclusives et va même permettre de maintenir, voire de consolider, la position dominante des Etats dans ce secteur »[206]. Cependant, le contrôle juridictionnel de son invocabilité révèle une certaine souplesse du juge administratif favorable au maintien de droits exclusifs. En effet, dès l'arrêt *Confédération française des professionnels en jeux automatiques*, le Conseil d'Etat saisi d'une demande d'annulation du refus du Premier ministre de mettre fin au monopole de la FDJ a jugé que les dispositions du titre II du décret du 9 novembre 1978 « ne poursuivent pas un objectif économique » mais « ont pour objet la protection de l'ordre public par la limitation des jeux et leur organisation par une société (...) contrôlée par l'Etat »[207]. A nouveau, la notion d'ordre public sera explicitement invoquée par le juge administratif pour justifier l'ancien monopole du PMU en 2008 dans l'arrêt *Société Zeturf Limited*, la haute juridiction soulignant dans la question préjudicielle posée à la Cour de Justice, que le régime d'exclusivité des paris hippiques « semble propre à garantir l'objectif de lutte contre la criminalité et de protection de l'ordre public d'une manière plus efficace que ne le feraient des mesures moins restrictives »[208]. En 2011, le Conseil d'Etat a encore jugé, à propos de l'actuel monopole détenu par la Française des Jeux dans l'exploitation des jeux de pronostics sportifs par l'intermédiaire d'un réseau physique de détaillants, les jeux « en dur »[209], et à propos de l'organisation des jeux de loterie[210], que « ces dispositions ont pour objet la protection de l'ordre public par la lutte contre la fraude, la prévention des risques d'une exploitation des jeux d'argent à des fins criminelles et la prévention des phénomènes de dépendance ». La jurisprudence

---

206 A. Jacquemet, « Monopole des jeux de hasard et ordre public », *AJDA* 2007, p. 1282 et s.

207 CE, 15 mai 2000, *Confédération française des professionnels en jeux automatiques*, n°202666, *Rec.* p. 173

208 CE, 9 mai 2008, *Société Zeturf Limited*, n°287503, *Rec.* p. 179, *RFDA* 2008, p. 1043, concl. J.-P. Thiellay, *D.* 2008, p. 1869, note J.-L. Clergerie

209 CE, 30 déc. 2011, *Société Stanley International Betting Limited*, n°330604, *RJEP* 2012, comm. 33, A. Fribouet

210 CE, 30 déc. 2011, *Société Bwin Interactive Intertainment AG*, n°321920

administrative fait ici écho à la jurisprudence de la CJUE évoquant de façon classique « des raisons impérieuses d'intérêt général »[211].
Il reste, ainsi que cela a été relevé par la doctrine, que « ces justifications, par l'invocation de l'ordre public, posent des difficultés »[212]. Sur quelles composantes de l'ordre public s'appuie la maîtrise étatique du jeu ? A l'aune de la jurisprudence précitée, il est difficile de le dire. A cet égard, « l'ordre public général n'a pas nécessairement à être défini, le juge s'assurant simplement que l'acte visait à prévenir une atteinte à la sécurité des biens et des personnes »[213]. Il n'est pas interdit cependant de formuler des conjectures. Il convient d'abord d'exclure l'intérêt financier de l'Etat, non pas évidemment qu'il n'existe pas dans les faits, mais parce que la poursuite d'un intérêt financier ou économique n'est pas en lui-même un motif d'ordre public. L'acte de police fondé sur un seul intérêt financier est illégal[214]. Parmi les nouvelles composantes, le motif d'atteinte à la dignité de la personne humaine[215] semble difficile à transposer. Quant à la protection de la jeunesse[216], elle constitue une composante trop réductrice au regard de l'ensemble des joueurs concernés. Les composantes de l'ordre public susceptibles d'avoir vocation à justifier le régime juridique des jeux d'argent paraissent donc, de prime abord, davantage se trouver dans l'ordre public « matériel » et « extérieur ». Il se peut en effet que la pratique des jeux de hasard dans un débit de boissons risque de provoquer un trouble à l'ordre public ainsi entendu. L'article L. 2212-2 du CGCT prévoit cette hypothèse[217]. Des désordres matériels ou visibles, comme une bagarre entre joueurs, justifient également

---

[211] A propos desquelles E. Picard y voit « la manifestation la plus pure de la nature essentielle de l'ordre public », « L'influence du droit communautaire sur la notion d'ordre public », *AJDA* 1996, numéro spécial, p. 60

[212] A. Jacquemet, « Monopole des jeux de hasard et ordre public », *op. cit.*, p. 1284

[213] V. Tchen, « Police administrative. Théorie générale », *J.Cl. Adm.*, Fasc. 200, n°73. On soulignera d'ailleurs que les problèmes posés sont similaires qu'il s'agisse de l'ordre public général ou spécial, les textes instaurant une police spéciale des jeux visant généralement l'ordre public général (en ce sens, v. V. Tchen, « Police administrative. Théorie générale », *op. cit.*, n°95)

[214] CE, 30 mars 1962, *Denegri*, *AJDA* 1963, p. 488, obs. J. Dufau

[215] CE, Ass., 27 oct. 1995, *Cne Morsang-sur-Orge, Rec.* p. 372, concl. Frydman, *GAJA,* 19ème édition, 2013, n°95

[216] Sur cette nouvelle composante, v. C.-E. Minet, *Droit de la police administrative*, Vuibert, 2007, p. 48 et s.

[217] « 3° Le maintien du bon ordre dans les endroits où il se fait de grands rassemblements d'hommes, tels que les foires, marchés, réjouissances et cérémonies publiques, spectacles, jeux, cafés, églises et autres lieux publics »

l'intervention de l'autorité de police spéciale des débits de boissons[218]. Cependant, la protection de l'ordre public matériel peut-elle véritablement fonder un régime d'interdiction généralisé ? Assurément, la lutte contre des fins frauduleuses et criminelles peut se fonder sur la protection de la sécurité publique[219], mais cette composante traditionnelle peut-elle justifier à elle seule le régime du droit public des jeux ? Le motif tiré de la salubrité publique peut certes expliquer les objectifs de protection de la santé publique poursuivis désormais par la législation[220]. Cependant, il convient de noter que le jeu pathologique ne concerne qu'une proportion réduite de joueurs. Dès lors, la protection de la moralité publique semble le motif le plus englobant mais il appelle deux remarques. D'une part, sa protection reste un fondement « inavoué » des mesures de police. La doctrine a certes toujours considéré que la moralité était recherchée en matière de police des jeux[221]. Pourtant, ni la loi du 12 mai 2010 ne s'y réfère[222], ni la jurisprudence du Conseil constitutionnel[223]. De même, les arrêts rendus par le Conseil d'Etat sur les monopoles des jeux d'argent ne l'évoquent jamais explicitement. D'ailleurs, il est remarquable que si le Conseil d'Etat cite les points des arrêts de la Cour de Justice de l'Union européenne qui mentionnent explicitement la moralité[224], la haute juridiction administrative fait disparaître systématiquement ce terme

---

[218] V. par exemple, CE, 30 juin 1990, *Benacer*, n°72107

[219] A. Jacquemet, « Monopole des jeux de hasard et ordre public », *op. cit.*, p. 1284

[220] E. Cadeau, « Protection générale de la santé publique », *J.-Cl. Adm.,* Fasc. n°220, n°79

[221] E. Picard, *La notion de police administrative*, LGDJ, 1984, spéc. p. 217

[222] La moralité n'est pas mentionnée dans l'article 1er de la loi selon lequel « les jeux d'argent et de hasard ne sont ni un commerce ordinaire, ni un service ordinaire ; dans le respect du principe de subsidiarité, ils font l'objet d'un encadrement strict au regard des enjeux d'ordre public, de sécurité publique et de protection de la santé et des mineurs ». Le terme n'est pas non plus présent dans l'article 3 qui fait référence aux risques d'atteinte à « l'ordre public » et à « l'ordre social », ce dernier terme devant être entendu au sens de « règlement de la vie sociale » ainsi que le relevait déjà C. Eisenmann (en ce sens, E. Picard, *La notion de police administrative*, *op. cit.*, p. 126).

[223] L'on notera toutefois que la décision n°2010-73 QPC indique que « *la loi du 2 juin 1891 a été mise en place (...) pour mettre un terme « aux abus et scandales » liés au développement excessif des courses hippiques* ».

[224] Déjà, la CJCE relève le 24 mars 1994, C-275/92, *Schindler*, point 60 : « qu'il n'est pas possible de faire abstraction, tout d'abord des considérations d'ordre moral (...) qui entourent les loteries comme les autres jeux d'argent dans tous les Etats membres ». V. également les nombreuses conclusions des avocats généraux qui s'y réfèrent : D. Alland, « Droit de l'Union européenne et droit français des jeux de hasard et d'argent en ligne », *AJDA* 2010, p. 1970 et s.

des considérants relatifs aux finalités de la réglementation des jeux : en somme, il paraît préférable de le faire dire par la Cour[225] ! D'autre part, l'invocation de cette composante de l'ordre public reste, d'un point de vue juridique, discutable : la question est en effet de savoir si le jeu heurte la « morale » ou la « moralité publique », notions qu'il convient de distinguer, la première révélant, comme le souligne P. Bon, « un point de vue subjectif, individuel, philosophique, car lié directement aux convictions propres de chacun », la seconde un point de vue « plus objectif, moins soumis à des prises de position personnelles, puisqu'on entend généralement par là « le minimum éthique admis par la majorité des individus et contre lequel on ne peut se dresser sans aller à l'encontre de la mentalité moyenne du milieu humain dans lequel on vit »[226]. Or, il paraît de plus en plus délicat de considérer que les jeux d'argent et de hasard scandalisent l'opinion publique moyenne[227].

Ainsi, le juge administratif trace les contours des deux fondements du pouvoir de l'Etat, démarche prolongée lorsqu'il se prononce sur ses manifestations.

II. Les manifestations de la reconnaissance d'un droit public aux jeux d'argent et de hasard

Il a été fréquemment constaté que la maîtrise étatique du jeu s'effectuait de deux manières, par le biais des formes d'intervention de l'Etat que sont la police administrative et le service public[228]. Or, il semble que le constat effectué par A. Mestre il y a quarante ans soit toujours valable :

---

[225] V. par exemple, CE, 30 déc. 2011, *Société Stanley International Betting Limited*, préc. dans lequel le Conseil d'Etat fait référence aux « conséquences moralement et financièrement préjudiciables pour l'individu et la société » mises en évidence par la Cour pour, ensuite, énoncer dans le considérant de principe que « ces dispositions ont pour objet la protection de l'ordre public par la lutte contre la fraude, la prévention des risques d'une exploitation des jeux d'argent à des fins criminelles et la prévention des phénomènes de dépendance ». V. également, CE, 30 déc. 2011, *Société Bwin Interactive Intertainment AG*, préc. ; CE, 9 mai 2008, *Société Zeturf Limited*, préc.

[226] P. Bon, « Théorie générale de la police municipale. Les principes de fond », *Répertoire Dalloz Collectivités Locales*, 2012, n°95. V. également concl. Guldner sur CE, 20 déc. 1957, *Société nationale d'éditions cinématographiques*, S. 1958, III, p. 73. P. Bernard, *La notion d'ordre public en droit administratif français*, LGDJ, 1962 ; G. Lebreton, « Le juge administratif face à l'ordre moral », *Mélanges en l'honneur du professeur G. Peiser*, PUG, 1995, p. 363 et s.

[227] V. *supra* note 54

[228] V. particulièrement J.-B. Darracq, *L'Etat et le jeu, op. cit.*, p. 307 et s.

« Le Conseil d'Etat a dû prendre conscience du fait qu'il lui était nécessaire de protéger les prérogatives qui permettent à l'Administration de (…) faire face à ses (…) tâches »[229]. A cet égard, une lecture institutionnelle du « droit public aux jeux » permet de mieux en comprendre les ressorts. Le jeu est effectivement un phénomène institutionnel[230], qui évidemment ne laisse pas l'institution étatique indifférente. L'Etat n'est pas une institution comme les autres. Il est une institution composée et complexe, prééminente, dite « primaire » qui englobe des institutions « secondaires »[231]. L'Etat utilise alors deux grandes techniques révélatrices des rapports interinstitutionnels[232] pour assurer sa domination, que sont d'une part, la police administrative (A) et d'autre part, le service public (B), selon un mouvement accompagné par le juge administratif.

A. Le juge administratif, protecteur indirect des prérogatives de police de l'institution étatique

Si l'existence d'une notion juridique de police est bien délicate à établir[233], ainsi que l'a mis en évidence E. Picard, l'essence de la police est en revanche institutionnelle : elle apparaît dès lors que tout groupe s'institutionnalise[234]. La police spéciale des jeux a précisément pour objet « le contrôle de l'offre de jeu dont l'exploitation est normalement prohibée »[235]. Or, le juge peut constituer « un protecteur indirect » des prérogatives de l'administration dès lorsqu'il n'use pas réellement de

---

229 A. Mestre, *Le Conseil d'Etat protecteur des prérogatives de l'Administration, op. cit.*, p. 13, p. 279

230 En ce sens, voir J.-B. Darracq, *L'Etat et le jeu, op. cit.*, p. 24

231 V. notamment, J. Mourgeon, *La répression administrative*, LGDJ, 1967, p. 34-37, p. 43 ; M. Hecquard-Théron, *Essai sur la notion de réglementation*, LGDJ, 1977, p. 105 et s. ; J. Chevallier, « L'analyse institutionnelle », *in L'institution*, CURAPP, PUF, Paris, 1981, p. 3 ; E. Millard, *Famille et droit public. Recherches sur la construction d'un objet juridique*, Préface de J.-A. Mazères, LGDJ, Paris, 1995, J.-A. Mazères, « La théorie de l'institution de Maurice Hauriou ou l'oscillation entre l'instituant et l'institué », *Etudes offertes à J. Mourgeon*, Bruylant, 1998, p. 239 et s.

232 Ainsi que le soulignait J. Mourgeon, « il est dans la nature de la dynamique sociale qu'entre elles s'établissent des contacts et se nouent des rapports (…). La détermination des rapports interinstitutionnels soulève le problème de la situation des institutions les unes au regard des autres », *La répression administrative, op. cit.*, p. 37

233 V. E. Picard, *La notion de police administrative, op. cit.*, p. 444

234 *Ibid.*, p. 466, et p. 490

235 J.-B. Darracq, *L'Etat et le jeu, op. cit.*, p. 316, p. 405-406

tous ses pouvoirs juridictionnels[236], notamment dans les domaines particuliers sur lesquels il « n'exerce qu'un contrôle réduit »[237], ce qui est le cas du contentieux de l'autorisation de jeu. Cet acte administratif est en effet la « clé de voûte de la maîtrise étatique du jeu en ce qu'elle permet à l'administration de sélectionner les opérateurs de jeu et de contrôler au plan quantitatif l'offre de jeu dispensée sur le territoire national »[238]. Or, le contrôle exercé par le juge administratif sur cette décision est de nature soit « infra-minimum » en ce qu'il ne contrôle pas la qualification juridique des faits, ce qui est rappelons-le aujourd'hui tout à fait exceptionnel, soit « minimum » en ce qu'il se limite à vérifier que n'a pas été commise une erreur manifeste d'appréciation. Le juge considère donc que la qualification relève du pouvoir discrétionnaire de l'Administration.
Ainsi, concernant l'autorisation ministérielle d'ouverture ou d'extension d'un casino, le Conseil d'Etat estime que « le ministère de l'Intérieur a le droit de refuser pour des motifs d'opportunité l'exploitation de la roulette dans un casino, sans que l'appréciation à laquelle (il) se livre (...) (ne) puisse être discutée devant le juge administratif »[239]. Lorsque le juge administratif contrôle une décision positive du ministre, il exerce un contrôle de l'erreur manifestation d'appréciation[240]. En matière de demande de renouvellement de l'autorisation de jeu, les décisions de refus sont soumises également à un contrôle de l'erreur manifeste d'appréciation dont les arrêts rendus en la matière confirment généralement la légalité de la décision ministérielle[241].
De même, l'autorisation d'exploiter les paris sur les courses de chevaux est conditionnée par l'adoption de décisions : l'ouverture d'un champ de courses et celle d'organiser les courses de chevaux, délivrées par le préfet sur délégation du ministre de l'Agriculture, après que le ministre a adopté le calendrier des réunions servant de support au pari mutuel[242]. Le Conseil d'Etat considère que le refus du ministre d'autoriser

---

236 A. Mestre, *Le Conseil d'Etat protecteur des prérogatives de l'administration, op. cit.*, p. 22

237 *Ibid.*, p. 82

238 J.-B. Darracq, *L'Etat et le jeu, op. cit.*, p. 320

239 CE, 14 oct. 1970, *Société d'exploitation des eaux et thermes d'Enghien, Rec.* p. 580

240 CE, 19 nov. 1997, *Société Forges Thermal, Rec.* p. 1093

241 CE, 3 mai 1993, *Société d'exploitation d'industries touristiques, JCP* 1993, IV, 1958 ; CAA Marseille, 6 juill. 2000, *Contini*, n°00MA00962

242 J.-B. Darracq, *L'Etat et le jeu, op. cit.*, p. 353

l'organisation de courses par une société peut être fondé sur « l'intérêt qui s'attache à une bonne répartition des hippodromes et des courses »[243], ce qui révèle une importante marge de manœuvre à l'Administration[244].
L'autorisation des jeux dont bénéficie la Française des Jeux est également emblématique des assouplissements admis par le juge administratif. L'article 136 de la loi de finances du 31 mai 1933 disposait que le gouvernement fixerait par décret « les conditions et les modalités *d'une* loterie ». Or, comme le souligne J.-B. Darracq, « l'interprétation souple qu'en a faite le Conseil d'Etat a sans doute contribué au développement de la loterie d'Etat en donnant au gouvernement une liberté presque sans limites »[245]. Ainsi, dès la création du loto national par décret du 10 juillet 1975, le Conseil d'Etat fut saisi d'un recours pour excès de pouvoir et entérina la diversification du mécanisme de jeu initial[246]. En 1995, dans l'arrêt *Syndicat des casinos autorisés de France*, saisi de la question de la légalité du décret du 13 mai 1987 qui étendait l'éventail de jeux, le Conseil d'Etat jugea que « l'article 136 de la loi de finances du 31 mai 1933 habilite le gouvernement (...) à instituer des loteries, c'est-à-dire des jeux donnant aux parieurs une espérance de gain fondée sur le hasard, et assortie de conditions suffisantes de publicité et de contrôle public »[247]. Il restait la possibilité de déléguer au président-directeur général de la société la compétence de créer les jeux, délégation qui a été jugée en revanche illégale à propos du règlement particulier du jeu « Tapis vert »[248]. Cependant, le Conseil d'Etat a opéré une distinction entre « les caractéristiques essentielles » des jeux, qui relèvent de la compétence du gouvernement et leurs modalités techniques, qui peuvent être déterminées par le PDG de la FDJ. Le contenu des « caractéristiques essentielles » reste cependant apprécié d'une façon très souple en

---

243 CE, 26 juin 1996, *ministre de l'Agriculture et de la Pêche c. Société des courses de Vannes, Rec*. p. 1178

244 J.-B. Darracq en déduit que de « simples motifs d'opportunité » sont admis et que « le contrôle du juge sur ces décisions sera quasi inexistant », *L'Etat et le jeu, op. cit.*, p. 355

245 J.-B. Darracq, *L'Etat et le jeu, op. cit.*, p. 363

246 CE, 22 mars 1978, *Société d'encouragement pour l'amélioration des races de chevaux en France et autres, Rec.* p. 147

247 CE, Sect., 17 mars 1995, *Syndicat des casinos autorisés de France, Rec.* p. 131, *RDP* 1995, p. 810, concl. Martine Denis-Linton, *AJDA* 1995, p. 375, chron. Laurent Touvet et J. Henri-Stahl.

248 *Ibid.*

pratique par le gouvernement ce qui, dans les faits, « laisse à la créativité de l'autorité subordonnée une liberté quasi totale, tant qualitativement que quantitativement »[249].
L'on peut supposer d'ailleurs que le contrôle qu'exercera le juge administratif sur les agréments délivrés par l'ARJEL aux opérateurs de jeux en ligne, dont le régime est prévu par l'article 21 de la loi du 12 mai 2010, se situera dans le prolongement des décisions précédentes[250]. La formulation du texte précise certes que l'agrément « pouvant bénéficier » aux opérateurs de jeux ou de paris en ligne est « subordonné au respect par le bénéficiaire du cahier des charges qui lui est applicable et des autres obligations énoncées dans la présente loi » (art. 21 I). De plus, la loi dispose que « l'agrément ou son renouvellement ne peut être refusé que pour un motif tiré de l'incapacité technique, économique ou financière du demandeur de faire face durablement aux obligations attachées à son activité ou de la sauvegarde de l'ordre public, de la lutte contre le blanchiment des capitaux et le financement du terrorisme, des nécessités de la sécurité publique et de la lutte contre le jeu excessif ou pathologique » (art. 21 III). Toutefois, malgré la formulation du texte *a priori* rigoureuse, la multiplication des standards contenus dans la loi laisse sans nul doute une certaine souplesse à l'Autorité de régulation. A notre connaissance, le juge administratif n'a pas encore eu l'occasion de se prononcer. Cependant, le Conseil d'Etat a récemment considéré, à propos de l'établissement par l'ARJEL de la liste des opérateurs habilités à procéder à la certification des entreprises titulaires de l'agrément d'opérateur de jeux et paris en ligne, et lors de laquelle l'autorité doit apprécier les capacités techniques et juridiques des sociétés candidates, que les décisions de rejet faisaient l'objet d'un contrôle de l'erreur manifeste d'appréciation[251].

---

249 J.-B. Darracq, *L'Etat et le jeu*, *op. cit.*, p. 366-367

250 V. toutefois pour une opinion contraire, S. George, « Le droit public des jeux. Emergence et mutations d'une forme originale de maîtrise étatique », *op. cit.*, p. 84.

251 CE, 22 avril 2013, *Société Itekia*, n° 359159 : « qu'elle s'est également fondée sur le fait que le rapport d'audit juridique produit au dossier était " très insuffisant ", pour estimer que les compétences juridiques de la société requérante ne correspondaient pas à son niveau d'exigence ; que l'ARJEL a estimé que les expériences mentionnées dans les curriculum vitae des employés de la société Itékia ne permettaient pas à elles seules d'attester qu'elle disposait des compétences techniques et juridiques suffisantes, en l'absence de documents en démontrant effectivement la maîtrise ; qu'il ne ressort pas des pièces du dossier qu'en estimant que les faiblesses techniques et juridiques de la candidature de la société Itékia ne permettaient pas de l'inscrire sur la liste des

B. Le juge administratif, protecteur direct des prérogatives de l'Etat par l'attribution du « label » de service public

Le juge administratif possède une certaine liberté dans l'octroi du « label » de service public[252] liée à la souplesse de la catégorie juridique en question ce qui le dote « d'un instrument efficace pour imposer ses propres solutions »[253]. A cet égard, la doctrine a souvent décrit les incohérences des qualifications faisant état d'une certaine « perplexité » mais généralement imputée à la notion même de service public[254]. Assurément, le constat de l'éclatement des qualifications ne peut être que partagé. La Française des Jeux a été qualifiée de gestionnaire d'un service public en 1948[255] et ce, jusqu'en 1999[256] date à laquelle le juge administratif a considéré que la mission dont la société la FDJ était investie ne revêtait pas le caractère d'une mission de service public[257]. Le label de service public est octroyé aux casinotiers mais l'arrêt *Partouche* a semé le trouble en précisant que l'activité de jeux en était elle-même dépourvue[258]. Enfin, si le juge administratif avait refusé de façon constante de reconnaître aux courses hippiques l'exécution d'un service public, l'organisation des paris sur les courses n'étant pas une activité d'intérêt général[259], le Conseil d'Etat considérait en revanche

---

organismes certificateurs prévue par l'article 23 de la loi du 12 mai 2010 l'ARJEL ait commis une erreur manifeste d'appréciation ».

[252] D. Truchet, « Nouvelles récentes d'un illustre vieillard. Label de service public et statut de service public », AJDA 1982, p 427.

[253] D. Lochak, *Le rôle politique du juge administratif français, op. cit.*, p. 138, spéc. p. 141 à propos du service public. V. aussi, spécifiquement en matière de jeux d'argent et de hasard, E. Akoun, « Jeux de hasard et service public », *RDP* 2007, p. 643 et s.

[254] E. Akoun, « Jeux de hasard et service public », *op. cit.*, p.643 et s. : « Il semble que la complexité de la qualification de ce service public des jeux de hasard soit liée aux difficultés inhérentes à la notion de service public ».

[255] CE, 17 déc. 1948, *Sieur Angrand, Rec.* p. 485

[256] Concl. Laurent sur CE, 20 févr. 1957, *Zazafiarisoa, Rev. Jur. pol. Union fr.* 1957, p. 418 ; *AJDA* 1957, p. 184, obs. Braibant et Fournier ; CE, Sect., 17 mars 1995, *Syndicat des casinos autorisés de France, Rec.* p. 131, *RDP* 1995, p. 810, concl. Martine Denis-Linton, *AJDA* 1995, p. 375, chron. Laurent Touvet et J. Henri-Stahl

[257] CE, sect., 27 oct. 1999, *Rolin*, préc.

[258] CE, 19 mars 2012, n°341562, *SA Groupe Partouche,* préc.

[259] Dans le cadre d'une fête publique : CE, 30 oct. 1953, *Bossuyt*, préc. : « Considérant qu'en participant bénévolement à une course de chevaux dans le cadre d'une fête organisée par la municipalité de la ville, le requérant ne saurait être regardé comme ayant assuré l'exécution d'un service public dans l'intérêt de la collectivité locale » ; pour les courses organisées par le PMU ou les société de courses : CE, 9 févr. 1979, *Société d'encouragement pour l'amélioration des races de chevaux en France, Rec.*

que l'amélioration de la race chevaline, autrement dit l'élevage, était une activité d'intérêt général[260]. La loi du 12 mai 2010 a alors, contrairement aux solutions de la jurisprudence antérieure, investi officiellement l'ensemble des sociétés de courses de chevaux[261] d'une mission de service public puisque le législateur considère qu'elles « participent, notamment au moyen de l'organisation des courses de chevaux, au service public d'amélioration de l'espèce équine et de promotion de l'élevage, à la formation dans le secteur des courses et de l'élevage chevalin ainsi qu'au développement rural »[262].
Or, l'on omet fréquemment de souligner que dans la jurisprudence du Conseil d'Etat la référence à la notion de service public possède, au-delà des effets sur le régime de l'activité, une importante signification : elle est la voie par laquelle le juge ou le législateur consacre la « dévolution » d'un pouvoir de réglementation à une personne privée

p. 46 : « les sociétés de courses, en tant qu'elles sont chargées d'organiser les courses et le pari mutuel, ne sont pas investies d'une mission de service public et qu'elles ont le caractère de personnes morales de droit privé soumises au contrôle de la puissance publique dans les conditions fixées par les textes législatifs et les règlements pris pour leur application » ; CE, 25 sept. 1996, *Bellenger, Rec.* p. 1178 ; CE, 24 févr. 1999, *Wildenstein, Rec.* p. 1045 ; CAA Versailles, 12 juill. 2006, *Yabas, JCP A* 2007, p. 2080. Une convention passée entre une personne morale de droit public et une société de courses dans le but de céder une parcelle dépendant d'un hippodrome (TC, 10 juill. 1956, *Société de steeple-chases de France, RDP* 1957, p. 522 ; *AJDA* 1956, p. 352 ; *D.* 1956, p. 684) ou d'aménager un champ de courses n'est pas une concession de service public (CE, 8 janv. 1958, *Société des courses de la Côte d'Azur, AJDA* 1958, p. 53, concl. Long).

260 V. déjà CE, 12 juin 1891, *Bureau de bienfaisance de Vesse-sur-Allier c. Société des courses de Vichy, S.* 1893.III.67, concl. Levasseur de Précourt. Plus récemment, CE, 25 juill. 1980, n°14044, *Société d'encouragement à l'amélioration des races de chevaux en France* ; CE, 27 mai 1981, n°20894, *Société d'encouragement à l'amélioration des races de chevaux en France* ; CE, 25 juin 1986, n°35971, *Société des courses de Rochefort-sur-Loire.*

261 C'est-à-dire aussi bien aux deux sociétés mères (France Galop, société organisatrice des courses parisiennes de plat et d'obstacle, et Le Cheval Français) que les 240 autres, les sociétés de Province. Les sociétés de courses ont pour mission l'organisation des courses et la gestion des hippodromes. Les sociétés de courses autres que les sociétés mères sont regroupées en fédérations régionales. La Fédération nationale des courses françaises est constituée des fédérations régionales et des sociétés mères.

262 J. Fouchet, « L'attribution d'une mission de service public aux sociétés de courses de chevaux », *JCP A* 2011, n°2291. Les obligations de service public des sociétés mères sont définies par le décret du 2 novembre 2010 relatif aux obligations de service public incombant aux sociétés de courses de chevaux et aux modalités d'intervention des sociétés mères, *JORF* n°0256 du 4 novembre 2010, p. 19742

par l'attribution d'un service public, ou dans un autre mouvement, la reconnaissance d'un pouvoir réglementaire spontané de certains organismes privés[263]. Or, rares sont les études qui ont souligné la signification institutionnelle de l'attribution ou du rejet de l'attribution du label de service public en la matière.

Précisément, dans le secteur des jeux d'argent, deux cas bien distincts doivent être distingués en ce qu'ils correspondent à la qualification d'activités gérées par des institutions qui ne possèdent pas la même nature. Concernant la Française des Jeux, la qualification de service public était de ce point de vue logique. En confiant la gestion d'un service public à la FDJ, l'Etat conférait le « droit aux jeux » à cet organisme, et faisait faire par celle-ci des tâches qu'il pouvait accomplir dans la logique d'un mouvement de dévolution d'une mission qui suppose l'exercice d'une prérogative de puissance publique[264]. L. Touvet et J.-H. Stahl avaient d'ailleurs remarqué que la FDJ ne constituait qu'un « démembrement de l'Etat » qui ne pouvait jouir « d'une trop grande autonomie »[265]. La consécration d'une mission de service public permettait de qualifier les actes pris par la personne morale de droit privé d'actes administratifs. La situation créée par l'arrêt *Rolin* n'est donc pas cohérente du point de vue de la logique juridique : elle a pour effet de « dépubliciser » les actes unilatéraux pris par le PDG de la FDJ[266] alors que fondamentalement le mouvement de dévolution et de maîtrise étatique du jeu reste patent[267]. « Seule cette qualification… », explique J.-B. Darracq, est « *…de nature à justifier certains éléments du régime des jeux comme (…) le pouvoir normatif*

---

[263] M. Hecquard-Théron, *Essai sur la notion de réglementation*, LGDJ, 1977, p. 141 et la préface de J.-A. Mazères, spéc. p. XIX.

[264] *Ibid.*, p. 143 et s.

[265] *Op. cit.*, p. 375. V. également J.-B. Darracq, *L'Etat et le jeu, op. cit.*, p. 428, selon lequel « on peut considérer que cette autonomie est fictive (…). La Française des Jeux apparaît bien comme un démembrement de l'Etat et, d'un point de vue strictement matériel, l'autonomie de ses dirigeants est largement comparable à celle dont bénéficiaient ceux du secrétariat général de la Loterie nationale, du temps où la loterie était encore gérée en régie », *op. cit.*, p. 428.

[266] Il ne résulte « ni des dispositions législatives précitées ni des caractéristiques générales des jeux de hasard que la mission dont la Française des jeux a été investie en application du décret du 9 novembre 1978 revête le caractère d'une mission de service public ; qu'ainsi les décisions prises par le PDG de ladite société n'ont pas le caractère d'actes administratifs ».

[267] « Son pouvoir d'édicter les règlements des jeux s'apparente à un pouvoir de décision unilatérale », selon J.-B. Darracq, *L'Etat et le jeu, op. cit.*, p. 470

dont certains opérateurs semblent être investis »[268]. Son président-directeur général dispose d'une « autonomie » pour « édicter les règles des jeux et déterminer la quantité d'offres de jeu émise par la société »[269]. Le PDG de cette société détient bien une « parcelle du pouvoir réglementaire » ainsi que l'admet Mme Daussun[270]. La solution de l'arrêt *Rolin* a conduit le juge administratif à reconnaître un « pouvoir réglementaire de fait », ce qui n'est comme le soulignait A. Mestre, qu'une forme d'accroissement des moyens d'action de l'Administration[271]. Or, comme l'explique M. Hequard-Théron, « *dans la logique des principes libéraux qui régissent le droit français et font de l'Etat le détenteur exclusif des procédés d'action autoritaires, il apparaît inconcevable que la puissance publique se décharge sur une personne privée d'une parcelle, si faible soit-elle, de son pouvoir de commandement, en dehors de toute mission qu'elle lui aurait confiée* »[272].

Concernant les sociétés de courses de chevaux, si un mouvement de protection de l'Etat se constate aussi, il possède une autre signification. Les similitudes existant entre les sociétés de courses, les fédérations sportives et les ordres professionnels ont fréquemment été soulignées par la doctrine[273]. Les sociétés de courses constituent des organismes qui possèdent une « vie », une autonomie institutionnelle ainsi que des pouvoirs proches des fédérations sportives[274]. Or, le refus d'attribution du label de service public conduisait le juge administratif à nier l'existence juridique de ce pouvoir de réglementation détenu par les sociétés de courses spontanément sécrété par ces organismes privés. La loi du 12 mai 2010, en les investissant officiellement d'une mission de service public, consacre tout à la fois un pluralisme normatif mais permet aussi à l'Etat de ramener *a posteriori* dans le secteur public une

---

[268] *Ibid.*, p. 310

[269] J.-B. Darracq, *L'Etat et le jeu, op. cit.*, p. 428. Il ajoute : « Il nous semble donc bien que c'est cette société qui, pour l'essentiel, réglemente unilatéralement ces jeux et que, ce faisant, elle met en œuvre un véritable pouvoir réglementaire de nature administrative », *op. cit.*, p. 496

[270] Concl. sur CE, 27 oct. 1999, *Rolin*, préc. p. 1851.

[271] A. Mestre, *Le Conseil d'Etat protecteur des prérogatives de l'administration, op. cit.*, p. 173 et s., p. 194 et s.

[272] M. Hecquard-Théron, *Essai sur la notion de réglementation, op. cit.*, p. 153.

[273] J.-B. Darracq, *L'Etat et le jeu, op. cit.*, p. 445, p. 456 et s., p. 499 et s. ; J. Fouchet, « L'attribution d'une mission de service public aux sociétés de courses de chevaux », *JCP A*, 2011, n°2291, §15

[274] J.-B. Darracq, *L'Etat et le jeu, op. cit.*, p. 449 et s.

activité privée préexistante réalisée par une institution secondaire dans une logique d'unité[275]. La qualification législative opérée par la loi du 12 mai 2010 n'est pas dénuée d'ambivalence puisque la publicisation repose alors sur une fiction[276] : le titulaire des pouvoirs serait, non pas les sociétés elles-mêmes, mais l'Etat lequel les délègue aux instances. Cette fiction garantit cependant la maîtrise étatique du jeu. En outre, cette qualification législative devrait permettre au juge de contrôler certaines décisions des sociétés de courses sur la base de la jurisprudence classique d'actes administratifs émis dans le cadre d'une mission de service public alors que jusque-là il leur refusait cette nature[277].

Ainsi, le juge administratif joue bien un rôle politique dans le droit public des jeux d'argent et de hasard. A cet égard, les conclusions que tirait D. Lochak dans sa thèse semblent toujours transposables : le juge administratif ne mène pas une « politique propre qu'il tenterait d'imposer aux autres pouvoirs et au pays tout entier » mais il s'inscrit davantage « dans la fidélité à un certain ordre politique et social, façonné par une longue tradition »[278].

---

[275] V. les explications de M. Hecquard-Théron, *Essai sur la notion de réglementation, op. cit.*, p. 209, p. 216, p. 217

[276] Ce procédé est très bien analysé et décrit par G. Simon, *Puissance sportive et ordre juridique étatique. Contribution à l'étude des relations entre la puissance publique et les institutions privées*, LGDJ, 1990.

[277] CE, 25 sept. 1996, *Bellenger, Rec.* p. 1178 : à propos d'une demande d'annulation de la décision de supprimer la décharge de poids aux chevaux entraînés à Deauville ; CE, 24 févr. 1999, *Wildenstein, Rec.* p. 1045 : « Considérant que par les dispositions précitées, et notamment par celles prévoyant que les sociétés mères proposent à l'approbation du ministre de l'Agriculture le code des courses et de leur spécialité, le gouvernement n'a pas entendu confier auxdites sociétés, qui ont le caractère de personnes morales de droit privé soumises au contrôle de la puissance publique (...) une mission de service public ; qu'ainsi les décisions prises par lesdites sociétés n'ont pas le caractère d'actes administratifs » ; CAA Versailles, 12 juill. 2006, *Yabas, JCP A* 2007, p. 2080 : « La décision prise par le PMU sur une demande d'exploitation d'un poste d'enregistrement des paris est une décision prise par un établissement privé qui n'est pas investi d'une mission de service public ; qu'ainsi, cette décision n'est pas un acte administratif dont la contestation relèverait de la compétence de la juridiction administrative ».

[278] *Le rôle politique du juge administratif français, op. cit.*, p. 321

LA MULTIPLICATION DES REGIMES JURIDIQUES DE DROIT PUBLIC ECONOMIQUE

Laurence CALANDRI
Maître de conférences en droit public,
Membre de l'Institut du droit de l'espace, des territoires, de la culture et de la communication (IDETCOM),
Université de Toulouse I Capitole

En novembre 2010, dans le rapport relatif aux autorités administratives indépendantes, le Comité d'évaluation et de contrôle de l'Assemblée nationale formulait une recommandation visant à la simplification du régime juridique des jeux en ligne : « A côté de l'Autorité de la concurrence, qui a une compétence horizontale, plusieurs autres autorités sont en charge de la régulation des secteurs provenant d'un monopole d'Etat et qui se sont récemment ouverts à la concurrence (...) ». Les rapporteurs se prononçaient alors en faveur d'« un regroupement au sein de l'Autorité de la concurrence des autorités de régulation sectorielles (...) une fois accomplies les opérations de libéralisation du marché »[279]. Cette préconisation, même si elle révèle la part de mythe que comporte la rationalisation des autorités de régulation[280], met en exergue la diversification importante qu'ont connue dans la période contemporaine les régimes juridiques dans le secteur des jeux[281] : à la coexistence de régimes juridiques traditionnels nés dans le secteur des jeux dits « en dur » s'ajoute celui des jeux en ligne depuis la loi n°2010-476 du 12 mai 2010 relative à l'ouverture à

---

[279] Assemblée nationale, Comité d'évaluation et de contrôle, *Les autorités administratives indépendantes : pour une indépendance sous la garantie du Parlement*, rapport d'information n°2925, novembre 2010, p. 79 et s., Recommandation n°6

[280] V. not. « Les autorités administratives indépendantes », *RFDA* 5/2010, p. 873 et s.

[281] Sur l'évolution du secteur économique des jeux d'argent, v. not. C. Blanchard-Dignac, « La révolution numérique des jeux d'argent », *Pouvoirs*, n°139, p. 25 et s.

la concurrence et à la régulation du secteur des jeux d'argent et de hasard en ligne [282].
Cette multiplication s'explique par deux raisons principales.
La première raison tient au profond renouvellement des sources du droit public des jeux, et ce, à l'image du droit public économique. Aux sources classiques d'origine essentiellement réglementaire et jurisprudentielle, s'ajoute désormais un rôle accru de la loi. Certes, de grandes et anciennes lois ont toujours réglementé les jeux de hasard et d'argent[283], celles-ci ayant été pour l'essentiel codifiées dans le Code de la sécurité intérieure[284]. Toutefois, ces dernières années ont été marquées par une montée en puissance du rôle du Parlement, y compris dans ses fonctions de contrôle et d'évaluation manifestant le souci de ne plus se limiter à un rôle de « Parlement croupion »[285]. En outre, il peut être constaté l'émergence de la source constitutionnelle *via* la jurisprudence du Conseil constitutionnel depuis sa décision n°2010-605 DC du 12 mai 2010[286] affirmant que la « libéralisation » contrôlée du secteur des jeux en ligne n'est pas contraire à un principe fondamental reconnu par les lois de la République[287]. A cet égard, le juge

[282] *JO* 13 mai 2010, p. 8881 ; sur les commentaires de la loi, cf. not. J.-B. Vila, *AJDA* 2010, p. 1366 ; D. Alland, *AJDA* 2010, p. 1970 ; V. Lasserre-Kiesow, *D.* 2010, p. 1495 ; G. Auneau, *RTDcom.* 2010, p. 469 ; C. Ribeyre, *RSC* 2011, p. 906

[283] V. par ex. la loi du 2 juin 1891 mod. ayant pour objet de réglementer l'autorisation et le fonctionnement des courses de chevaux, *JO* 3 juin 1891 p. 2457 ; la loi du 21 mai 1836 mod. portant prohibition des loteries, *JO* 23 mai 1836 p. 79 ; article 136 de la loi de finances du 31 mai 1933 portant fixation du budget général de l'exercice 1933, qui permet au gouvernement de créer par décret la Loterie Nationale ; la loi n°1907-06-15 du 15 juin 1907 mod. relative aux casinos ou encore la loi n° 83-628 du 12 juillet 1983 mod. relative aux jeux de hasard, *JO* 13 juillet 1983 p.154

[284] Ordonnance n°2012-351 du 12 mars 2012 relative à la partie législative du code de la sécurité intérieure, *JO* n°0062 13 mars 2012 p. 4533 ; sur ce code v. not. J.-M. Pontier, « Le code de la sécurité intérieure », *JCP A* 2012, n°2186

[285] V. not. Sénat, Rapports d'information faits au nom de la commission des Finances, du contrôle budgétaire et des comptes économiques de la nation sur les jeux de hasard et d'argent en France par F. Trucy, 2001 (n°223) et 2006 (n°58)

[286] CC, déc. n° 2010-605 DC, 12 mai 2010, *Loi relative à l'ouverture à la concurrence et à la régulation du secteur des jeux d'argent et de hasard en ligne*, *JO* 13 mai 2010, p. 8897, *CCC* n°29

[287] « En effet, si la loi du 2 juin 1891 a prohibé les paris sur les courses de chevaux et celle du 18 avril 1924 a confirmé le principe de prohibition des loteries, ces législations n'ont jamais conféré à ces règles un caractère absolu mais les ont constamment assorties de dérogations et d'exceptions importantes. Ce fut le cas de la loi du 15 juin 1907 pour les jeux dans les stations balnéaires, thermales et

constitutionnel a rappelé la solution classique selon laquelle la liberté d'entreprendre déduite de l'article 4 de la Déclaration des droits de l'homme et du citoyen de 1789 peut faire l'objet de limitations liées à des exigences constitutionnelles ou justifiées par l'intérêt général, ces atteintes devant être proportionnées au regard de l'objectif poursuivi. Puis, il a estimé que le dispositif d'ouverture à la concurrence du secteur des jeux en ligne répondait à ces considérations[288]. La constitutionnalisation du droit des jeux a été d'ailleurs renforcée par le mécanisme de la question prioritaire de constitutionnalité[289]. A ces manifestations de renouvellement des sources nationales, doit être ajoutée l'irruption du droit de l'Union européenne, non par la voie habituelle du « droit dérivé »[290], mais par la jurisprudence de la Cour de justice de l'Union européenne sur le fondement du « droit primaire »[291]. Parmi les affaires emblématiques, l'arrêt du 8 septembre

---

climatériques et de la loi de finances du 31 mai 1933 autorisant le gouvernement à créer la Loterie nationale »

[288] En ce que l'article 1er de loi n° 2010-476 du 12 mai 2010 précise que « les jeux d'argent et de hasard (...) font l'objet d'un encadrement strict au regard des enjeux d'ordre public, de sécurité publique et de protection de la santé et des mineurs »

[289] Par deux décisions QPC du 18 octobre 2010 et du 3 décembre 2010 ayant respectivement pour objet la législation relative à l'exploitation des machines à sous et au monopole du PMU pour les paris hippiques « en dur », le Conseil constitutionnel a rejeté les arguments de l'inconstitutionnalité des monopoles considérant, par une motivation similaire, que le législateur a adopté des mesures propres à assurer une conciliation entre le principe de la liberté d'entreprendre et l'objectif de valeur constitutionnelle de sauvegarde de l'ordre public. Cf. Déc. 18 octobre 2010 n°2010-55 QPC *M. Rachid M. et autres* et 3 décembre 2010 n°2010-73 QPC *Soc. Zeturf limited*, *NCCC* n°30 ; *AJDA* 2011 M. Lombard

[290] Ce que mentionne le Conseil constitutionnel dans la décision n°2010-605 DC du 12 mai 2010, considérant 20

[291] V. not. F. Donnat, « Les jeux d'argent et de hasard et le droit de l'Union européenne », *Pouvoirs* n°139 p. 39 et s. ; D. Alland, « Droit de l'Union européenne et droit français des jeux de hasard et d'argent en ligne. Histoire d'une instrumentalisation », *AJDA* 2010, p. 1970. La jurisprudence est désormais relativement fournie, donnant lieu à des solutions contentieuses « éclatées », rendues au cas par cas, en fonction des considérations nationales dont il résulte une interprétation constructive du droit primaire, et notamment des articles 56 et suivants du TFUE sur le fondement desquels la Cour consacre les jeux de hasard et d'argent comme une « activité économique » dont l'exploitation bénéficie de la liberté d'établissement et de la libre prestation de services. Il reste que d'« impérieux motifs d'intérêt général » peuvent justifier des restrictions apportées par les Etats membres, révélant des législations nationales disparates en fonction également de leurs particularités socioculturelles. Dans une jurisprudence abondante, révélant la diversité des motifs pouvant justifier des atteintes à ces libertés, v. not. CJCE, 24 mars

2009, *Liga Portuguesa de Futebol Profissional* a permis à la Cour de préciser que les États membres peuvent, sous conditions, interdire à des opérateurs privés établis dans d'autres États membres de l'Union européenne de proposer sur leur territoire des jeux de hasard par Internet[292]. Dans le dernier état de la jurisprudence européenne, il apparaît que la marge de manœuvre laissée au profit des Etats membres quant à la réglementation nationale adoptée est garantie, à la condition d'être marquée du sceau de la cohérence[293]. Enfin, il convient d'ajouter à ce panorama général le droit international[294], issu notamment du droit de l'Organisation mondiale du commerce et plus spécialement l'Accord général sur le commerce de services[295] dont l'impact sur la réglementation des jeux en ligne est particulièrement illustré par l'affaire « *Antigua c. Etats-Unis* », la résolution du litige révélant un raisonnement juridique proche de celui de CJUE[296]. Dès lors, le « droit

---

1994, aff. C- 275/92, *Schindler* ; CJCE, 21 octobre 1999, aff. C-67/98, *Zenatti* ; CJCE, 6 novembre 2003, aff. C-243/01 , *Gambelli* ; CJCE, 6 mars 2007, aff. C-338/04, *Placanica* ; CJUE, 8 septembre 2010, aff. C-46/08, *Carmen Media Group Ltd* ; CJUE, 9 septembre 2010, aff. C-64/08, *Engelmann*

[292] CJCE, 8 septembre 2009, aff. C-42/07, *Liga Portuguesa de Futebol Profissional et Bwin International, AJDA* 2009 p. 2184 note M. Le Roy, et p. 2276 chron. ; *D.* 2009, p. 2585, note J.-L. Clergerie, et p. 2218 obs. S. Lavric ; *RSC* 2010, p. 244, obs. L. Idot, et p. 474 chron. B. Aubert ; *RTDeur.* 2010, p. 7, obs. F. Perladi Leneuf, et p. 129 chron. ; *JCP* 2009, p. 12, note F. Picod

[293] Une politique d'expansion contrôlée du secteur des jeux de hasard peut être cohérente avec l'objectif d'attirer les joueurs vers les activités autorisées et réglementées pour lutter efficacement contre les offres illégales. V. CJCE, 3 juin 2010, aff C-258/08, *Ladbrokes Betting & Gaming Ltd et Ladbrokes International Ltd* ; il en va différemment en cas d'incohérence de la politique nationale, v. not. CJUE, 24 janvier 2013, aff C-186/11 et 209/1, *Stanleybet et a.C. OPAP*

[294] V. également les négociations relatives à une convention internationale du Conseil de l'Europe sur la lutte contre la manipulation des résultats sportifs ; v. en ce sens la décision du 10 juin 2013 (2013/304/ UE) du Conseil de l'Union européenne autorisant la Commission européenne à participer au nom de l'Union européenne à ces négociations (*JOUE* L170/62, 22 juin 2013)

[295] Sur le fondement de l'article XVI de l'AGCS

[296] Si l'activité des jeux hasard est assimilée à un service, elle est aussi considérée comme potentiellement dangereuse et criminogène ce qui justifie des limitations nationales. Sur la procédure en cours devant l'OMC, cf. « Règlement des différends: affaire DS285, *États-Unis- Mesures visant la fourniture transfrontières de services de jeux et paris* », http://www.wto.org/french/tratop_f/dispu_f/cases_f/ds285_f.htm ; ; sur la sentence de l'ORD du 19 août 2005, « Mesures visant la fourniture de services de jeux et paris », affaire WT/DS285/13, note H. Ruiz-Fabri, P. Monnier, *Journal du droit international (Clunet)*, 2006, n°3, p.1215 ; v. aussi, à propos du rapport du groupe spécial, du 30 mars 2007, « États-Unis, Mesures visant la fourniture

public des jeux » ne se limite plus seulement à un « droit administratif des jeux », ce qui manifeste en soi non seulement une forme de « banalisation » du secteur mais aussi sa complexité, même si cette activité économique n'est pas assimilée à un « commerce » ou un « service » ordinaire, comme le rappelle l'article 1er de la loi 12 mai 2010.

La seconde cause de la multiplication des régimes juridiques résulte de la diversité des fonctions qu'exerce l'Etat lorsqu'il intervient dans la réglementation du secteur. Plus qu'un « Etat schizo »[297], il s'agit d'un « Etat à personnalités multiples ». Certes, cette diversité n'est pas en soi nouvelle. Toutefois, le secteur des jeux illustre tout particulièrement cette superposition de rôles. Aux figures classiques de l'« Etat gendarme » gardien de l'ordre public exerçant une activité de police administrative et de l'« Etat opérateur », s'ajoutent celles de l'« Etat actionnaire » concurrent des « nouveaux entrants » dans le secteur des jeux en ligne, et concomitamment, celle de l'Etat « régulateur ». Outre l'absence de définition officielle de la mission de régulation par loi du 12 mai 2010, les équivoques inhérentes à la notion de régulation[298] ont pour effet d'appréhender la liste des régulateurs de façon plus ou moins extensive, la seconde acception pouvant même conduire à qualifier ainsi des autorités administratives nationales « classiques » compétentes dans ce secteur, comme les ministres en charge de l'économie ou de l'agriculture. Il en résulte un ensemble institutionnel « nébuleux » et l'existence d'une régulation nationale des jeux « multiniveaux ».

La principale difficulté des transformations contemporaines du droit public des jeux provient de ce que loin de se substituer les uns aux autres, un phénomène d'addition et de « stratification » des régimes juridiques peut être constaté. Le droit public des jeux demeure un droit en construction[299]. Précisément, le contexte actuel permet de « penser

---

transfrontalières de services de jeux et paris », note H. Ruiz-Fabri, P. Monnier, *Journal du droit international (Clunet)*, 2007 n°3, p.1024 ; v. également, A. Tenenbaum « Les jeux d'argent sur l'internet facilités dans le cadre de l'Organisation mondiale du commerce », *Comm. Comm. électronique* n°9 sept 2005, Etude 3, p. 15 ; C. Manara, *D.* 2004, obs. p. 3122

[297] Selon l'expression empruntée à M. Lombard, *L'Etat schizo*, J.-C. Lattès, 2007

[298] Sur cette notion, v. not. L. Calandri, *Recherche sur la notion de régulation en droit administratif français*, LGDJ, Bibl. de droit public, 2009

[299] En ce sens, Assemblée nationale, rapport d'information n°3463 sur *La mise en application de la loi n°2010-476 du 12 mai 2010 relative à l'ouverture à la concurrence et à la régulation du secteur des jeux d'argent et de hasard en ligne*, 25

et de repenser » cette diversité. Ainsi, au plan national la clause dite de « rendez-vous » ou de « revoyure » prévue par la loi du 12 mai 2010[300], si elle s'apparente à un rendez-vous manqué faute de réforme engagée sur la base des critiques dressées[301], a suscité un important travail de réflexion du Parlement se traduisant par plusieurs rapports en 2011[302] et des récents bilans relatifs à l'ouverture des jeux en ligne élaborés par la Commission des finances du Sénat[303] et par l'ARJEL[304]. De même, à l'échelon européen plusieurs travaux sont actuellement conduits : ils trouvent leur origine dans le livre vert adopté par la Commission européenne le 24 mars 2011 sur les jeux d'argent et de hasard en ligne dans le marché intérieur[305], qui a déjà donné lieu à de nombreuses suites « paranormatives »[306] et ont pour point commun de recommander une évolution des règles juridiques nationales des Etats membres. Parmi les thèmes sur le chantier, se pose avec une acuité particulière la question sensible de la dichotomie des régimes juridiques des jeux selon qu'ils sont exploités « en dur » ou « en ligne » (monopole dans un cas, concurrence dans l'autre). En effet, d'un point de vue technique, la distinction des « jeux en ligne » et des « jeux en dur » paraît ténue en

---

mai 2011, présenté par A Filippetti et J.-F. Lamour, spéc. p. 87 et s. : les auteurs relèvent que le secteur des jeux d'argent et de hasard en ligne « n'a pas achevé sa restructuration », notamment en ce que certains jeux ont un « statut incertain » comme les jeux d'habileté ou « *skill games* »

300 Art. 69 de loi n°2010-476 du 12 mai 2010 : « Dans un délai de dix-huit mois à compter de la date d'entrée en vigueur de la présente loi, un rapport d'évaluation sur les conditions et les effets de l'ouverture du marché des jeux et paris en ligne est adressé par le gouvernement au Parlement »

301 *Ouverture à la concurrence et à la régulation du secteur des jeux d'argent et de hasard en ligne, Rapport d'évaluation du gouvernement de la loi n° 2010-476 du 12 mai 2010,* La Documentation française, Octobre2011, spéc. p. 24 et formulant des « recommandations d'évolution »

302 Assemblée nationale, rapport d'information n°3463 préc., spéc. p. 141 ; Sénat, Rapport d'information n°17 fait au nom de la commission des finances sur *L'évaluation de la loi n°2010-476 du 12 mai 2010 relative à l'ouverture à la concurrence et à la régulation du secteur des jeux d'argent et de hasard en ligne*, par F. Trucy, 12 octobre 2011

303 V. le compte rendu de la « table ronde » du 17 avril 2013, http://www.senat.fr/compte-rendu-commissions/20130415/fin.html

304 V. not. ARJEL, *Lutter contre le jeu excessif ou pathologique-Recommandations trois ans après l'adoption de la loi d'ouverture du marché des jeux en ligne,* 26 avril 2013, http://www.arjel.fr/IMG/pdf/20130426-addiction.pdf

305 COM(2011) 128 final, http://eur-lex.europa.eu/LexUriServ/LexUriServ.do?uri=COM:2011:0128:FIN:fr:PDF.

306 V. *infra*

raison par exemple du développement de la télévision dite « connectée »[307]. En outre, la définition des « jeux de hasard » constitue toujours un défi, et ce malgré la définition proposée par le législateur en 2010[308]. Par ailleurs, les revendications des opérateurs entrants dans le secteur des jeux en ligne sont nombreuses car l'ouverture à la concurrence n'a pas constitué le « *promised land* » tant attendu[309]. Enfin, il convient de relever la situation financière fragile de certains jeux en durs[310], autant d'éléments qui soulèvent la question du devenir des monopoles.

Il est certes difficile d'apporter en l'état actuel du droit des réponses définitives aux interrogations soulevées. Toutefois, l'étude des régimes juridiques du secteur économique des jeux révèle que derrière leur apparente démultiplication se cache une réalité plus complexe combinant un élément unificateur, source de cohérence, et un élément

---

[307] ARJEL, *Régulation du secteur des jeux en ligne et nouvelles technologie*, 14 mars 2013, spéc. p. 14 et s. ; v. aussi les recommandations de l'ARJEL adoptées le 26 juillet 2013, en application de l'article 34 de la loi n°2010-476 du 12 mai 2010 concernant les applications de jeux et paris en ligne sur télévision connectée, http://www.arjel.fr/IMG/pdf/20130726CR.pdf

[308] Cf. art. 2 de la loi. Sur les limites de la définition légale des jeux hasard, v. not. le compte rendu de la « Table Ronde » du 17 avril 2013 organisée par la commission des finances du Sénat qui souligne la nécessité de leur redéfinition à l'aune du développement des réseaux sociaux et des nouveaux usages d'Internet, et de citer notamment les jeux prétendument gratuits (*via* un système d'avances remboursables), les jeux en monnaie virtuelle (convertie en monnaie réelle sur d'autres sites) ou encore les jeux abusivement dits d'adresse. Sur ce dernier point, v. not. l'arrêt controversé de la Cour d'Appel de Toulouse, 3ème ch., 17 janv. 2013, n°RG 11/00947 qui considère que le jeu dit « *Texas holdem poker* » n'est pas un jeu de hasard mais un jeu d'adresse. V. not. M. Escande, « Le poker et la théorie de la prédominance : quand l'adresse chasse l'aléa », *Cah. dr. sport.*, n° 30, 2013, p. 71

[309] Assemblée nationale, rapport d'information n°3463 préc., spéc. p. 93 et s. qui souligne que la rentabilité insuffisante de l'offre égale pourrait en menacer la pérennité ; v. aussi Sénat, rapport d'information n°17 préc. spéc. p. 173 et s. qui relève que le modèle économique des opérateurs n'est pas encore stabilisé manifesté par les pertes d'exploitations en 2011 de 183 millions d'euros uniquement dans le secteur des paris sportifs ; v. également le compte rendu de la « table ronde » du 17 avril 2013 organisée par la commission des finances du Sénat préc. à l'occasion de laquelle les professionnels du secteur évoquent le problème de la viabilité du modèle économique de l'offre légale

[310] V. not. Sénat, rapport d'information n°17 préc., spéc. p. 257 et s. : ainsi, à propos des casinos en dur, le sénateur F. Trucy relève que la « crise des activités de jeux exploitées par les casinos (…) est patente », et analyse les diverses causes de cette « crise majeure » dont le contrôle aux entrées, l'interdiction du l'usage du tabac et la concurrence des jeux en ligne illégaux

perturbateur, source de désordre. Le premier résulte de la permanence des techniques juridiques traditionnelles destinées à l'encadrement de l'activité de jeux, et ce quel qu'en soit le support (I). Le second réside dans l'existence d'un véritable « désordre institutionnel » (II).

I. La permanence des techniques juridiques classiques d'encadrement de l'activité économique des jeux

Il peut paraître paradoxal d'évoquer la permanence des techniques juridiques classiques d'encadrement de l'activité économique des jeux car au triptyque « prohibition-exception-monopole » qui caractérise les jeux en durs s'est ajoutée une nouvelle trilogie applicable aux jeux en ligne « libéralisation-autorisation-concurrence ». Cependant, en réalité, point de rupture il y a et ce, pour deux raisons. La première tient à l'émergence d'un corpus juridique commun aux jeux en durs et aux jeux en ligne comme la réglementation relative aux joueurs et destinée à la protection des mineurs[311]. La seconde tient surtout à l'unité profonde des divers régimes juridiques des jeux qui s'exprime à travers l'existence d'un « acte pivot » : l'autorisation administrative préalable. Cet instrument juridique, invariable malgré les diverses appellations, s'appliquait traditionnellement aux jeux en durs (A) et a été simplement étendu aux jeux en ligne (B).

---

[311] Au sein des casinos ne peuvent être admis dans les salles de jeux les mineurs de dix-huit ans, même émancipés (D. 22 déc. 1959, art. 14). Il en est de même dans les cercles de jeux. Depuis le 1er juillet 2007, la vente de jeux de loterie à des mineurs est interdite (D. n° 2007-729, 7 mai 2007) et s'étend aux mineurs émancipés. Un décret du 7 mai 2007 (D. n° 2007-728, 7 mai 2007) interdit de vendre aux mineurs des jeux de paris et de pronostics sportifs, l'émancipation ne permettant pas d'y déroger. Pour les jeux en ligne, la loi du 12 mai 2010 a également entendu protéger les mineurs par diverses mesures. Au titre des personnes vulnérables, les mineurs, même émancipés, ont fait l'objet d'une protection absolue : les jeux d'argent et de hasard leur sont interdits. En la matière, les opérateurs de jeux ont une obligation de résultat, dont l'inexécution est incriminée (art. 9). Ils doivent notamment avertir tout joueur de cette prohibition lors de leur connexion au site et exiger leur date de naissance (art. 5, al. 3). De surcroît, est sanctionnée pénalement toute communication commerciale en faveur d'un opérateur de jeux d'argent et de hasard légalement autorisé dans les supports spécifiquement destinés aux mineurs, qu'il s'agisse de publications, d'émissions de télévision et de radio, de communications en ligne ou d'œuvres cinématographiques (art. 7, al. 1er, 2°, 3°,4°,5°, et art. 9). Pour un bilan de la protection des mineurs, v. not. Sénat, Rapport d'information n°17 préc. , spéc. p.123 et s. et p. 197 et s.

A. Le régime juridique traditionnel de l'autorisation administrative préalable pour les jeux en durs

L'autorisation administrative préalable est une technique juridique qui permet de réglementer classiquement le secteur des jeux en durs, et notamment les activités des cercles de jeux et des casinos.
Le procédé est familier au droit public économique en ce qu'il permet d'introduire des dérogations lorsqu'une activité économique donnée, en raison de ses caractéristiques spécifiques, est régie par un principe d'interdiction. En soi, le mécanisme de l'autorisation n'est d'ailleurs pas contraire à la liberté économique : si en principe l'exercice de la liberté d'entreprendre n'est pas subordonné à l'obtention préalable d'une autorisation administrative, dans certains cas, la loi peut conditionner – sans le remettre en cause – l'exercice de la liberté du commerce et de l'industrie à la délivrance d'une autorisation préalable. Le principe posé par la loi des 2 et 17 mars 1791, en vertu duquel « il est libre à toute personne d'exercer telle profession, art ou industrie qui lui convient » et réaffirmé dans le préambule de la Constitution de 1946, connaît des aménagements nécessaires au fonctionnement de certaines professions lorsque sont en jeu des intérêts majeurs de sécurité ou d'ordre public. Au-delà, la loi peut donner à l'autorité administrative compétence pour fixer les conditions d'exercice d'une profession ou d'une activité soumise à autorisation. Si en principe, le libre accès, par les citoyens, à l'exercice d'une activité professionnelle n'ayant fait l'objet d'aucune limitation légale figure au nombre des libertés publiques, dont les garanties fondamentales doivent, en vertu de la Constitution, être déterminées par le législateur, lorsqu'une profession a le caractère d'une « activité réglementée », l'autorité investie du pouvoir réglementaire peut fixer, en vertu des pouvoirs qu'elle tient de l'article 37 de la Constitution, des prescriptions complémentaires[312].
Le secteur des jeux illustre de façon emblématique ce type de réglementation décliné en diverses formes juridiques[313]. Cette activité économique est en effet soumise à un principe directeur, celui de

---

[312] Sur la liberté d'entreprendre et les limites qui y sont apportées cf. not. *Lamy Droit public des affaires*, spéc. n°245 et s.
[313] V. not. J.-B. Darracq, *L'Etat et le jeu,* PUAM, 2008, spéc. p. 315 et s. ; v. aussi, M.-C. Rouault, « Police des spectacles et des jeux », *J.-Cl. Adm.* Fasc. 211, spéc. n°197 et s.

l'interdiction, justifié par des impératifs d'ordre public[314]. L'interdiction de principe des jeux connaît toutefois des aménagements et des dérogations. Ainsi, les jeux d'argent et de hasard peuvent, sous certaines conditions, être « autorisés » à l'instar des dérogations prévues pour les appareils de jeux[315]. De façon plus générale, un régime d'autorisation est prévu pour la pratique de certains jeux de hasard dans les cercles privés[316] illustrant l'existence d'une réglementation *ex ante* qui, en dépit de son caractère poussé, n'en présente pas moins des faiblesses. L'autorisation de pratiquer des jeux de hasard dans les cercles présente d'ailleurs plusieurs singularités. Le système d'autorisation s'étend à l'organisation même des cercles de jeux qui se voient imposer un statut juridique type, celui d'associations régies par la loi du 1er juillet de 1901[317], dont découle une absence de liberté de leur forme juridique. L'administration même des cercles est

---

[314] V. par exemple, le régime d'interdiction afférent aux appareils de jeux prévu à l'article L 324-2 du Code de sécurité intérieure

[315] Cf. not. article L 321-5 du Code de sécurité intérieure pour les appareils de jeux proposés au public dans les casinos autorisés où est pratiqué au moins un des jeux prévus par la loi

[316] Cf. not. article 47 de la loi du 30 juin 1923 portant fixation du budget général de l'exercice 1923 modifié par la loi n°85-1407 30 déc. 1985 : « Les jeux de hasard ne peuvent être pratiqués dans les cercles (…) qu'en vertu d'une autorisation toujours révocable du ministre de l'intérieur (…) ». Ainsi, les jeux autorisés sont limités : l'autorisation délivrée par le ministre ne permet pas de pratiquer la totalité des jeux de hasard qui demeurent limitativement énumérés. Par exemple, ne sont pas susceptibles d'être autorisés la boule, la roulette, le trente-et-quarante et les autres jeux dits de « contrepartie », ainsi que le baccara à un tableau, dit "Faucheuse"

[317] Les jeux de hasard ne peuvent être pratiqués que « dans les cercles constitués sous le régime de la loi du 1er juillet 1901 », article 47 de la loi du 30 juin 1923 mod.

extrêmement réglementée : les personnes y travaillant[318], leur objet[319] de même que leur accès[320] sont strictement encadrés.

Ce contrôle administratif étroit de l'activité des cercles rapproche ainsi ces associations professionnelles du régime juridique applicable aux casinos. En effet, pour les jeux qui y sont pratiqués s'impose également un régime d'autorisation administrative préalable[321] au champ d'application très large : ainsi en est-il de l'objet de l'activité qui doit être nécessairement pluriel à l'instar des cercles de jeux[322] ; le lieu d'exercice de l'activité est également encadré même si les évolutions

---

[318] « La direction et le fonctionnement des jeux » doivent être « assurés en conformité des règles posées par le décret qui déterminera les modalités d'application du présent article et de l'article suivant ou par des instructions administratives », article 47, 2° de la loi du 30 juin 1923 mod. Ainsi, tout cercle doit comporter un conseil d'administration, qui se prononce sur les admissions et radiations des membres, conseil présidé par une personne ayant fait l'objet d'un agrément du ministre de l'intérieur (en cas de changement, un agrément doit être obtenu après déclaration au ministre par l'intermédiaire du préfet) et pourvu d'un trésorier. Ces dirigeants ne doivent pas par exemple avoir d'intérêts dans tout café, restaurant, hôtel, dancing ou établissements similaires existant dans le même immeuble que le cercle ou dans un immeuble limitrophe cf. décret n°47-798 du 5 mai 1947 portant réglementation de la police des jeux dans les cercles (*JO* 7 mai 1947 p. 4241) ; arrêté du 15 juillet 1947 portant instruction sur la réglementation des jeux dans les cercles mod.

[319] A cet égard, est imposé le caractère « accessoire » de l'activité de jeu, les cercles de jeux poursuivant obligatoirement un but principal social, sportif, culturel, artistique, littéraire ou autre et devant justifier d'une aide se traduisant par le versement, au profit d'organismes en rapport avec l'objet social du statut des cercles, d'une contribution. Conformément à cette finalité de bienfaisance, les cercles doivent comporter des locaux, distincts des salles de jeux, affectés à ce but poursuivi. Le retrait de l'autorisation de jeux peut être prononcé en cas de non-respect de cette finalité déclarée

[320] Ainsi, seuls les membres du cercle ont le droit de pénétrer dans les salles de jeux (D. 5 mai 1947, art. 1er, al. 2 et 4), générant la nécessité de détenir une carte d'entrée. La liste des personnes agréées doit figurer intégralement sur le registre des procès-verbaux du conseil, coté et paraphé par le commissaire de police chargé de la surveillance. Le cercle doit communiquer au ministère de l'intérieur, par l'intermédiaire des services de police locale, tous les quinze jours au plus, la liste des membres agréés ainsi que leur état civil et leur domicile (Instr., art. 31, 8, préc.). Le fait de laisser entrer d'autres personnes, du public, constitue l'infraction de tenue de maison de jeux de hasard

[321] V. not. l'article L 321-1 du code de sécurité intérieure : « (…) Une autorisation temporaire d'ouvrir au public des locaux spéciaux, distincts et séparés où sont pratiqués certains jeux de hasard peut être accordée (…) aux casinos »

[322] Article 1er mod. de l'arrêté du 14 mai 2007 relatif à la réglementation des jeux dans les casinos : « Un casino est un établissement comportant trois activités distinctes : l'animation, la restauration et le jeu »

contemporaines de la législation ont été marquées par des assouplissements[323] ; les jeux autorisés sont aussi limitativement énumérés[324] ; enfin, les obligations pesant sur le titulaire de l'autorisation et le fonctionnement des casinos sont nombreuses[325], particulièrement illustrées quant aux personnes employées dans les casinos[326]. Certes, des assouplissements ont été récemment introduits afin de prendre en compte leur situation économique délicate, comme l'autorisation de nouveaux jeux[327] accompagnée d'un allègement relatif des formalités administratives[328], l'accroissement du nombre maximal

---

[323] V. par ex. l'art. L 321-1 du code de sécurité intérieure, en vertu duquel l'implantation de casinos peut être autorisée dans les « communes classées stations de tourisme (...) et des villes ou stations classées de tourisme (...) qui constituent la ville principale d'une agglomération de plus de 500 000 habitants et participent pour plus de 40 %, le cas échéant avec d'autres collectivités territoriales, au fonctionnement d'un centre dramatique national ou d'une scène nationale, d'un orchestre national et d'un théâtre d'opéra présentant en saison une activité régulière d'au moins vingt représentations lyriques ». V. aussi l'article L 321-3 du code de sécurité intérieure pour les navires de commerce de transports de passagers

[324] Cf. la liste des jeux autorisés énoncée par l'art. 1er mod. du décret n°59-1489 du 22 décembre 1959 portant réglementation des jeux dans les casinos des stations balnéaires, thermales et climatiques. L'art. 1-1 mod. prévoit la possibilité d'autorisations provisoires afin d'expérimenter de nouveaux jeux de hasard ou de nouveaux dispositifs techniques.

[325] Par exemple, est imposée une origine géographique particulière aux organes directionnels des casinos : cf. article L 321-4 du code de la sécurité intérieure : « Tout casino autorisé (...) a un directeur et un comité de direction responsables. Le directeur et les membres du comité de direction doivent être français ou ressortissants d'un des Etats membres de l'Union européenne ou d'un des autres Etats parties à l'accord sur l'Espace économique européen, majeurs, jouissant de leurs droits civiques et politiques. Ces dispositions sont également applicables à toute personne employée à un titre quelconque dans les salles de jeux »

[326] V. par ex. l'article L 321-5 du code de la sécurité intérieure à propos des appareils de jeux proposés au public dans les casinos autorisés : « Les personnes physiques ou morales qui fabriquent, importent, vendent ou assurent la maintenance des appareils visés à l'alinéa précédent ainsi que les différents modèles d'appareils sont soumis à l'agrément du ministre de l'Intérieur ». V. aussi l'article 9 mod. du décret de 1959 qui prévoit que « les employés de jeux agréés doivent, pendant le travail, porter des vêtements sans poches » ; v. également les articles 15 et s. de l'arrêté du 14 mai 2007 relatif à la réglementation des jeux dans les casinos

[327] V. par ex. la pérennisation de certains jeux expérimentés comme le jeu de la bataille ou celui dit du « *casino war* » par le décret n°2013-389 du 7 mai 2013 modifiant le décret n° 59-1489 du 22 décembre 1959 (*JO* 11 mai 2013 p. 7921)

[328] Ainsi, par exemple, l'avis de la commission supérieure des jeux n'est plus requis pour substituer un nouveau jeu à un jeu de table « autorisé » : cf. article 3 mod. du décret n°59-1489 du 22 décembre 1959

de machines à sous[329], ou, plus récemment, le découplage des horaires d'ouverture et de fermeture des salles de jeux de tables et des salles de machines à sous[330] . Toutefois, le régime d'autorisation administrative préalable demeure et comporte des singularités au regard du régime juridique des cercles de jeux. Elles résultent de ce que l'exploitation des casinos ne relève pas seulement de la police spéciale des jeux mais obéit aussi aux règles de la délégation de service public[331]. Cette spécificité se manifeste alors doublement. D'une part, la procédure d'autorisation présente un caractère « hybride » en raison de la combinaison étroite de l'acte administratif unilatéral et de l'acte contractuel, même si ce « couple » est loin d'être inédit en droit public économique[332]. D'autre part, la passation de la délégation de service public suppose une mise en concurrence préalable obligatoire[333], même si celle-ci paraît très

---

[329] Cf. article 3-1 mod. du décret n°59-1489 du 22 décembre 1959 : « Le nombre de machines à sous autorisées est fonction du nombre de tables de jeux (...) installées dans le casino » ; v. aussi les articles 8 et 9 mod. de l'arrêté du 14 mai 2007 relatif à la réglementation des jeux dans les casinos préc.

[330] Arrêté du 14 février 2013 modifiant les dispositions de l'article 31 de l'arrêté du 14 mai 2007 relatif à la réglementation des jeux dans les casinos préc., *JO* 21 février 2013 p. 2966

[331] V. not. CE, 25 mars 1966, *Ville de Royan, Rec.* 1966, p. 237 ; CE, 8 juill. 1987, *Sté exploitation casino Capvern-les-Bains : Rec.* 1987, T., p. 961

[332] V. par ex. en droit de la communication audiovisuelle, la loi n°86-1067 du 30 septembre 1986 mod. relative à la liberté de la communication qui subordonne la délivrance d'autorisations administratives à la conclusion d'une « convention » conclue entre les opérateurs privés et le CSA, dont le caractère contractuel a pu être contesté, cf. concl. S. Hubac sous CE Ass., 8 avril 1998, *Soc. Serc Fun Radio, Rec.* p. 138 ; v. aussi L. Richer, *Droit des contrats administratifs*, LGDJ, Manuel, 8e éd. 2012, spéc. n°89

[333] La désignation de l'exploitant d'un casino suppose le respect des règles relatives à la prévention de la corruption et à la transparence de la vie économique et des procédures publiques en vertu de la loi n°93-122 du 29 janvier 1993 codifiée aux articles L. 1411-2 et L. 1411-3 du CGCT

imparfaite[334] en ce que ces délégations sont à de nombreux égards atypiques[335].

B. Une technique juridique étendue aux jeux en ligne

Rien n'est plus ancien ou classique que le « nouveau » régime juridique des jeux en ligne qui révèle, au-delà des ruptures introduites, une profonde continuité avec le système traditionnel d'octroi d'autorisations administratives préalables. En effet, l'agrément est la notion clé du texte de loi[336]. Ainsi, la qualité d'opérateur autorisé à exploiter des jeux en ligne est conditionnée par la délivrance préalable d'une autorisation administrative ce qui permet d'évoquer l'existence d'une « police des courses et jeux » sur la « Toile »[337], aux antipodes de l'idée d'une « libéralisation » du secteur des jeux en ligne. Comme l'énonce l'article 1er de loi n°2010-476 du 12 mai 2010 : « Les jeux

---

334 CE, sect., 10 mars 2006, *Cne Houlgate et Société d'exploitation du casino d'Houlgate*, req. n° 264098, *Rec.* p. 138, *AJDA* 2006, p. 751, note J.-D. Dreyfus : « Il appartient au ministre de l'intérieur (...) de veiller à ce que les modalités d'instruction des demandes dont il est saisi n'aient pas pour effet de conduire à empêcher, restreindre ou fausser le jeu de la concurrence sur un marché, notamment en limitant de façon excessive l'accès à ce marché ; (...) qu'à ce titre, il incombe au ministre d'opérer une conciliation entre les nécessités de la protection de l'ordre public et les impératifs tenant à la préservation de l'égalité d'accès dans le secteur en cause »

335 La durée du cahier des charges est limitée à dix-huit ans, limitation jugée légale, nonobstant les dispositions de l'article L. 1411-2 du CGCT. Cf. CE, 3 oct. 2003, *Commune de Ramatuelle*, n° 248523 : « Ces délégations ne peuvent être conclues que dans le respect des exigences de la police spéciale des jeux et des conditions posées par la loi du 15 juin 1907 et les textes pris pour son application ; qu'en limitant, par la disposition contestée de l'arrêté modifié du 23 décembre 1959, à dix-huit ans la durée du cahier des charges de la délégation consentie par la commune à l'exploitant d'un casino, le ministre de l'intérieur et le ministre chargé du budget n'ont ni excédé les limites de la compétence que la loi du 15 juin 1907 et le décret du 22 décembre 1959 leur ont attribuée, ni méconnu les exigences de la libre administration des collectivités territoriales ; que la règle spéciale qu'ils ont ainsi édictée pour les délégations de service public consenties à l'exploitant d'un casino se combine, sans les méconnaître, avec les dispositions générales issues de la loi du 29 janvier 1993 (...) ».

336 Article 3 II de la loi du 12 mai 2010 : « Compte tenu des risques d'atteinte à l'ordre public et à l'ordre social, l'exploitation des jeux d'argent et de hasard est placée sous un régime de droits exclusifs délivrés par l'Etat. Pour les mêmes motifs, sont soumis à un régime d'agrément (...) les jeux et les paris en ligne qui font appel au savoir-faire des joueurs et, s'agissant des jeux, font intervenir simultanément plusieurs joueurs »

337 http://www.interieur.gouv.fr/Actualites/L-actu-du-Ministere/La-police-des-courses-et-jeux-controle-la-Toile

d'argent et de hasard (…) font l'objet d'un encadrement strict au regard des enjeux d'ordre public, de sécurité publique et de protection de la santé et des mineurs ». Ce régime d'agrément préalable a d'ailleurs conduit le Conseil constitutionnel à considérer que la loi du 12 mai 2010 ne « libéralisait » pas ce secteur économique[338].

Dès lors, de profondes similitudes existent entre les régimes juridiques précédemment évoqués. Il en résulte de très nombreuses contraintes pesant sur les opérateurs de jeux en ligne, proches du régime juridique des jeux exploités en durs. En effet, pour obtenir l'agrément, les opérateurs de jeux ou de paris en ligne sont soumis à de strictes obligations légales et réglementaires[339] dont il résulte l'existence d'une profession extrêmement réglementée[340] et pour laquelle la loi prévoit les conséquences de l'exercice de l'activité sans détention de l'agrément[341]. L'on remarque notamment que tous les opérateurs doivent être agréés, qu'ils soient « historiques », c'est-à-dire ceux dont l'offre en ligne était légale avant la loi de 2010[342] ou qu'il s'agisse des « nouveaux entrants ». L'origine géographique des opérateurs est aussi prédéfinie : la demande d'agrément est réservée à des opérateurs dont le siège social est établi dans un État membre de l'Union européenne ou un « Etat partie à l'accord sur l'Espace économique européen ayant conclu avec la France une convention d'assistance administrative en vue de lutter contre la fraude et l'évasion fiscale »[343]. Les jeux autorisés sont

---

338 Cons. const., 12 mai 2010, déc. n° 2010-605 DC, préc., consid. 8. : « Considérant, au demeurant, que les articles 11, 12 et 14 de la loi déférée soumettent l'organisation en ligne de la prise de paris hippiques, sportifs ou de jeux de cercle à un régime d'agrément préalable ; qu'ainsi, en tout état de cause, le grief tiré de ce que la loi déférée aurait « libéralisé » les jeux en ligne doit être écarté »

339 Outre la loi n°2010-476 du 12 mai 2010, v. également le décret n° 2010-482 du 12 mai 2010 fixant les conditions de délivrance des agréments (*JO* 13 mai 2010, p. 8930)

340 V. les art. 15 à 20 de la loi et décret n° 2010-482 du 12 mai 2010

341 Sur les modalités de suspension des opérateurs de jeux ou de paris en ligne qui exercent une activité sans détenir le droit exclusif ou l'agrément prévu par l'article 21 de la loi n° 2010-476 du 12 mai 2010, v. le décret n°2010-1504 du 7 décembre 2010 relatif aux modalités d'application du chapitre III du titre VI du livre V du code monétaire et financier portant obligations relatives à la lutte contre les loteries, jeux et paris prohibés (*JO* 9 décembre 2010 p. 21551), dispositions reprises aux art. R. 563-1 et s. du Code monétaire et financier

342 Avant la loi du 12 mai 2010, l'offre en ligne de jeux et de paris était sous monopole d'Etat, exploitée par la FDJ et le PMU, et coexistait avec une offre de jeux et de paris en ligne illégale

343 L'opérateur doit disposer d'un siège social, d'un compte bancaire ainsi que d'un système de paiement et d'encaissement des mises qui ne soient pas domiciliés dans un

aussi limitativement énumérés[344] dont il résulte de nombreuses exclusions du marché « légal » tels les jeux de hasard purs, les machines à sous ou encore les paris sur des événements non sportifs. En outre, un agrément doit être demandé pour chaque catégorie de jeux ou de paris sportifs : l'agrément est donc non seulement lié à l'opérateur mais aussi au type de jeu[345]. Ce dispositif a été complété par diverses dispositions visant à lutter contre les activités frauduleuses et/ou criminelles[346]. En effet, parmi les différentes obligations pesant sur les opérateurs, une attention toute particulière a été portée aux mesures de lutte contre les sites illégaux de jeux d'argent et de hasard en ligne[347]. Cette similitude

---

Etat non coopératif (art. 15, 21, 17 et 18). Le site de jeu doit être accessible *via* un nom de domaine commençant par « fr » qui constitue un indice de localisation et de présomption de légalité de l'opérateur de jeu. Les exigences de transparence en matière de jeux en ligne imposent à toute entreprise exploitant ce type d'activités d'adopter une comptabilité séparant ses activités liées aux jeux de ses autres revenus, une certification annuelle des comptes (art. 25), ainsi qu'un système d'archivage des données sur un support matériel situé en France (art. 30)

344 V. par ex. le décret n° 2010-723 du 29 juin 2010 relatif aux catégories de jeux de cercle mentionnées au II de l'article 14 de la loi n° 2010-476 du 12 mai 2010 relative à l'ouverture à la concurrence et à la régulation du secteur des jeux d'argent et de hasard en ligne ainsi que les principes régissant leurs règles techniques aux fins d'exploitation des différents types du jeu de cartes dénommé « Poker », dont le «*Texas Hold'em Poker* » et le « *Omaha Poker* »

345 Art. 21, VII de la loi en vertu duquel l'ARJEL « établit et tient à jour la liste des opérateurs de jeux ou de paris en ligne titulaires de l'agrément prévu au I, en précisant les catégories de jeux ou de paris autorisées. Cette liste est publiée au Journal officiel et dans un quotidien national traitant de l'actualité hippique, pour les agréments délivrés pour les paris hippiques, ou de l'actualité sportive, pour les agréments délivrés pour les paris sportifs »

346 L'opérateur de jeux ou de paris en ligne agréé rend compte annuellement à l'ARJEL de ses actions et des moyens consacrés à la promotion du jeu responsable, ainsi que des résultats des contrôles réalisés en matière de lutte contre les activités frauduleuses ou criminelles, le blanchiment de capitaux et le financement du terrorisme (art. 27) la publicité en faveur de l'offre légale de jeu est réglementée tout en sanctionnant pénalement celle en faveur de l'offre illégale (sur ces points, L. n° 2010-476, 12 mai 2010, art. 3)

347 Cf. art. 56 à 62 de la loi du 12 mai 2010. Indistinctement de leur origine géographique, toute entreprise, dotée ou non de la personnalité morale, et toute personne physique proposant des jeux en ligne en dehors du cadre de la présente loi s'expose à des peines d'emprisonnement et à une amende, éventuellement assorties de peines complémentaires comme l'interdiction d'être candidat à un agrément délivré par l'ARJEL. Cet aspect de la réforme s'étend à la publicité de ces sites illégaux (art. 57 de la loi), mais aussi aux personnes interdites de jeux (inscrites sur la liste des interdits de jeux, les opérateurs de jeux que ce soit leurs dirigeants ou leur personnel,

se traduit également dans les modalités de délivrance des agréments : en vertu de l'article 21 de la loi du 12 mai 2010, l'agrément est octroyé sur le fondement d'un cahier des charges, illustration de la combinaison de deux types d'actes administratifs unilatéraux, individuel et réglementaire, pratiquée aussi pour la délivrance des autorisations aux casinos[348]. A cet égard, l'on retrouve aussi la technique qui consiste à associer un acte unilatéral et un acte contractuel dans le domaine des paris sportifs, comme en témoignent les contrats conclus entre les fédérations sportives et les organisateurs de manifestations sportives avec les opérateurs de paris sportifs agréés[349], ce qui n'est pas sans rappeler le régime juridique applicable aux casinos dans lequel l'octroi de l'autorisation administrative par le ministre de l'Intérieur conditionne l'applicabilité du contrat de délégation de service public conclu entre l'opérateur et l'autorité communale délégataire[350].
Une différence doit cependant être signalée : elle tient à ce que le refus d'octroi de l'agrément ou de son renouvellement par l'ARJEL doit être obligatoirement motivé par l'incapacité technique, économique ou financière du demandeur de faire face durablement aux obligations attachées à son activité ou à la sauvegarde de l'ordre public, la lutte contre le blanchiment des capitaux et le financement du terrorisme, les nécessités de la sécurité publique et la lutte contre le jeu excessif ou pathologique (art. 21, III, 1er alinéa). Pour les jeux en durs, des motifs

---

les acteurs de compétitions sportives ou hippiques, les sportifs et jockeys, les sociétés mères de courses de chevaux).

348 Cf. not. l'article L 321-2 du code de la sécurité intérieure : « Les autorisations sont accordées par le ministre de l'intérieur (...) en considération d'un cahier des charges établi par le conseil municipal et approuvé par le ministre de l'intérieur »

349 V. par ex. l'article L 333-1-1 du Code du sport, dans sa rédaction issue de l'article 63 de la loi du 12 mai 2010, qui attribue aux fédérations sportives et aux organisateurs de manifestations sportives le droit de consentir à l'organisation de paris sur les manifestations sportives qu'ils organisent. Ce droit doit alors faire l'objet d'un contrat avec les opérateurs ayant obtenu l'agrément qui précise notamment les obligations en matière de détection et de prévention de la fraude et la rémunération des fédérations ou des organisateurs de la manifestation sportive. V. également l'obligation faite à l'opérateur de porter à la connaissance de l'ARJEL tous les contrats de fourniture et de sous-traitance conclus dans quelque domaine que ce soit avec un ou plusieurs tiers cf. art. 16 de la loi et art. 2 du décret n°2010-482 du 12 mai 2010 fixant les conditions de délivrance des agréments d'opérateur de jeux en ligne

350 V. not. M.-C. Rouault, « Police des spectacles et des jeux », *op. cit.*, n°228 et s.

d'opportunité peuvent justifier à eux seuls un refus opposé par le ministre de l'Intérieur[351].
Ainsi, la diversité des régimes juridiques des jeux d'argent et de hasard ne semble constituer qu'une fiction lorsque l'on s'attache à étudier l'acte juridique qui les fonde. L'étude montre que derrière leur apparente démultiplication se cache un facteur d'unité. En revanche, dès lors que l'on s'intéresse aux institutions administratives en charge de la réglementation des jeux en durs et en ligne se dévoile la principale manifestation de cette diversité.

II. La diversification des institutions administratives encadrant l'activité économique des jeux

La rupture introduite par la loi du 12 mai 2010 ne se situe pas là où l'on pourrait *a priori* le croire : si le système d'agrément s'inscrit dans la continuité des régimes passés, par-delà la diversification des supports, la création par le législateur d'une instance de régulation a introduit au contraire une véritable scission. En effet, la réforme de 2010 n'a pas conduit à une refonte du paysage institutionnel. Face au constat de l'accroissement du « désordre institutionnel » (A), une harmonisation paraît souhaitable. Cependant, l'entreprise s'avère délicate car elle suppose au préalable une évolution des monopoles étatiques (B).

A.L'accroissement du « désordre » institutionnel

Le contrôle des activités de jeux est exercé par différentes administrations de l'Etat révélant une architecturel institutionnelle « dispersée ». En premier lieu, plusieurs institutions « classiques » ont en charge le secteur. Au titre de ces dernières, il faut relever que divers ministres sont dotés d'un pouvoir décisionnel important (le ministre de l'Intérieur, le ministre de l'Economie et des Finances, le ministre délégué auprès du ministre de l'Economie et des Finances chargé du budget, le ministre de l'Agriculture ou encore le ministre des

---

351 V. not. en ce sens CE, 14 oct. 1970, *Sté d'exploitation des Eaux et Thermes d'Enghien*, *Rec.* 1970, p. 580 ; sur le contrôle de l'erreur manifeste d'appréciation en cas de refus de renouvellement du ministre de l'intérieur d'une autorisation d'exploitation de jeux, cf. CE, 3 mai 1993, *Sté d'exploitation d'industries touristiques (SEIT)*, *Rec.* 1993, T., p. 1053, *JCP* 1993.IV.1598.

Sports)[352] ; des services étatiques centralisés dédiés y concourent comme le Service central des courses et jeux, service à compétence nationale, relevant de la Direction centrale de la police judiciaire[353], chargé de la surveillance des établissements de jeux, des champs de courses, des paris hippiques et sportifs et des jeux liés aux nouvelles technologies[354] ; au titre des autorités administratives déconcentrées de l'Etat, le préfet et le sous-préfet jouent un rôle non négligeable[355] ; des institutions de réflexion, d'expertise et d'information sont aussi sollicitées[356], dont le Comité consultatif des jeux créé par la loi du 12 mai 2010[357], organisme placé auprès du Premier ministre et dont la compétence s'étend à l'ensemble des jeux en durs ou en ligne[358] ; enfin,

---

[352] Cf. J.-B. Darracq, *L'Etat et le jeu, op. cit.*, spéc. p. 338 et s. et p. 381 et s.

[353] http://www.police-nationale.interieur.gouv.fr/Organisation/Direction-Centrale-de-la-Police-Judiciaire/Service-central-des-courses-et-jeux ; sur le SCCJ v. not. l'arrêté du 27 juin 2008 relatif aux missions et à l'organisation en sous-directions de la direction centrale de la police judiciaire et portant création de services à compétence nationale qui rattache le service central des courses et jeux (SCCJ) au directeur central

[354] Le SCCJ est ainsi composé de 4 divisions dont une pour les jeux en ligne, la division des affaires judiciaires et de l'observatoire des jeux liés aux nouvelles technologies (DAJOJNT) qui comporte la Brigade centrale pour la répression des infractions aux courses et jeux (BCRICJ) et l'Observatoire des jeux liés aux nouvelles technologies (OJNT)

[355] Pour l'octroi des agréments aux casinos, v. par exemple l'article 3 mod. du décret n°59-1489 du 22 décembre 1959 préc. : « L'autorisation est accordée sur demande adressée au ministre de l'intérieur par l'intermédiaire du préfet (…) » ; v. aussi l'article 4 de l'arrêté du 14 mai 2007 relatif à la réglementation des jeux dans les casinos : « Le délégataire retenu par la commune adresse son dossier de demande d'autorisation de jeux au sous-préfet qui en délivre récépissé sur papier libre (…) »

[356] V. ainsi la création dès 2006 de l'Observatoire des jeux liés aux nouvelles technologies préc.

[357] Article 3 III 1° de la loi : « Il est institué auprès du Premier ministre un comité consultatif des jeux ayant compétence sur l'ensemble des jeux d'argent et de hasard. Il est chargé de centraliser les informations en provenance des autorités de contrôle et des opérateurs de jeux, d'assurer la cohérence de la régulation du secteur des jeux d'argent et de hasard au regard des objectifs généraux mentionnés au I et d'émettre des avis sur l'ensemble des questions relatives à ce secteur et sur l'information du public concernant les dangers du jeu excessif.

[358] Article 3 III 2° de la loi : « Le comité comprend un collège (….). Il comprend également un observatoire des jeux (…) et deux commissions consultatives dont les membres peuvent être membres du collège. Ces deux commissions sont chargées de mettre en œuvre, respectivement, la politique d'encadrement des jeux de cercle et de casino et celle des jeux et paris sous droits exclusifs. Il a pour fonction de centraliser les informations en provenance des autorités de contrôle et des opérateurs, d'assurer la cohérence de la régulation au regard des objectifs d'ordre public et d'émettre des

des établissements publics de l'Etat sont également compétents[359], à l'image en matière de santé publique de l'Institut national de prévention et d'éducation pour la santé (INPES) auquel sont versés chaque année cinq millions d'euros prélevés sur les mises des joueurs, et qui intervient dans la lutte contre l'addiction au jeu[360]. A côté des institutions administratives étatiques classiques, de nombreuses instances de régulation ont une compétence dans le secteur des jeux, qu'il s'agisse d'autorités de régulation sectorielles comme la CNIL[361] ou le CSA [362] ou d'autorités de régulation transversales, comme l'ADLC[363].

---

avis sur l'ensemble des questions relatives à ce secteur et sur l'information du public concernant les dangers du jeu excessif »

[359] V. par ex. les haras nationaux tels qu'issus du décret n° 2010-90 du 22 janvier 2010 mod. relatif à l'Institut français du cheval et de l'équitation (*JO* 24 janvier 2010 p. 1590) créant un établissement public national à caractère administratif regroupant les établissements publics « Les Haras nationaux » et l'« Ecole nationale d'équitation », placé sous la tutelle conjointe des ministres chargés de l'Agriculture et des Sports

[360] Sur le rôle de l'INPES en matière de jeux, v. par ex. l'article 29 de la loi du 12 mai 2010 : « Un numéro d'appel téléphonique est mis à la disposition des joueurs excessifs ou pathologiques et de leur entourage par les pouvoirs publics sous la responsabilité de l'Institut national de prévention et d'éducation pour la santé » ; v. également http://www.inpes.sante.fr/10000/themes/addiction-jeux/index.asp

[361] Par exemple, la loi du 12 mai 2010 « impose aux sites de jeux en ligne de collecter un nombre important d'informations personnelles concernant les joueurs. Ils doivent collecter et conserver les informations d'identification du joueur comme le nom, l'adresse ou la date de naissance, etc.), et toutes les informations relatives à ses opérations de jeux. Par exemple, pour une partie de poker, le site a l'obligation de conserver les traces de toutes les étapes de la partie comme les mises, les résultats et les gains du joueur. Cette collecte d'informations est encadrée par la CNIL qui s'assure ainsi du respect des droits des joueurs », http://www.cnil.fr/linstitution/actualite/article/article/les-jeux-et-paris-en-ligne-en-questions/

[362] V. ainsi en matière de communications commerciales, l'article 7, dernier al. de la loi du 12 mai 2010 : « Une délibération du Conseil supérieur de l'audiovisuel précise les conditions de diffusion, par les services de communication audiovisuelle, des communications commerciales ». Le CSA a adopté sur ce fondement plusieurs délibérations, dont la délibération n° 2013-3 du 22 janvier 2013 relative aux conditions de diffusion, par les services de télévision et de radio, des communications commerciales en faveur d'un opérateur de jeux d'argent et de hasard légalement autorisé, *JO* 1er février 2013, Texte n° 89

[363] V. not. l'article 39 de la loi du 12 mai 2010 : « I. - Le président de l'Autorité de régulation des jeux en ligne saisit l'Autorité de la concurrence des situations susceptibles d'être constitutives de pratiques entravant le libre exercice de la concurrence dont il a connaissance dans le secteur des jeux en ligne (...). Cette saisine peut être introduite dans le cadre d'une procédure d'urgence, conformément à l'article L. 464-1 du code de commerce. Il peut également la saisir pour avis de toute autre

Cependant, l'administration étatique ne détient pas une compétence exclusive. Par exemple, concernant les casinos, les communes ou leurs structures de regroupement sont des autorités délégataires et participent de la sorte à la définition des règles juridiques applicables aux opérateurs[364]. En matière de paris sportifs et hippiques, un rôle important est joué par les professionnels du secteur comme les sociétés de course qui, investies d'une mission de service public depuis la loi du 12 mai 2010, assurent une cogestion du secteur des courses et paris avec l'Etat et les acteurs de la filière hippique[365]. Dans le secteur des jeux en ligne, l'Autorité de régulation professionnelle de la publicité (ARPP), association de droit privé, détient des pouvoirs d'« autorégulation »[366]

---

question relevant de sa compétence et, notamment, en vue d'établir l'existence d'une pratique prohibée par l'article L. 420-5 du code de commerce, de manquements aux obligations définies à l'article 25 de la présente loi. II.- L'Autorité de la concurrence communique à l'Autorité de régulation des jeux en ligne toute saisine entrant dans le champ de compétence de celle-ci. Elle peut également saisir l'Autorité de régulation des jeux en ligne, pour avis, de toute question relative au secteur des jeux en ligne. Lorsqu'elle est consultée par l'Autorité de la concurrence sur des pratiques dont cette dernière est saisie dans le secteur des jeux d'argent et de hasard, l'Autorité de régulation des jeux en ligne joint à son avis, dans le délai imparti, tous les éléments utiles à l'instruction de l'affaire qui sont en sa possession ». V. aussi les autres formes possibles d'intervention de l'ADLC prévues par le Code de commerce cf. art. L. L462-1, en vertu duquel l'ADLC peut être notamment saisie par les pouvoirs publics, les collectivités territoriales ou les professionnels et l'art L. 462-4 relatif au mécanisme de l'auto-saisine. Ainsi, l'avis n°11-A-02 du 20 janvier 2011 relatif au secteur des jeux d'argent et de hasard en ligne est le résultat à la fois d'une décision d'auto-saisine de l'ADLC et d'une demande d'avis d'un professionnel (European Gaming and Betting Association), http://www.autoritedelaconcurrence.fr/pdf/avis/11a02.pdf

364 V. not. J.-B. Darracq, *L'Etat et le jeu, op. cit.*, spéc. p. 322 et s.

365 V. notamment le rôle joué par les sociétés mères « France Galop » (https://www.france-galop.com/) et la « Société d'encouragement du cheval français» (www.cheval-francais.com)

366 Cf. article 8, alinéa 1er de la loi du 12 mai 2010 ; v. aussi le décret n°2010-624 du 8 juin 2010 relatif à la réglementation des communications commerciales en faveur des opérateurs de jeux d'argent et de hasard ainsi qu'à l'information des joueurs quant aux risques liés à la pratique du jeu ; v. en ce sens la recommandation de l'ARPP de Juin 2009 dite « Jeux d'argent », http://www.arpp-pub.org/IMG/pdf/Reco_Jeux_d_argent-2.pdf. Pour un bilan du suivi de cette recommandation, v. le rapport d'études 2011-2012 de l'ARPP, http://www.arpp-pub.org/IMG/pdf/BAT_Bilan_Jeux_d_argent_2012.pdf

confortés par l'adoption de chartes « déontologiques » par les professionnels du secteur[367].
La multiplicité d'intervenants se traduit alors par un enchevêtrement des compétences[368]. Les exemples sont nombreux de « circuits procéduraux » extrêmement sophistiqués pouvant créer des « distorsions » de régimes juridiques selon que les jeux sont exploités en durs ou en ligne, ou encore entre les secteurs concurrentiel et monopolistique. Ainsi, lorsque l'on s'attache aux cercles de jeux, l'autorisation de jeux est certes accordée par le ministre de l'intérieur, mais après avis d'une commission consultative. En outre, le dossier est instruit par le préfet et la tenue de registres constitue un fichier de données à caractère personnel qui implique l'intervention de la CNIL. Un schéma institutionnel complexe s'applique également aux casinos : si l'autorisation administrative préalable est délivrée par le ministre de l'Intérieur, la simplicité n'est qu'apparente car de nombreuses autorités administratives interviennent à différentes étapes de la procédure dont les communes[369], divers services de l'Etat (sous-préfet et préfet) et des organes consultatifs[370]. A cet égard, la situation des cercles de jeux et des casinos contraste fortement avec le secteur des paris hippiques dans

[367] V. par ex. la charte de bonne conduite relative à la publicité pour les jeux en ligne adoptée en 2009 sous l'égide du GESTE, http://www.geste.fr/charte-de-bonne-conduite-publicite-pour-les-jeux-dargent-en-ligne ; v. également « la charte de bonne conduite des éditeurs et de leurs régies visant à encadrer le volume et la concentration des communication commerciales en faveur des opérateurs de jeux d'argent et de hasard sur les services de télévision » du 7 janvier 2011 publiée le 23 juillet 2013 sur le site du CSA, http://www.csa.fr/

[368] En matière de communications commerciales pour le secteur des jeux en ligne, v. not. le Rapport « Trucy » de 2011 préc. p. 199 et s.

[369] V. not. l'article L 321-2 du code de la sécurité intérieure : « Les communes dans lesquelles les dispositions de l'article L. 321-1 sont applicables ne peuvent en bénéficier que sur l'avis conforme du conseil municipal » ; v. aussi l'article 3, 1 de l'arrêté du 14 mai 2007 relatif à la réglementation des jeux dans les casinos : « En vertu de l'article L. 1411-4 du code général des collectivités territoriales, le conseil municipal doit se prononcer sur le principe même de la concession au vu d'un rapport présentant le document contenant les caractéristiques des prestations que doit assurer le concessionnaire. Cette assemblée doit également faire connaître si elle estime que les jeux peuvent être autorisés dans la commune. Lorsque les sources, établissements de bains, casinos, etc., appartiennent à un syndicat de communes, cette procédure est diligentée par son assemblée délibérante »

[370] V. par ex. l'avis de la commission consultative des jeux des jeux de cercles et de casinos prévu aux art. 11 et s. du décret n°2011-252 du 9 mars 2011 (*JO* 10 mars 2011, p. 4399).

lequel les professionnels du secteur disposent de larges prérogatives[371]. De même, la FDJ est dotée d'une habilitation générale concernant la création et l'exploitation de ses jeux en dur[372] et dispose d'une liberté dans la détermination de sa stratégie commerciale. Cette marge de manœuvre apparaît faiblement contrebalancée dans les faits par le partage de compétences institué avec le ministre du Budget, chaque nouveau jeu de la FDJ devant être pris par arrêté[373].

Précisément, loin de freiner ce phénomène de diversification institutionnelle, la loi du 12 mai 2010 l'a au contraire amplifié. En effet, l'autorité de régulation sectorielle, est non seulement spécifique au secteur des jeux en ligne[374] mais, en outre, ne concentre pas tous les pouvoirs en ce domaine[375]. L'exemple des sanctions administratives adoptées en cas de manquements des opérateurs en ligne agréés à leurs obligations législatives et réglementaires est emblématique d'un éclatement de compétences, qui risque d'affaiblir un pouvoir répressif déjà entamé[376]. En effet, il existe au sein de l'ARJEL une première répartition des compétences entre le Collège et la Commission des

---

[371] Sur les prérogatives des sociétés de courses de chevaux v. not. J.-B. Darracq, *L'Etat et le jeu, op. cit.*, p. 449 et s. et p. 498 et s.

[372] V. not. l'article 21 mod. du décret n°78-1067 du 9 novembre 1978 relatif à l'organisation et à l'exploitation des jeux de loterie autorisés par l'article 136 de la loi du 31 mai 1933 et de l'article 48 de la loi n° 94-1163 du 29 décembre 1994 : « Le président-directeur général de la société veille à l'application des textes législatifs et réglementaires concernant les jeux. Il établit les règlements des jeux et fixe, à cet effet, leurs caractéristiques techniques, les conditions de participation offertes au public, les montants des mises, les modalités techniques de détermination et d'attribution aux gagnants des gains ou lots, les modalités de paiement ou de mise à disposition de ceux-ci et les délais de forclusion relatifs à ces paiements ou mises à disposition. Les règlements des jeux sont portés à la connaissance du public par une publication au Journal officiel »

[373] Sur le pouvoir normatif de la FDJ, v. not. J.-B. Darracq, *L'Etat et le jeu, op. cit.*, spéc. p. 361 et s. et p. 414 et s. et p. 428 et s.

[374] Article 34 et s. de la loi du 12 mai 2010

[375] V. néanmoins les rapprochements effectués avec par exemple les autres régulateurs du secteur comme l'ARPP, cf. la convention de partenariat du 26 juin 2013 conclue entre l'ARJEL et l'ARPP afin de renforcer leurs échanges d'informations et de coordonner certaines de leurs actions pour lutter contre les risques de jeu excessif en ligne, http://www.arpp-pub.org/convention_arjel_arpp.html

[376] V. not. le Rapport « Trucy » de 2011, p. 96 et s. relevant les faiblesses du pouvoir de sanction de l'ARJEL et p. 229 et s. proposant des améliorations de son pouvoir répressif, dont le pouvoir de prendre des mesures conservatoires d'urgence, à l'instar de l'AMF (Proposition n°61)

sanctions[377]. S'y ajoute une seconde division, rare au sein des autorités de régulation[378], puisque le président de l'ARJEL peut saisir le Conseil d'Etat, compétent en premier et dernier ressort, d'un recours contre une décision de la Commission des sanctions[379], prérogative récemment illustrée[380]. L'exercice par le président de l'ARJEL de cette compétence, qui s'apparente à une « tutelle interne » mise en œuvre par le biais d'un « déféré présidentiel », peut être interprété comme révélant une forme d'incohérence dans les décisions prises par l'institution. En outre, l'ARJEL partage son pouvoir de sanction avec d'autres autorités administratives. Ainsi en est-il en cas de manquements aux obligations imposées par le Code monétaire et financier en matière de lutte contre les loteries, jeux et paris prohibés qui font l'objet de procédures administratives spécifiques[381]. De surcroît, l'ARJEL doit, pour la recherche d'infractions, demander l'aide des agents de la police judiciaire et des agents de douane - les « cyberpatrouilleurs » - qui peuvent être mis à sa disposition[382]. L'exercice de sa mission suppose également des échanges d'informations avec l'administration fiscale et la Direction générale des douanes et droits indirects[383]. Enfin, le pouvoir répressif de l'ARJEL apparaît amputé en cas d'agissements susceptibles de recevoir une qualification pénale, le président de

---

[377] Articles 35 et 41 de la loi du 12 mai 2010

[378] Comme par exemple l'Autorité de contrôle prudentiel devenue par la loi n° 2013-672 du 26 juillet 2013 de séparation et de régulation des activités bancaires (*JO* 27 juillet 2013 p.12530) l'Autorité de contrôle prudentiel et de résolution (ACPR), cf. art. Article L612-16 IV du Code monétaire et financier : « Les décisions prononcées par la commission des sanctions peuvent faire l'objet d'un recours de pleine juridiction devant le Conseil d'Etat par les personnes sanctionnées et par le président de l'Autorité de contrôle prudentiel et de résolution, après accord de la formation du collège de supervision à l'origine de la notification des griefs, dans un délai de deux mois suivant leur notification. En cas de recours d'une personne poursuivie, le président de l'Autorité peut, dans les mêmes conditions, former un recours, dans un délai de deux mois à compter de la notification à l'Autorité de contrôle prudentiel et de résolution du recours de la personne poursuivie »

[379] Article 44 de la loi du 12 mai 2010 : « II. - Les décisions prononcées par la commission des sanctions peuvent faire l'objet d'un recours de pleine juridiction devant la juridiction administrative par les personnes sanctionnées et par le président de l'Autorité de régulation des jeux en ligne, après accord du collège »

[380] CE, 26 nov. 2012, *Société Betclic Enterprises Limited,* req. n°351163, *AJDA* 2013 p. 799, note J.-B. Vila

[381] Cf. art. 22 de la loi du 12 mai 2010 et art L 563-1 et s. du Code monétaire et financier

[382] Cf. art. 59, al. 3 dc la loi du 12 mai 2010

[383] Cf. art. 40 et 60 de la loi du 12 mai 2010

l'Autorité, ou celui de la Commission des sanctions, devant en informer « sans délai le procureur de la République » qui, s'il met en mouvement l'action publique, doit réciproquement en informer l'instance de régulation[384].
En définitive, le seul organisme centralisé doté de véritables compétences transversales est une instance purement consultative, le Comité consultatif des jeux[385] dont les nombreuses faiblesses[386] invitent à rechercher les voies d'une harmonisation institutionnelle.

B. Les voies d'une harmonisation institutionnelle

La recherche d'une simplification institutionnelle soulève en creux l'évolution du statut des monopoles car, sans aller jusqu'à « banaliser » le régime juridique des jeux en durs exploités sous forme monopolistique en les libéralisant, la création d'une autorité de régulation sectorielle par la loi du 12 mai 2010, cantonnée au seul secteur des jeux en ligne, n'a pas résolu la coexistence des diverses figures de l'Etat dans un secteur économique qui a été profondément bouleversé par l'ouverture à la concurrence des jeux en ligne.
Certes, les monopoles n'ont pas disparu en droit public économique et ce d'autant plus qu'ils ne sont pas condamnés sur le principe par le droit

---

[384] Cf. art. 44, IV de la loi du 12 mai 2010

[385] V. not. l'article 3 de la loi n° 2010-476 du 12 mai 2010 et le décret n°2011-252 du 9 mars 2011 relatif au comité consultatif des jeux qui définissent le cadre de sa compétence et son fonctionnement. Ce comité placé auprès du Premier ministre est chargé de centraliser les informations en provenance des autorités de contrôle et des opérateurs de jeux, d'assurer la cohérence de la régulation du secteur des jeux d'argent et de hasard et d'émettre des avis sur les questions relatives à ce secteur et l'information du public concernant les dangers du jeu excessif. Le comité comprend un collège, l'observatoire des jeux, et deux commissions spécialisées (commission consultative des jeux de cercles et de casinos et commission consultative des jeux et paris sous droits exclusifs). Composé de 19 membres, et présidé par un parlementaire, le collège dispose d'une compétence d'avis et de proposition. Les deux commissions sont chargées de rendre un avis sur les demandes d'autorisation de jeux dans les cercles de jeux et les casinos, de prévenir le jeu excessif, de favoriser une pratique raisonnable du jeu et de proposer des mesures pour lutter contre le blanchiment

[386] V. not. les critiques formulées dans le cadre de la « clause de revoyure » dans le Rapport d'information n°3463 de l'Assemblée nationale, préc., spéc. p. 38 et s. qui relève le retard « incompréhensible » pour mettre en place ce comité ; v. aussi, Sénat, Rapport d'information n°17 préc., spéc. p. 25 et s. qui condamne également ce retard qualifié d'« inacceptable »

de l'Union européenne[387]. Le secteur des jeux est donc emblématique de cette « survivance » tant pour les paris hippiques dont l'organisation et la gestion sont confiées au PMU[388] que pour les loteries nationales commerciales, la FDJ se voyant confier le soin de les organiser et de les exploiter[389]. Cette situation monopolistique est à cet égard confortée par les jurisprudences concordantes du Conseil d'Etat[390], du Conseil constitutionnel[391] et de la CJUE[392].

Toutefois, plusieurs facteurs invitent à une réflexion sur leur devenir en ce qu'ils sont susceptibles d'avoir un impact sur le marché des jeux en ligne générant des « oligopoles » de fait ou « naturels ». Non seulement le constat est formulé par les « nouveaux entrants » mais il trouve également un écho auprès des pouvoirs publics[393], et notamment auprès des autorités gardiennes de la concurrence nationale et européenne, ce

---

387 Sur l' « eurocompatibilité » des monopoles ou des droits exclusifs, v. not. S. Nicinski, *Droit public des affaires*, Montchrestien, Domat Droit public, 3e éd., 2012, p. 127 et s.

388 Si l'article 4 de la loi modifiée du 2 juin 1891 ayant pour objet de réglementer l'autorisation et le fonctionnement des courses de chevaux interdit lesdits paris, l'article 5 permet, sous conditions, l'organisation d'un pari mutuel. Le pari mutuel urbain, groupement d'intérêt économique, est régi par le décret n°97-456 du 5 mai 1997 relatif aux sociétés de courses de chevaux et au pari mutuel, spéc. les art. 27 à 29, et l'arrêté du 13 septembre 1985 modifié portant règlement du Pari mutuel urbain et sur les hippodromes

389 L'article 17 du décret n°78-1067 modifié du 9 novembre 1978 relatif à l'organisation et à l'exploitation des jeux de loterie autorisés par l'article 136 de la loi du 31 mai 1933 et de l'article 48 de la loi n° 94-1163 du 29 décembre 1994 dispose que l'organisation et l'exploitation des jeux de loterie autorisés sont confiées à une « entreprise publique constituée sous forme de société anonyme », une société d'économie mixte dans laquelle l'Etat détient une participation majoritaire (72%), dénommée initialement « Société de la loterie nationale et du loto national », puis « France Loto », et, depuis le 12 septembre 1991, « La Française des Jeux », dont les statuts sont approuvés par le ministre du Budget et le ministre de l'Economie

390 Pour un dernier état des lieux de la jurisprudence administrative à propos du monopole de la FDJ, v. not. CE, 10 juillet 2013, *Soc. Stanley international Betting limited*, req. n°357359

391 V. *supra* les décisions préc. QPC du 18 octobre 2010 n°2010-55 et du 3 décembre 2010 n°2010-73

392 Cf. not. CJUE, 30 juin 2011, *Zeturf*, aff. C-212/08

393 V. en ce sens le rapport « Trucy » préc. de 2011, spéc. p. 59 et s. et p. 69 et s. le marché des jeux en ligne se caractérise par une « tendance oligopolistique », avec une interrogation sur le degré réel d'ouverture à concurrence qui ne serait, dans certains domaines uniquement que « de façade »

qui n'est pas sans générer des critiques à l'égard de la jurisprudence administrative[394].

En effet, dans l'avis n°11-A-02 du 20 janvier 2011 relatif au secteur des jeux d'argent de hasard en ligne, l'Autorité de la concurrence parmi ses nombreuses recommandations invite les pouvoirs publics à permettre aux opérateurs alternatifs d'être plus compétitifs. Elle relève à cet égard que la FDJ et le PMU disposent d'un monopole sur l'offre de paris proposée sur les points de vente physiques (cafés bars, débits de tabac) alors que ces mêmes sociétés exercent en parallèle une activité concurrentielle d'offres de jeux et paris en ligne. L'ADLC souligne qu'une telle coexistence peut présenter des risques pour la concurrence en raison de l'exploitation de la notoriété commerciale des marques PMU et FDJ pour promouvoir leurs activités en ligne et souligne de possibles subventions croisées entre les activités en monopoles et celles ouvertes à la concurrence.

Plusieurs rapports parlementaires, liés à la « clause de rendez-vous » prévue par la loi du 12 mai 2010, préconisent également une « clarification des relations entre l'Etat et les opérateurs historiques » en raison de l'existence d'une « intensité concurrentielle variable » et une tendance à une « concentration inéluctable ». Parmi les principales « distorsions de concurrence » sont notamment relevées l'antériorité des sites Internet de la FDJ et du PMU qui leur a permis de « partir en avance » dans une situation de monopole et de disposer d'un capital – notoriété et vivier de clients – immédiatement valorisable lors de l'ouverture à la concurrence. En outre, il est indiqué que l'existence d'un réseau physique de vente très dense, sous monopole, est susceptible de générer de nombreux avantages : une offre de paris inaccessible aux autres opérateurs, une forte notoriété acquise de la marque, une meilleure diffusion et promotion des produits commercialisés sur Internet, l'utilisation de la base de clientèle à des fins commerciales, voire des subventions croisées au profit des activités concurrentielles déficitaires. Plus spécialement dans le cas du PMU, ainsi que l'a expressément relevé l'ADLC, le volume élevé des enjeux collectés lui permet de proposer des paris complexes et une rémunération plus élevée que les opérateurs alternatifs. Il est alors

[394] Cf. not. S. Nicinki *AJDA* 2012 p. 581 : l'auteur considère que « la cohabitation de monopoles et de segments ouverts à la concurrence en ligne posera sans doute de nombreuses questions de droit de la concurrence »

préconisé une séparation juridique et fonctionnelle des activités monopolistiques et concurrentielles au sein du PMU[395].
La question de l'évolution des monopoles est également abordée en droit de l'Union européenne. Il est vrai que la législation des Etats membres a été profondément et rapidement renouvelée depuis 2010 notamment dans le secteur des jeux en ligne. Si en mai 2010, le marché des jeux en ligne n'était ouvert à la concurrence que dans sept pays, fermé dans neuf, monopolistique dans huit, et en cours d'ouverture dans deux, l'ouverture à la concurrence du secteur des jeux en ligne est devenue le modèle majoritaire en 2013 : « Treize marchés sont ouverts, plus aucun n'est totalement fermé, trois sont restés monopolistiques et douze sont en cours d'ouverture »[396]. Plusieurs actes « paranormatifs » ont été élaborés par les différentes instances de l'Union européenne[397]. La Commission européenne a ainsi lancé une « consultation publique » sur les jeux en ligne dans le marché unique faisant suite à l'adoption du livre vert précité de mars 2011. Depuis lors, a été adoptée la « communication » du 23 octobre 2012 « *Vers un cadre européen global pour les jeux en ligne* », plan d'action pour réguler à l'échelon européen le service des jeux et paris en ligne et qui formule des recommandations à l'adresse des Etats membres en vue notamment du développement d'une offre légale attractive[398]. La Commission poursuit actuellement ses réflexions destinées à la mise en place d'un « standard de régulation » européen afin de « fluidifier le marché » et supprimer entraves à la liberté de prestation de services et d'établissement[399].

---

[395] V. not. le rapport préc. « Trucy » de 2011 spéc. p. 193, p. 195 et s.

[396] V. not. le compte-rendu de la table ronde de la commission des finances du Sénat de 2013 préc., et spéc. l'intervention du président de l'ARJEL, J.-F. Vilotte

[397] Parmi lesquels l'avis du 26 octobre 2011 du Comité économique et social européen concernant le livre vert sur les jeux d'argent et de hasard en ligne dans le marché intérieur préc. ; les « conclusions » du Conseil de l'Union européenne « sur le cadre relatif aux jeux de hasard et aux paris dans les Etats membres de l'UE » rendues par le Conseil « Compétitivité » le 10 décembre 2010, le rapport du Parlement européen du 14 octobre 2011 sur les jeux d'argent et de hasard en ligne dans le marché intérieur ; v. également la Conférence du 27 juin 2012 intitulée « Quelle réglementation des jeux de hasard et argent en Europe ? Bilan et perspectives » ayant donné lieu à des « résolutions » visant à mieux coordonner le secteur jeux en ligne dans l'Union européenne (http://europa.eu/rapid/press-release_SPEECH-12-502_fr.htm?locale=fr)

[398] http://ec.europa.eu/internal_market/gambling/communication/index_fr.htm

[399] A cette fin, le 5 décembre 2012 la Commission européenne a créé un « groupe d'experts des services de jeux de hasard » composé des autorités de réglementation des services de jeux de hasard des Etats membres. La finalité de cette instance est de

Un meilleur respect du principe européen de séparation de l'Etat opérateur et de l'Etat régulateur pourrait conduire à une harmonisation institutionnelle. Sa mise en œuvre est du reste susceptible d'emprunter trois voies.

Une première solution pourrait consister à mettre en place et/ou développer au sein du PMU et de la FDJ une séparation fonctionnelle et juridique des activités exercées en monopoles et sur le marché concurrentiel. C'est d'ailleurs l'une des recommandations clefs de l'ADLC formulées dans l'avis de 2011, reprise par le rapport du Sénat[400]. Ainsi, dans le cadre des « améliorations nécessaires et possibles », il est expressément posé la « question du devenir du régime de nature monopolistique pour les paris et loteries en dur ». Il est proposé, au regard de « l'important retard pris dans l'établissement des conventions pluriannuelles entre l'Etat et les deux opérateurs «historiques » prévues par l'article 66 de la loi, de « préciser les conditions dans lesquelles ils organisent et exploitent les jeux et paris, dans le respect des objectifs d'intérêt général inhérents à la politique d'encadrement des jeux, et déterminer les modalités de fixation des frais d'organisation et de couverture des risques d'exploitation auxquels les deux opérateurs sont exposés »[401].

Une deuxième piste pourrait consister en une extension des compétences de l'ARJEL aux jeux en dur, qu'ils soient monopolistiques ou concurrentiels. En d'autres termes, dans l'optique d'une simplification institutionnelle, il s'agirait d'envisager la création d'une autorité de régulation unique pour les jeux de hasard et d'argent, quel que soit leur support ou leur mode d'exploitation, c'est-à-dire « tous secteurs confondus »[402]. Même si les régimes juridiques des jeux en dur et des jeux en ligne pouvaient demeurer différenciés, et relever pour partie du contrôle d'autres organismes, la création d'une instance de régulation unique contribuerait à une clarification du paysage institutionnel « désordonné » du secteur des jeux car « ce faisant elle

---

fournir à la Commission une expertise pour permettre la mise en place d'initiatives politiques à l'échelon européen, de faciliter les échanges entre les expériences des Etats membres, la définition de « bonnes pratiques réglementaires » dans ce domaine et également permettre une action européenne à l'échelon international. Cf. http://ec.europa.eu/internal_market/gambling/expert-group/index_fr.htm

400 V. spéc. pp. 194-195

401 V. ainsi la « Proposition 21 » : « Aboutir rapidement à la conclusion de la convention entre l'Etat et la Française des Jeux et de celle entre l'Etat et le PMU »

402 V. en ce sens J.-B. Darracq, *L'Etat et le jeu, op. cit.*, p. 509 et s.

serait la première responsable de la politique des jeux et veillerait à ce que l'offre de jeu dispensée sur le territoire national soit la plus adaptée possible aux besoins de la population » et « pourrait édicter un corps de règles cohérent »[403].
Une troisième solution pourrait consister en une harmonisation de la réglementation pour l'activité des jeux sur le marché français, que cette activité soit ou non exercée en ligne. En d'autres termes, il s'agirait de « banaliser » le régime juridique applicable aux monopoles, du moins concernant le PMU[404]. A cet égard, l'ADLC dans son avis a clairement envisagé cette option. En effet, en raison du risque de distorsion lié à l'avantage concurrentiel dont bénéficie le PMU résultant des masses collectées *via* ses points de vente physique, l'ADLC recommande au législateur la création de mécanismes d'abondements des gains entre courses permettant aux « opérateurs alternatifs » de proposer des paris susceptibles de concurrencer efficacement le « Quinté Plus ». Cette option est également envisagée par le rapport du Sénat de 2011[405] qui propose « Une meilleure équité concurrentielle dans le secteur hippique » : « Il s'agirait donc de modifier l'article 11 de la loi en vue d'autoriser de tels mécanismes d'abondement, prenant la forme d'un report, en l'absence de gagnant, des sommes normalement affectées à la combinaison gagnante sur une ou plusieurs courses ultérieures. »[406]
Si une réforme semble nécessaire, elle reste toutefois hypothétique, à l'image de la fin du film de Jacques Demy « *La Baie des anges* » dont la blancheur éblouissante laisse difficilement entrevoir quelle passion (ou addiction), du jeu ou de l'amour, l'emportera dans « le tourbillon de la vie »...[407]

---

403 *Ibid.* p. 510
404 V. ainsi les débats issus de la « table ronde » préc. organisée par la commission des finances du Sénat en 2013
405 Cf. not. p. 195
406 « Proposition 18 : « Permettre le recours, à titre exceptionnel et sous de strictes conditions, à l'abondement des gains entre les courses ».
407 O. Père, M. Colmant, *Jacques Demy*, Editions de La Martinière, 2010

SALLES DE JEUX, PROPRIETE, SERVICE ET DOMAINE PUBLIC : QUELLE DIALECTIQUE ?

Laurent GIVORD
Avocat au barreau de Bordeaux,
Cabinet AdDen Bordeaux

Le constat de ce que les « *jeux d'argent et de hasard* » ne sont pas une activité anodine ou « *comme les autres* » a été fait bien avant les présents propos par de nombreux et brillants auteurs[408] de sorte qu'il s'avère inutile d'y revenir en détail.

Quoi qu'il en soit, la singularité de cette activité, que l'on se place sur le plan moral, sociétal, médical, ou religieux[409], s'est traduite par une interdiction générale de principe à laquelle sont attachées des sanctions pénales dont les sources sont anciennes[410] et ont longtemps figuré au sein de l'article 410 de l'ancien code pénal[411].

Aujourd'hui, ces sanctions sont dans le code de la sécurité intérieure (CSI)[412], l'article L. 324-1 de celui-ci prévoyant : « *Le fait de participer, y compris en tant que banquier, à la tenue d'une maison de jeux de hasard où le public est librement admis, même lorsque cette admission est subordonnée à la présentation d'un affilié, est puni de*

---

[408] Voir récemment et entre autres : J.-B. Vila, *Bilan en demi-teinte d'une SP aux intérêts financiers : les concessions de casinos* : Contrats et Marché public n° 2, février 2013, p. 6.

[409] Certains auteurs ont d'ailleurs souligné que les « *religions condamnent généralement, à l'exception du shintoïsme, la pratique des jeux de hasard » :* E. Akoun, *Jeux de hasards et service public*, RDP 2007, p. 643 à 659.

[410] E. Akoun, *Jeux de hasard et service public*, RDP 2007, p. 643- à 659 – B. Jorion, *Les délégations de casinos*, DA, n° 1 janvier 2005, étude 1.

[411] Cf. Loi n° 83-628 du 12 juillet 1983 *relative aux jeux de hasard* modifiant l'article 410 du code pénal. Le Conseil d'Etat a rappelé que « *cette loi a pour objectifs, d'une part, la protection de la sécurité publique et la répression de la délinquance organisée et, d'autre part, la protection de la jeunesse* » (CE 11 juillet 1990 *Stambouli Frères*, req. n° 91158).

[412] La loi du 12 juillet 1983 précitée a été codifiée dans le CSI à la faveur de l'ordonnance n° 2012-351 du 12 mars 2012.

trois ans d'emprisonnement et de 90 000 euros d'amende. Les peines sont portées à sept ans d'emprisonnement et à 200 000 euros d'amende lorsque l'infraction est commise en bande organisée.
Le fait d'établir ou de tenir sur la voie publique et ses dépendances ainsi que dans les lieux publics ou ouverts au public et dans les dépendances, même privées, de ceux-ci tous jeux de hasard non autorisés par la loi dont l'enjeu est en argent est puni de six mois d'emprisonnement et de 7 500 euros d'amende.
Le fait de faire de la publicité, par quelque moyen que ce soit, en faveur d'une maison de jeux de hasard non autorisée est puni de 100 000 euros d'amende. Le tribunal peut porter le montant de l'amende au quadruple du montant des dépenses publicitaires consacrées à l'opération illégale. »[413]
Dans un contexte de prohibition de principe qui interdit notamment l'exploitation de lieux dédiés aux « *jeux de hasard et d'argent* » « *sur la voie publique et ses dépendances ainsi que dans les lieux publics ou ouverts au public et dans dépendances, même privées, de ceux-ci* », on discerne mal, de prime abord, les rapports entre lesdites salles et le domaine public, à savoir les biens (i) qui appartiennent à une personne publique et qui sont (ii) « *soit affectés à l'usage direct du public* », « *soit affectés à un service public* »[414].
C'est oublier que le législateur est « *facétieux* », on n'ose dire « *joueur* », et que des interdictions de principe se combinent

[413] Cf. également l'article L. 324-2 du CSI :
« *L'importation ou la fabrication de tout appareil dont le fonctionnement repose sur le hasard et qui permet, éventuellement par l'apparition de signes, de procurer moyennant enjeu un avantage direct ou indirect de quelque nature que ce soit, même sous forme de parties gratuites, est punie de trois ans d'emprisonnement et de 45 000 euros d'amende. Les peines sont portées à sept ans d'emprisonnement et à 100 000 euros d'amende lorsque l'infraction est commise en bande organisée. Sont punies des mêmes peines la détention, la mise à la disposition de tiers, l'installation et l'exploitation de ces appareils sur la voie publique et ses dépendances, dans des lieux publics ou ouverts au public et dans les dépendances, mêmes privées, de ces lieux publics ainsi que l'exploitation de ces appareils ou leur mise à disposition de tiers par une personne privée, physique ou morale, dans des lieux privés.*
Les dispositions des deux alinéas précédents sont applicables aux appareils de jeux dont le fonctionnement repose sur l'adresse et dont les caractéristiques techniques font apparaître qu'il est possible de gagner plus de cinq parties gratuites par enjeu ou un gain en espèces ou en nature. ».
[414] Dans ce dernier cas, le texte précise que le bien doit faire « *l'objet d'un aménagement indispensable à l'exécution des missions de ce service public.* » : cf. article L. 2111-1 du code général de la propriété des personnes publiques (CG3P).

généralement avec l'instauration d'exceptions plus ou moins importantes. En l'occurrence, la loi permet à certaines collectivités territoriales « *éligibles* » d'externaliser l'exploitation d'un casino dans le cadre du régime des délégations de service public (DSP) fixé par les articles L. 1411-1 à 1411-19 du CGCT.
Cette exception n'est pas anodine pour les entités concernées : il s'agit d'une source de revenus non négligeable en raison notamment de la possibilité pour la collectivité territoriale concernée de prélever jusqu'à 15 % du produit brut des jeux.
Au-delà de cet aspect purement financier, les collectivités territoriales en question se voient dotées d'un bien immobilier emblématique doté d'une « *salle de jeux* » et qui relève de leur domaine public (II) précisément parce que, si on en croit la définition rappelée ci-dessous, l'activité de casino est un service public géré obligatoirement sous la forme d'une DSP (I).

I- L'activité de casino jouit de la « *certification* » « *Service public* » de sorte que la concession qui en est le support relève de la catégorie des DSP

L'activité de casino est un service public (**2**) dont l'exploitation est réalisée à travers la conclusion d'un contrat et l'octroi d'une autorisation administrative (**1**).

1 L'exploitation d'un casino : l'alliance du contrat et de l'acte administratif unilatéral

C'est une loi ancienne du 15 juin 1907 « *relative aux casinos* », codifiée à présent dans le CSI[415], qui est venue « *stabiliser* » une situation juridique qui met en scène une interdiction absolue et un « *régime dérogatoire* »[416].

---

[415] Articles L. 321-1 et s. - Complètent le « *tableau* », le décret n° 59-1489 du 22 décembre 1959 « *portant réglementation des jeux dans les casinos des stations balnéaires, thermales et climatiques* » et l'arrêté du 14 mai 2007 relatif à la réglementation des jeux dans les casinos : NOR: INTD0754510A.
[416] cf. notamment concl. N. Boulouis sur CE 19 mars 2012 *SA groupe Partouche*, req. n° 341562 : rappelant qu'un décret de 1806 avait interdit les maisons de jeux sur l'ensemble du territoire et qu'un régime dérogatoire était « *toutefois destiné au profit des villes d'eau* ».

Concrètement, le législateur a mis en place un système alliant le contrat et l'acte administratif unilatéral.

D'une part, une « *concession* » est nécessairement octroyée à un exploitant privé par une collectivité territoriale « *éligible* »[417] sur la base d'un cahier des charges encadré. Autrement dit, l'exploitation d'un casino est obligatoirement externalisée par la personne publique[418].

Et, d'autre part, une autorisation unilatérale « *temporaire d'ouvrir au public des locaux* » dédiés aux jeux de hasard est délivrée, « *après enquête* », par le ministre de l'Intérieur au titre de la police des jeux au délégataire retenu par la commune[419].

2. L'activité de casino est un « *service public* » (SP)

Sans revenir en détail sur le bien-fondé d'une telle qualification qui, comme certains l'ont justement souligné, « *n'a été réglée qu'avec le*

---

[417] Il s'agit :
« *1° Des communes classées stations balnéaires, thermales ou climatiques antérieurement au 3 mars 2009 ;*
2° Des communes classées stations de tourisme dans les conditions mentionnées au 1° ; et Des villes ou stations classées de tourisme au sens de la sous-section 2 de la section 2 du chapitre III du titre III du livre Ier du même code qui constituent la ville principale d'une agglomération de plus de 500 000 habitants et participent pour plus de 40 %, le cas échéant avec d'autres collectivités territoriales, au fonctionnement d'un centre dramatique national ou d'une scène nationale, d'un orchestre national et d'un théâtre d'opéra présentant en saison une activité régulière d'au moins vingt représentations lyriques ;
3° Des villes ou stations classées de tourisme mentionnées à l'article L. 161-5 du même code ;
4° Des communes non mentionnées aux 1° à 3° dans lesquelles un casino est régulièrement exploité au 3 mars 2009 ;
5° Des communes qui, étant en cours de classement comme station balnéaire, thermale ou climatique avant le 14 avril 2006, sont classées stations de tourisme au sens de la sous-section 2 de la section 2 du chapitre III du titre III du livre Ier du code du tourisme avant le 3 mars 2014. » (article L. 321-1 du CSI)

[418] La jurisprudence a rappelé récemment que les dispositions de la loi de 1907 codifiée au CSI « *imposent à la commune, d'une part, de conclure à cette fin avec le titulaire de l'autorisation une convention et, d'autre part, d'assortir celle-ci d'un cahier des charges fixant des obligations au cocontractant* » (CE 19 mars 2012 *SA groupe Partouche*, req. n° 341562) - B. Jorion, *Les délégations de casinos*, DA, n° 1 janvier 2005, étude 1.

[419] Article L. 321-2 du CSI.

temps »[420], il y a lieu d'en rappeler très brièvement les étapes les plus saillantes[421].

Tout d'abord, les années 1910/1940 ont été marquées du sceau de l'incertitude car après avoir reconnu la possibilité qu'une concession portant sur l'exploitation d'un casino pût être un SP[422], le Conseil d'Etat s'est inscrit dans une période d'hésitation et de refus[423].

Puis, la seconde partie du 20ème siècle va être le théâtre de la confirmation, tant implicite qu'explicite, de la qualification de SP accordée à l'activité de casino. Tout d'abord, les arrêts *ville de Royan* et *Sté d'exploitation du casino de Capvern-les-Bains*[424] vont placer l'activité de Casino sous l'égide du SP.

Par la suite, cette qualification va être reprise très clairement dans un avis du 4 avril 1995[425] rappelant, d'une part, que le législateur avait entendu que les jeux autorisés dans les casinos « *concourent au développement touristique des communes concernées* » et, d'autre part, que *« dès lors que ce dernier objectif trouve sa concrétisation dans le cahier des charges qui fixe les obligations incombant à l'exploitant d'un casino, et qu'en particulier celui-ci est tenu de contribuer à l'animation culturelle ou touristique de la commune, le cahier des charges, pris dans son ensemble, a le caractère d'une concession de service public et par là même d'un contrat administratif ».*

Poursuivant son raisonnement, cet avis soumet donc « *la concession* » en question à la discipline de la loi « *Sapin* » ce qui implique

[420] J.-B. Vila, *Bilan en demi-teinte d'une SP aux intérêts financiers : les concessions de casinos*, Contrats et Marché public n° 2, février 2013, p. 6.

[421] Cf. : concl. N. Boulouis sur CE 19 mars 2012 *SA groupe Partouche*, req. n° 341562 – F. Moderne, *Les concessions de casinos municipaux* : Cahiers Espace n° 38, 1994, p. 99 - S. Denaja, *Casinos et concessions de service public*, Mélanges Guibal, LGDJ, p. 657 – B. Mathieu, *Les jeux d'argent et de hasard en droit français* : Les petites affiches, 8 janvier 1999, n ° 6, p. 8.

[422] CE 28 juin 1918 *société générale thermale et balnéaire* : Rec. CE p. 641.

[423] CE 12 mai 1922 *ville de Saint-Malo* : Rec. CE, p. 413 : « *l'immeuble destiné à abriter un casino n'était pas destiné à assurer un service public, ni à pourvoir à un objet d'utilité publique* » - CE 18 janvier 1924 *société anonyme du grand casino municipal de Saint-Malo* : Rec. CE, p. 58 - CE 21 novembre 1947 *société fermière du palais de la Méditerranée* : Rec. CE, p. 430.

[424] CE 25 mars 1966 *ville de Royan* : Rec. CE, p. 237 - CE 8 juillet 1987 *société d'exploitation du casino de Capvern-les-Bains* : Rec. CE 1987, tables p. 961.

[425] Dont l'objet était de répondre à la question de savoir si on avait affaire à un contrat administratif.

notamment la mise en œuvre d'une procédure de publicité et de mise en concurrence pour sa passation.
Enfin, le début du 21ème siècle va donner lieu à bon nombre d'arrêts du Conseil d'Etat[426], dont le dernier en date, l'arrêt *SA Groupe Partouche* du 19 mars 2012[427], va synthétiser les conditions d'exploitation de l'activité de casino.
Cet arrêt dissipe clairement le malentendu *a priori* tenace dans l'inconscient collectif concernant l'assimilation pure et simple des jeux d'argent à un service public en réaffirmant un principe constant: en réalité ce n'est pas l'activité de jeux d'argent qui constitue « *par elle-même* » un service public et encore moins une activité d'intérêt général.
En effet, c'est, d'une part, l'association de trois activités indissociables – *« l'animation, la restauration et le jeu, réunis sous une direction unique »*[428] et, d'autre part, *« la prise en charge du financement d'infrastructures et de missions d'intérêt général en matière de développement économique, culturel et touristique »* qui justifient la qualification.

II-Le régime du bien immobilier accueillant l'activité de casino

C'est principalement à travers le prisme de l'arrêt d'Assemblée du 21 décembre 2012 *commune de Douai*[429] (cf. annexes 1 et 2 : résumé

---

[426] CE 3 octobre 2003 *commune de Ramatuelle*, req. n° 248523 : sur la légalité de la limitation de durée des concessions de casino - CE 10 mars 2006 *commune d'Houlgate*, req. n° 264098 : sur la pratique discriminatoire du ministre de l'intérieur consistant à délivrer une autorisant probatoire d'un aux candidats entrants (non au candidat sortant) ne portant que sur l'autorisation des jeux de tables (les « machines à sous » générant 90 % des recettes) : concl. D. Casas, BJCP n° 46, 2006, p. 208 - CE 19 mars 2010 *SNC Malortigue*, req n° 306192.
[427] CE 19 mars 2012 *SA groupe Partouche*, req. n° 341562.
[428] Article 1er de l'arrêté du 14 mai 2007 relatif à la réglementation des jeux dans les casinos : « *Un casino est un établissement comportant trois activités distinctes : l'animation, la restauration et le jeu, réunies sous une direction unique sans qu'aucune d'elles puisse être affermée* »
[429] CE ass. 21 décembre 2012 *commune de Douai*, req. n° 342788 - J.-S. Boda et P.Guellier, *Le Conseil d'État et le régime juridique des biens de délégations de service public* : JCP A 2013 n° 8, p. 2044 - J.-B. Vila, *Les règles applicables aux biens d'une délégation de service public : méthodologie renouvelée du Conseil d'État* : JCP A 2013 n° 8, p. 2045 - G. Eckert, *le Conseil d'État clarifie le régime des biens de retour :* Contrats et Marchés publics n° 2, février 2013, p. 23 - L. Janicot, J.-F. Lafaix,

schématique de l'arrêt) qu'il convient d'envisager le régime du bien immobilier[430] qui va accueillir l'activité de casino.

Cet arrêt a été l'occasion d'apporter quelques précisions et confirmations concernant notamment le régime des biens de « *retour* », c'est-à-dire les biens (meubles ou immeubles) qui sont acquis ou réalisés par un concessionnaire de service public ou de travaux publics et qui sont « *nécessaires*[431] *au fonctionnement du service public* ».

Selon, le Conseil d'Etat « *l'ensemble de ces biens* [de retour], *meubles ou immeubles, appartient, dans le silence de la convention, dès leur réalisation ou leur acquisition, à la personne publique* ».

De l'autre côté du spectre, le juge de cassation traite également des biens appartenant au concessionnaire, à savoir :

-Les biens de « *reprise* », c'est-à-dire ceux qui ne sont pas nécessaires au fonctionnement du service public mais simplement utiles[432] et sur lesquels l'autorité délégante peut contractuellement exercer une

---

Le juge administratif, le contrat et la propriété des biens de retour : RFDA 2013 p. 513 - X. Domino, A. Bretonneau, *Biens de retour : gare aux boomerangs* : AJDA 2013, chron. p. 457 - E. Fatôme, P. Terneyre, *Le statut des biens des délégations de service public après l'arrêt commune de Douai* : AJDA 2013, p. 724.

[430] Nous n'évoquerons pas les biens meubles.

On précisera seulement que les matériels proprement dits de jeux à savoir, les tables de jeux, les dés, les cartes à jouer, les machines à sous... ne sont pas considérés comme étant des biens « de retour » ou même « de reprise », compte tenu de la réglementation relative aux jeux qui bride leur cession et de manière générale leur utilisation (cf. à ce sujet : M. Vincent, *A qui appartiennent, en fin de concession, les biens d'un casino* : Journal des casinos, n° 37, juin 2005, p. 1 - X. Mouriesse, S. Braconnier, *Des spécificités des délégations de service public des casinos* : Contrats et Marchés publics, janvier et février 2013. n° 1 et 2 - CAA Marseille 28 mars 2013 *commune de Briançon*, req. n° 12MA04341).

Bien que nécessaires à l'activité de jeux ces biens ont un statut à part, ce que confirme au demeurant la pratique contractuelle qui, en général, les vise de manière distincte.

[431]Ce faisant le Conseil d'Etat « *stabilise la taxinomie en utilisant la notion de biens nécessaires au service public* », là où des précédentes décisions utilisées alternativement d'autres épithètes (« *indispensables* ») (cf. : X. Domino, A. Bretonneau, *Biens de retour : gare aux boomerangs* : AJDA 2013, chron. p. 457). A cet égard, on relèvera que B. Dacosta dans ses conclusions sous l'arrêt *commune de Douai* estime que, dans le contexte des concessions, les termes "*nécessaire*" et "*indispensable*" sont "*interchangeables*". Enfin, il est admis que, en principe, le contrat peut classer dans cette catégorie des biens qui ne seraient pas forcément "nécessaires" au service public (voir à cet égard : concl. B. Dacosta sur l'arrêt *commune de Douai*).

[432] E. Fatôme, P. Terneyre, *Le statut des biens des délégations de service public après l'arrêt commune de Douai* : AJDA 2013, p. 724.

faculté de rachat, moyennant le versement d'une indemnité[433], en principe[434], au délégataire.

-Et, de manière indirecte, les biens « *propres* » à savoir ceux qui sont utilisés de manière simplement accessoire pour les besoins du service public[435].

Les règles issues de l'arrêt *commune de Douai* combinées avec celles spécifiques à l'activité de casino placent l'autorité délégante dans une situation paradoxale : en dépit de ce que le bien immobilier accueillant un casino relève, en principe, de son domaine public, l'autorité délégante n'en a pas la pleine et entière maîtrise (**1**). Par ailleurs, les conditions financières du « *retour* » dudit bien à l'autorité délégante, du fait de la limitation de la durée des DSP de casinos, recèlent quelques particularités (**2**).

1. Un bien immobilier dont l'autorité délégante n'a pas la pleine et entière maîtrise

En termes de propriété, l'arrêt *commune de Douai* pose et rappelle un certain nombre de principes directeurs. En application de ces principes, l'autorité délégante va acquérir, au plus tard à la fin de la DSP, la propriété d'un bien immobilier (**1.1**). Reste que les prérogatives de propriétaire de la personne publique vont se trouver affectées (**1.2**).

1.1L'arrêt *commune de Douai* invite à s'interroger sur le point de savoir si l'équipement immobilier accueillant le casino se situe sur un foncier appartenant à une personne publique (a)[436] ou à une personne privée (b)[437].

---

[433]TC 2 février 1968 *EDF c. Dame Veuve Faucher et Commune de Port-Louis*, req. n°1913 : JCP G II, 15908, note. J. Dufau.

[434]Pour un cas d'absence d'indemnité : CE 1er février 1929 *compagnie centrale d'énergie électrique* : Rec. CE, p. 133 (cité par X. Domino, A. Bretonneau, *Biens de retour : gare aux boomerangs* : AJDA 2013, chron. p. 457)

[435] L. Janicot, J.-F. Lafaix, *Le juge administratif, le contrat et la propriété des biens de retour* : RFDA 2013, p. 513.

[436] L'autorité publique concédante.

[437] Cf. plus précisément sur ces sujets : X. Mouriesse, S. Braconnier, *Des spécificités des délégations de service public des casinos :* Contrats et Marchés publics, janvier et février 2013. n° 1 et 2 - M. Vincent, A qui appartiennent, en fin de concession, les biens d'un casino : Journal des casinos, n° 37, juin 2005, p. 1.

(a) La première situation correspond à deux hypothèses : (i) la réalisation d'un nouveau casino sur une assiette foncière appartenant à l'autorité délégante (ii) le renouvellement de l'attribution d'un casino dans un bâtiment préexistant et appartenant à l'autorité délégante.

Dans les deux cas, il s'agit sans aucun doute de biens *« de retour »* qui appartiennent *ab initio* à l'autorité délégante[438] et qui, par suite, relèvent du domaine public.

(b) La seconde situation correspond également à deux hypothèses : (i) la réalisation d'un nouveau casino sur une assiette foncière appartenant à une personne privée (ii) le renouvellement d'un casino dans un autre bâtiment appartenant à l'opérateur privé[439].

Là également, en principe, on a affaire à des « *biens de retour* » relevant du domaine public[440].

Cependant, l'arrêt *commune de Douai* permet aux parties de stipuler au contrat, mais seulement pour la durée de la concession, que c'est le concessionnaire qui sera propriétaire du bien immobilier en cause[441].

Par suite, dans ce cas, le bien immobilier en question n'appartient pas, durant ce laps de temps précis, au domaine public ce qui a conduit le Conseil d'Etat à exiger des parties qu'elles prévoient alors des « *garanties propres à assurer la continuité du service public* », comme notamment « *la faculté pour la personne publique de s'opposer à la cession, en cours de délégation, de ces ouvrages ou des droits détenus par la personne privée* »[442]. Cette exigence est parfaitement logique dans la mesure où le bien en question, et partant le SP dont il est le support, ne bénéficie alors pas de la protection découlant de l'appartenance au domaine public.

Au final, le principe est l'appartenance des biens immobiliers accueillant l'activité de casino au domaine public de l'autorité

---

[438] On voit mal comment le bien immobilier dans lequel est exploitée l'activité de casino peut ne pas être regardé comme "non nécessaire" au SP.

[439] Il est notamment parfaitement envisageable de proposer un nouveau lieu d'implantation (cf. article 7 de l'arrêté précité du 14 mai 2007).

[440] L. Janicot, J.-F. Lafaix, *Le juge administratif, le contrat et la propriété des biens de retour* : RFDA 2013, p. 513 : estimant notamment que le fond sur lequel se situe le bien doit être transféré à l'autorité concédante, un tel fond devant même être considéré comme un bien de retour – cf. également : E. Fatôme, P. Terneyre, *Le statut des biens des délégations de service public après l'arrêt commune de Douai* : AJDA 2013, p. 724.

[441] Le contrat peut également octroyer des droits réels.

[442] CE ass. 21 décembre 2012 *commune de Douai*, req. n° 342788.

délégante concernée. Tout au moins, lorsque dans les conditions précitées les parties prévoient que le concessionnaire sera propriétaire du bien immobilier, la personne publique doit en principe recouvrir la propriété de celui-ci à la fin du contrat, ce qui aura pour effet mécanique de l'intégrer, à ce moment-là, au domaine public.

Les effets de l'arrêt *commune de Douai,* qui ont vocation à s'appliquer en principe à l'ensemble des DSP, sont donc loin d'être anodins pour les exploitants de casino qui exercent leur activité au sein d'un bien immobilier dont ils sont initialement propriétaires (cette situation est d'ailleurs envisagée, de manière implicite, par les textes relatifs au casino[443]). Il est à craindre qu'une telle situation génère, dans certains cas, quelques tensions contentieuses entre casinotier et autorité délégante qu'il appartiendra au juge de régler.

Ce premier constat fait, on constatera que les particularités attachées à l'activité de casino placent, d'un point de vue domanial, l'autorité délégante dans une situation singulière.

1.2 La singularité principale de l'exploitation d'un casino résulte de la structuration même du système d'exception mis en place qui ne permet celle-ci qu'après la conclusion d'une DSP avec un opérateur privé (cf. *supra*).

Au passage, on peut légitimement relever avec la doctrine qu'il s'agit là d'une bien « *curieuse activité de service public que celle qui ne peut être exercée par une personne publique* »[444]...

On est donc, en quelque sorte, à « *front renversé* » car, en règle générale, la question est plutôt de savoir si l'activité dont la personne

---

[443] Cf. (i) l'article 3 de l'arrêté précité du 14 mai 2007 : « *A l'issue de son vote, le conseil municipal ou l'assemblée délibérante ratifie ou non la proposition du maire et l'autorise à signer le contrat de délégation, en l'occurrence le cahier des charges et, le cas échéant, la convention portant sur les locaux. Lorsque l'immeuble où fonctionne le casino appartient à la commune* [souligné par nous], *le bail intervenu entre la municipalité et l'exploitant doit être distinct du cahier des charges. La durée du cahier des charges ne peut excéder 20 ans.* », (ii) ou encore l'article 6 du même arrêté sur les dossiers de demande d'autorisation administrative : « *Le dossier comprend* (...) : *7° Les copies soit des titres de propriété, soit des baux ou conventions en vertu desquels le concessionnaire jouit de l'immeuble d'implantation du casino* [souligné par nous], *ainsi que l'état civil complet, la profession et le domicile des personnes propriétaires ou copropriétaires de cet immeuble, ou des associés et actionnaires de la société avec laquelle le concessionnaire a souscrit un bail de location de l'immeuble* ».

[444] B. Jorion, *Les délégations de casinos*, DA, n° 1 janvier 2005, étude 1.

publique a la charge est susceptible d'être légalement déléguée ou non[445] (on pense notamment au pouvoir de police qui ne saurait l'être). C'est d'ailleurs une des rares questions que se pose le juge administratif en la matière dès lors que, en principe, le choix d'opportunité entre l'externalisation ou l'exploitation en régie ne fait l'objet d'aucun contrôle[446].

Sur le plan domanial, la situation se traduit par le fait que l'autorité délégante se retrouve « *à la tête* » d'un bien immobilier structurant qu'elle ne peut pas légalement, sous sa forme de casino (c'est-à-dire avec une salle dédiée aux jeux d'argent et de hasard), exploiter elle-même en régie[447].

En d'autres termes, l'autorité délégante perd en partie la maîtrise de son bien immobilier, alors même que celui-ci est le support du SP dont elle a la charge ...

Dès lors, l'autorité délégante va se retrouver mécaniquement devant l'alternative suivante dans le cadre de la gestion du bien immobilier accueillant l'activité de casino : soit poursuivre *ad vitam æternam* cette activité, mais en l'externalisant dans tous les cas[448], soit réaffecter l'utilisation des locaux à une autre activité dans le cas où elle souhaiterait recouvrer la pleine maîtrise de son bien (ce qui peut s'accompagner de la poursuite de l'activité dans un autre bâtiment).

---

[445] CE 4 juillet 2012 *Ass. Fare Sud*, req. n°350752.

[446] Cf. en droit interne : CE 18 mars 1988 *Loupias* : Tables p. 821 - CE 10 janvier 1992 *Association des usagers de l'eau de Peyreleau :* Rec CE, p 13 - voir également les propos du rapporteur public J. Boucher : « *qu'est libre le choix du mode de gestion du service public, et vous n'exercez aucun contrôle, même restreint, sur la décision de déléguer ou au contraire d'exploiter en régie un tel service* » (CE 26 octobre 2011 *Association pour la promotion de l'image et autres*, req. n° 317827).

Cf. en droit de l'UE : le principe de subsidiarité (article 5 TUE – ex article 5, TCE) - le principe de neutralité (article 345 TFUE - ex article 295 TCE) - Protocole n° 26 sur les SIE du TFUE - CJCE 10 septembre 2009 *Eurawasser Aufbereitungs*, aff. C-206/08 (74).

[447] Rappelons, au-delà des remarques déjà faites, que les cercles de jeux ne peuvent être exploités que par une association loi 1901 (Loi du 30 juin 1923 portant fixation du budget général de l'exercice 1923 – décret n° 47-798 du 5 mai 1947.

[448] Ce qui exclurait également la reprise en régie temporaire destinée à assurer la continuité du service public en cas, par exemple, de résiliation anticipée du contrat.

2. Les conditions du « *retour* » des biens immobiliers accueillant l'activité de casino

L'arrêt *commune de Douai* fixe, notamment, les conditions financières du retour des biens à l'autorité délégante en distinguant d'une part la fin normale et, d'autre part, la fin anticipée du contrat (**2.1**). Le fait que la législation relative aux jeux fixe une durée plafond aux DSP de Casino va quelque peu limiter la marge de manœuvre de l'autorité délégante en matière de gestion de son bien immobilier (**2.2**).

2.1 Les conditions financières de retour des biens de « *retour* »
En premier lieu, puisqu'en vertu des dispositions de l'article L. 1411-2 du CGCT[449] la durée de la DSP est fixée en vue de permettre au délégataire d'amortir dans des conditions normales les investissements immobiliers réalisés et de s'assurer une rémunération normale[450], le Conseil d'Etat juge que le bien immobilier qui en résulte fait, en principe, un retour « *gratuit* » à l'autorité délégante au terme normal du contrat[451].
Plus encore, le principe d'un tel retour gratuit du bien en question ne saurait être écarté dans l'hypothèse où le délégataire bénéficie, durant l'exécution du contrat, de droits réels ou de la propriété dudit bien (cf. **§ 1.1** supra).
En second lieu, en cas de fin anticipée du contrat, la haute juridiction prévoit une indemnisation du délégataire à hauteur (i) de la valeur nette comptable (VNC) du bien immobilier[452] « *inscrite au bilan* » dans le cas où « *l'amortissement de ces biens a été calculé sur la base d'une durée d'utilisation inférieure à la durée du contrat* » ou (ii) de la VNC « *qui résulterait de l'amortissement de ces biens sur la durée*

---

[449] « *Les conventions de délégation de service public doivent être limitées dans leur durée. Celle-ci est déterminée par la collectivité en fonction des prestations demandées au délégataire. Lorsque les installations sont à la charge du délégataire, la convention de délégation tient compte, pour la détermination de sa durée, de la nature et du montant de l'investissement à réaliser et ne peut dans ce cas dépasser la durée normale d'amortissement des installations mises en œuvre* ».

[450] Sur ces questions voir notamment : CE 8 août 2009 *Maison Comba*, req. n° 303517 - CE 8 février 2010 *commune de Chartres*, req. n° 323158.

[451] L'arrêt réserve toutefois une faculté pour l'autorité délégante de faire reprendre par son délégataire le bien immobilier dès lors que celui-ci « *ne serait plus nécessaire au fonctionnement du service* », ce qui théoriquement serait envisageable dans l'hypothèse où elle entend modifier le lieu d'implantation du casino.

[452] Cf. annexe 2.

du contrat » dans l'hypothèse où « *leur durée d'utilisation était supérieure à la durée du contrat* »[453].

Les modalités du retour du bien immobilier accueillant un casino devront suivre les lignes directrices ainsi dégagées par le Conseil d'Etat et qui s'appliquent de manière générale à toutes les DSP.

Reste que la limitation de la durée des DSP de casino place l'autorité délégante dans une situation particulière lorsqu'elle est conduite à s'interroger sur les investissements immobiliers qu'elle souhaite voir mener.

2.2 En matière de DSP de casino, la législation a limité leur durée à 20 ans[454], sans que, comme c'est le cas en matière d'eau ou d'ordures ménagères par exemple (dont la durée est également limitée à 20 ans)[455], un mécanisme ait été prévu pour permettre d'aller au-delà du délai fixé par les textes.

Le Conseil d'Etat a validé cette limitation, écartant ainsi les dispositions générales de la loi « *Sapin* » s'appliquant à la détermination de la durée des DSP[456].

Or, comme la doctrine l'a judicieusement relevé[457], dès lors que les investissements sollicités par l'autorité délégante s'avèrent en décalage avec le « *temps* » de l'exploitation, une telle limitation de durée est susceptible de pousser les exploitants de casino à adopter certaines pratiques contestables, comme « sous-investir »[458] et/ou « surcalibrer » certains tarifs. On voit mal, en effet, un opérateur

---

[453] Du fait d'un amortissement de caducité déjà réalisé (mécanisme fiscal correcteur. Cf. notamment la doctrine autorisée en la matière : J.-B. Vila, *L'amortissement de caducité dans les contrats administratifs : une exception fiscale toujours réservée aux concessions de service public* : JCP A 2010, p. 2209.

[454] Article 3 de l'arrêté du 14 mai 2007 *relatif à la réglementation des jeux dans les casinos*.

« *La durée du cahier des charges ne peut excéder 20 ans.* »

[455] Article L. 1411-2 CGCT : « *Dans le domaine de l'eau potable, de l'assainissement, des ordures ménagères et autres déchets, les délégations de service public ne peuvent avoir une durée supérieure à vingt ans sauf examen préalable par le directeur départemental des finances publiques, à l'initiative de l'autorité délégante, des justificatifs de dépassement de cette durée. Les conclusions de cet examen sont communiquées aux membres de l'assemblée délibérante compétente avant toute délibération relative à la délégation* ».

[456] CE 3 octobre 2003 *commune de Ramatuelle*, req. n° 248523.

[457] J.-B. Vila, *Bilan en demi-teinte d'une SP aux intérêts financiers : les concessions de casinos* : Contrats et Marchés publics n° 2, février 2013, p. 6.

[458] Essentiellement en portant une attention moindre à la qualité des investissements.

économique se lancer dans l'exécution d'un contrat sans être assuré, à tout le moins, d'un retour sur investissement.

Par conséquent, ne disposant pas spécifiquement, comme c'est le cas dans d'autres matières, d'un mécanisme légal lui permettant d'aller au-delà de la durée de 20 ans[459], l'autorité délégante serait nécessairement confrontée à l'alternative suivante.
Soit elle doit réduire « *la voilure* » des investissements qu'elle souhaite voir se réaliser, ce qui peut s'avérer regrettable dans le cas où le territoire concerné est potentiellement en capacité d'accueillir un équipement de grande envergure nécessitant des investissements importants et impliquant, pour être amortis et permettre une rémunération normale du délégataire, une durée d'exploitation supérieure à 20 ans.
Soit l'autorité délégante prévoit nécessairement *a priori* une clause d'indemnisation en faveur de son délégataire dès lors que les investissements ne peuvent pas être amortis durant la durée d'exécution du contrat. En effet, l'arrêt *commune de Douai* ne remettrait pas en cause l'arrêt *communauté d'agglomération de Chartres métropole*[460] aux termes duquel les parties peuvent contractuellement prévoir une durée de contrat inférieure à la durée d'amortissement des biens du service et, en conséquence, fixer à ce titre dans le contrat l'indemnisation du délégataire[461].
L'autorité délégante doit ainsi se préparer à « *mettre la main à la poche* », laquelle, on peut l'espérer, aura été suffisamment garnie par le prélèvement opéré sur le produit brut des jeux ...
A partir du moment où les concessions de casino ont été mises au service d'activités jugées plus « *nobles* », ou en tout cas de meilleure « *tenue* », dans un cadre précisément défini, elles sont, « *parvenues à*

[459] Nous mettons de côté les possibilités de prolonger la DSP sur le fondement de l'article 1411-2 CGCT (a et b), cet article ne concernant pas la fixation initiale de la durée du contrat.
[460] CE 4 juillet 2012 *communauté d'agglomération de Chartres métropole*, req. n° 352417, 352418, 352449 et 352450 : à mentionner aux T. du Rec. CE.
[461] En ce sens : X. Domino, A. Bretonneau, *Biens de retour : gare aux boomerangs* : AJDA 2013, chron. p. 457 - E. Fatôme, P. Terneyre, *Le statut des biens des délégations de service public après l'arrêt commune de Douai* : AJDA 2013, p. 724 : selon ces auteurs, il convient de se référer à la valeur nette comptable à cet égard.

se laver du péché originel que constitue la pratique des jeux d'argent»[462].

L'intérêt financier que recèle une telle activité pour les personnes publiques, dans une période où les deniers publics se font de plus en plus rares, a sans aucun doute contribué à passer outre les réticences, principalement d'ordre moral, à l'exploitation d'une telle activité.

Toutefois, l'activité de casino ne semble pas encore s'être débarrassée de toutes ses particularités qui sont le fruit de la légère odeur de soufre qui continue de s'en émaner.

Le régime du bien immobilier qui va accueillir cette activité en est une illustration dans la mesure où l'autorité délégante, pourtant responsable du SP, n'a pas toutes les cartes en main pour gérer comme elle l'entend un bien immobilier qui bien souvent fait sa renommée.

---

462 F. Moderne, *Les concessions de casinos municipaux* : Cahiers Espace n° 38, 1994, p. 99.

Annexe n°1

Sur la propriété		Principe	Dérogation contractuelle
Biens de retour (biens "nécessaires" ou "indispensables" au SP[463])	Sur une propriété publique	Propriété de l'autorité concédante	Droits réels au profit du concessionnaire dans le cadre de la loi (BEA, AOT...)[464] et à condition que "*la nature et l'usage des droits consentis ne soient pas susceptibles d'affecter la continuité du service public*"
	Sur une propriété privée	Propriété de l'autorité concédante	Propriété du concessionnaire ("*pour la durée de la concession*") ou droits réels au profit du concessionnaire dans le cadre de la loi "*sous réserve de comporter les garanties propres à assurer la continuité du service public*"
Biens de reprise (biens non "nécessaires" au SP[465])	Remis par l'autorité concédante	Propriété de l'autorité concédante	Non envisagée
	Non remis par l'autorité concédante	Propriété du concessionnaire	Propriété de l'autorité concédante

463 Les termes seraient "*interchangeables*".

464 "*Selon les modalités et dans les limites définies aux articles L. 2122-6 à L. 2122-14 du code général de la propriété des personnes publiques ou aux articles L. 1311-2 à L. 1311-8 du code général des collectivités territoriales*".

465 Ce faisant, le Conseil d'Etat évoque également indirectement les biens dits propres.

Annexe n°2

Sur les modalités d'indemnisation des biens de retour[466]		Principe	Dérogation contractuelle
Biens de retour	Fin normale du contrat	Retour gratuit obligatoire à l'autorité concédante	-Indemnité au concessionnaire dans la mesure où les parties ont fixé initialement une durée de concession < à la durée d'amortissement[467]. -Rachat par le concessionnaire possible dès lors que les biens ne sont plus "nécessaires" au service public
	Fin anticipée du contrat avec durée d'amortissement des biens < durée du contrat	Indemnisation = valeur nette comptable inscrite au bilan (VNC)	Oui, mais le principe constitue un "plafond" (Le "plafond" n'empêcherait pas toutefois l'indemnisation d'autres préjudices)
	Fin anticipée du contrat avec durée d'amortissement des biens > durée du contrat	Indemnisation = VNC qui résulterait de l'amortissement de ces biens sur la durée du contrat. Du fait d'un amortissement de caducité déjà réalisé (mécanisme fiscal correcteur)	Oui, mais le principe constitue un "plafond" (Le "plafond" n'empêcherait pas toutefois l'indemnisation d'autres types de préjudices[468])

[466] Les biens non "*nécessaires*" (donc les biens de reprise, voire les biens propres) peuvent être repris moyennant un prix (ou gratuitement).

[467] L'arrêt *commune de Douai* ne reviendrait pas sur communauté d'agglomération de Chartres métropole (CE 4 juillet 2012, req. n° 352417, 352418, 352449 et 352450 : à mentionner aux T. du Rec. CE.).

[468] E. Fatôme, P. Terneyre, *Le statut des biens des délégations de service public après l'arrêt commune de Douai* : AJDA 2013 p. 724: les auteurs évoquent notamment les préjudices « *notamment financiers - liés à l'exécution d'engagements qu'il aurait pris auprès de prêteurs* » - X. Domino, A. Bretonneau, *Biens de retour : gare aux boomerangs* : AJDA 2013, chron. p. 457.

Deuxième Partie

D'un droit aux jeux à une dichotomie pour le droit

LES MODALITES SECTORIELLES DE REGULATION : LE CAS DES JEUX EN LIGNE

Jean-François VILOTTE
Président de l'Autorité de régulation des jeux en ligne (ARJEL)

LES RAISONS D'UNE REGULATION SPECIFIQUE DES JEUX EN LIGNE

Historiquement, le modèle français de régulation du secteur des jeux d'argent et de hasard s'est construit autour d'un principe de prohibition des jeux, assorti d'un régime dérogatoire pour les casinos (régime d'autorisation préalable), d'une part, et pour les monopoles publics d'exploitation confiés à la Française des Jeux et au GIE Paris mutuel urbain (PMU), d'autre part[469]. Le choix d'une limitation de l'offre de jeu sous la forme de monopoles repose sur la prise en compte de la nature particulière de l'activité des jeux d'argent, qui se distingue des marchés concurrentiels classiques par la spécificité des risques dont elle s'accompagne, notamment en termes de criminalité organisée, de blanchiment de capitaux et de santé publique (risques d'addiction).

Deux facteurs principaux ont conduit la France à substituer à ce modèle de régulation « *quantitative* » un modèle de régulation plus « *qualitative* » : le contexte juridique européen d'une part, le régime français de droits exclusifs ayant été critiqué par la Commission européenne et, d'autre part, l'émergence d'un important marché de jeux en ligne illégal, rendu possible, notamment, par la nature

[469] Voir, notamment : loi du 21 mai 1836 *portant prohibition des loteries*, loi du 2 juin 1891 portant *réglementation des courses de chevaux*, loi du 15 juin 1907 *relative aux casinos* et loi n° 83-628 du 12 juillet 1983 *relative aux jeux de hasard*, textes en partie codifiés dans le Code de sécurité intérieure.

transfrontalière de cette offre, que le système en place n'est pas parvenu à combattre efficacement[470].

1) Les contraintes issues du droit de l'Union européenne

Au niveau européen, le secteur des jeux d'argent et de hasard relève des stipulations du Traité sur le fonctionnement de l'Union européenne, et en particulier de ses articles 49 (ex-article 43 TCE) et 56 (ex-article 49 TCE), qui prohibent respectivement les restrictions à la liberté d'établissement ainsi que les entraves à la libre prestation de services.
Toute réglementation – prohibition, monopole, voire système d'autorisation préalable – qui empêche des prestataires de jeux en ligne de s'établir dans un Etat membre ou d'y proposer leurs services depuis l'étranger est ainsi susceptible de constituer une restriction interdite par le traité.

Dans ce cadre, la Commission européenne a estimé que les entraves posées par la France[471] aux services fournis par les opérateurs étrangers et les mesures adoptées pour bloquer l'accès à leurs sites Internet étaient disproportionnées. Elle a donc entamé une procédure d'infraction à son encontre en 2006[472]. Cette procédure s'est poursuivie par l'envoi d'un avis motivé, le 27 juin 2007, dans lequel la Commission européenne a estimé que les restrictions apportées à la liberté de prestation de services ne se justifiaient pas au regard des règles du droit de l'Union européenne.
L'ouverture à la concurrence du marché des jeux en ligne est ainsi en partie liée aux risques juridiques qui pesaient alors sur le secteur.
Après l'adoption par la France de la loi n° 2010-476 du 12 mai 2010 *relative à l'ouverture à la concurrence et à la régulation du secteur des jeux d'argent et de hasard en ligne*, la Commission européenne a mis fin à la procédure ouverte à son encontre. La Commission a, en effet, estimé qu'avec la nouvelle loi, le marché français des jeux de hasard en ligne était désormais ouvert aux opérateurs d'autres Etats

[470] A titre d'exemple, en 2010, la Française des Jeux, monopole public, représentait seulement 5 % de l'offre de jeux proposée sur Internet, l'essentiel de cette offre étant le fait d'opérateurs illégaux.
[471] Mais aussi par d'autres Etats membres, comme la Suède et la Grèce.
[472] Voir, notamment, la lettre de mise en demeure adressée le 12 octobre 2006, IP/06/1362.

membres « *sur la base d'un processus non discriminatoire d'octroi de licences* »[473].

2) La lutte contre l'émergence d'un marché illégal des jeux en ligne et la prise en compte des spécificités d'Internet

L'ouverture du marché des jeux en ligne répond, par ailleurs, à la nécessité de lutter efficacement contre l'émergence d'un important marché illégal de paris en ligne. En effet, à l'ère d'Internet, une régulation « *quantitative* » par la prohibition et les monopoles s'avère inefficace en pratique. Le meilleur moyen d'assécher le marché illégal consiste, au contraire, à substituer à l'offre illégale une offre légale attractive, mais transparente et régulée.

Aussi, pour marginaliser l'offre illégale et mieux la combattre, une adaptation de la régulation aux réalités de l'économie numérique s'est imposée, impliquant la mise en place d'une offre légale diversifiée.

Il reste que cette régulation « *qualitative* » ne devait pas aboutir à substituer à l'offre illégale une offre légale présentant les mêmes risques en termes d'ordre public et social. Autrement dit, la question est celle de l'équilibre entre une offre légale à la fois vertueuse et suffisamment attractive pour combattre l'offre illégale, l'ouverture à la concurrence devant rester un simple outil de régulation et non un objectif en soi. Afin de sortir de cette contradiction, une régulation qualitative forte et sans compromis est apparue nécessaire.

La régulation des jeux en ligne s'inscrit ainsi dans la problématique plus générale de la régulation d'Internet et de la difficile conciliation entre libertés individuelles et respect de l'ordre public. A cet égard, il y a lieu de souligner que le système de régulation retenu en France repose sur le contrôle des opérateurs de jeux en ligne. Les joueurs qui se rendent sur les sites illégaux ne sont, quant à eux, pas pénalisés.

Enfin, on peut observer que, trois années après l'ouverture à la concurrence du secteur des jeux d'argent et de hasard en ligne en France, le basculement de la demande vers l'offre légale contrôlée et régulée par l'Autorité de régulation des jeux en ligne est effectif. Il est souhaitable que le modèle français rigoureux de régulation trouve à inspirer d'autres Etats membres pour assurer un standard de protection des consommateurs satisfaisant.

---

[473] Communiqué de presse relatif à la décision de la Commission européenne du 24 novembre 2010, IP/10/1597.

I. ECONOMIE DU DISPOSITIF INSTAURE PAR LA LOI DU 12 MAI 2010

L'économie générale du dispositif instauré par la loi n° 2010-476 du 12 mai 2010 *relative à l'ouverture à la concurrence et à la régulation du secteur des jeux d'argent et de hasard en ligne* se présente de la manière suivante.

1) La création d'une autorité administrative indépendante

Le modèle mis en place en 2010 repose tout d'abord sur la création d'une autorité spécifiquement consacrée à la régulation des jeux en ligne[474] : l'Autorité de régulation des jeux en ligne.
Le choix de confier la régulation d'un secteur anciennement sous monopole à une autorité administrative indépendante répond classiquement à un double souci de compétence technique et d'indépendance par rapport aux structures étatiques en charge jusqu'alors du contrôle de ce secteur. Le choix d'une structure *ad hoc* présente également l'avantage de la souplesse et de la flexibilité, avec une plus grande faculté d'adaptation de la norme aux évolutions du secteur.
La création de l'Autorité de régulation des jeux en ligne répond naturellement à ces objectifs. Elle représente en outre une plus grande garantie pour les consommateurs, notamment en termes de protection des libertés individuelles. A cet égard, l'Autorité de régulation des jeux en ligne dispose de moyens spécifiques lui permettant de conserver avec un soin particulier les informations confidentielles qu'elle détient.
Enfin, la création de cette structure doit permettre de concilier efficacement la poursuite d'objectifs en apparence contradictoires ou concurrents, comme la recherche de recettes fiscales et la lutte contre l'addiction.

---

[474] Dans les différents Etats européens concernés, il n'est pas rare que le secteur des jeux soit contrôlé directement par les départements spécialisés des différents ministères concernés (Finances, Justice, Intérieur, *etc.*).

2) Le choix d'une ouverture maîtrisée

La France a fait en outre le choix d'une ouverture maîtrisée puisque seules trois catégories de jeux font l'objet d'une ouverture à la concurrence : les paris sportifs en ligne, les paris hippiques en ligne et les jeux de cercle en ligne (poker). L'idée sous-jacente est de limiter l'offre légale aux jeux considérés comme les moins addictifs, car reposant sur un minimum d'expertise des joueurs.
De même, les formes de paris les plus dangereuses pour les joueurs, comme les bourses de paris (« *exchange betting* ») – système dans lequel des bookmakers non agréés proposent leurs propres cotes, les opérateurs se limitant à un rôle d'intermédiaires entre les parieurs et ces bookmakers – ou les paris à la fourchette (« *spread betting* ») – formule dans laquelle les montants maximaux de pertes ne peuvent être connus à l'avance – n'ont pas été autorisés.

3) L'exigence d'un agrément préalable

Le modèle instauré en 2010 repose ensuite sur un régime d'autorisation administrative préalable. Trois types d'agréments – paris hippiques, paris sportifs et jeux de cercle en ligne – peuvent ainsi être délivrés par le collège de l'Autorité de régulation des jeux en ligne pour une durée de 5 ans aux opérateurs respectant un cahier des charges spécifique. Ces agréments sont renouvelables et incessibles. Ils sont délivrés sans *numerus clausus*, sur le marché domestique français. La délivrance de ces agréments permet de mettre en place un marché des jeux en ligne sécurisé, dans un souci de protection des consommateurs.
Si les agréments délivrés par le collège de l'Autorité de régulation des jeux en ligne portent sur le marché domestique français, les opérateurs ne sont pas pour autant tenus d'établir leur siège social en France, celui-ci pouvant être situé dans un autre Etat de l'Union européenne, voire dans un Etat partie à l'accord sur l'Espace économique européen ayant conclu avec la France une convention contenant une clause d'assistance administrative en vue de lutter contre la fraude et l'évasion fiscales[475]. Seul le siège de leur dispositif technique de

---

[475] Loi n° 2010-476 du 12 mai 2010, art. 21-II.

captation et de conservation des données de jeux (« *frontal* ») doit être installé en France[476].

4) Le contrôle des opérateurs agréés

L'Autorité de régulation des jeux en ligne exerce un contrôle permanent de l'activité des opérateurs de jeux ou de paris en ligne agréés[477] afin d'assurer le respect des objectifs de régulation définis au I de l'article 3 de la loi n° 2010-476 du 12 mai 2010 que constituent la prévention du jeu excessif ou pathologique, la protection des mineurs, la protection de l'intégrité, de la fiabilité et de la transparence des opérations de jeu, la lutte contre les activités frauduleuses ou criminelles, le blanchiment de capitaux, le financement du terrorisme et le développement équilibré et équitable des différents types de jeux, afin d'éviter toute déstabilisation économique des filières concernées.
Ce contrôle repose en particulier sur un dispositif technique dénommé « *support matériel d'archivage* » ou encore « *frontal* » destiné à recueillir, sécuriser et conserver un certain nombre de données – et en particulier les données de jeu échangées entre le joueur et l'opérateur – auxquelles l'Autorité a accès en permanence.
Le législateur a en outre prévu la possibilité de sanctionner les opérateurs en cas de manquement à leurs obligations législatives et réglementaires.
La sanction des opérateurs agréés est dévolue à une structure organiquement distincte et indépendante du collège de l'Autorité de régulation des jeux en ligne, la commission des sanctions, qui est composée de six membres (deux membres du Conseil d'Etat, deux conseillers à la Cour de cassation et deux magistrats de la Cour des comptes)[478]. Cette séparation organique a notamment pour but de répondre à l'exigence d'impartialité dite « *objective* », déduite de l'article 6§1 de la Convention européenne des droits de l'homme, qui impose une stricte séparation entre les fonctions de poursuite et de jugement.
Les sanctions susceptibles d'être prononcées peuvent aller du simple avertissement au retrait de l'agrément[479]. La loi n° 2010-476 du 12 mai 2010 prévoit également des sanctions pécuniaires, lesquelles peuvent

---

476 Loi n° 2010-476 du 12 mai 2010, art. 31.
477 Loi n° 2010-476 du 12 mai 2010, art. 38.
478 Loi n° 2010-476 du 12 mai 2010, art. 41.
479 Loi n° 2010-476 du 12 mai 2010, art. 43-IV.

aller jusqu'à 5 % du chiffre d'affaires hors taxes du dernier exercice clos correspondant aux activités faisant l'objet de l'agrément[480].
Il convient de préciser que la saisine de la commission des sanctions doit être précédée d'une mise en demeure de l'opérateur d'avoir à se conformer à ses obligations, qui est adressée par le collège de l'Autorité de régulation des jeux en ligne[481]. Ce n'est que si l'opérateur concerné n'y défère pas dans le délai imparti que la commission des sanctions pourra être saisie, sur décision du collège[482].

5) La lutte contre les sites illégaux

La loi n° 2010-476 du 12 mai 2010 a institué divers mécanismes de lutte contre les sites illégaux :

- la pénalisation de l'offre illégale : le fait d'offrir ou de proposer au public une offre en ligne de paris ou de jeux d'argent et de hasard sans être titulaire de l'agrément est ainsi puni de trois ans d'emprisonnement et de 90 000 euros d'amende. Ces peines sont portées à sept ans d'emprisonnement et à 200 000 euros d'amende lorsque l'infraction est commise en bande organisée[483]. Des peines complémentaires sont également prévues : fermeture de l'établissement ayant servi à la commission de l'infraction, interdiction de gérer, *etc.*[484] Comme indiqué plus haut, la loi n'érige pas en infraction le fait pour une personne d'ouvrir un compte joueur et de jouer sur un site illégal, la répression se concentrant sur le seul opérateur ;

- l'interdiction de faire de la publicité en faveur d'un site illégal (infraction punie d'une amende de 100 000 euros)[485] ;

---

480 Loi n° 2010-476 du 12 mai 2010, art. 43-V.
481 Loi n° 2010-476 du 12 mai 2010, art. 43-II.
482 Ce mécanisme soulève une difficulté pratique notoire, dans la mesure où il peut avoir pour effet d'aboutir à une certaine impunité des opérateurs : il leur suffit, en effet, de se conformer à la mise en demeure en mettant un terme aux agissements illégaux pour prétendre échapper à toute sanction. En ce sens, voir, notamment : CE 4 juillet 2012, *AFORST*, n° 334062.
483 Loi n° 2010-476 du 12 mai 2010, art. 56-I.
484 Loi n° 2010-476 du 12 mai 2010, art. 56-IV et V.
485 Loi n° 2010-476 du 12 mai 2010, art. 57.

- le signalement au parquet : le président de l'Autorité de régulation des jeux en ligne est tenu d'informer sans délai le procureur de la République des faits susceptibles de recevoir une qualification pénale[486] ;

- la procédure de blocage de l'accès aux sites illégaux, au terme de laquelle le président du tribunal de grande instance de Paris peut ordonner au fournisseur d'accès à Internet ainsi qu'à l'hébergeur du site de paris ou de jeux d'argent illégal d'empêcher l'accès à ce site en France[487] ;

- la procédure de blocage des flux financiers, qui permet d'interdire tout mouvement ou transfert de fonds en provenance ou à destination des comptes identifiés comme détenus par des opérateurs illégaux, le but étant de priver d'attractivité le site illégal, en empêchant le joueur d'alimenter et de solder le compte qu'il a ouvert auprès d'un opérateur illégal[488].

Dans ce cadre, et afin d'optimiser l'échange d'informations, l'Autorité de régulation des jeux en ligne coordonne ses actions avec celles des services d'enquête de l'Etat comme le parquet de Paris, le Service central de police judiciaire des courses et jeux, la Division de la lutte contre la cybercriminalité de la gendarmerie nationale, le Service national de la douane judiciaire ou encore la cellule TRACFIN (Traitement du renseignement et action contre les circuits financiers clandestins).

6) L'encadrement des paris sportifs et la protection de l'intégrité des compétitions sportives

Face, notamment, à la menace que représentent les paris sportifs pour l'intégrité des compétitions sportives – risques de fraude et de tricheries –, un encadrement ambitieux de ces paris a été mis en place en 2010.
Parmi les mesures adoptées, on signalera tout d'abord le fait qu'il revient à l'Autorité de régulation des jeux en ligne de déterminer,

[486] Loi n° 2010-476 du 12 mai 2010, art. 44-IV.
[487] Loi n° 2010-476 du 12 mai 2010, art. 61.
[488] Code monétaire et financier, art. L. 563-2 et suivants.

après avis des fédérations sportives, la liste des catégories de compétitions supports de paris ainsi que, pour chaque compétition, les types de résultats de ces compétitions pouvant faire l'objet de paris[489]. Cette liste est régulièrement mise à jour. Les événements ne présentant pas de garanties suffisantes en termes de transparence d'organisation, de mise en place de règlements intérieurs, d'exposition médiatique ou ceux dont l'enjeu sportif n'est pas assez important ont ainsi été exclus.
Ensuite, le législateur de 2010 a instauré un droit de propriété sur l'activité des paris sportifs au profit des organisateurs des compétitions sportives se déroulant en France[490]. Tout opérateur de paris sportifs souhaitant exploiter à titre commercial une manifestation sportive ne peut le faire qu'après conclusion d'un contrat avec l'organisateur de cette manifestation. Ce contrat est soumis à l'avis – non contraignant – de l'Autorité de régulation des jeux en ligne, qui s'assure notamment que des obligations sont prévues pour permettre une lutte efficace contre la fraude. Ce système permet aussi aux organisateurs des compétitions sportives de financer des mesures de prévention contre la manipulation des compétitions.
Enfin, l'Autorité de régulation des jeux en ligne assure un suivi des compétitions sportives et des paris engagés, notamment à travers le « *frontal* ». Les anomalies éventuellement décelées – paris anormalement élevés, indices de fraude ou de manipulation, *etc.*, – qui sont susceptibles de recevoir une qualification pénale sont immédiatement signalées au procureur de la République.

II. LES PERSPECTIVES D'EVOLUTION

Trois années après l'entrée en vigueur de la loi n° 2010-476 du 12 mai 2010, un certain nombre d'évolutions des règles applicables au secteur apparaissent souhaitables[491].

---

[489] Décret n° 2010-483 du 12 mai 2010 *relatif aux compétitions sportives et aux types de résultats sportifs définis par l'Autorité de régulation des jeux en ligne*, art. 2 et 3.

[490] Code du sport, art. L. 333-1-1 et suivants, issus de l'art. 63 de la loi n° 2010-476 du 12 mai 2010.

[491] A cet égard, l'Autorité de régulation des jeux en ligne a énoncé un certain nombre de propositions dites de « *revoyure* » dans son rapport en date du 24 juin 2011 remis au gouvernement dans le cadre de la clause de rendez-vous prévue à l'article 69 de la loi n° 2010-476 du 12 mai 2010.

1) Favoriser l'unicité et la plasticité des règles applicables au secteur

Tout d'abord, il y a lieu de s'interroger sur l'opportunité d'évoluer vers une plus grande unicité des règles applicables à la régulation du secteur des jeux pris dans sa globalité, quel que soit le vecteur du jeu – Internet ou réseau physique –, le type de jeu – payant ou gratuit – ou le segment de marché – sport, hippisme, jeux de cercle –. La question ici en débat n'est pas tant celle de l'unicité du régulateur que celle de l'unicité des règles applicables, même si la dispersion actuelle des intervenants dans le processus de régulation peut soulever des interrogations.
A cet égard, se pose également la question de l'attribution à l'Autorité de régulation des jeux en ligne d'un plus grand pouvoir normatif qui permette une plus grande souplesse dans l'adaptation des règles à l'évolution du marché. Internet est, en effet, confronté à l'émergence constante et rapide de nouveaux supports – tablettes, télévision connectée, *etc.*,– qui appellent à une réelle plasticité de la règle juridique.

2) Redéfinir les contours des jeux d'argent et de hasard

Plus largement, les contours du cadre législatif des jeux d'argent et de hasard doivent être repensés. Il apparaît ainsi nécessaire de lever les ambiguïtés apparues à mesure du développement de certains types de jeux, tels les jeux d'adresse et d'intelligence, communément désignés sous le nom de « *skill games* », les jeux à monnaie virtuelle, très pratiqués par les mineurs, et les jeux prétendument gratuits. Il s'agit de lever le flou qui prévaut aujourd'hui, en énonçant clairement ce qui est interdit d'une part, et ce qui doit entrer dans le champ d'une régulation d'autre part.
L'Autorité de régulation des jeux en ligne est ainsi favorable à l'interdiction pure et simple des « *skill games* » payants. En effet, ces jeux d'adresse engendrent des risques analogues à ceux que suscitent les jeux d'argent, notamment en termes d'addiction, de blanchiment, de fraude, ou encore de manipulation par l'utilisation de robots informatiques.
En ce qui concerne les jeux faussement gratuits, certains opérateurs ont cru pouvoir contourner la prohibition des jeux d'argent en prévoyant le remboursement des sommes engagées par les joueurs sur

leur demande. Or, dans la réalité, rares sont les consommateurs qui sollicitent le remboursement auquel ils ont droit, notamment en raison de la complexité des modalités de celui-ci ou de la faiblesse des montants en jeu. Le modèle économique de ces jeux repose ainsi sur le fait que les consommateurs n'exercent pas les possibilités de remboursement. Il reste que ce modèle permet aux opérateurs qui le proposent de se dispenser de l'ensemble des obligations spécifiques qui pèsent sur les opérateurs de jeux en ligne payants, notamment en matière de fiscalité, de lutte contre l'addiction ou de prévention de la fraude, du blanchiment de capitaux et du financement du terrorisme. Pour toutes ces raisons, l'Autorité de régulation des jeux en ligne est favorable à l'interdiction de ces jeux. A cet égard, elle a été entendue dans le cadre de la discussion, en 2013, du projet de loi relatif à la consommation.

3) Améliorer le dispositif de lutte contre le jeu excessif et pathologique

Les dispositions existant en matière de lutte contre l'addiction doivent être étendues et précisées.
De nouvelles mesures ont ainsi été proposées par l'Autorité de régulation des jeux en ligne dans son récent rapport consacré à la lutte contre l'addiction[492]. Ces mesures portent notamment sur la mise en place de dispositifs de repérage des joueurs à risque, l'extension du champ des personnes interdites de jeu aux majeurs protégés ou encore l'interdiction des publicités en faveur des publics fragiles (interdits de jeu, joueurs ayant demandé leur auto-exclusion).

4) Défendre le maintien de standards élevés de régulation au niveau européen

Au niveau européen, le développement du secteur économique des jeux d'argent et de hasard en ligne a entraîné de nombreuses initiatives des institutions, dont l'impact sur le modèle français pourrait être fort. En particulier, la communication de la Commission européenne du 23 octobre 2013 semble annoncer la mise en place d'une régulation

---

[492] Autorité de régulation des jeux en ligne, *Lutter contre le jeu excessif ou pathologique - Recommandations trois ans après l'adoption de la loi d'ouverture du marché des jeux en ligne*, 26 avril 2013.

européenne des jeux en ligne et porte en germe les prémisses d'une reconnaissance mutuelle.
Eu égard à la diversité d'approches des Etats membres de l'Union européenne, une harmonisation trop rapide du secteur risquerait de se faire au détriment des standards de régulation élevés qui s'imposent en la matière. Il faut donc prendre le temps de faire converger les normes des Etats membres sans abandonner l'ambition d'un niveau élevé de régulation.
A cet égard, les principes jurisprudentiels dégagés par la Cour de justice de l'Union européenne en la matière, tels que le principe de subsidiarité ou l'absence de principe de reconnaissance mutuelle des licences délivrés aux opérateurs de jeu en ligne, méritent d'être rappelés[493].
Quant à la lutte contre l'offre illégale, il serait opportun que la Commission européenne s'exprime et prenne position sur le sujet des marchés « *off shore* » et s'intéresse à la position des Etats membres qui font obstacle à la lutte contre les sites illégaux, en refusant par exemple de donner suite aux demandes de coopération judiciaire et policière qui leur sont soumises.

5) Préserver l'éthique des compétitions sportives au niveau international

Le développement des paris sportifs, notamment en ligne, a ouvert des débats sur l'éthique et l'intégrité du sport, au vu des risques de manipulation des compétitions en lien avec ces paris. Les récentes affaires de soupçons de manipulations de manifestations sportives en lien avec des paris sportifs (affaire du handball français ou révélations

---

[493] Voir, notamment, décision du 8 septembre 2009, *Departamento de Jogos da Santa Casa da Misericordia de Lisboa*, C-42/07, points n° 57 et 69. On peut également rappeler que la Cour de justice de l'Union européenne a, par ailleurs, identifié un certain nombre de « *raisons impérieuses d'intérêt général* », telles que les objectifs de lutte contre la criminalité organisée et le blanchiment, de protection des consommateurs, de prévention de la fraude et de l'incitation des citoyens à une dépense excessive liée au jeu, susceptibles de justifier, dans le respect des principes de cohérence et de proportionnalité, des dérogations aux articles 49 et 56 du traité sur le fonctionnement de l'Union européenne. A cet égard, voir notamment : décisions du 21 septembre 1999, *Läärä*, C-124/97, Rec. p. I-6067, point 36, du 21 octobre 1999, *Zenatti*, C-67/98, Rec. p. I-7289, point 34 et du 6 mars 2007, *Placanica*, C-338/04, C-359/04 et C-360/04, Rec. p. I-1891, point 46.

de soupçons de matchs truqués faites par Europol notamment) en constituent des exemples flagrants.
Au vu de ces risques, l'existence de régulateurs nationaux n'apparaît pas suffisante et une coopération entre autorités publiques, mouvements sportifs et opérateurs de paris, passant par l'adoption de règles communes et d'instruments harmonisés, s'avère nécessaire.
L'Autorité de régulation des jeux en ligne a ainsi contribué à la mise en place de réseaux d'échange d'informations, tant dans le cadre d'accords bilatéraux – accords conclus avec les régulateurs nationaux italien, britannique et espagnol – que dans le cadre d'accords conclus avec des opérateurs de paris internationaux ou encore avec le Comité international olympique, dans la perspective des jeux Olympiques de Londres. Ces réseaux permettent de confronter les données du marché français avec les informations provenant des marchés étrangers et de surveiller l'apparition de mouvements suspects.

Le Conseil de l'Europe s'est également saisi du sujet. Il a ainsi engagé, depuis le mois de septembre 2012, un processus de négociation d'un projet de convention internationale de lutte contre la manipulation des résultats sportifs. Les autorités de régulation des paris sportifs ont été impliquées et la France assure la vice-présidence du comité de rédaction, mission que j'assume. L'ouverture de la convention internationale à la signature pourrait intervenir au printemps 2014.
L'un des intérêts de cet instrument conventionnel international est qu'il fait intervenir des Etats non membres de l'Union européenne, notamment le Japon, le Canada, l'Australie ou encore la Corée du Sud. Le projet de texte prévoit la mise en place, par chaque Etat partie, d'une plate-forme nationale au sein de laquelle seraient centralisées les informations relatives aux paris pris sur le territoire national, au déroulement des compétitions sportives sur ce même territoire, et de centralisation des informations en provenance des autres Etats parties à la convention. L'objectif d'une telle plateforme est de permettre l'analyse complète d'une situation, au regard des paris enregistrés sur plusieurs territoires, afin de mieux l'appréhender.

LA REGULATION DU JEU : VISION D'UN OPERATEUR PUBLIC

Christophe BLANCHARD-DIGNAC
Président-directeur général de la Française des Jeux

Une régulation des risques répondant à des objectifs impérieux d'intérêt général

La construction du régime juridique applicable en France aux jeux d'argent et de hasard est le reflet d'une politique restrictive, visant à en juguler les coûts et les externalités négatives et dictée par des objectifs impérieux d'intérêt général d'ailleurs confirmés par la jurisprudence de la Cour de justice de l'Union européenne (CJUE) :

•la préservation de l'ordre public à travers la lutte contre :

-la fraude ;

-la corruption sportive, les trucages et manipulations des compétitions sur lesquelles des paris sont organisés ;

-le blanchiment d'argent sale et les activités criminelles associées.

•la protection de l'ordre social, des consommateurs/joueurs et, plus largement, des citoyens (non-joueurs exposés à la publicité pour des jeux illégaux) :

-la lutte contre l'addiction et ses conséquences sur la situation sociale de ceux qui en sont victimes ;

-la préservation des non-joueurs, en particulier des mineurs et des autres groupes vulnérables ;

-la lutte contre le jeu illégal qui ne respecte pas les exigences de protection des joueurs fixées par la législation, et constitue à ce titre la première menace directe pesant sur les consommateurs.

L'économie générale du régime des jeux peut être résumée sous la forme de deux adages, qui illustrent la cohérence interne du modèle français de régulation des jeux :

•« Ce qui est jugé dangereux est interdit » :
-sont ainsi interdites, quel que soit le canal, de nombreuses formes de jeux et de paris : paris sur les évènements non sportifs, bourses de paris ou paris à la fourchette, paris hippiques à cote ;
-ou bien interdites, à l'exception de certains canaux de distribution, que ces formes soient en « dur » (machines à sous autorisées exclusivement dans les casinos mais ni dehors ni en ligne) ou bien en ligne (*live betting autorisé exclusivement en ligne mais pas en « dur »*).

•« Ce qui présente un risque sensible, mais maîtrisable, peut être autorisé » via un régime d'autorisation exclusive ou, par exception, d'autorisations multiples (licences) :
-l'autorisation intervient sous la forme de droits exclusifs qui, par exemple en matière de jeux de loterie, dérogent à la prohibition de principe édictée par la loi du 21 mai 1836, codifiée par ordonnance de 2012 dans le Code de la sécurité intérieure. Ce modèle d'exploitation en monopole des jeux, sous la régulation directe de l'Etat et le contrôle du législateur, architecte de cette régulation, s'applique aussi naturellement, depuis des décennies, en matière de paris sportifs et de paris hippiques, qui à l'origine n'étaient commercialisés que dans le réseau physique et qui, même aujourd'hui, le sont encore en très grande majorité ;
-dérogeant à ce modèle, la loi n° 2010-476 du 12 mai 2010 a apporté une réponse adaptée à un problème spécifique, à savoir l'essor des sites illégaux de paris et de jeux de cercle en ligne, en mettant en place une ouverture maîtrisée sous forme de licences. La fonction de régulateur de ce marché a été confiée à une autorité *ad hoc*, l'Autorité de régulation des jeux en ligne (ARJEL).

La création ou le maintien de droits exclusifs est un choix de régulation à part entière, qui permet aux pouvoirs publics de s'appuyer sur un opérateur unique en monopole, maintenu sous de multiples contrôles étroits formels ou informels, et de peser en amont sur les orientations et décisions en matière d'exploitation[494].

---

[494] Aux termes mêmes de la jurisprudence de la CJUE en effet : *« les autorités publiques d'un État membre peuvent être fondées à considérer, dans le cadre de la marge d'appréciation leur revenant à cet égard, que l'octroi de droits exclusifs à un organisme public dont la gestion est soumise à la surveillance directe de l'État ou à un opérateur privé sur les activités duquel les pouvoirs publics sont en mesure d'exercer un contrôle étroit est de nature à leur permettre de maîtriser les risques liés*

En ce qui concerne les activités concurrentielles : le postulat économique selon lequel l'ouverture d'un secteur sert le consommateur est erroné pour les jeux d'argent et de hasard, ainsi que l'a analysé l'avocat général BOT dans ses conclusions pour l'arrêt *Santa Casa* La concurrence est alors un moyen de la régulation, en complément d'un régime de prohibition et de droits exclusifs.

En 2010, l'enjeu pour le législateur était bien de canaliser et contrer une offre illégale, la concurrence étant utilisée comme un instrument de régulation et non comme un moyen de développer un marché. Avant la loi de 2010, le marché était ouvert de fait sans être régulé, il est désormais régulé. Mais même ouvert, le marché n'est pas pour autant « libre », son encadrement visant à prévenir les risques associés au jeu et spécifiquement au jeu en ligne (conditions strictes pour

---

au secteur des jeux de hasard et de poursuivre l'objectif légitime de prévention de l'incitation à des dépenses excessives liées au jeu et de lutte contre l'assuétude au jeu de manière plus efficace que ce ne serait le cas en présence d'un régime autorisant l'activité d'opérateurs qui seraient admis à exercer leurs activités dans le cadre d'une réglementation à caractère non exclusif. Il est en effet loisible auxdites autorités de considérer que le fait que, en leur qualité de contrôleur de l'organisme investi du monopole, elles disposeront de moyens additionnels leur permettant d'influer sur la conduite de celui-ci en dehors des mécanismes régulateurs et de surveillance légaux est susceptible de leur assurer une meilleure maîtrise de l'offre de jeux de hasard et de meilleures garanties d'efficacité dans la mise en œuvre de leur politique qu'en cas d'exercice de ces activités par des opérateurs privés en situation de concurrence, ces derniers fussent-ils assujettis à un système d'autorisation et soumis à un régime de contrôle et de sanctions. » : CJUE, 8 septembre 2010, aff. jtes *Markus Stoss* et autres, C-316/07 s., §§ 81-82 (dans le même sens : 21 septembre 1999, C-124/97, aff. *Läärä e.a.*, points 40 à 42 ; 8 septembre 2009, C-42/07, aff. *Santa Casa / Liga Portuguesa de Futebol Profissional et Bwin International*, points 66 et 67 ; 3 juin 2010, aff. *Sporting Exchange Ltd* en tant que « *Betfair* », C-203/08, point 59 ; 30 juin 2011, aff. *Zeturf*, C-2012/08 ; 15 septembre 2011, C-347/09, *Dickinger*...). En outre, la « *Cour (de l'A.E.L.E.) est d'avis qu'il est raisonnable de présumer qu'un opérateur monopolistique dans le secteur des jeux placé sous le contrôle des autorités publiques servira plus efficacement les objectifs de lutte contre l'addiction qu'un opérateur commercial ou même un opérateur sans but lucratif et poursuivant des causes d'intérêt général abondées par ses revenus tirés du jeu. De façon générale on peut aussi présumer qu'il est plus aisé pour l'Etat de contrôler un opérateur dont il détient la majorité du capital plutôt qu'un opérateur privé. En plus de son rôle d'actionnaire, l'Etat dispose de moyens de contrôle et d'influence additionnels pour agir sur le comportement de l'opérateur en sus des modalités de régulation et de surveillance traditionnelles fixées par la réglementation* » (point 51 de l'arrêt du 14 mars 2007, affaire E-1/06, *Autorité de surveillance de l'A.E.L.E. c/ Royaume de Norvège*).

l'octroi des licences et leur respect, procédure de certification, restrictions sur l'offre de paris autorisés...).

I. UNE REGULATION UNIQUE DANS SES OBJECTIFS, DUALE DANS SES MODALITES

1.1. Les objectifs de la régulation des jeux sous droits exclusifs

•**Les objectifs de la politique nationale en matière de jeux d'argent**, qu'elle soit déclinée au moyen de droits exclusifs ou, par exception à ces droits, au moyen d'une mise en concurrence maîtrisée, sont les mêmes. Les objectifs assignés à la Française des Jeux (FDJ) par les décrets organisant les droits exclusifs à elle confiés ont en effet inspiré les finalités de cette politique, telles que décrites à l'article 3 de la loi n° 2010-476 du 12 mai 2010.

En effet, aux termes de l'article 1er (dernièrement modifié en 2007) du décret n°78-1067 du 9 novembre 1978 modifié relatif à l'organisation et à l'exploitation des jeux de loterie autorisés par l'article 136 de la loi du 31 mai 1933 et de l'article 48 de la loi n° 94-1163 du 29 décembre 1994 (dispositions identiques de l'art. 1er du décret n°85-390 du 1er avril 1985 modifié relatif aux paris sportifs en dur) :
« *Il peut être proposé au public une offre de jeux de loterie qui doit respecter les objectifs suivants :*
-assurer l'intégrité, la sécurité et la fiabilité des opérations de jeux et veiller à la transparence de leur exploitation ;
-canaliser la demande de jeux dans un circuit contrôlé par l'autorité publique, afin de prévenir les risques d'une exploitation des jeux d'argent à des fins frauduleuses ou criminelles et de lutter contre le blanchiment d'argent ;
-encadrer la consommation des jeux afin de prévenir le développement des phénomènes de dépendance.
Les jeux de loterie ne peuvent être vendus aux mineurs, même émancipés. »

Les dispositions en vigueur prévoient d'ailleurs que ces objectifs d'intérêt général doivent être dûment pris en compte dans le cas où la société détentrice des droits exclusifs fait appel au concours de tiers pour la réalisation de son objet, ainsi que dans le cadre de ses activités en dehors des départements français (art. 19 du décret de 1978, art. 18 du décret de 1985).

Non mentionnés dans ces objectifs, l'abondement des finances publiques et le financement de causes d'intérêt général au moyen d'une fraction importante du produit des jeux exploités sous droits exclusifs, s'ils représentent un aspect non négligeable (3 milliards d'euros pour FDJ en 2012), et ne sont, conformément à la jurisprudence de la CJUE, qu'une conséquence accessoire du monopole.

1.2.La régulation juridique

•**Tout un éventail de dispositifs, de procédures et de contrôles concourant à s'assurer de la bonne réalisation des objectifs** qui lui sont assignés et des obligations mises à sa charge, notamment en termes de jeu responsable, est d'ailleurs prévu par le cadre juridique applicable à FDJ.

➢*Contrôle du ministre* chargé du Budget, chargé de la régulation des jeux sous droits *exclusifs* confiés à la Française des Jeux, et qui à ce titre veille au respect par celle-ci des objectifs fixés à l'article 3 de la loi du 12 mai 2010, lesquels prévalent aussi bien pour les jeux exclusifs que pour ceux ouverts à la concurrence : « *1° Prévenir le jeu excessif ou pathologique et protéger les mineurs ; 2° Assurer l'intégrité, la fiabilité et la transparence des opérations de jeu ; 3° Prévenir les activités frauduleuses ou criminelles ainsi que le blanchiment de capitaux et le financement du terrorisme ; 4° Veiller au développement équilibré et équitable des différents types de jeu afin d'éviter toute déstabilisation économique des filières concernées* ».
La FDJ soumet notamment à *l'approbation du ministre* :

- chaque année, son programme des jeux pour l'année suivante ; en cours d'année, tout projet de jeu ponctuel, dont le ministre approuve le principe et les modalités, ainsi que toute modification de jeu existant ;
- avant le 31 octobre, son plan d'action en vue de prévenir le jeu excessif et de favoriser une pratique raisonnable du jeu (plan d'action « jeu responsable » - PAJER),

- avant le 31 janvier, un rapport sur les mesures mises en œuvre afin de répondre aux obligations légales de lutte contre le blanchiment mises à la charge de FDJ (« rapport antiblanchiment »).

➢*Contrôle du Comité consultatif des jeux*, institué par l'article 3 de la loi du 12 mai 2010 et le décret n° 2011-252 du 9 mars 2011, et plus encore de l'une de ses deux commissions, la Commission consultative des jeux et paris sous droits exclusifs (COJEX), qui « *a pour mission de conseiller le ministre chargé du Budget dans la mise en œuvre de la politique d'encadrement des jeux de loterie et de pronostics sportifs exploités par La Française des Jeux* » (article 15). La COJEX, qui compte dans ses rangs des parlementaires et des représentants des ministères intéressés, est saisie pour avis par le ministre chargé du Budget du programme des jeux annuel de FDJ, ainsi que ses « plans d'action jeu responsable » et « rapport anti-blanchiment » (article 16).

➢*Contrôles auxquels FDJ est assujettie en sa qualité d'entreprise publique*

-tutelle des ministres chargés du Budget (DB) et de l'Economie et des Finances (APE), qui approuvent les statuts de FDJ (articles 17 décret de 1978 et 18 du décret de 1985) ;
-nomination de son président-directeur général par décret du président de la République (article 13 de la Constitution), après avis des commissions des finances du Parlement et du Sénat (loi organique n° 2010-837 et loi n° 2010-838 du 23 juillet 2010) ;
-composition du conseil d'administration, dont les membres sont pour moitié des représentants de l'Etat : ministères chargés du Budget, de l'Intérieur, de l'Economie et des Finances, Conseil d'Etat, Cour des comptes, Inspection générale des finances (loi n° 83-675 du 26 juillet 1983) ;
-approbation par arrêté ministériel des cessions, prises ou extensions de participation réalisées par La Française des Jeux et ses filiales (art. 2 du décret n° 53-707 du 9 août 1953 modifié, arrêté du 3 octobre 1991) ;
-contrôle exercé par un contrôleur général économique et financier, nommé par le ministre chargé des Finances, installé au siège de l'entreprise et disposant de tous pouvoirs d'investigation sur pièces et sur place et d'accès aux documents dont la communication est nécessaire à l'exécution de sa mission, conformément aux dispositions

du décret n°55-733 du 26 mai 1955 modifié relatif au contrôle économique et financier de l'Etat ;
-vérification des comptes de la Française des Jeux et de sa gestion par la Cour des comptes, qui dispose de pouvoirs d'investigation étendus (article L.111-4 et L.133-1 du code des juridictions financières) ;
-contrôles périodiques des services de l'Inspection des finances ;
-contrôle légal des comptes, au sens de la directive 2006/43/CE (audit et certification), par des commissaires aux comptes, lequel est exigé pour les sociétés d'économie mixte.

1.3.La régulation économique

La législation applicable aux jeux sous droits exclusifs de la Française des Jeux prévoit de multiples mesures d'encadrement des activités de jeux, et notamment :
-la limitation de l'offre, notamment en matière de paris sportifs (9 disciplines pour l'offre dans le réseau physique vs 36 en ligne, interdiction de certaines formes de paris, telles que les paris en direct – *live betting*...) ;
-le plafonnement du Taux de retour aux joueurs (TRJ) à 75 % pour les jeux de loterie, 85 % pour les paris sportifs ;
-le plafonnement des dépenses publi-promotionnelles à hauteur de 1 % des mises, rappelé dans les arrêts du 30 décembre 2011 par lesquels le Conseil d'Etat a rejeté les recours contestant les droits exclusifs confiés à la Française des Jeux (affaires *Stanley International Betting Ltd* et *Bwin Interactive Entertainement AG*) ;
-les modalités de rémunération de la Française des Jeux en ce qui concerne ses jeux sous droits exclusifs, à savoir une commission forfaitaire sur les mises qui garantit la neutralité de l'opérateur par rapport au résultat du jeu.

II. DROITS EXCLUSIFS : REGULATION EXIGEANTE, OPERATEUR PRO-ACTIF

2.1. Un alignement naturel de la stratégie de l'opérateur public sur les objectifs d'intérêt général fixés par le régulateur

L'intégration par la Française des Jeux des objectifs d'intérêt général qui encadrent ses missions, de même que la forte présence de l'Etat à son conseil d'administration, constituent des facteurs favorisant un alignement naturel de la stratégie de la société sur les lignes directrices de la politique nationale en matière de jeux. La Française des Jeux recherche certes la performance dans le cadre de la réalisation desdits objectifs, mais toujours de manière durable. Les objectifs constituant la mission de la Française des Jeux, ne sont pas vécus comme des contraintes, mais « intériorisés » par la société.

Exemples en matière de jeu responsable :
-évaluation des nouveaux jeux et de leurs effets potentiels au stade de leur conception ;
-protocole tripartite, signé au printemps 2013 avec les organisations représentatives des détaillants (diffuseurs de presse et buralistes) et prévoyant des engagements renforcés de ces derniers en matière de jeu responsable en contrepartie d'une augmentation de leur rémunération, dont le non-respect sera sanctionné.

Compte tenu de la qualité de ses actionnaires et de la composition de son conseil d'administration, la Française des Jeux est évidemment dans une position proactive d'adhésion aux objectifs qui lui sont fixés et d'anticipation de leur mise en œuvre au moyen des modalités les plus adaptées. Cette émulation peut conduire la Française des Jeux à prévenir les exigences légales, voire à aller au-delà.

En matière de sécurité et de lutte contre la fraude et le blanchiment d'argent, la Française des Jeux a ainsi dédié une équipe de 80 collaborateurs à temps plein sur ces questions, développé des programmes ambitieux d'inspection des 34 000 points de vente composant son réseau de distribution (100 % à horizon 2015) et se soumet à des démarches de certification de haut niveau (ISO 27001…).

Ce faisant, la Française des Jeux fait prévaloir la vision d'un développement durable, effectuant de sorte la *synthèse entre son objet social et les objectifs d'intérêt général fixés par l'Etat*.

L'exemple du jeu RAPIDO est illustratif à cet égard. Il s'agit d'un jeu de loterie rapide, autorisé en 1999 afin notamment de lutter contre les machines à sous clandestines. Il avait pour caractéristique d'offrir au joueur un rythme de jeu qui, pour être soutenu (un tirage toutes les 5 minutes), n'avait toutefois rien à voir avec celui des machines à sous.

Saisi d'un recours contre l'autorisation du Rapido, le Conseil d'Etat a d'ailleurs rejeté leur assimilation aux « bandits manchots » relevant de la loi n° 83-628 du 12 juillet 1983 relative aux jeux de hasard (CE, 10 / 9 SSR, 15 mai 2000, Syndicat des casinos de France, ccl. de Mme DAUSSUN).

Alors que ce jeu a connu un grand succès, représentant jusqu'à 24 % du chiffre d'affaires de la société au milieu des années 2000, la Française des Jeux a relayé auprès des pouvoirs publics les alertes qu'elle avait reçues sur les effets potentiellement addictifs du jeu pour un certain nombre de joueurs. La démarche de refonte du jeu, désormais relancé sous l'appellation AMIGO, et la mise en place de modérateurs de jeu renforcés proposés par FDJ ont conduit à une baisse notable du chiffre d'affaires (12 % en 2012), tandis que le régulateur des jeux sous droits exclusifs a exprimé le souhait que l'offre de ce jeu soit encore plus encadrée dans les années à venir.

2.2 Réversibilité : adaptabilité de la politique commerciale

Quant à la *réversibilité de la régulation* des jeux sous droits exclusifs, une illustration en est donnée par les fluctuations de la volumétrie des dépenses publicitaires : si celles-ci sont plafonnées en pourcentage de chiffre d'affaires, elles peuvent connaître ponctuellement une évolution sensible, quoique toujours encadrée. C'est notamment ce qui s'est passé pour l'offre de paris sportifs de la Française des Jeux dans le réseau physique pour laquelle une nouvelle marque avait été créée, ParionsSport, suite à l'adoption de la loi du 12 mai 2010. L'enjeu était en effet de veiller à ce que le réseau physique contribue, aux côtés des paris sportifs en ligne nouvellement ouverts à la concurrence, à la réalisation de l'objectif de canalisation des joueurs vers une offre légale et régulée (le marché illégal étant alors évalué à 1 milliard d'euros).

La publicité en faveur de ParionsSport a été depuis sensiblement réduite, avec l'assèchement du marché illégal observé depuis lors. Or, une telle restriction de la politique commerciale de la Française des Jeux n'aurait pas été envisageable dans un marché concurrentiel.
La régulation des jeux d'argent et de hasard est ainsi un équilibre subtil, dont la recherche permanente est facilitée par les moyens

réactifs et efficaces offerts par un régime de droits exclusifs confié à un opérateur public.

2.3. Rétroaction dynamique

Un exemple en est fourni par l'interdiction de vente aux mineurs de moins de 18 ans des jeux de loterie, formalisée en 2007 par voie de modification des décrets de 1978 et de 1985 relatifs aux droits exclusifs de la Française des Jeux, tandis que celle-ci avait dès 2000 adressé à ses détaillants une lettre leur enjoignant de ne plus vendre ses jeux aux mineurs de moins de 16 ans.

De ce point de vue, nous pouvons parler de « *rétroaction dynamique* » de la régulation des jeux d'argent et de hasard sous droits exclusifs dont le contrôle particulièrement étroit par les pouvoirs publics suscite des comportements d'anticipation parfois repris par le régulateur sous la forme d'exigences plus ambitieuses ou supplémentaires. Une telle dynamique régulatrice, qui est permise par le jeu des échanges et interactions ascendants / descendants liés à ce que les Anglo-Saxons désignent sous les vocables de « *bottom up* » et « *top down* », ne pourrait évidemment pas se former avec des opérateurs privés en concurrence.

Le même phénomène peut d'ailleurs être observé à l'échelon européen. L'association des loteries européennes a ainsi été la première organisation paneuropéenne du secteur à se doter d'un code de bonne conduite en matière de paris sportifs, et ce dès 2007. Somme des bonnes pratiques de la communauté des loteries (plafonnement du taux de retour aux joueurs, encadrement des formes dangereuses de paris...), ce code a d'ailleurs constitué un document de référence dans le cadre des travaux parlementaires préparatoires à la législation relative aux jeux dans plusieurs Etats membres, et notamment en France (loi du 12 mai 2010).

III. LA REGULATION A L'EPREUVE DU DROIT DE L'UE : VERS UN NOUVEL ETAT D'ESPRIT ?

3.1. L'appréhension des jeux d'argent et de hasard par le droit de l'UE

En l'absence d'instrument juridique sectoriel (directive ou règlement « jeux »), les dispositions du traité sur le fonctionnement de l'UE s'appliquent directement au secteur des jeux d'argent et de hasard. Les grands principes (subsidiarité, non-discrimination, libertés d'établissement et de prestation de services...) qu'elles consacrent, tels qu'interprétés par le juge du droit de l'UE, ont donc vocation à encadrer la régulation des jeux :

-**subsidiarité** : la régulation des jeux relève de la compétence première des États membres, qui restent les mieux à même de faire face aux défis posés et d'adopter des mesures adaptées aux risques locaux en termes d'ordre public et d'ordre social. Le maintien à l'échelon national de la compétence d'organiser le secteur des jeux s'impose naturellement, permettant une régulation légitime (ordre public, santé publique), mais aussi efficace. On peut ainsi s'interroger sur les contradictions de certains pays, dont par exemple les autorités délivrent des licences censées permettre à leurs détenteurs de prester dans toute l'UE... sauf sur le territoire du pays en question.

On peut également s'instruire du retour d'expérience de ceux qui avaient estimé possible de réguler « à distance » ou « par procuration ». L'évolution de la législation sur les jeux en ligne au Royaume-Uni illustre bien ce dernier problème. Le *Gambling Act* de 2005 permet en effet aux opérateurs établis dans des pays dont les autorités de régulation ont conclu un accord avec leur homologue britannique, pays alors inscrits sur une liste blanche (*white list* sur laquelle figurent notamment Malte, Gibraltar, l'île de Man, Alderney, Antigua-et-Barbuda), de proposer leurs services de jeux aux consommateurs britanniques sur le seul fondement des seules licences obtenues par eux dans leur pays d'origine. Or, plusieurs années de mise en œuvre ont démontré l'inefficacité de ce dispositif qui ne garantit pas l'équivalence des garanties offertes aux consommateurs britanniques par leur législation nationale, ni ne permet un contrôle effectif des activités des opérateurs *off shore* (lesquels représentent 19 des 20 premiers opérateurs sur le marché britannique). C'est pourquoi un projet de loi déposé par le gouvernement à la Chambre des communes et devant être adopté en 2014, prévoit de revenir sur ce dispositif en subordonnant l'exercice de l'activité de prestataire de jeux en ligne à destination des consommateurs britanniques à l'obtention préalable d'une licence délivrée par la *Gambling Commission.*

Il en résulte, comme la CJUE l'a rappelé, à nouveau, après l'arrêt *Santa Casa*, dans son arrêt *Dickinger & Ömer* (15 septembre 2011, C-347/09), qu'il n'existe aucune obligation de reconnaissance mutuelle. Cet arrêt reconnaît également les spécificités des modèles de régulation nationaux, tant dans leurs objectifs que dans leurs modalités.

-**libre prestation de services** : une abondante jurisprudence fourmille d'exemples de restrictions autorisées à cette liberté, allant de l'interdiction de certaines activités de jeux (arrêt *Santa Casa*) à leur maintien sous droits exclusifs (arrêt *Zeturf* 30 juin 2011, aff. C-2012/08). Ces restrictions sont ainsi permises, sous réserve du respect de certaines garanties (nécessité, proportionnalité et caractère non discriminatoire des mesures), dont le contrôle est laissé au juge national – juge de droit commun du droit de l'UE, guidé par la CJUE.

C'est dans le prolongement direct de cette jurisprudence que le Conseil d'État a rejeté, par des arrêts rendus le 30 décembre 2011 (affaires *Stanley International Betting Ltd* et *Bwin Interactive Entertainement AG*) les recours contestant les droits exclusifs confiés à FDJ[495].

---

495 Aux termes des décisions de la Haute Assemblée, en effet : « *Du fait des objectifs qui lui sont assignés et des modalités du contrôle qui sont exercées sur La Française des Jeux, la restriction de l'offre des jeux de pronostic sportif* (des jeux de loterie) *imposée par le décret litigieux du 1er avril 1985* (de 1978) *doit être regardée comme étant propre à garantir la réalisation des objectifs invoqués, alors même que cette dernière société développe une politique dynamique d'adaptation de son offre de jeux* (…) ; (que) *les restrictions imposées ont pour effet par une progression limitée de l'offre de paris sportifs* (loterie) *commercialisés par le réseau de détaillants de la Française des Jeux* (et en ligne) *nettement inférieure à ce qu'elle serait en cas d'ouverture à la concurrence de ce secteur ; que d'autre part, les contraintes auxquelles cet opérateur était soumis visaient à contrôler l'offre de paris proposés tant en nombre qu'en contenu, à l'obliger à réagir par des mesures correctrices dans les cas où était constaté le développement de pratiques excessives ou dépendantes*

3.2. La Commission européenne : le malentendu originel sur les objectifs des interventions de l'UE

Si la jurisprudence reconnaît très explicitement la légitimité des objectifs d'intérêt général qui président aux politiques nationales en matière de jeux d'argent et de hasard, la Commission a pu sembler ne pas retenir la même lecture du droit de l'UE.
L'exécutif bruxellois, soumis il est vrai à de nombreuses plaintes d'opérateurs privés, a pu donner l'impression de paraître parfois ne pas avoir complètement renoncé à l'avènement d'une forme de marché intérieur des jeux, alliant libéralisation et harmonisation, à l'exception essentielle de la fiscalité, des régimes juridiques. Cet objectif latent est pourtant contredit en droit, qui aménage un statut particulier des jeux au sein du marché intérieur (exclusion du champ des directives e-commerce et services). Il l'est aussi au plan politique eu égard à l'intangibilité, pour tous les acteurs et institutions concernés, des objectifs de canalisation de l'appétence au jeu vers une offre légale, régulée et modérée, de protection des consommateurs et de la lutte contre la fraude et le blanchiment.

D'éventuelles initiatives européennes, en accompagnement de la régulation des jeux par les autorités nationales, ne sauraient à l'évidence remettre en question les objectifs communs qui s'imposent dans un secteur aussi sensible que celui des jeux, mais exclusivement concerner les moyens adéquats en vue de leur mise en œuvre la plus efficace possible.

Toutefois, l'ambiguïté induite par certaines positions passées de la Commission européenne, conjuguée à la forte pression des opérateurs privés présents plus ou moins légalement sur les marchés de plusieurs Etats, ont pu masquer cette nécessité.

---

provoquées par certains types de jeux, à encadrer sa politique de promotion et de publicité par un plafonnement de son budget dédié à ces dépenses à 1% de son chiffre d'affaires, et à limiter l'addiction au jeu par la fixation d'un taux de retour des mises aux joueurs à un niveau sensiblement inférieur à celui pratiqué par d'autres opérateurs de jeux ; qu'enfin des mesures destinées à contrôler l'accès des joueurs, en particulier des mineurs, aux jeux de loterie, et à informer le public sur les risques de dépendance lui étaient imposées et qu'il était soumis à des règles strictes ayant pour objet d'assurer la sécurité des jeux, leur transparence financière et de lutter contre le blanchiment ».

D'aucuns ont d'ailleurs pu penser que l'essor des jeux d'argent en ligne, l'ouverture à la concurrence de certains d'entre eux et l'abondance des offres illégales proposées sur Internet, soulevaient la question de l'opportunité ou non d'une directive d'harmonisation.

Or, les différences de situations nationales, notamment en matière de fiscalité, et la circonstance que les États membres restent les mieux placés pour apprécier les risques et adopter les mesures indispensables ont clairement conduit l'UE, et en particulier la Commission qui dispose du pouvoir d'initiative législative, à écarter l'idée d'une telle directive.

-Le collège des Commissaires a adopté, le 23 octobre 2012, une communication intitulée : « *Pour un encadrement européen global des jeux d'argent et de hasard en ligne*».

-Ce document clôt la réflexion sur la régulation des jeux en ligne dans le marché intérieur engagée avec son livre vert du 24 mars 2011 et la consultation publique qui s'ensuivit. Il annonce les initiatives de la Commission dans les années à venir, écartant toute harmonisation au profit d'instruments non contraignants, à savoir trois recommandations, à l'élaboration desquelles les États membres sont associés au moyen d'un groupe d'experts nationaux créé fin 2012.

-Deux recommandations concernent la protection des consommateurs et la publicité en faveur des jeux en ligne, la troisième l'intégrité du sport et la prévention du trucage des matchs supports de paris. Leur mise en œuvre fera l'objet d'un bilan, dont l'échéance n'est pas fixée, mais dont les résultats pourraient appeler de nouvelles propositions.

Le choix d'instruments juridiquement non contraignants apparaît judicieux à double titre. Il permet d'éviter les effets de «nivellement par le bas» souvent reprochés aux exercices d'harmonisation, et partant, une dégradation du niveau de protection des consommateurs. En outre, il incitera fortement ceux des États dont le cadre juridique ne présente pas encore un niveau de garanties élevé d'y remédier rapidement.

a.« Plus-value » : pour une véritable conditionnalité des initiatives de l'UE

Le principe de subsidiarité donne compétence et légitimité à celui des niveaux, soit national soit européen, le plus pertinent pour intervenir ou dont l'action est la plus efficace en vue de la réalisation de l'objectif poursuivi.

Dans le secteur des jeux d'argent et de hasard, où les objectifs d'intérêt général sont communs, l'action des institutions de l'UE doit donc être réservée aux cas de carence ou d'efficacité moindre des Etats membres, et bien sûr aux cas de contrariété avec le droit de l'UE.

La plus-value d'une intervention de l'UE est particulièrement avérée dans les domaines dans lesquels une action isolée ou concertée (bilatérale) des Etats membres se révèle insuffisante pour faire face aux défis de la régulation des jeux.

Trois domaines paraissent de ce point de vue devoir être privilégiés :

•**la lutte contre le jeu illégal :** les opérateurs doivent être préalablement agréés par les autorités des territoires sur lesquels ils opèrent.

Aucun opérateur ne devrait d'ailleurs pouvoir être agréé dans un État membre s'il ne respecte pas la loi de ses voisins : c'est le principe de cohérence externe, en faveur de l'édiction duquel le Parlement européen s'est officiellement prononcé dans sa résolution du 14 octobre 2011 sur les jeux en ligne.

(Paragraphe 20 : « *respecte le droit des États membres à s'appuyer sur un vaste éventail de mesures répressives visant les offres illicites de jeux d'argent et de hasard en ligne; soutient, afin de renforcer l'efficacité de la lutte contre les offres illicites de jeux d'argent et de hasard en ligne, l'introduction d'un principe réglementaire selon lequel une société proposant des jeux d'argent et de hasard ne peut opérer (ou demander la licence nationale requise) dans un État membre que si ses activités ne sont pas contraires à la législation dans un autre État membre de l'Union;* »).

•**La lutte contre le blanchiment d'argent sale :**

L'attractivité du secteur des jeux d'argent pour les entreprises criminelles, en particulier la fraude et le blanchiment d'argent sale, appelle une vigilance permanente des pouvoirs publics nationaux et supranationaux et un ajustement régulier des dispositifs mis en place.

Le collège des Commissaires a adopté en février 2013 une proposition de révision de l'actuelle directive antiblanchiment (2005/60/CE, dite « 3e directive AML ») en cours de négociation.

L'une des avancées majeures de cette initiative, appelée de leurs vœux par les associations d'opérateurs légaux en Europe, consiste en l'extension du champ d'application de la directive, qui n'est aujourd'hui applicable qu'aux casinos et à leurs activités en ligne, à toutes les activités de jeux d'argent et de hasard, que ces derniers soient commercialisés en ligne ou en réseau.

Bien que les autorités françaises soient allées au-devant d'un certain nombre de nouvelles exigences prévues par la réforme, celle-ci devrait permettre de relever sensiblement le niveau des garanties mises en place en vue de lutter contre le blanchiment qui, compte tenu du caractère international croissant de la criminalité organisée, appelle une réponse coordonnée, au moins à l'échelon de l'UE.

•La promotion et la défense de l'intégrité du sport :

L'intégrité du sport est une priorité, tant pour les acteurs du secteur que pour les opérateurs de jeux autorisés à organiser des paris sur les compétitions sportives : il en va de l'intégrité de ces paris, bien sûr, mais aussi de l'avenir même du sport lui-même, livré à une corruption sinon croissante, à tout le moins de plus en plus en lien avec la criminalité organisée.

De ce point, l'article « Sport » (165) du traité ne confère à l'Union que des compétences d'appui en matière de sport. Toutefois, celle-ci n'est pas dénuée de moyens pour une politique plus ambitieuse, à laquelle doit présider le double objectif de promotion (prévention) et de défense (répression) de l'intégrité du sport.

Il n'est point besoin de revenir sur les mesures de financement des programmes de sensibilisation, de prévention, voire de formation de toutes les parties intéressées, depuis les acteurs du monde sportif amateur et professionnel, en particulier les jeunes, jusqu'aux journalistes, opérateurs de jeux et personnels des autorités concernées.

En revanche, mérite d'être rappelé le souhait exprimé par nombre de membres du Parlement européen visant à l'adoption d'une définition commune du délit de corruption sportive. Compte tenu du caractère transnational croissant des affaires de trucage de matches, une coopération judiciaire et pénale renforcée dans ce domaine s'avère également indispensable.

Enfin, on retiendra le soutien qui sera finalement accordé par l'UE au projet de convention sur l'intégrité du sport en cours d'élaboration au sein du Conseil de l'Europe (Accord élargi sur le sport : EPAS). L'adoption de cette convention et la mise en place d'une agence internationale pour la défense de l'intégrité du sport, constitueront des étapes essentielles dans la lutte contre le trucage des matchs et la manipulation de leurs résultats.

LA REGULATION ETATIQUE DANS LE DOMAINE DES JEUX D'ARGENT ET DE HASARD : QUELS MODELES ?

Jean-François BRISSON
Professeur de droit public
Doyen de la faculté de droit
Membre du Centre d'étude et de recherche sur le droit administratif et la réforme de l'Etat (CERDARE),
Université de Bordeaux

La question contenue dans le sujet est assez curieuse. Le concept de modèle est en effet plutôt étranger à la recherche en droit alors même que les juristes sont par nature friands de distinctions, de classifications et de catégories. Le terme se rencontre davantage dans les domaines des sciences dures, de l'informatique et des mathématiques, mais aussi dans les sciences sociales essentiellement alors en sciences économiques. Dans tous les cas, la notion de modèle renvoie à l'idée d'une représentation conceptuelle de la réalité permettant dans un second temps d'appliquer les outils d'analyse propres à chaque science. Pour autant, dans la littérature juridique, quand on évoque la notion de régulation, il est aujourd'hui beaucoup question de modèle. Modèles anglo-saxons qui auraient servi de référence aux législations nationales présidant à l'ouverture du marché dans des secteurs autrefois couverts par un monopole. A cet égard, on notera que le terme de régulation vient lui-même du droit américain où il signifie paradoxalement réglementation c'est-à-dire qu'il renvoie à une réalité très différente de celle que l'on entend décrire aujourd'hui[496]. Modèle européen dont on chercherait à cerner les contours à travers la diversité des choix faits par le législateur

[496] B. du Marais, Droit public de la régulation économique, Presse de Sciences Po et Dalloz, coll Amphi, 2004

européen ou national pour organiser ces différents secteurs d'activité[497]

La raison de cet intérêt nouveau de la recherche juridique pour l'idée de modèle ou de modélisation tient à la théorie même de la régulation : au concept et à la méthode. Au concept, d'abord, qui s'est développé à partir des années 90 en doctrine pour rendre compte de l'existence de nouvelles formes d'interventions publiques[498]. La régulation fait ainsi partie de ces nouveaux concepts utilisés pour décrire des changements qui échappent aux catégories juridiques traditionnelles. Notamment en matière économique et financière, de nouveaux régimes juridiques se démarquent en effet des formes d'interventions classiques de la puissance publique que sont la réglementation, la police, l'interdiction ou le monopole. Ce qui est recherché alors ce sont généralement des formes d'intervention plus en phase avec le marché et donc plus réactives et plus efficaces. C'est cette réalité qu'est censée traduire la notion de régulation[499]. A la méthode mise en œuvre par le législateur, ensuite, dès lors que ces nouvelles formes d'intervention publique connaissent de multiples déclinaisons sectorielles : les télécommunications, les activités bancaires, la fourniture d'énergie, les activités postales ou encore ferroviaires et amène les auteurs à raisonner par analogie[500]. En ce sens, le secteur des jeux en ligne se prête ainsi assez naturellement à ce type d'analyse depuis que la loi du 12 mai 2010 en a décidé l'ouverture à la concurrence et a chargé une autorité indépendante l'ARJEL de veiller à la mise en œuvre des objectifs fixés par le législateur[501]. Les travaux de Marie-Anne Frison-Roche qui font ainsi de l'autorité indépendante une caractéristique du droit de la régulation lui-même érigé en nouveau modèle d'intervention publique sur les marchés nouvellement et partiellement ouverts à la concurrence peuvent être utilement sollicités et

---

497 H.Delzangles, L'émergence d'un modèle européen d'autorités de régulation, Revue juridique de l'économie publique n° 692, Décembre 2011, 2.

498 G. Marcou, La notion juridique de régulation, AJDA 2006, p. 347 .

499 M-A. Frison-Roche, Pourquoi des autorités de régulation, in La politique saisie par l'économie, Economica 2002, p. 271.

500 J. Chevallier Le statut des autorités administratives indépendantes : harmonisation ou diversification ?,RFDA 2010 p. 896 ; C. Genoud, « Libéralisation et régulation des industries de réseau : diversité dans la convergence ? », Revue internationale de politique comparée, 2004, Vol. 11, p. 187-204.

501 P. Le More, O.Sautel, « l'ouverture à la concurrence et à la régulation des jeux en ligne en France : éclairages économique et juridique croisés », Contrats, Concurrence, Consommation, n°6, juin 2010.

fournissent une grille d'analyse particulièrement pertinente[502]. Ce type d'approche est cependant contesté. C'est que la notion de régulation est à l'évidence équivoque et que les auteurs peinent à s'entendre sur ses contours. Laurence Boy considère ainsi que la régulation couvre une réalité plus large, qui ne se limite pas aux régulations sectorielles, mais incluant des formes de gouvernance plus large associant experts, acteurs privés et institutions publiques[503]. Ensuite, l'idée de modélisation même si l'on s'en tient à la notion de régulation dans les législations sectorielles paraît assez largement vaine. Le Conseil d'Etat identifiant trente-quatre organismes de la sorte, pointe dans son rapport sur les autorités administratives indépendantes, l'absence de toute vision du législateur et relève au contraire la création au coup par coup d'autorités indépendantes, se caractérisant par la diversité de leurs missions, l'hétérogénéité de leurs pouvoirs, la plasticité de leurs statuts[504]. Jacques Chevallier estime ainsi en écho que toute systématisation en la matière est impossible : « L*a dérive progressive des significations qui étaient au départ attachées par les juristes au vocable [d' AAI]tend à faire apparaître celui-ci comme un simple label, un pavillon recouvrant des réalités extrêmement variées, voire divergentes ; ce que la catégorie a gagné en extension, elle l'a perdu en compréhension. Victime de son succès, la catégorie des AAI, telle qu'elle avait été construite par les juristes, est devenue, au terme d'un mouvement d'éclatement toujours plus accentué, une catégorie souple, qu'il est illusoire de prétendre rationaliser*"[505]

Empirisme ou conceptualisme, l'alternative n'est pas nouvelle en droit public. Faut-il se résoudre dès lors à l'existentialisme et se borner à décrire l'ARJEL dans son organisation et ses pouvoirs sans autre ambition analytique que de dire ce qu'est, à l'instant T, l'état de la réflexion juridique et politique en matière d'organisation des jeux en ligne ? Cette résolution en forme de capitulation serait d'autant plus compréhensible que l'idée même de modèle prête également à discussion. Ainsi pour qualifier la manière dont sont composés les autorités de régulation, certains auteurs n'hésitent pas à parler

---

502 M.A. Frison-Roche, Le droit de la régulation D. 2001, p. 610.

503 L. Boy, Réflexion sur le "droit de régulation", D. 2001, p.3031.

504 Conseil d'Etat, rapport public sur les autorités administratives indépendantes, La Documentation française, 2001. Voir aussi P. Gélard, rapport de l'office parlementaire de l'évaluation de la législation sur les autorités administratives indépendantes, 2006.

505 J. Chevallier, précité, RFDA 2010 p. 896.

du « modèle du Conseil constitutionnel »[506], quand bien même les constitutionnalistes s'attachent de leur côté à dénoncer l'archaïsme du mode de nomination des membres du Conseil constitutionnel, qui serait bien loin de constituer un modèle au sens où l'entend le langage courant. Par ailleurs, le droit de la régulation étant par essence évolutif, on peut craindre que les solutions d'aujourd'hui, qui ne sont plus tout à fait celles d'hier, ne soient pas non plus celles qui prévaudront demain. A quoi bon faire système d'un état du droit qui n'est pas destiné à durer mais à évoluer toujours pour coller à l'évolution des pratiques et des stratégies d'acteurs elles-mêmes articulées sur les progrès de la technologie ? La loi sur les jeux en ligne a ainsi été présentée comme « une loi à l'essai »[507] et le texte en vigueur prévoyait une clause de revoyure à dix-huit mois à laquelle les pouvoirs publics n'ont pas encore donné suite même si de nombreuses adaptations sont souhaitées par les acteurs[508].

Il se trouve cependant que le sujet proposé nous presse de rejoindre les faiseurs de systèmes et de chercher à rattacher l'ARJEL à des cadres juridiques déjà existants pour s'efforcer de restituer l'intelligence du droit de la régulation des jeux en ligne. L'obligation n'est en tout état de cause qu'une obligation de moyens. La question posée ne préjuge pas de la solution. Elle consiste à savoir si l'ARJEL participe de la construction d'un certain modèle d'organisation juridique ou si elle échappe à toute tentative de modélisation. L'approche des questions de régulation qui est par définition sectorielle ne peut-être en effet que casuistique. Il est aussi possible d'estimer que l'ARJEL constitue un modèle en soi dans le domaine de la régulation des jeux d'argent et de hasard et même un « exemple à suivre »[509] dans une perspective d'élargissement aux législations étrangères ; et ce dès lors que l'on voit plusieurs Etats de l'Union européenne s'engager à leur tour dans la libéralisation des jeux en ligne. Au demeurant, la constitution de l'ARJEL n'est pas totalement

---

506 M. Lombard, Collèges des autorités de régulation : des modes de nomination perfectibles, Revue juridique de l'économie publique n° 698, Juin 2012, repère 6 .

507 D. Bosco, J-M. Marmayou, «Proposition pour une loi à l'essai, à propos de la loi du 12 mai 2010 sur les jeux et paris en ligne, Communication Commerce électronique n°9, septembre 2010.

508 F.Trucy, Rapport sur l'évaluation de la loi n° 2010-476 du 12 mai 2010 relative à l'ouverture à la concurrence et à la régulation du secteur des jeux d'argent et de hasard en ligne, Sénat, 12 octobre 2011.

509 Bilan de l'ouverture des jeux en ligne, trois ans après - Table ronde, Sénat, séance du 17 avril 2013

étrangère à l'idée de modélisation. C'est ainsi qu'avant même sa création, l'ARJEL a connu une mission de préfiguration selon une méthode législative encore largement inédite mais qui tend à se développer ; ce qui lui a permis d'accompagner la préparation du projet de loi en recueillant les observations des opérateurs et acteurs intéressés.

Alors même que la pertinence méthodologique d'une recherche destinée à caractériser des modèles pour rendre compte de l'état du droit peut prêter à discussion, il y deux manières d'appréhender ce type de question. D'abord, d'un point de vue transversal et de droit interne, en confrontant la régulation des jeux en ligne aux autres secteurs d'activités faisant l'objet d'une régulation. Ensuite, d'un point de vue sectoriel et de droit comparé en confrontant la législation française des jeux en ligne aux législations étrangères.

I. L'ARJEL parmi les régulateurs sectoriels

Le droit de la régulation dont la doctrine a tenté de forger le concept peut être appréhendé de deux manières : d'un point de vue institutionnel au regard du statut et des pouvoirs de l'autorité spécialement instituée par le législateur pour prendre en charge le secteur régulé ; d'un point de vue matériel ensuite au regard des différents objectifs dont l'autorité de régulation doit assurer la conciliation. C'est à ce double point de vue que l'on analysera la régulation des jeux en ligne pour y déceler l'emprise de solutions et de techniques déjà éprouvées et que la loi s'efforce de transposer au secteur des jeux en ligne.

A. La régulation des jeux en ligne et le modèle « régulatoire » des industries de réseau

Si l'on s'en tient à une analyse strictement matérielle, la législation sur les jeux en ligne qui décide de l'ouverture du secteur à la concurrence ne présente pas une très grande originalité. On retrouve ainsi l'ensemble des ingrédients qui ont présidé à l'ouverture des autres secteurs notamment ceux des industries de réseau historiquement constituées sous la forme de services publics nationaux : les progrès de la technologie - ici le formidable développement d'Internet- ; la volonté politique de développer des activités économiques potentiellement rentables ; la concurrence internationale - ici le développement des sites étrangers - qui rend la préservation du monopole national intenable ; enfin le souci de préserver les finances de l'Etat en maintenant ici, malgré la suppression du monopole, un niveau de recettes identique par la mise en œuvre de nouveaux prélèvements fiscaux sur les sites autorisés. Au vu de ce contexte général, le législateur a donc cherché à appliquer au secteur des jeux en ligne les techniques de régulation éprouvées et constituées sur le modèle de la législation des télécommunications qui a elle-même essaimé dans les secteurs de l'énergie, des activités postales ou ferroviaires[510]. Car, comme l'explique Jacques Chevallier, les catégories du droit de la régulation ont donné au pouvoir politique une voie commode pour traduire les exigences nouvelles de l'Etat postmoderne. La régulation des jeux en ligne s'appuie ainsi sur la libéralisation de l'activité, la création d'une autorité indépendante dotée de pouvoirs étendus, la privatisation (au moins statutaire) de l'opérateur historique.

Le parallèle avec le droit des télécommunications et plus largement celui des industries de réseau ne saurait cependant être poussé plus loin. D'abord, le droit communautaire n'est pas à l'origine de l'ouverture du secteur. La loi du 12 mai 2010 sur les jeux et paris en ligne n'est pas un texte de transposition. Ensuite, l'activité des jeux n'était pas antérieurement non plus constituée sous la forme d'un service public[511]. Par ailleurs, en matière de jeux en ligne, aucun opérateur concerné ne dispose en tant que tel d'un réseau physique relevant de la problématique des infrastructures essentielles. Il n'existe pas ainsi d'opérateur historique soumis par la loi à des contraintes spécifiques et destiné à faciliter l'accès des nouveaux opérateurs entrants sur le marché comme cela existe dans la législation sur les communications électroniques. L'une des explications de ces spécificités tient notamment à la volonté du législateur de maintenir la séparation entre les jeux en ligne des jeux en durs lesquels continuent à relever de dispositifs juridiques propres et traditionnels organisés autour du monopole (loteries et paris hippiques) ou de la police administrative (casinos). Le champ ouvert à la régulation est ainsi

---

[510] C. Genoud ,« Libéralisation et régulation des industries de réseau : diversité dans la convergence ? », Revue internationale de politique comparée, 2004/2 Vol. 11, p. 187-204.

[511] B. Mathieu, Les jeux d'argent et de hasard en droit français, Les Petites Affiches, n°6, 8 janvier 1999, p 9.

limité : il correspond seulement à 10 -15 % du montant total des mises enregistrées dans le secteur des jeux de hasard[512]. Enfin, à côté du marché autorisé, il existe un marché illégal dont la régulation relève essentiellement du juge pénal et non de l'autorité de régulation de sorte qu'une partie des qualifications légales relève du juge pénal ainsi de la question de savoir si le poker est un jeu d'adresse ou de hasard[513].
A l'image des autres types de régulation sectorielle, le droit des jeux en ligne apparait toutefois fondé sur la recherche d'équilibres. La loi n'est pas en effet seulement qu'une loi d'organisation de la concurrence. L'on sait qu'une partie de la doctrine caractérise le droit de la régulation comme visant à l'arbitrage entre intérêts publics pluriels (ouverture à la concurrence, protection des nouveaux entrants, aménagement du territoire, exigences de service public ou encore protection des épargnants)[514]. Cette idée d'arbitrage entre valeurs marchandes et non marchandes figure expressément dans le texte de 2010 : la législation sur les jeux poursuit ainsi des objectifs multiples (article 3 de la loi) de santé publique (la lutte contre l'addiction), d'ordre public (la prévention des activités frauduleuses, la transparence des activités autorisées, la lutte contre le blanchiment d'argent , protection des mineurs), de police économique (avec le souci de veiller au développement équilibré des différentes formes de jeux) et de politique fiscale (avec le souci d'assurer un niveau de prélèvements publics suffisant).
A ce titre, la multiplicité des objectifs tels qu'énoncés par la loi pose problème. A lire la loi du 12 mai 2010 sur les jeux et paris en ligne, les pouvoirs publics doivent veiller au développement d'une offre privée de jeux en ligne (conformément à l'objectif d'ouverture à la concurrence) tout en maintenant les prélèvements de l'Etat et les recettes de l'opérateur public ; libéraliser tout en évitant les activités frauduleuses ; créer un marché attrayant tout en luttant contre les

---

[512] Situation qui ne manque pas de soulever des questions quant aux facilités essentielles dont bénéficierait notamment La Française des Jeux sur le secteur des jeux et paris en ligne, voir en ce sens, Autorité de la concurrence, avis n°11-A-02 du 20 janvier 2011.

[513] Voir Cass.crim,30 nov. 2013, D. 2013, p. 2581 qui juge que le poker Texas Hold'hem, le poker Omaha et le rami-poker sont des jeux dans lesquels la chance prédomine sur l'habileté et les combinaisons de l'intelligence. Et contra, CA Toulouse 17 janvier 2013, D. 2013, p. 505, G. Roujou de Boubée.

[514] M-A. Frison-Roche, article précité, D. 2001.

addictions notamment en limitant la publicité sur les jeux en ligne ou en plafonnant le taux de retour aux joueurs.
Si l'on ajoute à cette diversité d'objectifs, la fragilité des définitions de l'article 2, il ressort de cette énumération un sentiment de flottement qui rend malaisée la définition des contours exacts de la politique législative des jeux en ligne. L'incertitude législative profite en définitive à l'ARJEL qui bénéficie d'une très grande latitude dans la conciliation des intérêts publics en jeu et a en conséquence la possibilité d'élaborer sa propre doctrine quant à la politique la mieux adaptée à l'ouverture des jeux en ligne. Ainsi en ce qui concerne la définition des restrictions d'accès, les qualités requises pour être un opérateur autorisé, les obligations élaborées dans le cadre de cahiers des charges imposés aux opérateurs autorisés ou encore le type de résultats qui peuvent donner lieu à des paris.
L'ARJEL est ainsi, indépendamment des habilitations qui lui sont accordées par la loi, amenée à se substituer au législateur et à assurer à sa place l'arbitrage entre intérêts publics impossibles à hiérarchiser au moment de l'adoption du texte. A l'image d'autres législations contemporaines, la loi du 12 mai 2010 sur les jeux et paris en ligne repose en effet sur l'énoncé de normes à structure complexe que le législateur n'est pas en mesure de déterminer lui-même d'en haut. La loi renvoie en conséquence aux autorités d'application le soin d'en assurer la concrétisation. Le législateur se borne alors à définir des valeurs (des normes axiologiques) et non des obligations juridiques : le droit devient réflexif parce que la règle se nourrit de l'évolution des situations concrètes et c'est à l'autorité de régulation de veiller à la plasticité de la norme.
Ce faisant, la loi confère à l'autorité de régulation sur la question des jeux en ligne un pouvoir quasi réglementaire qui dépasse de fait les limites posées par la jurisprudence constitutionnelle entendant contenir le pouvoir normatif des autorités administratives indépendantes. Selon une jurisprudence constante, si le législateur peut confier à une autorité publique autre que le Premier ministre le soin de fixer des normes permettant de mettre en oeuvre une loi, c'est à la condition que cette habilitation ne concerne que des mesures de portée limitée tant par leur champ d'application que par leur contenu (Conseil constitutionnel, n°89-260 DC, 28 juillet 1989 [515]). Cette

[515] En l'espèce, le juge constitutionnel a censuré des dispositions qui habilitaient le Conseil supérieur de l'audiovisuel à fixer seul par voie réglementaire non seulement

situation n'est pas inconnue des autres secteurs notamment des télécommunications où le Conseil constitutionnel a admis que si l'autorité de régulation pouvait substituer ses propres définitions à celles prévues par la loi, c'est à la réserve que l'exercice de cette faculté (en l'espèce expressément prévue par la loi) rende plus aisée la mise en œuvre des objectifs légaux et demeure sous le contrôle du juge administratif (Conseil constitutionnel, n°91-304DC, 15 janvier 1992). Une pareille situation n'en soulève pas moins immanquablement la question de la légitimité démocratique de la régulation indépendante dès lors que celle-ci sort du cadre fixé par le pouvoir réglementaire national, lequel n'est limité en l'espèce que par le champ d'intervention particulièrement restreint qui est dévolu à l'ARJEL.

B. La régulation des jeux en ligne et le modèle « juridictionnel » du procès équitable

La création des autorités de régulation a historiquement alimenté une controverse juridique quant au principe même d'indépendance à l'égard du pouvoir politique d'autorités chargées de fonctions exécutives[516]. Cette question est aujourd'hui résolue dès lors que la jurisprudence constitutionnelle a posé à l'égard de ce type d'aménagement une présomption de constitutionnalité[517]. C'est davantage la question de l'impartialité de l'autorité de régulation qui se trouve aujourd'hui posée[518]. La problématique de l'impartialité tend

---

les règles déontologiques concernant la publicité mais également l'ensemble des règles relatives à la communication institutionnelle, au parrainage et aux pratiques analogues à celui-ci.

516 J.-L. Autin, Les autorités de régulation, autorités administratives indépendantes ?, in Environnements, Mélanges en l'honneur du Professeur J.-P. Colson : PUG, 2004, p. 440 et s.

517 Notamment Conseil constitutionnel, 2000-433 DC, 27 juillet 2000 : le principe de la séparation des pouvoirs ne fait obstacle à ce qu'une autorité administrative, agissant dans le cadre de prérogatives de puissance publique, puisse exercer un pouvoir de sanction dans la mesure nécessaire à l'accomplissement de sa mission ; et ce dès lors que l'exercice de ce pouvoir de sanction est assorti par la loi de mesures destinées à assurer les droits et libertés constitutionnellement garantis

518 On n'envisagera pas ici les relations de l'autorité de régulation avec les milieux professionnels du secteur. L'indépendance à l'égard du pouvoir politique requiert des modes de désignation fondés sur le recours à des personnes qualifiées, à des experts voire à des professionnels du secteur. V. H. Delzangles, L'indépendance des autorités de régulation sectorielles, communications électroniques, énergie et postes, Thèse,

d'ailleurs à vampiriser la théorie de régulation en en renouvelant profondément l'approche pour tenir compte des exigences de l'article 6 de la Convention européenne sur le procès équitable.
En matière de régulation, l'autorité administrative est en effet dotée d'un éventail de prérogatives. Car c'est le propre de la théorie de la régulation de regrouper au nom de l'impératif d'efficacité des pouvoirs que le droit constitutionnel s'efforce depuis Montesquieu de séparer. L'ARJEL détient ainsi un pouvoir d'homologation des opérateurs[519] que complètent un pouvoir de sanction[520] ainsi qu'une compétence consultative en matière réglementaire[521]. La qualification de sanction prenant le caractère d'une punition donne lieu d'ailleurs à de subtiles distinctions dès lors que l'autorité de régulation est par construction amenée à prendre différentes sortes de décisions. Ainsi le Conseil constitutionnel (12 juillet 2013, n°2013-332 QPC relative à des dispositions du code de la Construction), à propos des décisions susceptibles d'être adoptées par le ministre du Logement pour sanctionner les organismes chargés de la collecte du 1% logement, distingue entre, d'un côté, la suspension du conseil d'administration et la saisine de l'Agence nationale pour la participation des employeurs à l'effort de construction en vue qu'elle prenne des mesures conservatoires qui ne sont pas des sanctions ; et, d'autre part, les sanctions pécuniaires et l'interdiction d'activité pendant 10 ans qui sont qualifiées de sanctions ayant le caractère d'une punition.
Or, la qualification de sanction fait qu'un certain nombre de principes issus du droit constitutionnel répressif doivent être respectés : le principe de légalité des délits et des peines, celui de nécessité de la peine ou encore d'individualisation de la sanction (CC 12 juillet 2013, QPC n°2013-332, précitée). Plus encore, une lecture exigeante de l'impartialité procédurale, que l'on qualifie d'objective et largement inspirée des conceptions anglo-saxonnes, fait désormais que la mise

---

dactyl, Bordeaux IV, juin 2008. De tels procédés ouvrent la voie à des risques de conflits d'intérêts qu'il convient de prévenir et de limiter. De ce point de vue, la législation sur les jeux en ligne contient des dispositifs originaux soulignés par la Commission Sauvet et qui font figure de « modèle », Voir Pour une nouvelle déontologie de la vie publique, rapport de la Commission de réflexion pour la prévention des conflits d'intérêts dans la vie publique, remis au président de la République le 26 janvier 2011, www.conflits-interets.fr.

[519] CE 22 avril 2013, Société Itékia, req. n°359159

[520] E. Piwnica, La dévolution aux autorités administratives indépendantes d'un pouvoir de sanction, RFDA 2010, p. 91

[521] CE 23 décembre 2011, Société Groupe Partouche, req. 340834, mentionné aux tab.

en œuvre de ce pouvoir de sanction par des autorités de nature collégiale expose à des difficultés considérables au regard des exigences des règles du procès équitable : non pas tant en raison du cumul des pouvoirs dans le chef de l'autorité de régulation que de la manière dont est conduite la procédure de sanction; et ce dès lors que ce pouvoir s'avère de nature quasi pénale en raison de ses incidences sur la situation professionnelle ou patrimoniale des personnes poursuivies[522]. L'impartialité objective suppose en effet en matière pénale (au sens de l'article 6 de la CEDH tel qu'interprété par les juridictions nationales) que les phases de déclenchement, d'instruction et de prononcé de la sanction soient clairement distinguées ; sauf sinon à encourir dans l'esprit des personnes poursuivies, ne serait-ce qu'en apparence[523], le grief du préjugé. Ce qui conduit alors le juge à considérer que les justiciables sont objectivement et raisonnablement fondés à douter de l'impartialité du système[524]. A la suite des jurisprudences concordantes de la Cour de cassation[525], du Conseil d'Etat[526], confirmées à propos de la Commission bancaire par la Cour européenne[527], la loi du 12 mai 2010 a opté, à l'image des solutions admises par d'autres législations et désormais exigées par le Conseil constitutionnel aussi[528], pour une organisation radicale en instaurant au sein de l'ARJEL une commission des sanctions indépendantes du collège[529].

---

[522] CEDH, 23 juin 1981, Le Compte, Van Leuven et De Meyere, série A, n° 43.)

[523] CEDH 24 mai 1989 Hauschildt, GACEDH n°32

[524] CEDH 22 février 1996 et plus largement P.Idoux, Autorités administratives indépendantes et garanties procédurales, RFDA 2010, p. 920

[525] V. Cass. ass. plén., 5 févr. 1999, n° 97-16.441, COB c/ Oury.

[526] CE, ass., 3 déc. 1999, n° 207434, Didier

[527] CEDH, 11 juin 2009, n° 5242/04, Dubus c/ France

[528] Dans sa décision QPC n°2013-331 QPC du 5 juillet 2013, le juge constitutionnel vient ainsi de relever que « les dispositions des douze premiers alinéas de l'article L. 36-11 du code des postes et des communications électroniques, qui n'assurent pas la séparation au sein de l'Autorité entre, d'une part, les fonctions de poursuite et d'instruction des éventuels manquements et, d'autre part, les fonctions de jugement des mêmes manquements, méconnaissent le principe d'impartialité ; que celles de ces dispositions qui sont de nature législative doivent être déclarées contraires à la Constitution » et auparavant n°2012-280 QPC 12 octobre 2012 à propos des pouvoirs de l'Autorité de la concurrence.

[529] Voir le décret n° 2010-495 du 14 mai 2010 relatif à la procédure de sanction applicable aux opérateurs agréés de jeux ou de paris en ligne:

La séparation des phases de déclenchement des poursuites et de prononcé des sanctions que recommande donc le principe d'impartialité aboutit à des conséquences assez paradoxales.
La commission des sanctions fonctionne, comme en témoigne sa composition exclusivement ouverte à des magistrats, comme un véritable tribunal. Elle accentue la juridictionnalisation d'institutions qui ont à l'origine été pensées précisément pour éviter d'aller porter devant le juge le règlement d'affaires qui exigent une réactivité que les appareils juridictionnels sont incapables d'offrir. C'est le paradoxe de la situation : la loi vient réintroduire les garanties de la protection juridictionnelle (la procédure contradictoire notamment) dans un système conçu initialement pour fonctionner en dehors des catégories du procès et tout entier tourné vers l'exigence d'efficacité propre aux activités économiques que l'on entend réguler.
La séparation fonctionnelle du pouvoir de sanction introduit par ailleurs une forme de démembrement organique au sein de l'ARJEL entre le collège et la commission qui fait perdre à la régulation une partie des avantages liés à la réunion des pouvoirs au sein d'un même organisme. Une situation qui ouvre de surcroit des risques évidents de discordance entre les deux « autorités ». L'affaire portée par le collège de l'ARJEL devant le Conseil d'Etat et tranchée par un arrêt du 26 novembre 2012 est topique de cette situation de démembrement organique. Le président de l'ARJEL y forme un recours (de pleine juridiction) contre une décision de la commission des sanctions prise au nom de l'ARJEL[530].
Au-delà de la curiosité procédurale qui consiste pour le président d'une institution à attaquer devant le juge une décision prise au nom de l'institution qu'il dirige, l'affaire témoigne des apories du modèle régulatoire. Certes, en l'espèce, le recours au juge est sans doute un stratagème utilisé par le président de l'ARJEL pour faire évoluer la législation : le collège ayant agi en concertation avec la commission des sanctions pour demander une mesure qu'il savait ne pas pouvoir être prononcée ; et ce sans doute de manière à mettre en évidence l'insuffisance des habilitations contenues dans la loi qui, au cas présent, ne permettaient pas à l'autorité de régulation d'embrasser l'ensemble des situations problématiques au regard des intérêts dont elle est censée assurer la défense. Plus largement, cette dualité paraît

[530] Conseil d'État, 26 novembre 2012, Autorité de régulation des jeux en ligne, req. 351163,AJDA 2013, p. 799 note J-B. Vila.

en soi grosse de difficultés dès lors que le collège et la commission des sanctions auraient chacun leur propre logique : régulatrice pour l'un ; juridictionnelle pour l'autre[531]. En l'espèce, en effet, la commission des sanctions s'en tient à une stricte interprétation du principe de légalité des délits et des peines relevant, pour ne pas donner suite aux poursuites demandées par le collège, que les faits reprochés à l'opérateur n'enfreignaient aucune disposition législative ou réglementaire. Le juriste n'a a priori rien à redire à ce raisonnement formellement impeccable. Mais il se trouve cependant que c'est précisément l'objet de la théorie de la régulation que de permettre dans le cadre de ce que d'aucuns ont caractérisé comme une fonction de type discursif l'adaptation constante de la règle aux stratégies des opérateurs. L'intérêt du droit de la régulation tient en effet à ce que la règle s'y construit par ajustements et corrections successifs parce qu'elle émane de l'observation des pratiques individuelles. En l'espèce, l'efficacité de la régulation supposait donc que ces comportements répréhensibles au regard de la doctrine de l'ARJEL soient sanctionnés sans qu'il y ait besoin d'en passer par une modification des textes. A l'inverse, si collège et comité des sanctions partagent la même approche des questions de régulation, on conviendra que la séparation organique, si elle permet de sauver les apparences, n'est rien d'autre qu'un artifice.

Plus largement, dès lors que ce type de séparation organique tend désormais à être la règle (AMF, ARCEP, CRE, ARAF, ACP) y compris devant le juge constitutionnel, l'affaire du 26 novembre 2012 paraît remettre en cause le principe même de la régulation indépendante et en particulier sa nature fondamentalement instrumentale tout entière tournée vers la réalisation de ces buts. A quoi bon en effet rattacher la Commission des sanctions à l'ARJEL si c'est pour lui reconnaître une indépendance fonctionnelle totale qui oblige à recourir au juge pour trouver les voies d'une conciliation entre deux instances d'une même autorité ? L'idée même que le président de l'ARJEL soit amené à ouvrir un contentieux contre la commission des sanctions pour conforter la doctrine de l'ARJEL atteste du caractère ubuesque de ce type d'organisation duale et nuit à la crédibilité et à l'autorité du régulateur auprès des opérateurs. Dans ces

---

[531] Pour une question similaire posée en matière financière : M-A. Frison-Roche, Une "politique de sanction", peut-elle exister dans la régulation financière et être commune aux régulateurs et aux juges ? Bulletin Joly Bourse et produits financiers,2009, p. 445-448.

conditions, il y a lieu de s'interroger sur la pérennité de ce type de séparation organique au sein des autorités de régulation et l'on rejoint sans trop d'hésitation ceux qui, en doctrine, proposent, faute de pouvoir régler autrement la question du procès équitable, de créer une juridiction des sanctions unique, commune à l'ensemble des autorités administratives indépendantes et qui serait rattachée à un ordre juridictionnel, en l'occurrence la juridiction administrative.
Ainsi, si l'ARJEL se rattache à un certain type de modèle tendant sous l'impulsion désormais de la jurisprudence constitutionnelle[532] à se diffuser dans de nombreuses législations sectorielles, ce type d'organisation - même si elle satisfait au modèle juridictionnel du procès équitable - paraît atteindre ses limites en ce qu'elle remet en cause l'intérêt même de la théorie de la régulation. Elle conduit à s'interroger sur la pertinence du modèle juridique de la sanction administrative et de son exportation dans les autres Etats de l'Union européenne.

II. L'ARJEL face aux législations étrangères

La diversité des législations étrangères organisant l'exercice des jeux d'argent et de hasard en ligne rend difficile toute tentative de systématisation visant à l'émergence de ce que pourrait être sinon un modèle du moins des standards européens. La raison tient principalement à ce que le droit communautaire s'est abstenu de promouvoir en la matière un cadre juridique contraignant.

A. Un cadre européen flexible

Le droit communautaire n'implique ni la suppression de monopoles ni l'ouverture du secteur à la concurrence[533]. Certes, l'activité des jeux relève de la libre circulation des services (art 56 TUE). Mais des restrictions nationales restent possibles si elles sont justifiées par des raisons impérieuses d'intérêt général. C'est le sens de l'arrêt de la CJUE du 8 septembre 2009 *Liga et Bwin c/ Santa Casa* où la Cour relève que des raisons d'intérêt général peuvent justifier en matière de

532.Conseil constitutionnel, n°2013-331 QPC du 5 juillet 2013, préc.
533 J. Myard, E. Blessig, Le monopole des jeux au regard des règles communautaires, rapport d'information déposé par la délégation de l'Assemblée nationalc pour l'Union européenne, 2008.

jeux le maintien du monopole[534]. Cet arrêt est en quelque sorte, pour poursuivre le parallèle avec la législation des industries de réseau historiquement constitués sous la forme de services publics nationaux, le pendant de l'arrêt *Corbeau*[535]. Dans tous les cas, les restrictions posées par le droit national doivent être proportionnées et appliquées de manière cohérente et systématique. A cet égard, on relèvera qu'il n'existe pas de directive sectorielle applicable aux jeux d'argent et de hasard et que les jeux en ligne ont été exclus du champ d'application des directives horizontales telles que la directive sur les services ou la directive sur le commerce électronique.

Le choix de faire des jeux en ligne une activité économique ouverte à la concurrence est un choix propre aux Etats membres ainsi que nous le rappellent les débats nourris autour de l'adoption de la loi du 12 mai 2010 sur les jeux et paris en ligne. Il existe deux grands modèles à l'intérieur de l'Union européenne : l'un est fondé sur des opérateurs fournissant des services sous licence dans un cadre strictement réglementé ; l'autre est fondé sur le monopole. Dans ce dernier cas, la Cour de justice de l'Union européenne veille seulement à ce que le maintien du monopole ne constitue pas un moyen d'entraver la concurrence notamment quand l'Etat poursuit parallèlement, sous couvert du monopole, une politique dynamique de développement des jeux d'argent et de hasard[536]. A défaut, la Cour ne manque pas de souligner les incohérences de la législation nationale relevant alors que le monopole n'est pas le meilleur moyen de prévenir les troubles à l'ordre social (affaire *Gambelli*,) Dans le même sens, la Cour de justice vérifie que le monopole ne va pas au-delà des restrictions nécessaires pour éviter que les opérateurs privés n'aient des pratiques frauduleuses (affaire *Placanica*). La possibilité de préserver les monopoles relatifs à l'organisation des jeux d'argent et de hasard a été rappelée dans les deux affaires grecques. Selon le juge européen, dès lors que les restrictions et interdictions aux activés de jeux sont établies sur la base de critères objectifs et non discriminatoires, les

---

[534] CJCE, 8 septembre 2009 [C42/07, Santa Casa] ; F. Péraldi-Leneuf, La Cour de justice et la libéralisation des jeux en ligne : l'exigence de cohérence. A propos de l'arrêt *Santa Casa*, RTDE 2010, pp.6-29

[535] CJCE, 19 mai 1993, Paul Corbeau, C-320/91

[536] CJCE, 6 novembre 2003, [C-243/01,Gambelli]; CJCE, 6 mars 2007, [C-338/04, Placanica ; C-359/04, Palazzese ; C-360/ 04, Sorricchio]; Voir aussi CJUE, 8 juillet 2010, [C-447/08, SJÖBERG ET C-448/08, GERDIN] et CJUE, 9 septembre 2010 [C-64/08, Engelmann];

monopoles d'État peuvent être maintenus en fonction du niveau de protection des consommateurs et de l'ordre social que les autorités nationales entendent promouvoir[537].
Les disparités rencontrées dans les législations nationales ont conduit cependant la Commission européenne à envisager le 23 octobre 2012, à la suite du livre vert sur les jeux d'argent et de hasard en ligne dans le marché intérieur[538], la mise en œuvre d'un plan d'action pour les jeux de hasard en ligne. Ce plan consiste dans l'adoption d'un certain nombre de recommandations aux États membres portant sur la protection commune des consommateurs, la publicité des jeux de hasard et la prévention et la lutte contre le trucage de matchs lié aux paris sportifs". La Commission insiste sur la nécessité de se doter de principes communs et d'amener les administrations nationales à coopérer de manière à encadrer ce que le livre vert sur les jeux d'argent et de hasard désigne comme le « marché gris » c'est-à-dire les secteurs occupés par des opérateurs possédant une licence dans un Etat membre et fournissant des services de jeux d'argent et de hasard en ligne dans d'autres Etats membres sans avoir obtenu les autorisations correspondantes ; marchés gris qui est d'ailleurs à l'origine des nombreuses plaintes déposées auprès de la Commission et qui ont amené la CJUE à fixer le cadre de sa jurisprudence. A cet effet, la Commission a institué un groupe de suivi constitué de représentants des autorités de réglementation nationales afin d'amorcer ce qui pourrait être l'ébauche d'une réglementation européenne. Le constat parait unanime : en raison des caractéristiques pénales et fiscales propres à chaque pays, il sera impossible de poser les bases d'une réglementation générale et impérative. Les travaux menés par la Commission devraient déboucher sur l'adoption d'une directive européenne afin d'amener chaque État membre à se doter d'une législation permettant de prévenir les risques identifiés par la Commission. Le texte européen ne devrait pas aboutir à remettre en cause la liberté des Etats de maintenir un monopole ; il devrait viser, selon la Commission européenne, relevant au passage que l'ouverture du marché est encore le meilleur moyen de lutter contre les sites illicites, à encourager le développement d'une offre légale attractive lorsqu'elle est autorisée. Par ailleurs, en novembre 2013, la Commission a ouvert une série de procédures d'infraction et

---

537 Affaires Stranleybet et Sportingbet, CJUE 24 janvier 2013 (C-186/11 et C-208/11)
538 http://ec.europa.eu/internalmarket/services/gambling.fr.htm.

d'information à l'encontre de plusieurs Etats maintenant des droits exclusifs dans leur législation. Elle rappelle à cet effet que les États membres doivent être en mesure de démontrer l'adéquation et la nécessité des mesures restrictives qu'ils adoptent ; qu'en particulier, ils doivent démontrer que les objectifs d'intérêt public invoqués par la législation nationale sont poursuivis d'une manière cohérente et systématique ; et qu'en tout état de cause, ils doivent s'abstenir de prendre, faciliter ou tolérer des mesures qui iraient à l'encontre de la réalisation de ces objectifs.

B. Vers l'émergence d'un standard européen de régulation des jeux en ligne ?

L'évolution des législations nationales des Etats de l'Union européenne se caractérise par deux tendances qui participent d'un mouvement largement comparable à celui initié en France par la loi du 12 mai 2010 sur les jeux et paris en ligne, elle-même assez largement inspirée du *Gambling Act* adopté en 2005 au Royaume-Uni[539].

En premier lieu, les Etats membres font désormais le choix d'une liberté régulée des jeux en ligne. Comme l'observe la Commission européenne, « Peu d'États membres interdisent de proposer des jeux de hasard sur Internet, que cette interdiction porte sur tous les jeux ou seulement sur certains d'entre eux, comme le poker et les jeux de casino. Dans certains pays européens, des monopoles (proposant des jeux de hasard en ligne) ont été établis. Ils sont dirigés soit par un opérateur public contrôlé par l'État, soit par un opérateur privé détenteur d'un droit exclusif. Toutefois, les États membres sont de plus en plus nombreux à avoir mis en place des systèmes de licences, de sorte qu'il puisse y avoir plusieurs prestataires sur le marché ». L'évolution est même très significative. En mai 2010, le marché des jeux était ouvert à la concurrence dans sept pays, fermé dans neuf, monopolistique dans huit, et en cours d'ouverture dans deux. En 2013, treize marchés sont ouverts, plus aucun n'est totalement fermé, trois sont restés monopolistiques, et douze sont en cours d'ouverture. Ce que révèle cette évolution, ce n'est pas tant un retournement du

[539] Informations disponibles sur www.droit-jeu-pari.com. Voir aussi les travaux de l'Institut suisse de droit comparé de Lausanne, Etude comparative sur le droit des jeux de hasard, 2009.

système de valeurs, une adhésion au développement des jeux mais davantage un réalisme pragmatique auquel se rallient progressivement tous les Etats et qui veut que la régulation s'adapte à Internet et au constat que le monopole ou l'interdiction sont toujours contournés. Comme l'explique le président de l'ARJEL le vrai sujet, c'est le niveau standard de régulation[540].

On observera que les législations étrangères optent pour l'instauration d'un organisme unique du contrôle des jeux. Au-delà de ce constat, il est cependant difficile de tirer des enseignements très significatifs de l'étude de ces différentes législations. Partout, la diversité l'emporte sur l'unité. Qu'il s'agisse du statut de l'autorité de contrôle qui peut être confié à une autorité indépendante (ou à une agence comme au Royaume-Uni) ou à un organe ministériel (comme en Italie) voire à une structure hybride comme en Belgique. Qu'il s'agisse encore du champ de la régulation dès lors que la distinction des jeux en ligne et des jeux en dur qui structure la législation française n'est pas reprise par les autres législations et que dans un même Etat, les différents formes de service de jeux d'argent peuvent être contrôlées par des organismes distincts.

La même palette des possibles se retrouve quant aux pouvoirs et prérogatives reconnus à l'autorité de contrôle. Car si elle détient généralement un pouvoir d'autorisation des opérateurs et d'agrément ou d'homologation des dispositifs, doublé parfois d'une compétence législative consultative, la question du pouvoir de sanction divise les Etats de l'Union européenne et les différentes législations nationales laissent apparaître une très grande hétérogénéité. Selon que la sanction est attribuée au ministre ou à une autorité indépendante, selon que l'autorité indépendante est autorisée à infliger des amendes ou seulement des sanctions professionnelles.

De ce tableau dressé trop rapidement, il est cependant possible de faire ressortir la situation du Royaume-Uni où la commission des jeux paraît proposer le modèle le plus achevé avec une agence dotée d'une compétence d'action largement entendue et de pouvoirs diversifiés. Une solution précisément repoussée par la loi du 12 mai 2012 qui maintient la distinction des jeux en ligne et des jeux en dur, laissant les opérateurs historiques tels que la Française des Jeux ou le Pari

---

540 Bilan de l'ouverture des jeux en ligne, trois ans après - Table ronde, Sénat, séance du 17 avril 2013.

mutuel urbain - échapper à la régulation indépendante des jeux[541] au nom sans doute d'une certaine conception ou plutôt d'un certain modèle d'Etat[542].

[541] C'est à un élargissement de compétences très différent que réfléchit actuellement le Parlement avec la proposition de loi visant à fusionner deux autorités administratives indépendantes, l'Autorité de régulation des jeux en ligne (ARJEL) et l'Agence française de lutte contre le dopage (AFLD), en une seule autorité en charge de l'intégrité du sport et des jeux en ligne (Assemblée nationale, proposition n°1264 ; déposé le 16 juillet 2013).

[542] Voir en ce sens, M. Lombard, L'Etat Schizo, éd. JC Lattès, 2007.

LES RAPPORTS ENTRE ACTE UNILATERAL ET CONTRAT EN MATIERE DE JEUX D'ARGENT ET DE HASARD

Olivier CHAMBORD
Docteur en droit,
Membre du Centre d'étude et de recherche en droit administratif et la réforme de l'Etat (CERDARE),
Université de Bordeaux

Le régime des délégations de casinos fait l'objet de trois particularités notables par rapport aux autres délégations de service public. La première est que l'activité des jeux d'argent et de hasard est en principe interdite par l'article 1er de la loi n°83-628 du 12 juillet 1983[543]. Il s'agit comme nous le verrons d'une activité de service public autorisée par dérogation du ministère de l'Intérieur.
La seconde est que l'activité de casino ne peut être directement exercée par les communes. Ces dernières ont l'obligation de déléguer l'exploitation d'un casino à une société privée, dans le but de préserver les intérêts locaux et nationaux. La collectivité territoriale ne dispose en outre d'aucune liberté quant à la forme du contrat. La forme de l'affermage ou de la régie intéressée n'est pas envisagée en l'état actuel de la réglementation. Une fois le casino construit dans le cadre d'une première concession, qu'en est-il de la forme du contrat renouvelé ? La problématique est importante car les travaux de premier établissement étant réalisés, seul l'affermage ou la régie intéressée est susceptible de répondre au mieux aux besoins de l'autorité délégante. Sur ce point, et dans le silence des textes, le recours à ces deux dernières formes contractuelles semble impossible. Une réforme à venir devra donc se pencher sur cette question épineuse.

---

[543] *Cf.* article 1er de la loi n°83-628 du 12 juillet 1983 *relative aux jeux de hasard* : JORF du 13 juillet 1983, p.2154.

La troisième particularité du régime des délégations de casinos concerne les parties au contrat et renvoie à l'interrogation fondamentale de leur nature contractuelle. Si dans une délégation de service public traditionnelle, elles sont au nombre de deux (l'autorité délégante et son délégataire), il en va différemment pour les jeux d'argent et de hasard. L'Etat, en tant qu'autorité de police, joue un rôle si important tant au stade de la formation du contrat que de son exécution que nous pouvons nous demander si la collectivité territoriale d'implantation n'est pas une partie transparente. Les prérogatives de l'Etat entraînent un rapprochement inéluctable avec l'exploitant du casino et rendent secondaires voire sans objet les pouvoirs contractuels de l'administration locale.
Ces singularités du régime des délégations de casinos semblent *a priori* être des constatations de l'inadaptation du régime des concessions de service public à l'activité des jeux d'argent et de hasard. Or, après une étude approfondie des dispositions législatives et réglementaires applicables ainsi que de la jurisprudence, il s'avère que la tension existant entre service public et police spéciale des jeux (I) se traduit dans la théorie des actes juridiques au profit de l'acte unilatéral (II). L'avenir du régime des délégations de casinos dépendrait du choix opéré par l'autorité de police spéciale d'un rôle soit de partie prenante soit de régulateur à l'égard de l'activité des jeux d'argent et de hasard.

I- La dualité d'objets de la concession de casinos

Le régime juridique de création et d'exploitation d'un casino est complexe. Il suppose, à la fois, un accord de la commune d'implantation, qui se concrétise par une convention de délégation de service public, et un accord du ministre de l'Intérieur, qui se matérialise par une autorisation fixant la nature, la quotité des jeux autorisés et leur durée. Les concessions de casinos peuvent donc être analysées comme revêtant un objet de service public (A) et un objet de police spéciale (B).

A- Un objet de service public

L'activité des jeux d'argent et de hasard n'a *a priori* aucun lien avec l'intérêt général et semble même s'en éloigner si nous envisageons les risques d'addiction aux jeux qu'elle peut provoquer. Cette idée directrice est de nature à expliquer la tenue d'un débat doctrinal et jurisprudentiel sur la qualification de service public d'une telle activité (1). C'est en réalité la volonté d'appliquer le régime juridique des délégations de service public qui semble avoir forgé le raisonnement du juge en la matière (2).

1- Une qualification discutée de service public

La doctrine s'est tout d'abord placée sur le terrain moral pour dénier aux activités de spectacles et *a fortiori* aux activités de jeux d'argent et de hasard la qualification de service public[544]. Aujourd'hui cette conception initiale est dépassée et devient pragmatique[545].

La position jurisprudentielle première fut de considérer qu'il s'agissait d'une activité commerciale relevant du secteur privé. Le Conseil d'État avait en effet estimé que le contrat relatif à la construction d'un immeuble destiné à abriter un casino *« n'était pas destiné à assurer un service public, ni à pourvoir à un objet d'utilité publique »* et qu'il était donc un contrat de droit commun, autrement dit relevant du droit privé[546]. La haute juridiction avait considéré, en outre, que le cahier des charges, dont le seul objet était de régler les rapports financiers entre la commune et la société exploitante d'un casino ne pouvait être regardé comme faisant participer cette dernière à la gestion d'un service public[547]. De son côté, la Cour de cassation avait jugé que les travaux de construction d'un casino municipal n'avaient pas la nature

---

[544] Dans son commentaire de l'arrêt « *Astruc* » du 7 avril 1916 qui a dénié le caractère de service public à l'activité d'un théâtre municipal, le doyen Hauriou l'approuve en condamnant « *la conception qui consisterait à ériger en service public, comme à la période de la décadence romaine, les jeux du cirque* » : *Cf.* Maurice Hauriou, *Notes d'arrêts sur décisions du Conseil d'Etat et du tribunal des conflits publiées au recueil Sirey de 1892 à 1928 réunies et classées par André Hauriou*, Tome 1, Editions La mémoire du droit, 2000, p.334.

[545] *Cf.* Frank Moderne, « *Les concessions de casinos municipaux* », Dalloz collectivités locales, 1978, reproduit dans Cahiers Espaces n°38, octobre 1994, p.99. L'auteur constate qu'aujourd'hui les casinos ont été lavés du « *péché originel que constitue la pratique des jeux d'argent* ».

[546] *Cf.* CE, 12 mai 1922, « *Ville de Saint-Malo* » : Rec., p.413 ; CE, 18 janvier 1924, « *Société anonyme du grand casino municipal de Saint-Malo* », Rec., p.58.

[547] Cf. CE, 21 novembre 1947, « *Société fermière du Palais de la Méditerranée* », Rec., p.430.

de travaux publics et que le contrat litigieux avait le caractère d'une convention de droit commun[548].

En 1996, le Conseil d'Etat a pourtant opéré un revirement de jurisprudence en considérant que l'exploitation du casino de Royan « *avec tout ce que comporte un semblable établissement, tels les représentations théâtrales, concerts, bals, salle de lecture et bibliothèque, jeux divers, salle d'escrime, restaurant* » devait être qualifiée de « *concession de service public conclue dans l'intérêt du développement de la station touristique et balnéaire* »[549].
Deux types de considérations d'opportunité ont permis d'élargir la conception de l'intérêt général en la matière : le premier est qu'il est préférable que cette activité entre dans le champ de l'intérêt général pour éviter, gérer ou corriger les externalités négatives d'un marché aux enjeux avérés ; le second renvoie à la question financière des jeux et des prélèvements publics sur ceux-ci. En réalité, malgré ces dernières justifications doctrinales[550], c'est la volonté des pouvoirs publics de soumettre un tel contrat au régime applicable aux délégations de service public qui explique le raisonnement du juge administratif en matière d'identification de la nature juridique des jeux d'argent et de hasard[551].

2- Une qualification finaliste de service public

La haute juridiction a relevé, dans son avis du 4 avril 1995, que le législateur avait entendu que les jeux autorisés dans les casinos « *concourent au développement touristique des communes concernées. Dès lors que ce dernier objectif trouve sa concrétisation dans le cahier des charges qui fixe les obligations incombant à l'exploitant d'un casino, et qu'en particulier celui-ci est tenu de contribuer à l'animation culturelle ou touristique de la commune, le*

---

548 Cf. C. Cass., 10 décembre 1929, Gaz. Pal. 1930, I, 188 ; C. Cass., 25 octobre 1939, « *Ville de Biarritz contre Société fermière des casinos de Biarritz* », S. 1939, I, 290.
549 *Cf.* CE, 25 mars 1966, req. n°46504, 46707, « *Ville de Royan* » : Rec., p.237.
550 *Cf.* Jean-Baptiste Vila, « *Bilan en demi-teinte d'un service public aux intérêts financiers : les concessions de casinos* », Contrats-Marchés publics, n°2, février 2013, étude 2.
551 *Cf.* Sébastien Denaja, « *Casinos et concessions de service public* », *in* Mélanges en l'honneur du Professeur Michel Guibal, Université de Montpellier I, 2006, p.657 et s.

cahier des charges, pris dans son ensemble, a le caractère d'une concession de service public et par là même d'un contrat administratif »[552]. Il en ressort clairement que l'activité de jeux d'argent et de hasard n'est constitutive d'une activité de service public que parce qu'elle est obligatoirement accompagnée d'activités annexes liées à l'animation et au développement touristique de la commune.

Une telle position du Conseil d'Etat avait été prise sous l'empire de la réglementation des jeux, telle qu'envisagée par la loi du 15 juin 1907[553] complétée par le décret du 22 décembre 1959[554] et l'arrêté du 23 décembre 1959[555], qui justifie cette activité par un but touristique propre aux stations balnéaires, thermales et climatiques. Le processus de légitimation des jeux d'argent au cœur des activités culturelles et touristiques était envisageable. Or, la loi n°2006-437 du 14 avril 2006 consacre désormais un critère générique de communes touristiques : les communes ou communautés d'agglomération de plus de 500 000 habitants se voient ainsi octroyer la possibilité de mettre en place une activité de casino déléguée à un exploitant privé[556]. La question d'un apport significatif pour le tourisme local par l'exploitation de ce type d'activité est alors sujette à caution. En outre, la réforme laisse le soin à ces collectivités publiques d'identifier et de justifier le recours à ce type de délégations de service public. Aux termes de l'article 3 de l'arrêté du 14 mai 2007, « *le conseil municipal doit se prononcer sur le principe même de la concession au vu du rapport présentant le document contenant les caractéristiques des prestations que doit assumer le concessionnaire. Cette assemblée doit également faire connaître si elle estime que les jeux peuvent être autorisés dans la commune* »[557]. La commune d'implantation ou sa communauté d'agglomération doit donc définir avec précision ses besoins d'un

---

[552] *Cf.* CE, avis, 4 avril 1995 : EDCE 1995, n°47, p.414.

[553] *Cf.* loi du 15 juin 1907 *réglementant le jeu dans les cercles et les casinos des stations balnéaires, thermales et climatériques* : JORF, p.4177.

[554] *Cf.* décret n°59-1489 du 22 décembre 1959 *portant réglementation des jeux dans les stations balnéaires, thermales et climatiques* : JORF du 29 décembre 1959, p.12489.

[555] *Cf.* arrêté du 23 décembre 1959 sur la réglementation des jeux dans les casinos : JORF du 29 décembre 1959, p.12489.

[556] *Cf.* article 7 de la loi n°2006-437 du 14 avril 2006 *portant diverses dispositions relatives au touris*me : JORF n°90 du 15 avril 2006, p.5693.

[557] *Cf.* article 3 de l'arrêté du 14 mai 2007 *relatif à la réglementation des jeux dans les casinos* : JORF n°114 du 17 mai 2007, p.9568.

point de vue juridique, économique, touristique mais aussi technique et financier. Au regard de cette nouvelle réglementation, se développe un risque sérieux d'annulation des contrats dont les besoins et le caractère d'intérêt général ne seraient pas suffisamment définis et justifiés.

Pour cerner pleinement la portée de cette réforme, il convient d'en avoir une lecture à la lumière des arrêts « *APREI* »[558] et « *UGC-Ciné Cité* »[559] dans lesquels le Conseil d'Etat adopte une méthode subjective d'identification d'une activité de service public. Il prend acte du régime d'obligations incombant à l'opérateur économique rendu nécessaire par le « *caractère d'intérêt général* » attaché à l'activité en cause. La haute juridiction adopte ainsi une approche fonctionnelle[560] de la notion de service public qui fait prévaloir l'intention des parties à un contrat public. Dans sa droite ligne, la haute juridiction a considéré, dans son arrêt « *SA Groupe Partouche* » du 19 mars 2012[561], que les jeux d'argent et de hasard n'ont pas une qualité de service public en eux-mêmes, mais en considération des prescriptions du cahier des charges imposant au cocontractant une participation active et mesurée financièrement aux activités touristiques et culturelles de la commune d'implantation. Autrement dit, nous pouvons considérer que c'est la volonté des parties d'appliquer à leur contrat le régime des délégations de service public qui sera déterminant dans la qualification de service public des jeux d'argent et de hasard.

---

[558] Cf. CE, Section, 22 février 2007, req. n°264541, « *Association du personnel relevant des établissements pour inadaptés* » dite « *A.P.R.E.I.* » : Juris-Data n°2007-071473 ; Concl. de Célia Vérot et note de Marie- Christine Rouault in JCP A, n°10-11, 5 mars 2007, comm. n°2066, p.33-44 ; JCP A, n°23, 4 juin 2007, comm. n°2145, p. 30-34, note de Gilles J. Guglielmi et Geneviève Koubi ; AJDA 16 avril 2007, p.793-799 ; RGCT, n°41, juillet-août-septembre 2007, p.199-207, comm. Fabrice Lemaire.

[559] Cf. CE, 5 octobre 2007, req. n°298773, « *Société UGC-Ciné Cité* » : AJDA 3 décembre 2007, p.2260.

[560] *Cf.* Dictionnaire Littré : « ***Fonction*** *(lat. functio), sf. Action propre à chaque emploi. (...) L'emploi, la charge même. (...) En math. Une quantité est dite fonction d'une autre quand elle en dépend, que cette dépendance puisse ou non s'exprimer analytiquement. En chim. Fonction d'un corps, l'ensemble des propriétés qu'il possède* ». De ce point de vue, le Conseil d'Etat conçoit les « *obligations de service public* » comme faisant partie du régime général des activités de service public et pour cette raison, celles-ci sont de nature à identifier la nature des activités gérées ou exercées par des personnes privées.

[561] *Cf.* CE, 19 mars 2012, req. n°341562, « *SA Groupe Partouche* ».

Alors que le législateur et le pouvoir réglementaire poursuivent, sous le contrôle du juge administratif, un objectif salutaire de transparence, le dispositif juridique applicable aux concessions de casinos se révèle paradoxalement opaque en raison notamment de la combinaison des compétences locales et nationales[562].

B- Un objet de police administrative spéciale

La lutte contre la criminalité (1) et la prévention ou l'éradication du phénomène d'addiction (2) constituent deux motifs d'intervention de police du ministère de l'Intérieur en matière de jeux d'argent et de hasard.

1- La lutte contre la criminalité

Par dérogation à l'interdiction des jeux d'argent et de hasard[563], la loi du 15 juin 1907[564] modifiée en dernier lieu par la loi n°2006-437 du 14 avril 2006[565] permet l'exploitation d'un casino, sous réserve de la délivrance d'une autorisation préalable du ministre de l'Intérieur.
Cette autorisation conditionne, comme nous le verrons dans la deuxième partie de notre étude, à la fois la possibilité d'ouvrir un casino mais également les conditions de son exploitation. Ainsi, à défaut d'autorisation ou de retrait de celle-ci, l'activité de jeux d'argent et de hasard est impossible. En outre, « l'arrêté d'autorisation fixe *le nombre et la nature des jeux autorisés, la durée de l'autorisation, les heures et limites d'ouverture et de fermeture des salles de jeux* »[566]. La difficulté en la matière est que cette autorisation est accordée, refusée ou retirée selon des critères non fixés par la législation ou la réglementation sur les casinos. Par suite, une telle

---

562 *Cf.* Sébastien Denaja, « *Casinos et concessions de service public* », préc.
563 *Cf.* article 1er de la loi n°83-628 du 12 juillet 1983 *relative aux jeux de hasard*, préc.
564 *Cf.* loi du 15 juin 1907 *réglementant le jeu dans les cercles et les casinos des stations balnéaires, thermales et climatériques*, préc.
565 *Cf.* loi n°2006-437 du 14 avril 2006 *portant diverses dispositions relatives au touris*me, préc.
566 *Cf.* article 2 du décret n°59-1489 du 22 décembre 1959 *portant réglementation des jeux dans les stations balnéaires, thermales et climatiques* (JORF du 29 décembre 1959, p.12489) modifié par l'article 1er du décret n°2009-937 du 29 juillet 2009 (JORF n°175 du 31 juillet 2009, p.12775).

décision est soumise à un contrôle de l'erreur manifeste d'appréciation par le juge administratif[567].

Par ailleurs, l'Etat instaure une procédure d'agrément concernant le choix des appareils et matériels utilisés pour les jeux ainsi que pour le recrutement des employés de jeux ou les agents de vidéo-protection[568].

L'exercice de la mission de service public par le casinotier est donc incontestablement affecté par le pouvoir de police du ministère de l'Intérieur. Cette situation juridique est appelée à s'accentuer en raison de motifs de santé publique.

2- La lutte contre le phénomène d'addiction aux jeux

La santé publique est un motif légitime de limitation de l'offre de jeux d'argent et de hasard[569]. Si l'exigence d'un agrément pour exploiter des jeux d'argent et de hasard peut sembler incompatible avec les dispositions du traité de Rome relatives à la liberté d'établissement et à la libre prestation de services, le juge de l'Union européenne a reconnu aux autorités nationales, en raison des particularités d'une telle activité économique, un « *pouvoir d'appréciation suffisant* »[570]. Il a considéré qu'il leur revenait « *d'apprécier non seulement s'il est nécessaire de restreindre les activités de la loterie, mais aussi de les interdire, sous réserve que ces restrictions ne soient pas discriminatoires* »[571]. L'Etat peut en effet poursuivre en matière de jeux de hasard des objectifs d'intérêt général qui « *se rattachent à la protection du destinataire du service, et, plus généralement, des consommateurs, ainsi que de la protection de l'ordre social* »[572]. La préoccupation de la protection du consommateur de jeux d'argent et

---

567 *Cf.* CE, 3 mai 1993, req. n°121 923, « *Société d'exploitation d'industries touristiques (SEIT)* » : Rec., tables, p.1053.

568 *Cf.* articles 6 et 8 du décret n°59-1489 du 22 décembre 1959 *portant réglementation des jeux dans les stations balnéaires, thermales et climatiques* (JORF du 29 décembre 1959, p.12489) modifié par les articles 5 du décret n°2011-906 du 29 juillet 2011 (JORF n°175 du 30 juillet 2011, p.13025) et 17 de la loi n°2011-267 du 14 mars 2011 *d'orientation et de programmation pour la performance de la sécurité intérieure* (JORF n°62 du 15 mars 2011, p.4582).

569 *Cf.* Jean-Baptiste Vila, « *Addiction aux jeux et santé publique : recomposition de l'ordre public ou nouveau motif d'intérêt général ?* », AJDA 2008, p.1804.

570 *Cf.* CJCE, 24 mars 1994, affaire C-275/92, « *Schindler* », § 61.

571 *Ibid.* § 58.

572 *Cf.* CJCE, 21 septembre 1999, affaire C-124/97, « *Laärä* », § 33.

de hasard apparaît admise par le droit de l'Union européenne. Sur ce motif, le ministère de l'Intérieur peut refuser la délivrance d'une autorisation de jeux ou d'extension de l'offre de jeux. Le juge administratif pourrait ainsi être amené à exercer un contrôle de l'offre globale des jeux de casino. L'incertitude est grande dans la mesure où le Conseil d'Etat n'a pas précisé les critères au regard desquels il pourrait être jugé que l'ampleur de la diversification de l'offre de jeux serait devenue excessive.

Dans son arrêt « *Ernst Engelmann* » du 9 septembre 2010, la Cour de justice de l'Union européenne a eu l'occasion d'affirmer à l'occasion des jeux de casinos que « *pour qu'un régime d'autorisation administrative préalable soit justifié alors même qu'il déroge à de telles libertés fondamentales, il doit être fondé sur des critères objectifs, non discriminatoires et connus à l'avance, de manière à encadrer l'exercice du pouvoir d'appréciation des autorités nationales afin que celui-ci ne soit pas utilisé de manière arbitraire* »[573]. Or, l'addiction aux jeux est un problème de santé publique émergent pour lequel il n'existe pas encore de dispositif juridique spécifique permettant à l'Etat français d'intervenir à titre préventif ou de sanction. C'est donc de manière discrétionnaire que ce dernier peut venir affecter les conditions d'exercice d'une délégation de casino pour un motif de santé publique.

Si l'objet de service public d'une délégation de casino consiste en l'existence d'une participation active et mesurée financièrement du casinotier aux activités touristiques et culturelles de la commune d'implantation, son objet de police spéciale est attaché à la fois à l'interdiction de principe d'une telle activité et à des préoccupations de santé publique. L'absence d'outil de planification de l'offre de jeux conjuguée au défaut de distinction entre l'autorité compétente pour la réglementation et celle pour les autorisations de jeux expliquent la prédominance de l'objet de police sur l'objet de service public dans le régime juridique des concessions de casinos.

---

[573] Cf. CJUE, 9 septembre 2010, affaire C-64/08, « *Ernst Engelmann* », § 55.

II- L'« unilatéralisation » du régime juridique d'exploitation des casinos

La prédominance de l'objet de police spéciale sur l'objet de service public de la délégation de casino se traduit par « *l'unilatéralisation* » de leur régime juridique d'exploitation. La formation du contrat de délégation des casinos est conditionnée par le pouvoir de police du ministère de l'Intérieur (A) tandis que l'exécution contractuelle de ladite délégation est régentée par le pouvoir de police de ce même ministère (B).

A- Une formation contractuelle conditionnée par l'autorisation de jeux du ministre de l'Intérieur

La formation du contrat de délégation de casino est conditionnée par le pouvoir de police du ministre de l'Intérieur. D'une part, la sélection du candidat casinotier est influencée par la procédure d'autorisation des jeux (1). D'autre part, l'absence de délivrance ou de renouvellement de l'autorisation des jeux emporte des conséquences sur la situation contractuelle jusqu'alors existante entre la collectivité territoriale et l'exploitant (2).

1- Le choix du cocontractant de la commune d'implantation sous influence

Sur le fondement de la police spéciale des jeux, il existait une règle non écrite selon laquelle lors de la première année d'exploitation la société concessionnaire, nouvellement titulaire du contrat de délégation de casino, ne pouvait demander l'exploitation de machines à sous au ministre de l'Intérieur ; seuls les jeux de tables étaient acceptés.

Non seulement l'intérêt d'interdire l'exploitation de machines à sous durant une période probatoire d'un an pour tout nouvel exploitant se comprenait difficilement au regard des pertes de ressources au niveau local mais aussi national. Mais, sur le plan juridique, la procédure de dévolution de la loi Sapin risquait d'être contrariée. Souhaitant que son cocontractant puisse offrir une variété de jeux et parmi les plus rentables, la collectivité territoriale choisissait systématiquement le candidat en mesure d'exploiter des machines à sous dès la première année.

Dans son arrêt « *Commune d'Houlgate* » du 10 mars 2006[574], le Conseil d'Etat a souhaité prendre le contre-pied de cet « *habitus* » qui faisait douter de l'utilité de soumettre les délégations de casinos aux procédures de la loi SAPIN, en considérant que cette limitation d'exploitation ne se justifie pas dès lors que la société peut être déjà exploitante d'un autre casino.

Revenant sur sa position retenue dans l'arrêt « *Commune de Ramatuelle* » du 3 octobre 2003 tendant à faire prévaloir les dispositions réglementaires issues de la police spéciale des jeux sur les règles législatives issues du droit de la concurrence (et de la mise en concurrence)[575], la haute juridiction considère que les nécessités de l'ordre public ne sauraient justifier une atteinte excessive à l'égal accès des candidats à une délégation de casinos. Cette dernière solution s'inscrit dans la droite ligne de son avis « *L&P Publicité* » du 22 novembre 2000[576] évoquant la prise en compte des règles de la concurrence par les actes régaliens de l'administration[577] et de son arrêt « *Syndicat professionnel des exploitants indépendants des réseaux d'eau et d'assainissement* » du 30 avril 2003[578] allant jusqu'à imposer à l'autorité compétente d'en opérer une conciliation.

---

[574] *Cf.* CE, Sect., 10 mars 2006, req. n°264098, « Commune d'Houlgate », JCP A 2006, act. 238, obs. M.-Ch. Rouault ; AJDA 2006, p.751, note J.-D. Dreyfus.

[575] *Cf.* CE, 3 octobre 2003, req. n°248523, « *commune de Ramatuelle* », concl. M.-H. Mitjaville : BJCP 2003, n°32, p.50. Dans ce dernier arrêt, le Conseil d'Etat a admis la légalité d'une disposition réglementaire relative à la limitation à 18 ans de la durée des cahiers des charges des concessions d'exploitation des casinos. Les délégations de casinos ne pouvant être conclues que dans le respect des exigences de la police spéciale des jeux et des conditions posées par la loi du 15 juin 1907 et les textes pris pour son application, la haute juridiction a donc admis que des dispositions qualifiées de police spéciale, prises par arrêté conjoint du ministre de l'Intérieur et du ministre du Budget, puissent déroger aux dispositions législatives posées en matière de publicité et de mise en concurrence et relatives aux délégations de service public.

[576] *Cf.* CE, avis, Sect., 22 novembre 2000, req. n°223645, « *Société L&P Publicité SARL* », Rec., p.525 ; AJDA, 2001, p.198, commentaire M.-C. Rouault; D., 2001, p.1235, commentaire G. Gonzalez; D., 2001, p. 2110, commentaire N. Albert; Dr. adm., 2001, n°1, p.3, commentaire J.-B. Auby; RDP, 2001, p.393, commentaire C. Guettier; RFD adm., 2001, p.872, concl. S. Austry; Rev. jur. env., 2001, p.487, commentaire P. Zavoli; RTD com., 2001, p.658, commentaire G. Orsoni.

[577] *Cf.* Anne Marceau, « *Police administrative et droit public de la concurrence* », AJDA 2002, p.190.

[578] *Cf.* CE, 30 avril 2003, req. n°230804, « *Syndicat professionnel des exploitants indépendants des réseaux d'eau et d'assainissement* », Rec., p.189 ; JCP G 2003, IV, 2849, obs. M.-Ch. Rouault.

Or, l'exploitation d'un casino est suspendue à la délivrance d'une autorisation de jeux par le ministre de l'Intérieur. A défaut d'une réglementation préétablie, ce dernier dispose d'un large pouvoir discrétionnaire. Dans ce cadre juridique, il ne fait aucun doute que la commune d'implantation anticipera au stade de la procédure de dévolution de la délégation de casino les exigences du ministère de l'Intérieur. La collectivité concédante a tout intérêt à se rapprocher des services dudit ministère pour connaître leur avis sur les candidats admis à présenter une offre et aura tendance à écarter ceux qui n'ont pas d'expérience en cours dans l'exploitation de machines à sous ou à renégocier la reprise des relations contractuelles avec l'exploitant sortant. Cette pratique est amenée à perdurer malgré l'arrêt « *commune d'Houlgate* » précité en raison des conséquences tirées du refus de délivrance ou de renouvellement de l'autorisation ministérielle de jeux.

2- La caducité de la concession de casinos en cas de refus de délivrance ou de renouvellement de l'autorisation de jeux du ministre de l'Intérieur

L'absence de délivrance ou de renouvellement de l'autorisation des jeux emporte des conséquences sur la situation contractuelle jusqu'alors existante entre la collectivité et le casinotier. Celle-ci est, tout d'abord, de nature à emporter la caducité du contrat de délégation et devrait ensuite faire naître, le cas échéant, le droit pour l'ancien exploitant au versement d'une indemnité correspondant à l'enrichissement sans cause.
Tout d'abord, à défaut d'autorisation le contrat de délégation est caduc. Les réformes de 1959[579] et de 2006[580] prévoient la réunion obligatoire de trois activités distinctes dans les casinos, à savoir l'Hôtellerie/Restauration, les Spectacles et les Jeux d'argent et de hasard, pour qu'une délégation soit envisageable par la commune d'implantation. Depuis sa jurisprudence de 1966 *Ville de Royan*[581], le juge administratif considère qu'il s'agit d'un préalable nécessaire à l'attribution du label de service public. Par conséquent, l'absence

---

579 *Cf.* décret n°59-1489 du 22 décembre 1959 *portant réglementation des jeux dans les stations balnéaires, thermales et climatiques*, préc.
580 *Cf.* loi n°2006-437 du 14 avril 2006 *portant diverses dispositions relatives au tourisme*, préc.
581 *Cf.* CE, 25 mars 1966, req. n°46504, 46707, « *Ville de Royan* », préc.

d'une de ces activités dans la structure empêche la qualification de service public et, puisque le contrat est déjà signé, entraîne sa remise en cause pour défaut d'objet[582]. La commune peut même obtenir l'expulsion du concessionnaire qui se maintiendrait sur les lieux, sa présence étant susceptible de compromettre le fonctionnement du service public[583]. La valeur marchande d'un casino doit être recherchée davantage dans l'autorisation ministérielle d'exploiter les jeux que dans la concession conclue avec la commune[584].
Ensuite, se pose la question du sort des investissements réalisés par le concessionnaire choisi. La remise en cause du contrat implique pour la commune d'implantation la rétrocession d'une indemnité correspondant à l'enrichissement sans cause, éventuellement sur le fondement de la responsabilité quasi délictuelle en cas de contentieux, dont elle a pu bénéficier. Pour autant, elle se retrouve avec une infrastructure qui n'est au demeurant peut-être pas terminée, qui représente un coût important et qui n'est pas exploitable dans l'immédiat. Pour prévenir un tel risque, la collectivité territoriale a tout intérêt à insérer dans le contrat une clause permettant de déléguer au concessionnaire la responsabilité d'obtenir toutes les autorisations nécessaires à l'exploitation de la structure. En pratique, il paraît judicieux que l'autorisation des jeux soit sollicitée et délivrée en amont, au vu du projet de construction, et fasse l'objet, avant l'ouverture et la mise en service, d'un contrôle de l'autorité qui l'a délivrée.

582 *Cf.* CE, 4 juillet 1984, req. n°51179, « *Société d'exploitation du casino de Luchon* ».
583 *Cf.* CE, 8 juillet 1987, req. n°64829, « *Société d'exploitation du casino de Capvern-les-Bains* » : Rec., tables, p.961.
584 *Cf.* Benoît Jorion, « *Les délégations de casinos* », Droit administratif, janvier 2005, étude n°1. L'auteur considère la police administrative spéciale des jeux comme un objet prédominant du régime juridique des délégations de casinos.

B- La centralisation du régime d'exécution de la concession de casinos

Les réformes de 2006[585], 2007[586] et 2010[587] opèrent, d'une part, une centralisation du contrôle de la structure de l'offre de jeux (1) et, d'autre part, une centralisation des contrôles publics sur les opérations financières des jeux (2).

1- La centralisation du contrôle de la structure de l'offre de jeux

Le contrôle de la structure de l'offre de jeux est entre les mains du ministre de l'Intérieur. Cette situation se traduit par le fait que l'Etat devient l'autorité compétente en matière de modification de l'offre de jeux et que corrélativement la collectivité concédante devient exclue de cette procédure.
Tout d'abord, l'Etat est l'autorité compétente en matière de modification de l'offre de jeux. Dans un contrat de délégation de casino, l'autorisation de jeux est le document principal qui conditionne le retour sur investissements du cocontractant. Celle-ci est délivrée par la Direction des libertés publiques du ministère de l'Intérieur, après avis de la Commission supérieure des jeux. Cette mesure de police administrative détaille pour chaque contrat de casino le type de jeux, ainsi que le nombre de tables et/ou de machines à sous que le cocontractant est autorisé à utiliser. Elle détermine en outre les horaires d'ouverture et de fermeture du casino[588]. L'arrêté du 29

---

585 *Cf.* loi n°2006-437 du 14 avril 2006 *portant diverses dispositions relatives au tourisme*, préc.
586 *Cf.* arrêté du 14 mai 2007 *relatif à la réglementation des jeux dans les casinos*, préc.
587 *Cf.* Décret n° 2010-1300 du 29 octobre 2010 *relatif aux dispositions du code général des collectivités territoriales concernant les modalités d'encaissement, de recouvrement et de contrôle des prélèvements spécifiques aux jeux de casinos exploités en application de la loi du 15 juin 1907* : JORF n°0253 du 30 octobre 2010 page 19558 ; décret n°2010-1296 du 29 octobre 2010 *modifiant le décret n° 59-1489 du 22 décembre 1959 portant réglementation des jeux dans les casinos des stations balnéaires, thermales et climatiques* : JORF n° 253 du 30 octobre 2010 page 19550 ; arrêté du 29 octobre 2010 *modifiant l'arrêté du 14 mai 2007 relatif à la réglementation des jeux dans les casinos* : JORF n°0253 du 30 octobre 2010 page 19551 et 19559.
588 *Cf.* article 2 du décret n°59-1489 du 22 décembre 1959 *portant réglementation des jeux dans les stations balnéaires, thermales et climatiques* modifié, préc.

octobre 2010[589] précise la réglementation des jeux en permettant aux casinotiers de proposer de nouveaux supports aux joueurs ; ceci en confirmant une relation de plus en plus directe entre le ministère et les exploitants de casinos. S'ils souhaitent augmenter le nombre de tables de jeux, bénéficier de nouveaux jeux de tables et augmenter le nombre de machines à sous dès lors que le nombre total d'appareils dépasserait (suite à la modification) 500 machines à sous, les casinotiers doivent dorénavant transmettre au ministère de l'Intérieur en double exemplaire cette demande qui devra être détaillée et complétée d'un nombre important de documents à fournir : une étude d'impact, un plan d'implantation des appareils, l'avis de l'assemblée délibérante de la collectivité territoriale si la demande entraine une modification du cahier des charges, un état des mesures prises dans le cadre de la prévention au phénomène d'addiction et de celles relatives à l'animation dans l'établissement, une copie du dernier rapport d'exploitation, les avis respectifs du service territorial de police compétent et du préfet. En revanche, en ce qui concerne les démarches imposées au casinotier pour supprimer certains jeux de table et augmenter le nombre de machines à sous dans la limite de 500 appareils, le délégataire de casino doit transmettre au ministère de l'Intérieur une simple demande détaillée afin de demander l'autorisation de procéder à de telles modifications.
Par ailleurs, de nombreuses dispositions réglementaires impliquant une politique incitatrice en faveur des jeux témoignent également de cette relation de plus en plus directe entre le ministère et les casinotiers. L'article 6 de l'arrêté de 2010[590] prévoit la possibilité pour les casinotiers d'organiser des séances d'initiation aux machines à sous, en plus de celles réservées aux jeux de tables. Les dispositions des articles 11 à 13 de cet arrêté, qui concernent l'organisation de tournois de poker, frappent par leurs détails et la teneur de l'encadrement réglementaire de ce jeu.
Ensuite, la centralisation du contrôle de la structure de l'offre de jeux a eu pour effet de marginaliser les pouvoirs de la collectivité territoriale en la matière. Pour preuve, l'assemblée délibérante de la collectivité concédante n'a pas d'avis à donner lorsque le casinotier souhaite supprimer certains jeux de tables et augmenter le nombre de

---

[589] *Cf.* article 2 et suivants de l'arrêté du 29 octobre 2010 *modifiant l'arrêté du 14 mai 2007 relatif à la réglementation des jeux dans les casinos*, préc.
[590] *Cf.* arrêté du 29 octobre 2010 *modifiant l'arrêté du 14 mai 2007 relatif à la réglementation des jeux dans les casinos*, préc.

machines à sous dans la limite de 500 appareils. Les droits contractuels de la commune d'implantation sont purement et simplement niés alors même qu'une telle procédure devant le ministère peut entraîner une modification importante de l'économie du contrat.

De manière flagrante, au terme de l'article 9 de l'arrêté de 2010, le casinotier n'est tenu de fournir une copie de la délibération de l'assemblée délibérante de la collectivité territoriale que si la demande de modification de l'offre des jeux modifie le cahier des charges du contrat de concession. Autrement dit, une telle délibération n'est pas nécessaire si la demande de modification ne bouleverse pas les clauses du contrat.

Nous pouvons dès lors imaginer l'hypothèse d'un contrat de concession et son cahier des charges qui, à la demande des candidats à la procédure de passation, prévoirait une clause sur l'offre des jeux intégrant certes la quantité des jeux proposés échelonnée sur plusieurs années, mais aussi un alinéa prévoyant une possible augmentation exceptionnelle de cette offre (sans détermination de la quotité de jeux). Dans ce cas, la délibération initiale de l'assemblée délibérante portant en outre sur cette clause dispensera le casinotier de solliciter cette dernière s'il souhaite un changement dans l'offre de jeux.

Cette relation de plus en plus directe entre le ministère et le casinotier se vérifie également au niveau des contrôles publics sur les opérations financières des jeux.

2- La centralisation des contrôles publics sur les opérations financières des jeux

En matière de recouvrement et *a fortiori* de contrôles sur les prélèvements publics en matière de jeux, les collectivités territoriales ont un rôle de premier plan à jouer. Le contenu du contrat leur laisse la possibilité de prévoir et délimiter les contrôles contractuels qu'elles souhaitent mener lors de la phase d'exécution de la concession.

Pour autant force est de constater que ce ne sont pas les prérogatives des collectivités territoriales d'implantation qui sont principalement révisées et améliorées, sinon celles des services de l'Etat déconcentrés ou non.

Trois exemples suffisent à s'en convaincre.

Tout d'abord, la déclaration mensuelle des produits des jeux détaillant les prélèvements publics et les versements correspondants est dorénavant réalisée auprès d'un comptable de la Direction générale

des finances publiques[591]. Les dispositions relatives aux informations financières communiquées et le versement des prélèvements publics adressés au Trésorier-payeur général ont été abrogés à cette occasion. Le second exemple concerne la procédure de modification du taux de redistribution aux joueurs des machines à sous mise en place par le décret du 29 octobre 2010[592]. Il n'est en aucun cas prévu que la collectivité territoriale d'implantation ne soit tenue informée de ce changement. Seul le ministère de l'Intérieur est sollicité et informé des modifications tenant à l'économie du contrat de concession.
Le troisième exemple que nous pouvons prendre est celui du contrôle courant des opérations de jeux relatives aux machines à sous. Les fonctionnaires du service central des courses et des jeux rattaché à la Direction centrale de la police judiciaire, elle-même rattachée au ministère de l'Intérieur, sont compétents pour assurer ce contrôle. Comme les préfets et les sous-préfets, ils exercent ce suivi au titre de la police administrative spéciale du ministère de l'Intérieur, opérations se superposant à celles menées par les collectivités territoriales au titre du contrôle contractuel. Ils ont vocation à coter et parapher les carnets et les registres du casino comprenant la comptabilité et les relevés de jeux[593].

Toute activité de casino est impérativement soumise à la passation d'un contrat de concession de service public entre la collectivité territoriale d'implantation et un délégataire. En réalité, le ministère de l'Intérieur est le seul compétent pour définir les conditions d'administration et de fonctionnement des casinos. A l'heure où un processus de contractualisation imprègne dans son ensemble l'action publique[594], le régime juridique des concessions de casinos témoigne d'un mouvement inverse.

---

591 *Cf.* article 1er du décret n° 2010-1300 du 29 octobre 2010 *relatif aux dispositions du code général des collectivités territoriales concernant les modalités d'encaissement, de recouvrement et de contrôle des prélèvements spécifiques aux jeux de casinos exploités en application de la loi du 15 juin 1907*, préc.
592 *Cf.* article 4 du décret n°2010-1296 du 29 octobre 2010 *modifiant le décret n° 59-1489 du 22 décembre 1959 portant réglementation des jeux dans les casinos des stations balnéaires, thermales et climatiques*, préc.
593 *Cf.* article 3 de l'arrêté du 29 octobre 2010 *modifiant l'arrêté du 14 mai 2007 relatif à la réglementation des jeux dans les casinos*, préc.
594 *Cf.* Olivier Chambord, « *Nouveau droit de l'aménagement. Contribution à l'étude des rapports entre acte unilatéral et contrat* », Thèse, ss dir. Professeurs C. Grellois et F. Melleray, Université Montesquieu-Bordeaux IV, décembre 2012 ; EDCE, « *Le*

Le vrai paradoxe en la matière est que « *l'unilatéralisation* » du régime des délégations de casinos au profit de l'Etat l'empêche d'opérer une régulation effective de l'activité des casinos. En l'absence de critères légaux ou réglementaires prédéfinis, sa compétence en matière d'autorisation est largement discrétionnaire ; ses intérêts financiers directs orientent ses activités de contrôle. La création d'un outil de planification stratégique d'offre de jeux permettrait d'améliorer la lisibilité du droit des jeux tandis que la reconsidération des pouvoirs de la collectivité concédante au stade de l'exécution contractuelle cantonnerait le rôle étatique à celui d'une autorité de police conciliant le niveau des prélèvements obligatoires avec la prise en charge du phénomène d'addiction aux jeux.

---

contrat, mode d'action publique et de production des normes », rapport public 2008, La Documentation française.

SUBSIDIARITE DU DROIT ADMINISTRATIF ?

Aude ROUYERE
Professeur de droit public,
Membre du Centre d'étude et de recherche sur le droit administratif et la réforme de l'Etat (CERDARE),
Université de Bordeau

Evidemment, et parce que le droit administratif est en charge de la chose publique, il faut commencer par évoquer la fonction sociale dont est investi le jeu et plus particulièrement celle qui revient à la part d'aléa qu'il comporte. Roger Caillois[595] indique que si la compétition est prioritaire sur l'aléa pour servir une idée de justice dans la distribution des ressources[596], ce dernier joue un important rôle psychologique, nécessaire pour rendre acceptable une société méritocratique à ceux qui en sont les perdants. Les « puissances fantasques du sort » viendraient, même improbables, apaiser la rigueur d'un combat perdu sur le terrain de la seule capacité. Le perdant peut ainsi nourrir un ultime espoir de redistribution par la grâce du hasard absolu. Comme s'il ne fallait pas que la compétence ait le privilège absolu du dernier mot. Ajoutons à cela que le jeu peut être aussi perçu comme une activité qui crée du lien social et nourrit les échanges. Et l'on s'explique sans peine la prospérité continue des jeux de hasard. Il y a en tout cela comme une figure de cette fameuse interdépendance sociale chère à Léon Duguit. La favoriser, la préserver voire la défendre… Le droit administratif ne saurait être étranger à la question des jeux de hasard.

---

[595] Roger CAILLOIS, Les Jeux et les hommes, Gallimard 1958, (éd. revue et augmentée, 1967).

[596] « *Tirer entièrement ou principalement sa subsistance de la chance est regardé par presque tous comme suspect et immoral, sinon comme déshonorant, en tout cas comme asocial* ».

Quelle place y occupe-t-il ? C'est la question qui nous a été confiée et plus précisément celle de sa subsidiarité parmi les règles qui régissent la matière.

Est subsidiaire dans le langage commun, ce qui « vient en aide à quelque chose de principal »[597]. En tant que principe juridique, la subsidiarité consiste à réserver uniquement à l'échelon supérieur ce que l'échelon inférieur ne pourrait effectuer que de manière moins efficace[598].

La question de la subsidiarité du droit administratif dans le corpus de règles applicables à la matière des jeux nous renvoie au sens commun du mot tout autant, en réalité, qu'au principe juridique.

Quelques brèves précisions s'imposent pour éclairer le mot par l'idée qu'il exprime.

Dans l'Antiquité, le « *subsidium* » était une méthode d'organisation militaire comportant des troupes de réserve apportant éventuellement renfort et aide. L'idée du secours est alors plus largement suggérée. Saint Thomas d'Aquin, reprend cette approche de la notion puis Johannes Althusius développe une réflexion essentielle sur la question[599] en défendant comme l'avaient fait Aristote et aussi Saint Thomas d'Aquin le principe d'une articulation des groupes assurant harmonieusement leur autonomie c'est-à-dire une unité préservant la diversité. Althusius fonde une théorie politique qui donne à la société la puissance nécessaire à son auto-organisation[600]. L'homme est placé dans la société composée de cercles concentriques représentant des petites communautés, allant des familles, aux métiers, aux villages, aux pays, aux provinces. L'homme et les corps jouissent d'un principe d'autonomie et au-delà cherchent des supplétifs par des alliances. La société repose ainsi sur le socle de l'autonomie et du contrat. La

---

[597] E.Littré, Dictionnaire de la langue française, Gallimard Hachette 1958

[598] Cf article 5 version consolidée du traité sur l'Union européenne (ex -article 5 TCE) : « *1. Le principe d'attribution régit la délimitation des compétences de l'Union. Les principes de subsidiarité et de proportionnalité régissent l'exercice de ces compétences.(...) 3. En vertu du principe de subsidiarité, dans les domaines qui ne relèvent pas de sa compétence exclusive, l'Union intervient seulement si, et dans la mesure où, les objectifs de l'action envisagée ne peuvent pas être atteints de manière suffisante par les États membres, tant au niveau central qu'au niveau régional et local, mais peuvent l'être mieux, en raison des dimensions ou des effets de l'action envisagée, au niveau de l'Union.* »

[599] *Politica methodice digesta* 1603

[600] Cf Gaëlle Demelemestre, Introduction à la « Politica methodice digesta » de Johannes Althusius Ed Du Cerf 2012.

suppléance qu'assure le contrat venant compléter l'autonomie des entités portée par leur capacité.
De cette réflexion, l'on retiendra les principes d'autonomie et de suppléance ou de recours et la dynamique de leur conjugaison. Car c'est cela que l'on perçoit, outre la référence formelle au principe de subsidiarité, dans l'article 1 de la loi du 12 mai 2010 relative à l'ouverture à la concurrence et à la régulation du secteur des jeux d'argent et de hasard en ligne[601] énonçant que « les jeux d'argent et de hasard ne sont ni un commerce ordinaire, ni un service ordinaire ; dans le respect du principe de subsidiarité, ils font l'objet d'un encadrement strict au regard des enjeux d'ordre public, de sécurité publique et de protection de la santé et des mineurs »[602].

La mission que porte le droit administratif le désigne directement comme le cadre de référence pour la protection des enjeux ici visés. Rappelons que la doctrine s'est interrogée sur la manière de concevoir la fonction administrative. M. Hauriou ramène celle-ci au maintien de l'ordre public dans les premières éditions de son Précis - « L'essentiel de la fonction administrative est la police », laquelle est « le règlement de la cité »[603]- puis l'ouvrira aux services publics perçus comme «une organisation publique de pouvoirs, de compétences et de mœurs assumant la fonction de rendre au public, d'une façon régulière et continue, un service déterminé dans une pensée de police, au sens élevé du mot »[604].
L.Duguit a assimilé, d'emblée, l'Etat moderne à une coopération de services publics. Et la police est ramenée à un « simple » service public, dont l'objet est le maintien de l'ordre[605].

---

601 Loi n° 2010-476 du 12 mai 2010 relative à l'ouverture à la concurrence et à la régulation du secteur des jeux d'argent et de hasard en ligne.
602 On recommande la lecture du rapport n° 209 (2009-2010) de M. François TRUCY, fait au nom de la commission des finances, déposé le 19 janvier 2010, et en particulier les développements consacrés au principe de subsidiarité.
603 v. 5e éd., 1903, pp. 183 et 505.
604 Maurice Hauriou, Précis de droit administratif et de droit public, 1933, 12ème éd., rééd. Dalloz 2002, p. 66, voir aussi notamment p. 546.
605 Traité de droit constitutionnel, 1923, t. II, 2e éd., pp. 58-59 : « *Le service de police a été aussi de très bonne heure érigé en service public. Je prends l'expression en un sens général, comme désignant le service qui a pour objet de faire régner l'ordre, la tranquillité et la sécurité à l'intérieur du groupe social et sur le territoire occupé par lui* ».

La distinction entre missions de police administrative et de service public est aujourd'hui le plus souvent établie, mais pour des raisons qui tiennent essentiellement au cadre juridique qui leur est appliqué et non aux enjeux fondateurs qui étaient mobilisés au début du XXe. Elle conserve tout son sens en matière de jeux compte tenu de la dualité évidente des rôles, si ce n'est des « postures », qu'y assume l'Etat.
L'on s'en tiendra ici à la définition du droit administratif qui le circonscrit à un corps de règles dites exorbitantes du droit commun. Même si en l'espèce, ce n'est pas l'exorbitance qui nous intéresse mais les enjeux qu'elle sert.
Il s'agira d'observer l'articulation de ce droit administratif, défini par les missions qui le caractérisent et les règles et procédés qu'il comporte, et les autres droits applicables aux jeux. Quelle fonction - plus encore que la place- y occupe le droit administratif ? Existe-t-il une subsidiarité du droit administratif au sein du droit qui régit les jeux c'est-à-dire un rôle précisément assigné ? Et si tel est le cas, encore faut-il se demander de quelle subsidiarité il s'agit. Subsidiarité-autonomie construite sur la singularité du droit administratif ? Subsidiarité de recours à l'égard d'une activité – un commerce, un service - exposée aux risques de divers désordres. L'une ou l'autre de ces figures ? Ou bien l'une et l'autre, à la faveur d'une dynamique d'agencement des règles et des compétences ?
C'est bien l'une et l'autre des deux facettes de la subsidiarité qui sont mobilisées en matière de droit des jeux. La subsidiarité-autonomie du droit administratif étant en quelque sorte la condition nécessaire à la fonction de recours qu'il est susceptible d'assurer. De telle sorte que les figures de la subsidiarité se placent sur des plans différents et se combinent logiquement.
Il s'opère ainsi comme -si l'on ose dire- un jeu de la subsidiarité reposant sur une subsidiarité-autonomie (I) dans une perspective de prévalence de certains impératifs et sur une subsidiarité de recours (II) visant à exploiter au mieux les ressources fonctionnelles du droit administratif.

I. La subsidiarité-autonomie

L'autonomie de l'ordre public étatique contribue à la construction d'une subsidiarité ayant vocation à assurer la prévalence des intérêts qu'il défend. Celle-ci est établie mais néanmoins toujours susceptible d'être remise en jeu selon la manière dont les juges appréhendent un concept irréductiblement ambivalent.

A. Autonomie de l'ordre public étatique

- Le contexte

Revenons tout d'abord au contexte dans lequel a été posé le principe de subsidiarité dans la loi de 2010 relative à l'ouverture à la concurrence et à la régulation du secteur des jeux d'argent et de hasard en ligne.

Il est indiqué dans l'exposé des motifs de la loi que depuis la fin du XIXe siècle, le système d'encadrement des jeux s'inscrit « dans une double logique de protection de l'ordre public et de l'ordre social » conduisant à « canaliser la demande de jeu à travers un circuit contrôlé d'offre de jeu » mais aussi à « limiter le volume global d'offre de jeu à ce qui est nécessaire à la canalisation de cette demande ».

Le système d'encadrement des jeux est présenté comme le fruit d'une « construction historique marquée par des considérations morales, philosophiques et culturelles »[606].

Le secteur des jeux en France s'est ainsi progressivement structuré autour de trois pôles « étroitement contrôlés par la puissance publique », le pôle des casinos (ministère de l'Intérieur), le pôle des paris hippiques (ministère de l'Agriculture et ministère du Budget) et le pôle de la loterie d'Etat (ministère du budget). Le contrôle quantitatif de l'offre de jeux est assuré par un système d'autorisations administratives consistant en l'octroi de droits exclusifs sur chacun des pôles de jeux et encadrant le volume des jeux proposés. Le contrôle qualitatif de l'offre de jeu consiste en la détermination des caractéristiques des jeux et des conditions dans lesquelles ils sont offerts.

Il est souligné dans la présentation de la loi que « le fort développement du marché des jeux sur Internet en provenance d'opérateurs non autorisés par l'Etat fragilise l'organisation traditionnelle du secteur des jeux d'argent et de hasard et ce d'autant

---

606 Quelques dates essentielles jalonnent cette construction : la prohibition générale des loteries en 1836, la réglementation des courses de chevaux et des paris hippiques en 1891, la réglementation des casinos en 1907, la naissance du Pari mutuel urbain (PMU) en 1930, enfin, celle de la Loterie nationale en 1933.

plus qu'il ignore les frontières nationales et sectorielles ». Le droit administratif en tant qu'instrument de l'action étatique apparaît ainsi comme concurrencé si ce n'est marginalisé.
L'ouverture à la concurrence maîtrisée de certains secteurs du marché des jeux en ligne vise à rétablir le contrôle de l'Etat sur une activité qui tend à lui échapper. Elle est réservée aux jeux de hasard faisant également appel au savoir-faire des joueurs[607] afin d'ouvrir à la concurrence les jeux présentant des risques d'addiction moindres et pour lesquels la demande est la plus forte. Le rôle de l'Etat ne saurait ainsi être exactement le même selon que le jeu exige un savoir-faire et donc une certaine liberté ou au contraire ne repose que sur le hasard et favorise une dépendance passive.

- La subsidiarité prônée par la loi

Il convient alors de s'interroger sur la manière dont a été comprise la notion de subsidiarité dans la loi. Dans le rapport présenté en 2010 par le sénateur F.Trucy[608], sont rappelées la nature particulière des jeux d'argent et la nécessité de préserver une « certaine autonomie de l'Etat dans la fixation du cadre juridique ».
Cette réserve de la compétence étatique trouve un appui dans la jurisprudence dite *Santa Casa* de la Cour de justice du 8 septembre 2009[609] dans lequel la Cour indique à propos de la justification de la restriction à la libre prestation des services que « la réglementation des jeux de hasard fait partie des domaines dans lesquels des divergences considérables d'ordre moral, religieux et culturel existent entre les États membres. En l'absence d'une harmonisation communautaire en la matière, il appartient à chaque État membre d'apprécier, dans ces domaines, selon sa propre échelle des valeurs, les exigences que comporte la protection des intérêts concernés » et que les États membres sont « par conséquent libres de fixer les objectifs de leur politique en matière de jeux de hasard et, le cas échéant, de définir avec précision le niveau de protection recherché. Toutefois, les restrictions qu'ils imposent doivent satisfaire aux conditions qui

---

[607] Le pari hippique, le pari sportif et le poker.

[608] Rapport précité n° 209 (2009-2010) de M. François TRUCY, fait au nom de la commission des finances, déposé le 19 janvier 2010

[609] CJCE 8 septembre 2009 Liga Portuguesa de Futebol Profissional et Bwin International Ltd contre Departamento de Jogos da Santa Casa da Misericórdia de Lisboa, C-42/07, voir notamment n° 55 à 73.

ressortent de la jurisprudence de la Cour en ce qui concerne leur proportionnalité ».
Elle s'inscrit également dans la continuité d'une résolution adoptée par le Parlement européen le 10 mars 2009[610], qui défend la compétence des Etats et « souligne que, en vertu du principe de subsidiarité et de la jurisprudence de la Cour de justice, les États membres ont intérêt et sont habilités à réglementer et à contrôler leur marché des jeux d'argent, dans le respect de leurs traditions et de leur culture, afin de protéger les consommateurs contre la dépendance, la fraude, le blanchiment d'argent et le trucage de compétitions sportives, et afin de protéger les structures reconnues qui financent des activités sportives et d'autres causes sociales sur leur territoire; ajoute que tous les autres acteurs concernés ont également intérêt à ce que le marché des jeux d'argent soit réglementé et contrôlé; souligne aussi que les opérateurs de jeux d'argent en ligne sont tenus de se conformer à la législation de l'État membre où ils fournissent leurs services et où résident les consommateurs de ces services».
Il est ainsi établi que le commerce de jeux d'argent et de hasard ne met pas en cause la seule responsabilité du consommateur mais comporte une forte dimension d'ordre public et social, de direction et de protection engageant la compétence de l'Etat.
L'ouverture à la concurrence et à la régulation du secteur des jeux d'argent et de hasard en ligne est, par conséquent, bâtie à partir du rôle central reconnu à la puissance publique et en vertu d'une certaine conception française de l'équilibre qui doit être établi entre considérations économiques et ordre public[611].

B. Remise en jeu de la prévalence des approches étatiques

- Une autonomie « sous-jouée » ?

L'accent a été mis, on l'a vu, sur la place maintenue de l'intervention de l'Etat dans un système de concurrence contenue et contrôlée. Mais

---

[610] Résolution du Parlement européen du 10 mars 2009 sur l'intégrité des jeux d'argent en ligne (2008/2215(INI)).

[611] Cf les propos tenus par Louis Giscard d'Estaing à l'Assemblée nationale lors des débats relatifs à la loi de 2010 : « *Ce principe de subsidiarité veut bien dire – et il est essentiel de le souligner pour la suite de l'examen de ce texte – que nous ne pouvons pas arguer, ni les uns ni les autres, de règles européennes qui s'appliqueraient au domaine du jeu. C'est l'exercice de notre droit souverain que de le réguler en France* ».

il est aussi possible, à la faveur d'un autre angle de vue, de se demander si une subsidiarité pleinement prééminente du droit national refusant l'ouverture à la concurrence était envisageable sans heurter le droit européen.
Certains observateurs critiques du dispositif législatif ont d'emblée relevé le caractère quelque peu forcé des arguments mobilisés pour soutenir l'ouverture à la concurrence aménagée par la loi de 2010. L'autonomie étatique serait ainsi « sous-jouée » et une certaine conception ascendante de la subsidiarité quelque peu « surjouée » en tant que contrainte opposée à l'Etat pour justifier une ouverture à la concurrence que rien n'imposerait.
Ainsi lors des débats Gaëtan Gorce déplore une lecture tronquée de l'arrêt *Santa Casa* qui en réalité poserait qu'en matière de paris en ligne, le droit européen ne s'oppose pas à l'existence d'un monopole public et en conclut que l' « on aurait donc très bien pu, en se conformant à l'arrêt *Santa Casa*, ne pas bouleverser notre système juridique et s'appuyer sur les monopoles existants »[612].
Même analyse dans certains commentaires de la loi dont celui de D. Alland [613] qui livre un « inventaire des contre-vérités appelées à étayer le nouveau dispositif : l'intervention de la loi est indispensable du fait de la pression du droit communautaire, l'existence d'un « marché » illégal appelle une réglementation et, suprême contre-mot, on se soucie de l'intérêt des joueurs (...) ». Puis affirme que « la jurisprudence communautaire, avant comme après l'arrêt *Santa Casa* (...), laisse aux Etats membres toute liberté en la matière, sous condition de cohérence : des mesures restrictives de la concurrence sont incompatibles avec une politique commerciale agressive ». Et enfin renouvelle la charge[614] en relevant une instrumentalisation du droit européen dans laquelle on pourrait voir aussi une instrumentalisation de la subsidiarité.

---

[612] Il précise aussi : « *Autrement dit, on peut parfaitement, dans ce pays, organiser des paris en ligne sous le monopole du PMU et de la Française des Jeux, pour autant qu'on veille à ce que les politiques conduites par ces monopoles respectent l'intérêt général, financent des activités sportives et d'intérêt social, ne soient pas commercialement agressives et participent à la lutte contre les addictions, bref tous les éléments que nous voulons, semble-t-il, défendre sur ces bancs.* »
[613] D. Alland, La Loi sur les jeux en ligne : le règne des antiphrases , AJ 2010.1113
[614] D.Alland, Droit de l'Union européenne et droit français des jeux de hasard et d'argent en ligne, Histoire d'une instrumentalisation, AJ 2010 .1970.

Le droit de l'Union européenne n'appellerait au moment où la loi a été adoptée aucune libéralisation des jeux de hasard et d'argent parce que ces derniers n'ont fait l'objet d'aucune mesure de réglementation ou d'harmonisation communautaire. Et la Cour, même si elle soumet les jeux d'argent et de hasard comme toute activité économique aux règles du traité, donc à celles relatives à la libre prestation de services et, par conséquent, aux conditions qui pèsent sur les mesures nationales de nature à restreindre l'exercice de cette liberté, serait particulièrement sensible à la singularité de cette activité. D. Alland le montre au fil d'une analyse minutieuse de sa jurisprudence, et relève qu'en l'espèce c'est aux ordres juridiques nationaux et notamment à leurs juges d'apprécier comment l'Etat répond techniquement à la nécessité de préserver l'ordre public et l'intérêt général. La subsidiarité est ici reconnue comme une autonomie de l'ordre étatique tant dans les principes qu'il défend que dans la manière de le faire[615].

- Une subsidiarité à double jeu ?

Il s'agit tout d'abord de se demander si la Cour exerce une emprise sur la manière de concevoir la réserve de l'ordre public et donc l'exercice de la compétence nationale, de nature à favoriser, dans un second temps, une subsidiarité ascendante[616].

Les justifications invoquées par les États membres pour produire des mesures restrictives en matière de libre prestation des services sont soumises à plusieurs conditions cumulatives : elles doivent s'appliquer de manière non discriminatoire, être justifiées par des raisons impérieuses d'intérêt général, être propres à garantir la réalisation de l'objectif qu'elles poursuivent et ne pas aller au-delà de ce qui est nécessaire pour l'atteindre.

La troisième condition tenant au fait que la réglementation est propre à garantir la réalisation de l'objectif qu'elle poursuit est particulièrement sensible du point de vue de la manière dont fonctionne la subsidiarité. La Cour peut se réserver la possibilité d'apprécier cette condition comme elle le fait dans l'affaire *Santa Casa* précitée en faisant référence à sa jurisprudence [617] et en se livrant

---

615 Cf le détail de l'analyse précitée de D.Alland.

616 Il convient de souligner ici que la Cour intervient presque toujours en réponse à une question préjudicielle et donc renvoie aux juges nationaux le soin d'appliquer concrètement les principes qu'elle pose.

617 Cf « *59 Les États membres sont par conséquent libres de fixer les objectifs de leur politique en matière de jeux de hasard et, le cas échéant, de définir avec précision*

à une appréciation explicitement [618] ce qui est une manière de reprendre la main après l'avoir laissé aux états [619].

Parfois cependant, la Cour est moins engagée dans cette appréciation concédant ainsi aux états la pleine maîtrise de leur politique dans un système de subsidiarité qui reste descendant. Ainsi dans l'affaire

---

le niveau de protection recherché. Toutefois, les restrictions qu'ils imposent doivent satisfaire aux conditions qui ressortent de la jurisprudence de la Cour en ce qui concerne leur proportionnalité (arrêt Placanica e.a., précité, point 48) ».

60 Par conséquent, il convient d'examiner en l'espèce notamment si la restriction de l'offre des jeux de hasard par l'internet imposée par la législation nationale en cause au principal est propre à garantir la réalisation d'un ou de plusieurs objectifs invoqués par l'État membre concerné et si elle ne va pas au-delà de ce qui est nécessaire pour l'atteindre. En tout état de cause, ces restrictions doivent être appliquées de manière non discriminatoire (voir, en ce sens, arrêt Placanica e.a., précité, point 49).

61 Il y a lieu de rappeler, dans ce contexte, qu'une législation nationale n'est propre à garantir la réalisation de l'objectif invoqué que si elle répond véritablement au souci de l'atteindre d'une manière cohérente et systématique (arrêt du 10 mars 2009, Hartlauer, C-169/07, non encore publié au Recueil, point 55) ».

[618] Cf « *67 Il convient d'admettre à cet égard que l'octroi de droits exclusifs pour l'exploitation des jeux de hasard par l'internet à un opérateur unique, tel que Santa Casa, qui est soumis à un contrôle étroit des pouvoirs publics peut, dans des circonstances telles que celles de l'affaire au principal, permettre de canaliser l'exploitation de ces jeux dans un circuit contrôlé et être considéré comme apte à protéger les consommateurs contre des fraudes commises par des opérateurs* ».

[619] Voir aussi par exemple l'arrêt de la Cour dans les affaires jointes C-186/11 et 209/11 *Stanleybet International Ltd, William Hill Organization Ltd, William Hill Plc et Sportingbet Plc / Ypourgos Oikonomias kai Oikonomikon, Ypourgos Politismou.* Cf le communiqué de presse n° 7/13 Luxembourg, le 24 janvier 2013 mettant en évidence la latitude que la Cour laisse aux juridictions nationales pour apprécier l'adéquation des mesures prises et néanmoins le regard directif qu'elle porte sur ce qu'il convient de faire : « *La Cour souligne cependant que les restrictions imposées par les États membres doivent satisfaire aux conditions de proportionnalité et de non-discrimination, tout en assurant effectivement la réalisation des objectifs invoqués de manière cohérente et systématique. Il appartient ainsi à la juridiction nationale de vérifier que la réglementation nationale poursuit effectivement l'objectif de réduire les occasions de jeux de hasard et celui de lutter contre la criminalité liée à ces jeux. La Cour suggère néanmoins à la juridiction nationale de tenir compte, pour ce qui concerne le premier objectif, des divers éléments du cadre réglementaire et du fonctionnement pratique de l'OPAP, tels que les droits et privilèges dont elle dispose pour la publicité des jeux et la fixation de la mise maximum par bulletin de jeu (et non par joueur). Quant au deuxième objectif, la juridiction nationale devra vérifier la mise en œuvre effective du contrôle étatique, en tenant compte du fait qu'une mesure aussi restrictive qu'un monopole doit être soumise à un contrôle strict, tandis que l'OPAP, société anonyme cotée en bourse, ne serait surveillée que de façon superficielle par l'État grec.* »

Placanica[620], la Cour confie au juge national le soin de vérifier si la réglementation répondait véritablement à l'un des objectifs invoqués, à savoir la prévention de l'exploitation des activités de jeu à des fins criminelles ou frauduleuses[621].

La condition de la proportionnalité des mesures limitant la libre prestation de service consiste à exiger que les mesures n'aillent pas au-delà de ce qui est nécessaire pour atteindre l'objectif. Elle est, elle aussi, susceptible de donner appui à un regard supra-étatique sur les mesures prises. La question a donné matière à construction d'une jurisprudence consistante visant à éviter les entraves disproportionnées et posant que l'intérêt ne doit pas avoir été déjà assuré par des règles de l'État membre où le ressortissant communautaire est établi et que le même résultat ne peut pas être obtenu par des règles moins contraignantes[622].

---

620 CJCE 6 mars 2007 *Placanica* C-338/04

621 Cf « *58 Il incombera aux juridictions de renvoi de vérifier si, dans la mesure où elle limite le nombre d'opérateurs agissant dans le secteur des jeux de hasard, la réglementation nationale répond véritablement à l'objectif invoqué par le gouvernement italien, à savoir celui visant à prévenir l'exploitation des activités dans ce secteur à des fins criminelles ou frauduleuses. De même, il appartiendra aux juridictions de renvoi de vérifier si ces restrictions satisfont aux conditions qui ressortent de la jurisprudence de la Cour en ce qui concerne leur proportionnalité.*»

622 CJCE 6 mars 2007 Placanica C-338/04 précité « *48 À cet égard, si les États membres sont libres de fixer les objectifs de leur politique en matière de jeux de hasard et, le cas échéant, de définir avec précision le niveau de protection recherché, les restrictions qu'ils imposent doivent toutefois satisfaire aux conditions qui ressortent de la jurisprudence de la Cour en ce qui concerne leur proportionnalité* ». Voir aussi par exemple : CJUE 24 janvier 2013 *Stanleybet International Ltd* (C-186/11) précité : « *27 Par ailleurs, il y a lieu de rappeler que les restrictions imposées par les États membres doivent satisfaire aux conditions de proportionnalité et de non-discrimination les concernant, telles que dégagées par la jurisprudence de la Cour. Ainsi, une législation nationale n'est propre à garantir la réalisation de l'objectif invoqué que si elle répond véritablement au souci de l'atteindre d'une manière cohérente et systématique* (voir, en ce sens, arrêt Liga *Portuguesa de Futebol Profissional et Bwin International*, précité, points 59 à 61 et jurisprudence citée). *28 La seule circonstance qu'un État membre a choisi un système de protection différent de celui adopté par un autre État membre ne saurait avoir d'incidence sur l'appréciation de la proportionnalité des dispositions prises en la matière. Celles-ci doivent seulement être appréciées au regard des objectifs poursuivis par les autorités compétentes de l'État membre concerné et du niveau de protection qu'elles entendent assurer* (arrêt du 12 juillet 2012, *HIT et HIT LARIX*, C-176/11, non encore publié au Recueil, point 25 et jurisprudence citée).

Cette exigence doit être appréciée d'abord au regard de l'objectif reconnu mais également au regard des objectifs assignés à l'Union européenne. Ce dernier type d'appréciation exige de prendre en considération le niveau de protection déjà atteint en vertu du droit communautaire applicable et du droit de l'État membre d'origine et d'envisager des mesures alternatives ayant des effets moins restrictifs sur les libertés de circulation. C'est suivant ce schéma[623], que la Cour a observé, dans son arrêt *Placanica*, qu'il existait d'autres moyens de protection efficaces qui restreignaient « de manière moindre la liberté d'établissement et la libre prestation des services »[624], et, par la suite, réitéré ce raisonnement[625]. Le contrôle de la Cour reste toutefois borné, dans une certaine mesure, lorsqu'elle statue sur renvoi préjudiciel. Et puis il revient à l'Etat la charge de prouver la nécessité et la proportionnalité de la réglementation.

Le comportement du juge interne, et en l'occurrence du Conseil d'Etat n'est pas sans déterminer également le « jeu » de la subsidiarité. Il convient donc d'examiner la manière dont il reçoit la vision

---

[623] Cf le raisonnement produit dans l'affaire *Cassis* de Dijon (CJCE 20 février 1979 Affaire 120/78).

[624] Cf « *62 Indépendamment de la question de savoir si l'exclusion des sociétés de capitaux cotées sur les marchés réglementés s'applique, en fait, de la même manière aux opérateurs établis en Italie et à ceux provenant d'autres États membres, cette exclusion totale va au-delà de ce qui est nécessaire pour atteindre l'objectif visant à éviter que les opérateurs actifs dans le secteur des jeux de hasard ne soient impliqués dans des activités criminelles ou frauduleuses. En effet, ainsi que l'a relevé M. l'avocat général au point 125 de ses conclusions, d'autres moyens existent pour contrôler les comptes et les activités des opérateurs dans le secteur des jeux de hasard tout en restreignant de manière moindre la liberté d'établissement et la libre prestation des services, comme celui consistant à recueillir des informations sur leurs représentants ou leurs principaux actionnaires (...)* ».

[625] Voir ainsi CJCE *Commission des Communautés européennes contre Royaume d'Espagne* 6 octobre 2009, Affaire C-153/08 : « *39 S'agissant, en premier lieu, de l'objectif de prévention de blanchiment de capitaux et de lutte contre la fraude fiscale, il n'est pas nécessaire de déterminer si cet objectif est susceptible de relever de la notion d'ordre public. Il suffit de constater à ce titre que, ainsi qu'il ressort de la jurisprudence de la Cour, les autorités d'un État membre ne sauraient valablement présumer, de manière générale et sans distinction, que les organismes et entités établis dans un autre État membre se livrent à des activités criminelles. De surcroît, le fait d'exclure de manière générale du bénéfice d'une exonération fiscale ces organismes et ces entités apparaît comme disproportionné, car allant au-delà de ce qui est nécessaire pour combattre la criminalité. En effet, plusieurs moyens existent pour contrôler les activités et les comptes de ceux-ci* (voir, en ce sens, arrêts précités *Gambelli* e.a., point 74, ainsi que *Centro di Musicologia Walter Stauffer*, point 61) ».

européenne des mesures restrictives acceptables. Dans l'arrêt de 2008 *Société Zeturf limited*[626], le Conseil saisit la Cour de justice de deux questions soulevant précisément toute la complexité voire les paradoxes d'une politique de contrôle des jeux.

Il s'agit tout d'abord de savoir si « *les articles 49 et 50 du traité instituant la communauté européenne doivent être interprétés comme s'opposant à une réglementation nationale qui consacre un régime d'exclusivité des paris hippiques hors hippodromes en faveur d'un opérateur unique sans but lucratif laquelle, si elle semble propre à garantir l'objectif de lutte contre la criminalité et ainsi de protection de l'ordre public d'une manière plus efficace que ne le feraient des mesures moins restrictives, s'accompagne pour neutraliser le risque d'émergence de circuits de jeu non autorisés et canaliser les joueurs vers l'offre légale, d'une politique commerciale dynamique de l'opérateur qui n'atteint pas en conséquence complètement l'objectif de réduire les occasions de jeux ;* ».

Il faut aussi déterminer s'il « *convient d'apprécier l'atteinte à la libre prestation de services du seul point de vue des restrictions apportées à l'offre de paris hippiques en ligne ou s'il convient de prendre en considération l'ensemble du secteur des paris hippiques quelle que soit la forme sous laquelle ceux-ci sont proposés et accessibles aux joueurs* ».

La Cour a répondu dans un arrêt du 30 juin 2011 *Zeturf*[627] de manière plutôt directive démontrant, comme on l'a déjà indiqué, que le respect de la compétence du juge national qu'impose l'office du juge saisi à titre préjudiciel ne l'empêche pas de fixer des lignes précises de nature à peser sur le contrôle qui sera exercé ultérieurement[628].

Le Conseil d'Etat reçoit la réponse de la Cour mais constate en l'espèce que le motif d'illégalité tiré de la méconnaissance du principe de libre prestation des services a disparu[629].

---

626 CE 9 mai 2008 *Société Zeturf Limited*, n° 287503, conclusions J-Ph.Thiellay RFDA 2008. 1043.

627 Arrêt CJUE *Zeturf* 30 juin 2011 C-212/08

628 Cf « *44 Dans le contexte de l'affaire au principal et à la lumière des observations soumises à la Cour, il convient d'apporter à cet égard des précisions relatives, d'une part, à la vérification des objectifs poursuivis par la réglementation nationale et, d'autre part, au contrôle effectivement exercé par les pouvoirs publics sur le PMU.* »

629 CE 30 décembre 2011 n° 287503 *Zeturf* : « *toutefois, postérieurement à l'introduction de la requête et à cette saisine est intervenue la loi du 12 mai 2010 relative à l'ouverture à la concurrence et à la régulation du secteur des jeux d'argent et de hasard en ligne, dont l'article 11 autorise, par dérogation aux dispositions de*

Plus significatifs de l'attitude de la haute juridiction, sont ses deux autres arrêts du 30 décembre 2011[630] dans lesquels est repris le raisonnement de la Cour en faisant expressément référence à l'arrêt *Santa Casa* du 8 septembre 2009 et à celui du 30 juin 2011 *Zeturf.* On note que le Conseil d'Etat mentionne le fait que la Cour renvoie au juge national le soin d'apprécier si le dispositif réglementaire est efficient au regard des objectifs poursuivis et des contraintes qui pèsent sur lui, mais en reprenant les critères d'analyse qu'elle préconise[631].

II. La subsidiarité de recours

La subsidiarité peut être aussi construite dans une logique de recours. Il ne s'agit pas ici de prôner la prévalence - due à son autonomie - d'un ordre mais plutôt de s'appuyer sur un corpus offrant une ressource dans la mise en œuvre d'un dispositif tenaillé par des intérêts quelque peu divergents. La subsidiarité du droit administratif, ici fonctionnelle, prolonge sur un autre plan, celle, substantielle qui vient d'être analysée.

---

l'article 4 de la loi du 2 juin 1891, toute personne titulaire d'un agrément délivré par l'Autorité de régulation des jeux en ligne, à organiser la prise de paris hippiques en ligne, mettant ainsi fin au monopole que détenait le PMU sur cette activité ; que la société requérante a d'ailleurs été agréée par cette autorité le 26 juillet 2010 pour proposer une offre de paris hippiques en ligne ; que dans ces conditions, le motif d'illégalité allégué tiré de la méconnaissance du principe de libre prestation des services ayant, en tout état de cause, disparu, le dernier moyen de la requête doit être écarté ; qu'il s'ensuit que la requête de la SOCIETE ZETURF LIMITED *doit être rejetée ;* ».

[630] CE 30 déc. 2011, *Ste BWIN Interactive* n° 321920 et CE 30 déc. 2011, *Sté Stanley international Betting limited* n° 30604.

[631] Cf CE 30 déc *2011 Ste BWIN Interactive* n° 321920 précité : « *qu'ainsi que l'a relevé la Cour par ses arrêts n°C-42/07 du 8 septembre 2009 et n°C-212/08 du 30 juin 2011, un État membre cherchant à assurer un niveau de protection particulièrement élevé des consommateurs de jeux de hasard peut être fondé à considérer que seul l'octroi de droits exclusifs à un organisme unique soumis à un contrôle étroit des pouvoirs publics est de nature à permettre de maîtriser les risques propres à cette activité et de poursuivre une politique efficace de lutte contre le jeu excessif ; que, dans ce cas, il incombe au juge national de rechercher si les contrôles auxquels l'organisme bénéficiant d'un droit exclusif est soumis sont effectivement mis en œuvre de manière cohérente et systématique pour atteindre les objectifs qui lui sont assignés et si la politique menée par celui-ci, si elle peut impliquer l'offre d'une gamme de jeux étendue, une publicité d'une certaine envergure et le recours à de nouvelles techniques de distribution, n'est pas pour autant expansionniste ;* ».

A.Procédés normatifs de recours

- L'objectif de valeur constitutionnelle

Il s'agit là d'un procédé normatif plus encore que d'une prescription[632]. En effet, la référence normative qu'il énonce est mise en confrontation avec une autre norme et exploitée dans une démarche de conciliation avec celle-ci[633].

Ainsi et comme le souligne Pierre de Montalivet dans l'étude qu'il consacre à ces normes en 2006 « La normativité des objectifs de valeur constitutionnelle se constate enfin au vu de leur fonction de permission. Selon le Conseil constitutionnel, le législateur peut limiter l'exercice des droits et libertés constitutionnels au nom de la réalisation des objectifs. L'exercice des droits et libertés doit être concilié avec les objectifs, révélant la dualité de ces derniers: ils limitent les droits et libertés et en garantissent l'effectivité. Ils les limitent ainsi qu'ils les protègent. La fonction des objectifs semble donc paradoxale »[634].

La décision du Conseil constitutionnel concernant la loi relative à l'ouverture à la concurrence et à la régulation du secteur des jeux d'argent et de hasard en ligne[635] est intéressante à plusieurs titres en ce qui concerne les procédés normatifs constituant un recours.

Tout d'abord elle consacre, par la référence à l'objectif de valeur constitutionnelle de l'ordre public et la fonction qu'elle lui fait jouer, une subsidiarité de recours reposant sur un arsenal législatif technique

---

632 Sur les objectifs de valeur constitutionnelle, voir notamment, B.Faure, Les objectifs de valeur constitutionnelle, une nouvelle catégorie, RFDC 1995 p 47, F.Luchaire, Brèves remarques sur une création du Conseil constitutionnel : l'objectif de valeur constitutionnelle, RFDC 2005 p 675, P de Montalivet, Les objectifs de valeur constitutionnelle , Cahiers du Conseil constitutionnel 2006 p 169.

633 Cf CC déc n° 2010-605 DC du 12 mai 2010 : « *24. Considérant, en second lieu, qu'il est loisible au législateur d'apporter à la liberté d'entreprendre, qui découle de l'article 4 de la Déclaration des droits de l'homme et du citoyen de 1789, des limitations liées à des exigences constitutionnelles ou justifiées par l'intérêt général, à la condition qu'il n'en résulte pas d'atteintes disproportionnées au regard de l'objectif poursuivi ; 25. (..) qu'eu égard aux objectifs qu'il s'est assignés, il a adopté des mesures propres à assurer une conciliation qui n'est pas manifestement déséquilibrée entre le principe de la liberté d'entreprendre et l'objectif de valeur constitutionnelle de sauvegarde de l'ordre public ;* ».

634 P. de Montalivet, op cit supra.

635 CC déc n° 2010-605 DC du 12 mai 2010 précitée.

de droit administratif - et pénal - très élaboré et dont le Conseil constitutionnel relate les éléments[636].

Ensuite, elle conforte cette approche en affirmant la valeur normative de l'article 1 de la loi en réponse aux doutes exprimés par les requérants[637]. Cette question invite, dans le cadre de cette réflexion, à quelques commentaires.

Rappelons tout d'abord, afin de le lire avec un regard centré sur ses caractéristiques grammaticales, l'énoncé - déjà mentionné - de cette disposition d'ouverture de la loi : « Les jeux d'argent et de hasard ne sont ni un commerce ordinaire, ni un service ordinaire ; dans le respect du principe de subsidiarité, ils font l'objet d'un encadrement strict au regard des enjeux d'ordre public, de sécurité publique et de protection de la santé et des mineurs ».

Sa valeur normative, au sens de portée prescriptive, peut effectivement être mise en doute si l'on s'en tient à sa seule rédaction. Mais sa place dans un texte de loi pourrait conduire à éluder l'interrogation ou à l'invalider. Confronté au problème à propos d'autres textes, le Conseil constitutionnel a balancé entre plusieurs approches.

L'absence de valeur normative n'a pas toujours été considérée comme constitutive d'un grief d'inconstitutionnalité. L'inexistence d'effets juridiques envisagés pouvant en quelque sorte couvrir cette

---

[636] Cf « *25. Considérant, en l'espèce, qu'en adoptant la loi contestée, le législateur a voulu lutter contre les méfaits du marché illégal des jeux et paris en ligne en créant une offre légale sous le contrôle de l'État ; qu'à cette fin, il a soumis l'organisation de jeux en ligne à un régime d'agrément préalable ; qu'il a créé une autorité administrative indépendante, l'Autorité de régulation des jeux en ligne, chargée d'agréer les nouveaux opérateurs, de contrôler le respect de leurs obligations et de participer à la lutte contre les opérateurs illégaux ; qu'il a édicté des mesures destinées à prévenir une accoutumance, à protéger les publics vulnérables, à lutter contre le blanchiment d'argent et à garantir la sincérité des compétitions sportives et des jeux ; qu'il a choisi de ne pas ouvrir l'accès des opérateurs agréés au marché des jeux de pur hasard ; qu'il a réglementé la publicité en faveur de l'offre légale de jeu tout en sanctionnant pénalement celle en faveur de l'offre illégale ; qu'eu égard aux objectifs qu'il s'est assignés, il a adopté des mesures propres à assurer une conciliation qui n'est pas manifestement déséquilibrée entre le principe de la liberté d'entreprendre et l'objectif de valeur constitutionnelle de sauvegarde de l'ordre public ;* ».

[637] Cf « *29. Considérant que, contrairement à ce que soutiennent les requérants, l'article 1er de la loi déférée, qui soustrait les jeux d'argent et de hasard au droit commun de la liberté d'entreprendre, n'est pas dépourvu de toute portée normative ;* ». Sur cette question, voir notamment le commentaire de la décision dans Les Cahiers du Conseil constitutionnel Cahier n° 29.

« anomalie »[638]. Cette relative souplesse quant aux exigences normatives censées caractériser l'entreprise juridique et en l'occurrence législative, a permis de tolérer des énoncés relevant moins du « devoir-être » que de «l'être »[639].
Puis le Conseil a, en 2004, souhaité rappeler le caractère prescriptif de la loi[640] : « Considérant qu'aux termes de l'article 6 de la Déclaration des droits de l'homme et du citoyen de 1789 : «La loi est l'expression de la volonté générale» ; qu'il résulte de cet article comme de l'ensemble des autres normes de valeur constitutionnelle relatives à l'objet de la loi que, sous réserve de dispositions particulières prévues par la Constitution, la loi a pour vocation d'énoncer des règles et doit par suite être revêtue d'une portée normative. » La manière de le dire prête à discussion[641] mais a, au moins, la vertu de cadrer toute spéculation sur la nature de la démarche législative et de prohiber toute formule sans contenu normatif réduite à un « bruit législatif»[642]. Une disposition législative clairement dénuée de caractère prescriptif, « manifestement dépourvue de toute portée normative » n'échappera pas ainsi à la censure du Conseil[643].

---

638 Décision n° 82-142 DC du 27 juillet 1982, Loi portant réforme de la planification, cons. 8 .

639 Voir ainsi cette affirmation contenue dans la Loi n° 77-2 du 3 janvier 1977 sur l'architecture. : «L'architecture est une expression de la culture », cf le commentaire précité aux Cahiers du Conseil constitutionnel.

640 Décision n° 2004-500 DC du 29 juillet 2004, Loi organique relative à l'autonomie financière des collectivités territoriales, cons. 12. Voir aussi antérieurement la décision n° 2002-460 DC du 22 août 2002, Loi d'orientation et de programmation pour la sécurité intérieure.

641 Il y aurait beaucoup à dire sur la manière dont le Conseil fonde cette portée normative qui est, en réalité, le propre du droit.

642 Les Cahiers du Conseil constitutionnel n° 17 Commentaire de la décision n° 2004-500 DC du 29 juillet 2004.

643 Cf la décision n° 2005-512 DC du 21 avril 2005 Loi d'orientation et de programme pour l'avenir de l'école : « *16. Considérant qu'aux termes du II de l'article 7 de la loi déférée : " L'objectif de l'école est la réussite de tous les élèves. - Compte tenu de la diversité des élèves, l'école doit reconnaître et promouvoir toutes les formes d'intelligence pour leur permettre de valoriser leurs talents. - La formation scolaire, sous l'autorité des enseignants et avec l'appui des parents, permet à chaque élève de réaliser le travail et les efforts nécessaires à la mise en valeur et au développement de ses aptitudes, aussi bien intellectuelles que manuelles, artistiques et sportives. Elle contribue à la préparation de son parcours personnel et professionnel " ; 17. Considérant que ces dispositions sont manifestement dépourvues de toute portée normative ; que, dès lors, le II de l'article 7 de la loi déférée est contraire à la Constitution* ; ».

Mettre en doute la portée normative de l'article 1er de la loi du 12 mai 2010 revenait à neutraliser l'affirmation qu'il délivre et qui fonde toute la dynamique de subsidiarité que promeut le dispositif mis en place. Le Conseil en jugeant que cet article ne relevait pas de cette hypothèse, consacre une prescription destinée à organiser la soustraction des jeux d'argent et de hasard au droit ordinaire des échanges économiques et des services et à donner place à un dispositif voué à la préservation d'intérêts spécifiques. Les jeux d'argent et de hasard « ne sont pas » et donc « ne doivent pas être » et « ne seront pas » si le principe de subsidiarité et plus largement la dynamique, ambivalente, de subsidiarité remplit son office.

- Procédés d'aménagement de la norme

L'utilisation des procédés d'aménagement de la norme tels que la dérogation et l'exception s'inscrivent dans cette approche de la subsidiarité du droit administratif.

La dérogation est le fruit du pouvoir, accordé à l'autorité qui applique une règle, de l'écarter ponctuellement au profit d'une norme qui, sans cette habilitation, en constituerait une violation. Tandis que l'exception est une règle dans la règle, c'est-à-dire un volet de cette dernière contenant une norme différente de la principale et réservée à des cas qu'elle désigne[644].

Ces possibilités d'aménagement de la règle interviennent pour limiter l'activité des jeux ou au contraire l'ouvrir dans un contexte de prohibition. Dans ces deux hypothèses, ils offrent le moyen technique d'organiser une subsidiarité répondant à la fonction de recours qu'exige le régime juridique d'une activité tissée d'enjeux différents voire contradictoires.

Il faut commencer par évoquer le célèbre arrêt de 1902 *commune de Néris-les-Bains* qui, sur le terrain de l'articulation des pouvoirs de police met en évidence la manière dont peut intervenir à l'initiative d'une autorité locale une aggravation des mesures en matière de police, en l'occurrence ici des jeux.

Puis, il convient de revenir sur la décision du 12 mai 2010 dans laquelle le Conseil constitutionnel répond à l'invocation par les requérants d'un principe fondamental reconnu par les lois de la République en matière

[644] A. Rouyère, Recherches sur la dérogation en droit public, Thèse, Bordeaux 1993.

de prohibition des jeux d'argent et de hasard[645] et, ce faisant, souligne la manière dont a été organisé le droit des jeux. Il indique [646] « que, si la loi du 2 juin 1891 susvisée a prohibé les paris sur les courses de chevaux et celle du 18 avril 1924 confirmé le principe de prohibition des loteries institué par une loi de 1836, ces législations n'ont jamais conféré à ces règles un caractère absolu mais les ont constamment assorties de dérogations et d'exceptions importantes ; qu'en outre, le législateur a également apporté d'autres dérogations à la prohibition des jeux d'argent et de hasard par la loi du 15 juin 1907 réglementant le jeu dans les cercles et les casinos des stations balnéaires, thermales et climatériques et l'article 136 de la loi de finances du 31 mai 1933 autorisant le gouvernement à créer la Loterie nationale ; que, dès lors, ces lois de la République ne sauraient être regardées comme ayant reconnu un principe fondamental »[647].

- Catégories juridiques de composition

L'on trouve aussi dans la jurisprudence du Conseil d'Etat, le constat de l'ambivalence qui caractérise les jeux et commande un régime juridique complexe dans lequel s'emboitent des préoccupations fort différentes. Manifestement le Conseil sait composer avec les catégories juridiques de manière pragmatique sans rien céder sur leur fond.

---

645 Cf « *5. Considérant que, selon les requérants, « en décidant de libéraliser le secteur des jeux en ligne, le législateur remet frontalement en cause une tradition juridique française qui se traduit depuis le dix-neuvième siècle, en matière de jeux de hasard, par les trois principes de prohibition, d'exception et d'exclusivité » ; qu'il aurait méconnu, ce faisant, un principe fondamental reconnu par les lois de la République ;* ».

646 Cons 7.

647 Voir aussi à titre d'illustration l'article L321-1 du Code de la sécurité intérieure relatif aux casinos : « *Par dérogation aux articles L. 324-1 et L. 324-2 et, s'agissant du 1° du présent article, à l'article L. 133-17 du code du tourisme, une autorisation temporaire d'ouvrir au public des locaux spéciaux, distincts et séparés où sont pratiqués certains jeux de hasard peut être accordée, sous les conditions énoncées au présent chapitre, aux casinos, sous quelque nom que ces établissements soient désignés (...)* ».Ou l'article L322 du Code de la sécurité intérieure relatif aux loteries : « Sont exceptées des dispositions des articles L. 322-1 et L. 322-2 les loteries d'objets mobiliers exclusivement destinées à des actes de bienfaisance, à l'encouragement des arts ou au financement d'activités sportives à but non lucratif, lorsqu'elles ont été autorisées par le représentant de l'Etat dans le département où est situé le siège social de l'organisme bénéficiaire et, à Paris, par le préfet de police .
Les modalités d'application de cette dérogation sont fixées par voie réglementaire ».

Ainsi trouve-t-on dans sa décision de 1966 *Ville de Royan* l'affirmation qu'un contrat liant un casino municipal à une commune constitue une concession de service public[648] et dans un arrêt du 19 mars 2012[649] « qu'il résulte des dispositions de la loi du 15 juin 1907 relative aux casinos, ainsi que des travaux parlementaires qui ont précédé son adoption et de ses modifications successives, que le législateur, tout en soumettant à une surveillance particulière les jeux de casino, a entendu que ces activités concourent aux objectifs de développement touristique, économique et culturel des communes autorisées à les accueillir ;(...) que si ces jeux de casinos ne constituent pas, par eux-mêmes, une activité de service public, les conventions obligatoirement conclues pour leur installation et leur exploitation, dès lors que le cahier des charges impose au cocontractant une participation à ces missions et que sa rémunération est substantiellement assurée par les résultats de l'exploitation, ont le caractère de délégation de service public ; »[650].

B. Outils de régulation

La mise en œuvre de ces outils s'inscrit dans une stratégie de combinaison d'intérêts plus ou moins faciles à articuler. La subsidiarité de recours organise leur coexistence avec tout le savoir-faire que l'on connaît au droit administratif.

- Autorité de régulation

Le choix de créer une autorité administrative indépendante dite Autorité de régulation des jeux en ligne (ARJEL), opéré par la loi du 12 mai 2010 apparaît aussi significatif de la manière dont l'Etat entend intervenir dans le secteur des jeux. L'Etat encore - et ce d'autant plus que l'ARJEL n'est pas une «autorité publique indépendante » dotée de la personnalité morale - mais l'Etat autrement tout de même grâce à une instance affichant une expression non monolithique de l'action publique.
Parmi les autorités dites indépendantes, se dessinent deux ensembles, constitués pour l'un, des autorités administratives indépendantes

[648] CE 25 mars 1966 *Ville de Royan*, n° 46504 46707 : Le contrat passé entre une ville et une société chargée d'édifier, d'entretenir et d'exploiter un casino municipal constitue une concession de service public conclue dans l'intérêt du développement de la station touristique et balnéaire.
[649] CE 19 mars 2012 SA *Groupe Partouche* n° 341562 .
[650] Voir aussi CE Sect. de l'intérieur avis n° 357 274, 4 avril 1995 et CE, Sect., 10 mars 2006, *Commune d'Houlgate*, n° 264098.

construites sur une mission de sauvegarde des droits et libertés dans des secteurs sensibles et pour l'autre, des autorités ayant un rôle de régulation.
L'ARJEL se range-t-elle nettement du côté des secondes ou présente-t-elle aussi les traits d'une autorité de défense des droits selon une tradition d'un droit administratif plus classique ?
Il ne s'agit manifestement pas que de régulation et de préservation d'un contexte concurrentiel mais aussi de contrôle de la manière dont celui-ci fonctionne au regard des préoccupations d'intérêt public dont l'Etat a la charge.

- Techniques du droit administratif

La palette des techniques de droit administratif mobilisées par le droit des jeux d'argent témoigne de la volonté d'exploiter toutes les ressources du droit administratif. On trouve en la matière l'outil de contrôle préventif - tels l'autorisation[651] ou l'agrément[652]- et évidemment celui de la sanction administrative.
Ainsi, le régime de délivrance des agréments dans la loi du 12 mai 2010 est remarquable par la rigueur qui le caractérise. Il est à noter en particulier que dans un contexte plutôt favorable à une certaine « patrimonialisation »[653] des autorisations accordées aux opérateurs économiques, l'orthodoxie est ici défendue avec l'affirmation expresse du caractère non cessible de l'agrément[654].
Les motifs de refus d'agrément ou de renouvellement retiennent également l'attention en ce qu'ils confirment l'objet même de ce verrou : « (...) L'agrément ou son renouvellement ne peut être refusé que pour un motif tiré de l'incapacité technique, économique ou financière du demandeur de faire face durablement aux obligations attachées à son activité ou de la sauvegarde de l'ordre public, de la lutte contre le blanchiment des capitaux et le financement du terrorisme, des

---

651 Voir par exemple la loi du 2 juin 1891 ayant pour objet de réglementer l'autorisation et le fonctionnement des courses de chevaux modifiée par la Loi n°2010-476 du 12 mai 2010.
652 Cf notamment article 21 de la loi n°2010-476 du 12 mai 2010.
653 Voir notamment le dossier relatif à la patrimonialité des actes administratifs publié à la RFDA 2009 n° 1 ainsi que les références consacrées à cette question qui y sont mentionnées.
654 Article 21 I de la loi n°2010-476 du 12 mai 2010.

nécessités de la sécurité publique et de la lutte contre le jeu excessif ou pathologique »[655].
Le retrait de l'autorisation peut intervenir aussi dans une démarche préventive et constituer donc une mesure de police. L'arrêt du Conseil d'Etat du 17 janvier 2011[656] est à ce titre exemplaire. Le Conseil d'Etat y indique que « (…) la décision du 10 mai 1999, par laquelle le ministre de l'Intérieur s'est fondé sur l'implication de M. A dans ces deux affaires de dopage pour enjoindre à la société mère France Galop, en vertu des dispositions de l'article 12 du décret du 5 mai 1997, de retirer l'autorisation de faire courir des chevaux qu'elle avait délivrée à l'intéressé, ne constituait pas une sanction mais une mesure de police, qui était destinée à prévenir les atteintes au bon déroulement des courses hippiques et des paris dont elles sont le support, et à préserver ainsi l'ordre public ».
En outre et cela démontre le positionnement du droit administratif par rapport à la procédure pénale – subsidiarité-autonomie et de recours ?- il est précisé que « le principe de la présomption d'innocence ne fait pas obstacle, par lui-même, à ce que soit prise une telle mesure ; qu'alors même que l'entraîneur du cheval Seba le Rouge n'avait pas été frappé d'une sanction dans l'affaire de dopage hippique et que M. A a ultérieurement bénéficié d'un jugement de relaxe, non revêtu de l'autorité de la chose jugée au pénal, prononcé par un jugement du tribunal de grande instance de Paris du 11 avril 1998 au motif que sa complicité avec M. B dans l'affaire de dopage cycliste n'était pas établie, les faits mentionnés ci-dessus étaient de nature à justifier légalement la décision prise par le ministre le 10 mai 1999 ».

La distinction des missions de maintien de l'ordre public et de service public reste décidément une question de fond avant d'être celle d'un régime. S'il nous arrive, saisis par les tourbillons du droit positif, de délaisser quelque peu les « vieilles » problématiques existentielles du droit administratif, le droit des jeux nous y ramène. Non sans détour et parfois ambiguïtés. Mais toujours avec cette tension qui caractérisait les premières constructions textuelles et juridictionnelles du droit administratif, où se jouait l'identité d'un droit que son objet rassemble et écartèle.

[655] Article 21 III de la loi n°2010-476 du 12 mai 2010 .
[656] CE 17 janvier 2011 n° 325251

Troisième Partie

Les ambiguïtés de la posture moderne de l'Etat à l'égard des jeux

LES PRELEVEMENTS PUBLICS SUR LES PRODUITS DES JEUX ET LEUR AFFECTATION

Jean-Paul MARKUS
Professeur de droit public,
Membre du Centre de recherches Versailles Saint-Quentin Institutions publiques,
Université Versailles Saint-Quentin

Les jeux et paris reposent sur deux types de gains au sens commun : celui du joueur ou parieur, au sens juridique le gain ; celui de l'organisateur du jeu ou pari, au sens juridique le produit. L'espoir de gain chez le joueur alimente le produit obtenu par l'organisateur qui à son tour peut augmenter les gains et donc l'espoir de gain, etc. Le tout alimente d'autant mieux les caisses publiques, par les prélèvements obligatoires, qu'un équilibre est trouvé entre gains et produits.
Aussi l'Etat ne doit-il pas, par ses prélèvements, rompre cet équilibre. Or, dans un marché des jeux et paris encore immature parce récemment libéralisé, cet équilibre ne semble pas encore atteint, et les prélèvements appliqués à ce secteur n'y aident pas toujours.
Ainsi les gains des joueurs ne sont-ils pratiquement pas taxés en tant que tels, tout au contraire des produits. Bien que ce ne soit pas le sujet de la présente étude, il convient de s'attarder brièvement sur ce choix fiscal et social : l'argent gagné par hasard serait-il plus digne que celui gagné à entretenir l'espoir de gain ? Depuis toujours, la doctrine range le gain et le produit dans le même registre de l'immoralité. Pothier évoquait ainsi un « *désir déréglé du gain... qui n'est pas une fin honnête* », le joueur étant porté par la « *passion de l'avarice réunie avec la paresse* » [657].
Reste qu'il faut nuancer. Tout gain aux jeux et paris est indirectement taxé : à travers les acquisitions permises par ce gain (TVA, droits de

---

[657] Pothier, Traité du contrat de jeu, n° 37, in *Œuvres de Pothier, Les traités du droit français*, par M. Merlin, tome 3, éd. J.P. Roret, Paris, 1830, p. 307, site Internet *Gallica.*

mutation, etc.), ou encore à travers la taxation des revenus indirects. Car si le gain aux jeux ne peut être regardé comme un revenu au sens fiscal, il en génère généralement, sauf à le placer dans un matelas ; et encore dans ce cas ce capital pourrait-il être taxé au titre de l'impôt sur la fortune selon les seuils en vigueur, même s'il ne génère aucun revenu, tout comme un bien immobilier ne produisant aucun revenu le serait également. Les gains sont ainsi agrégés aux autres richesses du gagnant pour établir son impôt.

Ainsi, le principe de progressivité de l'impôt aidant, plus le gain est élevé, plus il est taxé, indirectement, et cela tant que le gagnant se borne à jouer de façon occasionnelle[658]. Il n'existe que deux hypothèses connues de taxation directe des gains aux jeux. L'une vise les cas où ces gains résultent d'une « *occupation ou exploitation lucrative* »[659] jurisprudence que certains parlementaires voudraient élargir en la gravant dans le marbre législatif[660] ; l'autre hypothèse, qui sera évoquée plus loin, est celle de la contribution sociale généralisée pesant sur certains gains engrangés dans les casinos.

Même l'application de la TVA sur les jeux et paris a été écartée[661], y compris au niveau européen[662] au motif que les opérations de jeux de hasard s'y prêtent mal[663] : aurait-il fallu appliquer la TVA aux mises, aux gains, aux deux ? De même, comment déterminer la valeur ajoutée ? Ainsi, la TVA ne trouve à s'appliquer qu'à la marge, aux prestations

---

658 CE 25 avril 1979, n° 02306 : RJF 6/79 p. 209, à propos de gains au tiercé remportés par un journaliste hippique ; CE 21 mars 1980, n° 11235, RJF 5/80 n° 406. Plus récemment, TA Clermont-Ferrand 21 octobre 2010 n° 09-640, RJF 6/11 n° 702, à propos d'un joueur de poker en ligne.

659 CE Sect. 12 juillet 1969, n° 75.976 : Rec. p. 350.

660 Selon le sénateur Trucy, il faudrait prévoir « *plus explicitement* » la possibilité de fiscaliser les gains de certaines joueurs, selon un « *faisceau d'indices (récurrence des gains, part dans le revenu global, exercice ou non d'une activité professionnelle déclarée et rémunérée) qui déterminerait leur degré de professionnalisation* » (Sénat, *Rapport d'information sur l'évaluation de la loi n° 2010-476 du 12 mai 2010 relative à l'ouverture à la concurrence et à la régulation du secteur des jeux d'argent et de hasard en ligne*, 12 oct. 2012, n° 17, par F. Trucy p. 190). Précisons qu'il serait contraire au droit de l'Union européenne de ne taxer que les gains engrangés dans un autre pays de l'Union (CJCE 13 nov. 2003, Lindman, aff. 42/02).

661 CGI, 261 E.

662 Directive CE n° 2006-112 du Conseil du 28 novembre 2006, *relative au système commun de taxe sur la valeur ajoutée* (art. 133 et s.), reprenant les principes issu de la directive de 1976.

663 Cf. la proposition de 6ème directive élaborée en 1973 : Bulletin des Communautés européennes, Supplément 11/73, p. 16.

annexes[664], dans le respect du principe européen de neutralité fiscale[665].
Cette exonération de principe de toute imposition des gains aux jeux a pu être remise en cause : d'abord, la progressivité de l'impôt montre ses limites de façon toujours plus criante au sein des systèmes fiscaux contemporains, soit qu'elle ne serait plus effective[666], soit qu'elle se révélerait contre-productive[667]. Ensuite, l'extension de certains jeux à l'échelle européenne a permis une hausse considérable des gains potentiels, à la mesure de celle des mises : avec des jeux comme l'« EuroMillions » des lots sont apparus, dont les montants surpassent même tout espoir « moyen » de richesse « moyenne ».
Cela explique, dans un contexte de crise économique et budgétaire, que l'idée d'une taxation directe des gains ait récemment refait une apparition[668], toutefois furtive : la proposition est loin d'avoir emporté l'adhésion, ce qui est lourd de signification quant à la distinction qu'il convient d'établir entre taxation du produit des jeux et taxation des gains, et ce qui justifie que la présente étude se limite à la première.
Taxation du produit des jeux dont la complexité justifiera en soi une première démarche de recensement. Cette démarche tendra inévitablement au catalogue, mais incontournable, d'autant que la loi n° 2010-476 du 12 mai 2010 relative à l'ouverture à la concurrence et à la régulation du secteur des jeux d'argent et de hasard en ligne a profondément réformé les prélèvements existants (I). Forts d'une meilleure connaissance de ces prélèvements, il faudra ensuite se demander s'il existe une cohérence dans la politique des prélèvements sur l'activité de jeux : nous tenterons ainsi d'identifier les ressorts de cette politique (II).

---

664 CAA Bordeaux, 30 mars 2010, req. n° 09BX00430.

665 CJUE 10 nov. 2011, aff. 259/10 et 260/10, *Commissioners for Her Majesty's Revenue and Customs c/ The Rank Group plc.*

666 Conseil des prélèvements obligatoires, Rapport 2011, *Les prélèvements obligatoires sur les ménages, progressivité et effets distributifs,* not. p. 90 et s. ; J. Guez, *Le principe de progressivité de l'impôt sur le revenu : un principe introuvable ?*, Droit fiscal n° 23, 8 Juin 2006, 24.

667 P. Salin, *Contre la progressivité*, Droit fiscal n° 14, 5 Avril 2012, 247. – M. Tirard, *Pour une autre approche du principe de progressivité de l'impôt : à propos de la loi TEPA,* Droit fiscal n° 47, 19 Novembre 2009, 545.

668 Cette proposition est le fait de Y. Galut, député, en novembre 2012.

I. DES PRELEVEMENTS ATYPIQUES

C'est aux seuls prélèvements spécifiques sur les produits des jeux qu'est consacrée cette étude, à l'exclusion donc des prélèvements de droit commun pesant sur toute entreprise commerciale, telle qu'un organisateur de jeux et paris. Il est en effet peu significatif d'aligner en tant que fiscalité des jeux des prélèvements aussi communs que la contribution économique territoriale ou la taxe foncière, comme l'ont fait certains parlementaires pour ensuite dénoncer un excès d'impôt pesant à leurs yeux sur les entreprises de paris et jeux[669].
Malgré une rationalisation des prélèvements fiscaux opérée par la loi précitée du 12 mai de 2010, la fiscalité des jeux et paris reste largement atypique, à la fois par comparaison avec les prélèvements caractérisant les autres secteurs, et au sein même de ce secteur, avec des prélèvements différents selon les jeux et paris en cause.
Les prélèvements seront classés selon qu'ils sont de nature fiscale (A), ou sociale (B).

A. DES PRELEVEMENTS FISCAUX

La fiscalité sur l'activité de jeux ne s'est pas forgée de façon uniforme, et encore moins logique. Comme bien d'autres fiscalités, elle est stratifiée, diverse selon les jeux en cause et les conjonctures. Si la logique commandait de procéder par type de jeux, on comprendrait mieux cette fiscalité lorsqu'on raisonne selon l'assiette.

1.Prélèvements sur les mises

Les prélèvements les plus lourds sont assurément ceux dont l'assiette est constituée des sommes engagées par les joueurs ou parieurs. Ces sommes sont les mises, ce qui inclut les gains réinvestis par les joueurs sous forme de nouvelles mises[670]. Le prélèvement vise donc indirectement « *l'acte de jeu* » à en croire les travaux parlementaires[671], ce qui nous importe pour la suite du raisonnement.

---

[669] Sénat, Rapp. d'information sur les jeux de hasard et d'argent, 13 févr. 2002, n° 223, p. 108 et s.
[670] CGI, art. 302 bis ZJ
[671] Ass. Nat., Rapp. J.F. Lamour sur le projet de loi relatif à l'ouverture à la concurrence et à la régulation du secteur des jeux d'argent et de hasard en ligne, 22 juill. 2009, n° 1860, p. 65.

Il existe un prélèvement de base, et des prélèvements complémentaires.

Prélèvement de base. Tous les jeux de loterie subissent un prélèvement de 1,8 % sur les sommes misées dans le cadre des seuls jeux de loterie. Le produit est affecté à l'État et au Centre national pour le développement du sport, dans la limite d'un plafond fixé par la loi de finances[672]. Tous les paris hippiques, qu'ils s'effectuent en ligne ou « en dur » (chez un buraliste, ou sur le champ de courses), sont assujettis à des prélèvements assis le montant des sommes engagées par les parieurs[673], dont le taux est fixé à 4,6 %[674]. Cet impôt est dû à la fois par le Pari mutuel urbain, l'ancien opérateur monopolistique, et les sociétés de courses venues sur ce marché ouvert par la loi du 12 mai 2010. Les affectataires sont l'État à titre principal, et à concurrence de 15 % les établissements publics de coopération intercommunale sur le territoire desquels sont ouverts au public un ou plusieurs hippodromes, au prorata des enjeux des courses hippiques effectivement organisées dans lesdits hippodromes[675].
Les paris sportifs, en dur ou en ligne, subissent le même prélèvement[676], mais son taux est fixé à 5,7 %[677]. L'impôt est dû par les sociétés organisatrices, et l'affectataire est l'État seul.
Quant aux jeux en cercle en ligne (et non en dur), le prélèvement instauré[678] est limité à 1,8 %[679]. Il touche les opérateurs de jeux de cercle en ligne. L'affectataire principal est l'État, mais la loi en ajoute deux autres : à hauteur de 15 % du produit, le Centre des monuments nationaux[680], et encore à hauteur de 15%, les communes dans le ressort territorial desquelles sont ouverts au public un ou plusieurs casinos[681].
Les différences de taux, alors qu'il s'agit d'un même type de prélèvement, répondent à des préoccupations liées à chaque secteur économique concerné: s'agissant des paris hippiques et sportifs, l'objectif était d'éviter les distorsions de concurrence entre paris en

---

672 CGI, art. 1609 novovicies.
673 CGI, art. 302 bis ZG.
674 CGI, art. 302 bis ZK.
675 Dans une limite fixée par la loi de finances : art. 302 bis ZG préc.
676 CGI, art. 302 bis ZH.
677 CGI, art. 302 bis ZK.
678 CGI, art. 302 bis ZI.
679 CGI, art. 302 bis ZK.
680 A concurrence d'un montant fixé par la loi de finances.
681 A concurrence d'un montant fixé par la loi de finances.

dur et paris en ligne ; s'agissant des jeux en cercle, un taux de prélèvement trop élevé aurait pu, comme cela s'est produit dans d'autres pays, tuer dans l'œuf une offre légale émergente après la libéralisation du secteur, et laisser le champ libre à l'offre illégale offshore, qui sert très souvent de support à des entreprises de blanchiment d'argent[682].

Prélèvements complémentaires. Viennent ensuite des prélèvements assurément de nature fiscale malgré des dénominations parfois fantaisistes, mais dont le montant est pour partie affecté à certaines filières.

Pour les exercices 2011 à 2015, il est institué un prélèvement complémentaire de 0,3 %[683] sur les jeux de loterie, affecté, à travers le Centre national pour le développement du sport, au financement des projets de construction ou de rénovation des équipements destinés à accueillir la coupe de l'UEFA Euro 2016 (avec également un plafond). Au passage, nous parions dès aujourd'hui une très forte mise, que ce prélèvement sera prolongé après 2015.

Les paris sportifs, en dur ou en ligne, financent également le Centre national pour le développement du sport à travers un prélèvement annuel de 1, 8 % sur les sommes engagées[684].

Les paris hippiques en ligne sont de leur côté soumis à une « *redevance* » assise sur les sommes engagées par les parieurs sur les paris hippiques en ligne (y compris les gains réinvestis), dont le produit devait être affecté à la filière équine, et dont le taux était de 8%[685]. Selon les travaux parlementaires ayant conduit à la loi du 12 mai 2010, ce prélèvement « *s'apparente désormais plus à une taxe dont le produit est affecté, bien que le prélèvement envisagé conserve le nom de redevance. Le présent projet de loi définit ainsi une assiette, une fourchette de taux et des modalités de recouvrement : ce cadre juridique permet de rapprocher la redevance initialement proposée d'une imposition de toutes natures* »[686] (*sic*). La loi évoquait ainsi un « service public » que financerait cette « *redevance* », espérant faire entrer cette aide à la filière équine dans la qualification juridique de

[682] Sénat, Rapp. sur l'ouverture à la concurrence et à la régulation du secteur des jeux d'argent et de hasard en ligne, F. Trucy, 19 janv. 2010, n° 209, p. 37.
[683] CGI, art. 1609 novovicies al. 3.
[684] CGI, art. 1609 tricies. Dans la limite d'un montant fixé par les lois de finances.
[685] CGI, art. 1609 tertricies et art. 331 W.
[686] Rapp. Trucy, n° 209, préc., p. 50.

subvention en faveur d'un service d'intérêt économique général. La Commission européenne ne l'a pas entendu ainsi, ouvrant une procédure formelle d'examen au titre de l'article 108 § 3 TFUE[687].
Ainsi le législateur n'a-t-il pu maintenir l'affectation de droit du produit de cet impôt à la filière équine : l'État est donc seul affectataire, mais cette redevance, selon la loi, est « *destinée à financer les missions de service public telles que définies à l'article 2 de la loi du 2 juin 1891 ayant pour objet de réglementer l'autorisation et le fonctionnement des courses de chevaux* », autrement dit le développement de la filière équine et l'organisation des courses. Il s'agirait donc d'une affectation de fait. En contrepartie, l'État a diminué le taux du prélèvement de base sur les paris hippiques, de façon que le Pari mutuel urbain, moins imposé et donc engrangeant plus de profits, puisse compenser le manque à gagner pour la filière équine à laquelle il est tenu de verser une partie de ses bénéfices.

2.Prélèvement sur les recettes ou le produit brut des jeux

Le produit brut des jeux est constitué par la différence entre les mises des joueurs et leurs gains.
En contrepartie de l'exonération de TVA dont bénéficient les casinos et cercles de jeux[688] du fait de l'inadaptation de cet impôt à ce secteur, l'organisation de jeux de hasard ou d'argent donne lieu soit à un prélèvement progressif, soit à l'impôt sur les spectacles, jeux et divertissements.
Le prélèvement progressif s'applique aux casinos[689]. Il s'agit d'ailleurs de plusieurs prélèvements, dont le plus ancien, créé par la loi de finances du 19 décembre 1926[690] en remplacement d'autres prélèvements, bénéficie à l'État. L'assiette est le produit brut des jeux après un abattement de 25 %[691] et deux autres de 5%[692]. L'État

---

687 Comm. UE, déc. n° C(2010)7672 final du 17 nov. 2010, aff. n° C 34/2010 (ex N 140/2010), JOUE n° C 010 du 14/01/2011, p. 4.

688 CGI, art. 261 E, 1°. L'exonération est limitée aux recettes liées aux jeux, ce qui exclut les recettes se rattachant à d'autres prestations comme les ventes à consommer sur place, recettes de vestiaires, etc.

689 CGCT, art. L. 2333-54 et s.

690 JO 19 décembre 1926, p. 13162.

691 Décret-loi du 28 juillet 1934.

692 Le premier abattement supplémentaire correspond au déficit résultant des manifestations artistiques de qualité organisées par les casinos ; le second, plafonné, correspond aux dépenses d'acquisition, d'équipement et d'entretien à caractère

rétrocède 10% du produit de ce prélèvement aux communes sièges de casinos, sans que ce versement ne puisse accroître de plus de 5 % le montant des recettes réelles de fonctionnement de la commune[693].
Les communes qui réalisent des actions de promotion en faveur du tourisme peuvent instituer un prélèvement progressif sur le produit brut des jeux, dont le taux maximum est de 15%[694]. L'assiette est la même que celle du prélèvement de l'État. Ce prélèvement s'ajoute à celui de l'État, mais ce cumul est plafonné à 80 % du produit brut, par réduction au besoin du taux du prélèvement étatique.
S'agissant précisément de l'activité de casino, la notion de produit brut des jeux a été adaptée par la loi de finances rectificative pour 2008[695]. Sans qu'il soit besoin de détailler, le législateur distingue selon les jeux en cause et fixe un mode de calcul du produit brut. Le barème de ces prélèvements est prévu par décret[696] codifié l'article D. 2333-74 CGCT[697]. Les taux s'échelonnent de 10 à 80%.
L'impôt sur les spectacles, jeux et divertissements, prévu aux articles 1559 et suivants du code général des impôts, concerne les cercles et maisons de jeux en dur[698]. L'assiette est constituée par la « cagnotte » ou « produit brut des jeux », notions qui correspondent au « *montant total des droits fixes, prélèvements ou redevances encaissés au profit*

---

immobilier réalisées dans les établissements thermaux et hôteliers leur appartenant ou appartenant à une collectivité territoriale et dont ils assurent la gestion (L. n° 95-1347 du 30 décembre 1995 de finances rectificative pour 1995, art. 34).

693 CGCT, art. L. 2333-55. Plafond porté à 10 % pour les communes membres d'un établissement public de coopération intercommunale.

694 CGCT, art. L. 2333-54.

695 L. 2008-1443 du 30 déc. 2008. Cette loi insère dans le code général des collectivités territoriales un article L. 2333-55-1 qui définit en même temps l'assiette du prélèvement de l'État (par renvoi du code de la sécurité intérieure, art. L. 321-6).

696 Décret n° 2009-1035 du 26 août 2009 relatif aux dispositions du code général des collectivités territoriales concernant le prélèvement progressif sur le produit des jeux dans les casinos.

697 Cette disposition concerne aussi le prélèvement de l'État : Code de la sécurité intérieure, art. L321-6.

698 CGI, ann. IV, art. 126 : « *Les cercles de jeux sont les associations régies par la loi du 1er juillet 1901 dont les membres ont été autorisés par le ministre de l'Intérieur à pratiquer les jeux de hasard ainsi que les associations régies par la loi de 1901, dont les membres ont fait au ministre de l'Intérieur la déclaration prévue pour les jeux de commerce* ». Ils financent des actions culturelles ou sociales. A Paris, la plupart de ces clubs ont fermé.
Selon la même disposition, « *les maisons de jeux sont celles où sont pratiqués les jeux d'argent et qui n'entrent* » ni dans la catégorie des jeux de hasard (jeux d'argent), ni dans celle des jeux de commerce (en principe sans argent).

de l'établissement à l'occasion des parties engagées »[699] (ce qui exclut donc toutes les prestations annexes). Il s'agit en clair des prélèvements effectués par le cercle sur les gains des joueurs. Les taux de ces prélèvements sont librement fixés par le cercle ou la maison. Ils peuvent être différenciés selon les jeux. Sur cette cagnotte, l'impôt sur les spectacles est prélevé, dont le taux s'établit par paliers[700]. Le principal affectataire est la commune d'implantation du cercle ou de la maison de jeux, sous déduction d'une retenue de 5 % par l'État pour frais d'assiette et de perception[701]. La commune est en principe tenue de verser au centre d'action sociale au moins le tiers des sommes perçues[702].
Il faut enfin mentionner deux autres prélèvements sur les recettes des jeux. L'un concerne les appareils automatiques installés dans des lieux publics, « *qui procurent un spectacle, une audition, un jeu ou un divertissement et qui sont pourvus d'un dispositif mécanique, électrique ou autre, permettant leur mise en marche, leur fonctionnement ou leur arrêt* »[703]. Il se monte à 5 euros par appareil et par an[704]. L'autre est aussi un droit fixe, prévu par la loi du 12 mai 2010 précitée, dû par les opérateurs de jeux ou de paris en ligne[705]. Ce droit est perçu lors du dépôt par l'opérateur de sa demande d'agrément auprès de l'Autorité de régulation des jeux en ligne, puis au premier janvier de chaque année qui suit, puis lors de la demande de renouvellement de cet agrément. Ce droit vient en remplacement des archaïques droits de timbre[706] qui pesaient sur les bulletins de jeux (loto, loto sportif, jeux instantanés), et qui étaient bien malaisés à transposer aux paris en ligne. Son montant, identique pour tous types de jeux et paris en ligne, est fixé par décret[707].

[699] CGI ann. IV, art. 147.
[700] CGI, art. 1560.
[701] CGI, art. 1566.
[702] CGI, art. 1566, al. 4.
[703] CGI, art. 613 *ter*.
[704] CGI, art. 613 *quater*.
[705] CGI, art. 1012.
[706] CGI, anc. art. 919 A, 919 B et 919 C.
[707] CGI, art. 313 BR résultant du décret n°2010-494 du 14 mai 2010 (art. 1er).

B. LES PRELEVEMENTS SOCIAUX

La fiscalisation du budget social de la nation n'a pas manqué d'affecter les produits des jeux. Nous nous autoriserons ici la reprise d'un tableau émanant du rapport du sénateur Trucy[708], qui opère la synthèse des prélèvements dits « sociaux » sur les jeux et paris.

Synthèse des prélèvements sociaux sur les jeux avant et après la loi du 12 mai 2010

Jeux « en dur »			Jeux en ligne		
Française des jeux	PMU	Casinos	Paris sportifs	Paris hippiques	Poker
Situation antérieure à la loi du 12 mai 2010					
- CSG de 9.5 % sur 23 % des sommes misées (tirages, événements sportifs et émissions) - CRDS de 0.5 % sur 58 % des sommes misées	- CSG de 9,5 % sur 14 % des sommes engagées - CRDS de 0,5 % sur 70 % des sommes engagées	- CSG de 9,5 % sur 68 % du produit brut des jeux automatiques - CSG de 12 % sur tous les gains d'un montant supérieur ou égal à 1.500 euros réglés aux joueurs par des bons de paiement manuels - CRDS de 3 % sur la totalité du PBJ	Idem que le régime appliqué aux jeux en dur de la FDJ	Idem que le régime appliqué aux paris hippiques	-
Droit existant depuis la loi du 12 mai 2010					
-CSG de 6,9 % sur 25,5 % des sommes misées (tirages et émissions – suppression de la notion d'événements sportifs) - CRDS de 3 % sur 25,5 % des sommes misées (tirages et emissions – suppression de la notion d'événements sportifs) - Prélèvement de 1,8 % sur le montant brut des sommes engagées pour les paris sportifs	Suppression de la CSG et de la CRDS - Prélèvement de 1,8 % sur le montant brut des sommes engagées	Inchangé	Prélèvement de 1,8 % sur le montant brut des sommes engagées	Prélèvement de 1.8 % sur le montant brut des sommes engagées	Prélèvement de 0,2 % sur le montant brut des sommes engagées (sauf pour les tournois)

Source : commission des finances

Ce tableau fait apparaître qu'outre la contribution sociale généralisée (CSG) et la contribution au remboursement de la dette sociale (CRDS), dont les taux ont été revus par la loi du 12 mai 2010, cette même loi a créé trois nouveaux prélèvements.

1. CSG et CRDS

Sans reprendre le tableau, il faut noter que le plus fort taux de prélèvement social affecte l'activité de casino, à travers la notion de produit brut des jeux déjà évoquée, et dont une part variable constitue l'assiette. C'est également vrai pour la CRDS[709]. Autre particularité, la CSG affecte aussi certains gains des joueurs à raison de 12% sur les

---

708 Sénat, Rapp. d'information du 12 oct. 2012, n° 17, au nom de la commission des finances sur l'évaluation de la loi n° 2010-476 du 12 mai 2010 relative à l'ouverture à la concurrence et à la régulation du secteur des jeux d'argent et de hasard en ligne, p. 82.

709 Ord. n° 96-50 du 24 janvier 1996 relative au remboursement de la dette sociale, art. 18 et 19.

gains égaux ou supérieurs à 1500 euros[710]. Cette CSG est perçue par le casino au moment de l'échange des jetons contre argent, autrement dit à la source. L'affectation au budget de l'assurance sociale est classique. Viennent ensuite les jeux de la Française des Jeux, à l'exclusion des paris sportifs offerts par cette même entreprise, par souci d'harmonisation avec les paris sportifs en ligne (*infra*). L'assiette est constituée par les sommes misées. L'affectation est la même que précédemment.

2. Autres prélèvements sociaux

Trois prélèvements ont été créés, destinés à appréhender les jeux en ligne, mais également les jeux identiques en dur, de façon à ne pas créer de distorsions concurrentielles. Ils pèsent, comme le montre le tableau précédent, sur les paris sportifs et hippiques (en dur ou en ligne[711]), ainsi que sur les jeux de poker en ligne[712], avec des taux différents. Le taux très faible (passé depuis à 1,8%) du prélèvement sur les jeux de poker s'explique par le caractère encore précaire de l'offre existante, les opérateurs n'ayant pas encore, sur ce secteur, trouvé l'équilibre financier. Leur assiette est constituée par le montant brut des sommes engagées par les joueurs et parieurs, y compris les gains réinvestis. Pour les jeux en cercle (tournois), l'assiette est constituée par les droits d'entrée[713].

Ces prélèvements sont distincts de la CSG et de la CRDS qui dans ces cas ne s'appliquent pas. Mais ils restent sociaux par leur affectation : l'essentiel des sommes recueillies alimente les « régimes obligatoires d'assurance maladie »[714], tandis que 5% du produit de ce prélèvement, dans la limite d'un plafond fixé la loi de finances, est affecté à l'Institut national de prévention et d'éducation pour la santé (INPES)[715]. L'INPES a pu grâce à ce financement mener différents travaux destinés à la prévention des risques liés à l'addiction aux jeux, notamment en développant une communication envers les joueurs, avec un numéro de téléphone dédié.

---

[710] CSS, art. L136-7-1.
[711] CSS, art. L. 137-20 et 31.
[712] CSS, art. L. 137-22.
[713] CSS, art. L. 137-23.
[714] CSS, art. L. 137-24.
[715] CSS, art. L. 137-24.

Voilà qui va nous aider à déterminer la finalité des prélèvements sur les jeux, dont on perçoit déjà qu'elle revêt une connotation rédemptrice.

II. UNE FINALITE « REDEMPTRICE » ?

Le catalogue qui précède montre combien les prélèvements obligatoires sur les jeux et paris sont atypiques, par leur nature comme par leurs taux largement dérogatoires. Les réformes récentes, en particulier la loi du 12 mai 2010 ouvrant le marché des jeux en ligne, ont remplacé un régime dérogatoire par un autre régime dérogatoire. L'objet de la présente contribution n'est pas de retracer ces réformes, ni d'établir un comparatif entre les régimes passé et présent. On se reportera utilement aux travaux parlementaires, en particulier aux rapports de MM. F Trucy et J.F. Lamour, que nous aurons l'occasion de citer.

Cela précisé, à l'analyse de ces prélèvements, on ne peut s'empêcher de relever une réminiscence du bon vieux temps de la fiscalité morale. Mais si la morale semble toujours guider le législateur, la finalité et la méthode sont désormais surtout rédemptrices (A), voire désormais pragmatiques : alimenter les caisses publiques sans éreinter le contributeur (B).

A. UNE INDULGENCE FISCALISEE

Le titre nécessite une explication : les prélèvements à visée purement morale pénalisent une activité jugée immorale bien que légale. Les prélèvements à visée rédemptrice font office d'indulgences au sens religieux : certaines activités sont tolérées malgré leurs méfaits réels ou supposés, moyennant un prélèvement destiné à remédier à ces méfaits. Les prélèvements à visée morale n'ont pas disparu.

Les plus anciens et emblématiques restent les prélèvements sur les activités en lien avec la pornographie. Ainsi, l'article 1605 *sexies* (cela ne s'invente pas) du code général des impôts prévoit un « prélèvement spécial » de 33 %, pesant sur la fraction des bénéfices industriels et commerciaux imposables résultant de la production, de la distribution ou de la représentation de films pornographiques ou d'incitation à la violence. Ce prélèvement s'applique aussi à la production, la distribution ou la représentation publique d'œuvres pornographiques ou d'incitation à la violence diffusées sur support vidéographique[716], aux

[716] CGI, art. 1605 septies.

sociétés se livrant à des opérations de vente et de location portant sur des publications ayant le caractère d'œuvres pornographiques ou d'incitation à la violence diffusées sur support vidéographique[717], aux représentations théâtrales à caractère pornographique[718], ainsi qu'aux établissements dont l'accès est interdit aux mineurs en raison de leur caractère licencieux ou pornographique[719]. Il existe également une taxe sur les services d'information ou interactifs à caractère pornographique, fournis par l'intermédiaire du réseau téléphonique, dont le taux est de 50 % sur les sommes perçues, et dont l'assiette est constituée par le coût de la communication téléphonique hors TVA[720]. Ajoutons au catalogue la surtaxe sur les ventes et locations de vidéogrammes contenant des œuvres et documents cinématographiques ou audiovisuels à caractère pornographique ou d'incitation à la violence[721], ainsi que l'exclusion de la TVA à taux réduit sur les œuvres en question[722].

L'arsenal fiscal est donc purement réprobateur : l'État est seul affectataire d'un impôt à visée morale, alors qu'on pouvait imaginer une affectation du produit à des missions d'information et éducatives sur les dangers de certaines activités licencieuses. Or point de salut ici, pas plus que pour les personnes qui s'enrichirent durant la Seconde Guerre mondiale, et sur lesquelles s'abattit une « contribution extraordinaire sur les bénéfices de guerre »[723].

Dans une moindre mesure, la taxe annuelle sur les logements vacants[724] stigmatise un usage considéré comme immoral ou au moins abusif d'un bien immobilier, en période de pénurie de logements. La taxe sur les loyers élevés des logements de petite surface sanctionne les « marchands de sommeil » abusant des personnes en situation précaire[725].

Dans certains esprits également, la création d'une tranche d'imposition sur le revenu à 75 ou 80 %, promise par le candidat François Hollande à la présidence de la République, se justifie moins par les recettes

---

[717] CGI, art. 1605 octies.

[718] CGI, art. 235 ter.

[719] CGI, art. 235 ter MB.

[720] CGI, art. 235.

[721] CGI, art. 1609 sexdecies B.

[722] CGI, art. 279 bis.

[723] D. Touchelay, *De la contribution extraordinaire sur les bénéfices de guerre à la confiscation des profits illicites » , in Bourillon (F.), Boutry (P.) et a. (dir.), Des économies et des hommes, Mélanges Albert Broder, éd. Bière, 2006, p. 123.*

[724] CGI, art. 232.

[725] CGI, art. 234.

qu'une telle tranche procurerait à l'État, que par le caractère jugé intrinsèquement immoral de certains niveaux de revenus en période de crise économique.

Et n'a-t-on pas vu un sénateur proposer un amendement dit « Nutella » prévoyant de taxer l'huile de palme à 300 % en raison de ses effets sur la santé et l'environnement[726] ? Enfin, on se souvient des critiques acerbes de l'ancien président Mitterrand contre « l'argent qui dort », opposé à l'argent investi ou consommé, et qu'il s'agissait de taxer au maximum.

Les prélèvements sur les jeux et paris relèvent-ils de ce registre ? Pothier jugeait le contrat de jeu comme « *directement contraire aux principes de la société civile (...) aux bonnes mœurs (et devant), comme tel, être proscrit* »[727], reflétant ainsi l'attitude de la royauté depuis au moins Charlemagne[728]. Il faut encore citer la célèbre diatribe de Hauriou contre l'assimilation du théâtre à une activité d'intérêt général, tant il présente le risque "*d'exalter l'imagination, d'habituer les esprits à une vie factice et fictive, au grand détriment de la vie sérieuse, et d'exciter les passions de l'amour, lesquelles sont aussi dangereuses que celles du jeu et de l'intempérance* »[729]. Jèze, généralement reconnu comme plus tempéré dans ses propos, ne reflétait pas moins l'air de son temps : s'il plaisait au Parlement « *de faire un service public des jeux, des courses, de la loterie, de la prostitution, l'immoralité des jeux, des courses, de la loterie, de la prostitution, ne serait qu'une objection politique, mais non un obstacle juridique* »[730].

Encore aujourd'hui, l'article 1965 du code civil pose le principe selon lequel « *la loi n'accorde aucune action pour une dette du jeu ou pour le payement d'un pari* », excepté les jeux qui « *tiennent à l'adresse et à l'exercice du corps* » (art. 1966). Et « *dans aucun cas, le perdant ne peut répéter ce qu'il a volontairement payé* » (art. 1967). Sur le plan fiscal, certaines niches fiscales excluent les activités de jeux. Ainsi, le crédit d'impôt en faveur des PME en Corse, exclut de son champ d'application

---

726 Sénat, Rapp. sur le projet de loi de financement de la Sécurité sociale pour 2013, Y. Daudigny, 7 nov. 2012, n° 107, p. 113.

727 Pothier, *Traité du contrat de jeu*, n° 38, in *Œuvres de Pothier, Les traités du droit français*, par M. Merlin, tome 3, éd. J.P. Roret, Paris, 1830, p. 308, site Internet *Gallica*.

728 Ibid, n° 42 et s., p. 309.

729 Note sous *CE, 7 avr. 1916, Astruc et Société Théâtre des Champs-Élysées c. Ville de Paris :* S. 1916, 3, p. 41, c'est nous qui soulignons.

730 Principes généraux du droit administratif, tome II, Giard, 1936, p. 84.

entre autres l'exploitation de jeux de hasard et d'argent[731]. La réduction d'impôt sur le revenu à raison des investissements productifs neufs réalisés dans les départements et collectivités d'outre-mer ne s'applique pas non plus à l'exploitation de jeux de hasard et d'argent[732]. Le jeu n'a donc pas à bénéficier de l'aide de l'État.
Reste que cette réprobation des jeux de hasard et d'argent, qui suscita longtemps leur prohibition[733], s'est très tôt accommodée de tolérances encadrées, et surtout d'un État principal opérateur de jeux pour des raisons financières depuis 1776[734]. A cette date était en effet créée la Loterie royale de France à l'histoire cahoteuse, significative de l'ambivalence de l'Etat : elle fut supprimée sous la Convention, rétablie sous le Directoire par la loi du 9 vendémiaire an VI (30 sept. 1797) sous le nom de Loterie nationale, puis encore supprimée par une loi du 21 avril 1832, puis de nouveau rétablie par la loi du 31 mai 1933, tandis que les casinos, après avoir été interdits, furent ré-autorisés par la loi du 15 juin 1907 désormais codifiée[735]. Au demeurant, la Loterie nationale n'était-elle pas considérée par le juge comme un service public[736], avant de perdre ce statut par un arrêt de 1999 faute d'intérêt général ? [737]
Cette ambivalence de l'autorité face aux jeux, maintes fois soulignée[738], est parfaitement résumée dès l'article 1er de la loi du 12 mai 2010 : « *Les jeux d'argent et de hasard ne sont ni un commerce ordinaire, ni un service ordinaire.* » Pour cette raison, il a toujours fallu lui créer une légitimité morale.

---

[731] CGI, art. 244 quater E.
[732] CGI, art. 199 undecies B
[733] J.L. Harouel, *De François 1er au pari en ligne, histoire du jeu en France, Pouvoirs*, 2011/4 n°139, p. 5.
[734] J.L. Harouel, préc., p. 7 et s.
[735] Code de la sécurité intérieure, art. L. 320-1 et s.
[736] CE, 17 déc. 1948, *Angrand, Rec.* 485.
[737] CE sect, 27 oct. 1999, M. Rollin, AJDA 1999.1008, chron. P. Fombeur et M. Guyomar ; JCP G 2000, II, 10365, note V. Corneloup, RDP 1999.1845, concl. Daussun
[738] F. Trucy, rapp. sénatorial n° 223 du 13 févr. 2002, dénonçant "l'État croupier" et le "triptyque prohibition-exception-monopole" qui régit le droit des jeux de hasard en France (p. 336). Cf. aussi P.Y. Gautier, *Passions et raison du droit en matière de jeux d'argent*, Pouvoir, 2011/4, n° 139, p. 96. - B. Mathieu, Les jeux d'argent et de hasard en droit français : LPA 8 janv. 1999, n° 6, p. 8.

B. DE L'INDULGENCE FISCALE A L'EFFICACITE ECONOMIQUE ?

Cette légitimation à la fois de l'État opérateur et de l'État tolérant s'est faite à travers l'affectation soit du produit des jeux en tant que recette publique (lorsque l'État est opérateur direct), soit du produit de l'impôt sur les produits des jeux.
L'affectation-légitimation n'est pas nouvelle. En 1776, une dîme prélevée sur les maisons de jeux à Paris en contrepartie de la tolérance policière servait à financer des maisons de santé[739]. La Loterie royale de France alimentait la caisse des hôpitaux[740]. La loi du 15 juin 1907 sur les casinos, en même temps qu'elle autorisait et encadrait cette activité, instaurait un prélèvement de 15 % sur le produit brut des jeux, « *au profit d'œuvres d'assistance, de prévoyance, d'hygiène ou d'utilité publiques* »[741]. La loi du 31 mai 1933 portant fixation du budget général de l'exercice 1933 autorisait de nouveau la loterie dont le produit était, après prélèvement d'une somme de 100 millions, « *affecté à la caisse de solidarité contre les calamités agricoles* » (art. 136). Le jeu d'argent étant le fait de ceux qui en ont les moyens, il devait donc contribuer à aider les déshérités.
Ainsi, le lien entre l'assujetti et l'affectataire direct ou indirect, qui contribue au consentement à l'impôt[742], était à peu près clair.
Aujourd'hui encore, les prélèvements sur le produit des jeux sont censés financer des missions d'intérêt général en relation avec les méfaits imputés à ces jeux. La législation sur les jeux est ainsi truffée d'affectations souvent résiduelles, dont le conseil des prélèvements obligatoires même a souligné le lien « *pas toujours très convaincant* » entre l'assujetti et le bénéficiaire[743], mais mises en avant par souci de communication.
L'article L. 137-24 du code de la Sécurité sociale en est une illustration parfaite, et mérite citation : « *Le produit des prélèvements prévus aux articles L. 137-20, L. 137-21 et L. 137-22 est affecté à concurrence de 5 % et dans la limite du plafond fixé au I de l'article 46 de la loi n° 2011-1977 du 28 décembre 2011 de finances pour 2012 à l'Institut*

---

[739] J.L. Harouel, préc. p. 9.
[740] J.L. Harouel, préc. p. 8.
[741] L. 15 juin 1907 relative aux casinos, art. 4, abrogé.
[742] Conseil de prélèvements obligatoires, *La fiscalité affectée : constat, enjeux et réformes, juill. 2013, p. 101.*
[743] Id., p. 101.

national de prévention et d'éducation pour la santé mentionné à l'article L. 1417-1 du code de la santé publique. ». Ainsi est mise en avant non pas l'affectation de 95 % du produit au budget social[744], qui constitue il est vrai le droit commun, mais les 5 % en faveur de l'INPES. Et encore le législateur reconnaît-il qu'au sein même de l'INPES, il est difficile d'isoler précisément, parmi les mesures de lutte contre les addictions, celles « *spécifiquement dédiées à l'addiction aux jeux* »[745].

La même disposition ajoute : « *Afin de permettre notamment la prise en charge des joueurs pathologiques, le surplus du produit de ces prélèvements est affecté aux régimes obligatoires d'assurance maladie* ». Cet alinéa est des plus insolites : d'abord, le « *surplus* » constitue en réalité l'essentiel du produit du prélèvement social, soit 95 %. Quant aux pathologies du jeu, elles sont en tout état de cause prises en charge par l'assurance sociale, non pas en tant que pathologies du jeu, mais en tant que pathologies tout court. Et enfin, il ne s'agit pas d'une affectation au sens financier du terme, laquelle serait bien difficile tant elle supposerait d'isoler les différentes pathologies et leur financement propre. De façon générale d'ailleurs, il a été démontré que les moyens mis au service de la lutte contre les addictions aux jeux n'ont pas évolué à hauteur du développement de ce secteur et donc de sa clientèle, et donc encore du nombre de dépendants potentiels[746].

Fallait-il escamoter à ce point le fait que le produit des prélèvements sociaux sur les jeux financera n'importe quelles pathologies, et pas seulement celles censées résulter du jeu ? Il aura fallu aux parlementaires insérer dans la loi une « affectation dans l'affectation » aussi fictive juridiquement qu'invérifiable en pratique, une disposition à valeur sinon normative, en tout cas communicationnelle, destinée à mieux faire accepter l'impôt.

La même démonstration peut être faite avec les autres prélèvements, en particulier fiscaux. Ainsi, le prélèvement de 1,8 % sur les sommes misées dans le cadre des paris sportifs en dur ou en ligne devrait rapporter, selon la loi de finances pour 2013, 125 millions d'euros. Le produit est affiché comme étant affecté au Centre national pour le

---

[744] Selon une répartition entre caisses, définie à l'article L. 139-1 du même code.

[745] Sénat, F. Trucy, rapp. d'information sur l'évaluation de la loi n° 2010-476 du 12 mai 2010 relative à l'ouverture à la concurrence et à la régulation du secteur des jeux d'argent et de hasard en ligne, 12 octobre 2011, n° 17, p. 85.

[746] J.B. Vila, *Addiction aux jeux et santé publique : recomposition de l'ordre public ou nouveau motif d'intérêt général ?*, AJDA 2008 p. 1804.

développement du sport[747], ce qui sous-entend que le pari sur le sport ne serait qu'un vague substitut au vrai sport, engendrant l'oisiveté. Reste que l'affectation se fait dans une limite légale nettement moins affichée, de 31 millions d'euros[748], soit 24,8 %, moins du quart.
Le prélèvement de 1,80 % sur les sommes misées dans les jeux de loterie devrait rapporter selon la loi de finances pour 2013 plus de 2 milliards d'euros. Il est également affecté au Centre national pour le développement du sport, mais dans la limite de 173 800 000 euros[749], soit moins de 9 %. Le prélèvement de l'article 302 bis ZI CGI sur les jeux de cercle en ligne est affecté à hauteur de 15 % selon cette disposition au Centre des monuments nationaux, mais seulement à hauteur de 8 millions d'euros selon une autre disposition[750] : sur les 78 millions d'euros de produit prévu pour 2013, cela fait un peu plus de 10 %. En outre, le lien entre les jeux de cercle et les monuments nationaux est difficile à percevoir, même si nombre de ces cercles ont ou avaient pour siège des immeubles parisiens classés.
Sans qu'il soit besoin de passer en revue l'ensemble des dispositifs, on constate que le produit des prélèvements sur les jeux n'est affecté que de façon partielle voire marginale à la prévention ou à la réparation des méfaits du jeu, ce que regrettent au demeurant certains parlementaires[751]. C'est pourtant cette affectation que le législateur cherche chaque fois à mettre en avant : *tu paieras par là où tu as péché…*
Ce type de prélèvement expiatoire, qui équivaut en termes religieux à une indulgence, tend d'ailleurs à se répandre. Ainsi, une taxe dite de risque systémique[752] touche les banques, qui depuis la crise financière de 2008 sont contraintes de contribuer collectivement par cet impôt supplémentaire à l'éventuel sauvetage d'une ou plusieurs d'entre elles. Le principe du pollueur-payeur appliqué à la fiscalité n'est pas non plus étranger à cette logique.
Notons, à titre complémentaire, que les opérateurs de jeux d'argent en ligne devront, conformément à l'article 26 de la loi du 12 mai 2010,

---

747 CGI, art. 1609 tricies.
748 Loi n° 2011-1977 du 28 décembre 2011, art. 46.
749 Loi n° 2011-1977 du 28 décembre 2011, art. 46.
750 Loi n° 2011-1977 du 28 décembre 2011, art. 46.
751 Sénat, *rapport d'information sur l'évaluation de la loi n° 2010-476 du 12 mai 2010 relative à l'ouverture à la concurrence et à la régulation du secteur des jeux d'argent et de hasard en ligne*, 12 oct. 2012, n° 17, par F. Trucy p. 84.
752 CGI, art. 235 ter ZE.

prendre les mesures visant à prévenir « *les comportements de jeu excessif ou pathologique par la mise en place de mécanismes d'auto-exclusion et de modération* », notamment en informant les joueurs « *des risques liés au jeu excessif ou pathologique par le biais d'un message de mise en garde* ». Une dose d'autoflagellation rend l'indulgence plus aisée.
Reste que l'influence morale sur la fiscalité, teintée, s'agissant des jeux de hasard et d'argent, d'une influence religieuse[753], tend à s'estomper, et cela même dans un pays à dominante catholique, religion qui se caractériserait par *« une moindre adaptation au cadre économique capitaliste* » que le protestantisme[754]. En outre, l'impôt tend à renforcer le lien social par une contribution collective à des charges collectives ; inversement, faire systématiquement peser une dépense sur son responsable supposé à travers un impôt affecté, est de nature à créer des tensions sociales. Cela explique aussi que la morale, même religieuse, cède au pragmatisme et à l'efficacité fiscale.
Les travaux parlementaires sont à ce sujet éloquents. Le choix de l'assiette des prélèvements sur les jeux et paris (les sommes engagées) se justifiait certes par la volonté de « *taxer l'acte individuel de jeu* »[755], mais aussi et surtout par la « *volonté de sécuriser le produit fiscal* »[756]. Il s'agissait en particulier de créer une assiette distincte de celle communément adoptée dans les pays européens (le produit brut des jeux), de façon à éviter que les opérateurs non établis en France puissent invoquer les conventions d'éviction de la double imposition[757].
Au demeurant, prélever sur l'organisateur des jeux un pourcentage sur les sommes misées par les joueurs n'affecte que très indirectement ces derniers. Taxer l'acte de jeu lui-même, « *compte tenu des dangers d'ordre public et d'ordre social liés à cette activité* » comme le soutenait un autre parlementaire[758], n'aurait pris sens que si l'impôt frappait le joueur *à l'occasion* du jeu, c'est-à-dire si l'acte même de miser ou de parier) était le fait générateur de l'imposition.

---

[753] F. Bin, *L'Influence de la pensée chrétienne sur les systèmes fiscaux d'Europe occidentale*, L'Harmattan, 2007, n° 555 et s.
[754] F. Bin, préc., n° 591. Au demeurant, le nom « loto » vient de l'italien « lotto » (Une loterie est instituée à Gênes des 1643).
[755] Rapp. F. Trucy 2012, préc., p. 76.
[756] Ibid.
[757] Ibid.
[758] Ass. nat., rapp. J.F. Lamour, sur l'ouverture à la concurrence et à la régulation du secteur des jeux d'argent et de hasard en ligne, 22 juill. 2009, n° 1860, p. 64.

Techniquement, cette solution semblait difficile à mettre en œuvre, notamment sur un jeu comme le poker. Mais le prétexte moral du prélèvement supposait au moins de penser une fiscalité visible et donc dissuasive, à l'image de celle pesant sur le tabac. Cela aurait permis de responsabiliser le joueur. Comme souvent dans notre système fiscal, la fiscalité anesthésiante (de type TVA incluse dans le prix et non ajoutée) est préférée à la fiscalité visible (et donc lisible) de type impôt sur le revenu.

On trouve dans les travaux préparatoires de la loi du 12 mai 2010 d'autres justifications aussi fantaisistes, pour justifier un taux de prélèvement moins élevé sur les jeux de cercle en ligne : le poker « *n'est pas un jeu de hasard et, en tant que jeu de stratégie et d'adresse, il présente un potentiel de dépendance moins élevé que les autres jeux en ligne* »[759]. En réalité, le problème était ailleurs au moment de libéraliser le secteur du jeu en ligne en 2010, et il vient de trouver une illustration récente : taxer les jeux de cercle en ligne au même taux que les autres jeux aurait tué dans l'œuf toute tentative de mettre sur pied un marché légal national de jeux de cercle, tant les opérateurs basés au Royaume-Uni ou à Malte étaient bien implantés, sans même mentionner le marché illégal[760]. D'où un taux de prélèvement très bas de 1,8 %, qui n'a toutefois pas permis de laisser émerger des opérateurs nationaux viables, malgré l'extension du prélèvement aux opérateurs non agréés – et donc illégaux- de jeux en ligne par la loi de finances rectificative pour 2012. Ainsi, le groupe *Partouche* a annoncé en mai 2013 qu'il mettait fin à l'activité de poker en ligne initiée en 2010, et le groupe Lucien Barrière, associé dans cette activité à la Française des Jeux, pourrait suivre[761]. Ainsi le marché français du poker en ligne est-il détenu en grande partie par des opérateurs légaux mais basés à l'étranger (notamment Pokerstars, société maltaise[762]). L'Italie avait connu le même échec, lié aux mêmes facteurs[763]. Même une fiscalité qui se voulait mesurée (au moins par rapport à celle qui touche les autres jeux) n'aura pas permis de faire émerger des contribuables viables. Reste que l'impératif d'efficacité fiscale prend le pas sur l'impératif moral,

---

759 Ibid, p. 64.

760 Sénat, rapp. sur l'ouverture à la concurrence et à la régulation du secteur des jeux d'argent et de hasard en ligne, F. Trucy, 19 janv. 2010, n° 209, p. 37.

761 Les Echos, 15 mai 2013.

762 Également basés à Malte : Everest Gaming Limited, BetClic Enterprises Limited.

763 Rapp. J.F. Lamour, préc., p. 64.

contraignant les pouvoirs publics à tenir compte de l'impact économique de la fiscalité[764].
L'ambivalence des prélèvements sur les jeux n'a échappé à personne, encore moins au législateur : « *Les objectifs initiaux (...) associés à ce régime fiscal ont pu sembler ambigus et motivés par des considérations difficilement compatibles à la fois économiques, budgétaires et 'morales'.* »[765] En d'autres termes, l'État entendait profiter d'une manne réelle ou supposée (selon les jeux), tout en se drapant dans sa fonction protectrice de l'ordre public.
En somme, si la morale – à travers une fiscalité rédemptrice - a certainement interféré dans les choix fiscaux, c'est plus désormais comme paravent que comme réelle source d'inspiration fiscale. La fiscalité des jeux, qui doit encore être expurgée de quelques scories morales ou religieuses, tend à se normaliser, en se fondant sur des éléments économiques tels que le respect de l'équilibre du secteur considéré, et la compétitivité du système fiscal français par rapport aux autres systèmes (entendus par secteur). En même temps, c'est l'activité de jeu qui se banalise, même si elle reste sous surveillance en raison de risques liés notamment à la délinquance financière. Si ce secteur reste largement régi par des textes relevant du code de la sécurité intérieure, il tend à devenir un secteur économique comme un autre, consacré comme tel par la loi, et aussi par le Conseil constitutionnel, qui l'a fait entrer dans le champ de la liberté d'entreprendre[766].
Ainsi certains parlementaires proposent-ils déjà une révision des prélèvements sur les jeux telle que votée seulement en 2010, par l'adoption d'une assiette de nature à estomper son manque de compétitivité par rapport aux autres systèmes fiscaux[767]. On est bien loin de la volonté initiale de taxer l'acte de jeu : la morale perd assurément du terrain parmi les sources d'inspiration fiscales, au profit de la recherche d'efficacité économique et fiscale.

---

[764] M. Bouvier, *Introduction au droit fiscal général et à la théorie de l'impôt*, LGDJ, 2012, p. 204 et s.
[765] Rapp. F. Trucy, 2012, préc., p. 87.
[766] Cons. constit. n° 2010-605 DC du 12 mai 2010, cons. 24 et s.
[767] Sénat, F. Trucy, Rapp. l'évaluation de la loi n° 2010-476 du 12 mai 2010 relative à l'ouverture à la concurrence et à la régulation du secteur des jeux d'argent et de hasard en ligne, 12 oct. 2011, n° 17, p. 184.

QUEL ROLE POUR L'ETAT EN MATIERE DE PRELEVEMENTS PUBLICS SUR LES JEUX D'ARGENT ET DE HASARD ?

Alain PARIENTE
Maître de conférences en droit public, HDR
Membre du Centre d'étude et de recherche sur le droit administratif et la réforme de l'Etat (CERDARE),
Université de Bordeaux

Dans le contexte économique incertain de ces dernières années, les jeux d'argent et de hasard se caractérisent par leur croissance régulière, indifférente à la crise, voire renforcée par celle-ci. L'Etat a toujours été vigilant à l'égard du phénomène du jeu, principalement en raison des troubles à l'ordre public qu'il peut provoquer. Mais depuis longtemps, l'Etat a également pu tirer des jeux d'argent et de hasard des recettes nouvelles et croissantes par le biais des prélèvements publics instaurés dès l'origine, notamment sur les casinos[768]. Ainsi, le développement des jeux d'argent et de hasard en France participe également d'un enjeu budgétaire évident et préalable à la crise économique : l'accroissement des recettes publiques.
Depuis la fin du XIXème siècle, les prélèvements publics sur les jeux ont accompagné le développement de ces derniers en France. Ces prélèvements sont extrêmement divers[769] et représentent une manne considérable pour les finances publiques. Ces dernières années, la crise financière agit comme un catalyseur du lien entre prélèvements

---

[768] « *Indépendamment des conditions imposées au profit de la commune par le cahier des charges, un prélèvement de quinze pour cent (15%) sera opéré sur le produit des jeux, au profit d'œuvres d'assistance, de prévoyance, d'hygiène ou d'utilité publiques. Une commission spéciale, instituée au ministère de l'Intérieur, en réglera l'emploi* », Article 4 de la Loi n° 1907-06-15 du 15 juin 1907 *réglementant le jeu dans les cercles et les casinos des stations balnéaires, thermales et climatiques*, *J.O.*, 16 juin 1907.
[769] Voir supra J-P. Markus, Les prélèvements sur les produits des jeux et leur affectation.

publics et jeux d'argent et de hasard. L'intérêt du public pour ces jeux est, si ce n'est croissant, tout au moins constant : l'affaiblissement de certains secteurs étant compensé par le développement d'autres, notamment par la libéralisation des jeux en ligne[770].
Parallèlement, la situation des finances publiques incite, si ce n'est oblige, les gouvernements à veiller attentivement à la persistance de rentrées fiscales issues des jeux. Ainsi le niveau des recettes fiscales sur les jeux d'argent et de hasard s'élève à un peu moins de cinq milliards d'euros par an depuis 2007, en légère baisse depuis cette date[771]. Ce montant concerne principalement les trois grands secteurs que sont la Française des Jeux, les casinos, et les paris hippiques.
L'étude des prélèvements sur les casinos permet, plus que les autres, d'illustrer le particularisme des relations entre l'Etat, les collectivités territoriales et les juridictions financières. En effet, depuis quelques années, la décentralisation a connu plusieurs réformes qui traduisent l'émergence de la contrainte financière comme guide du droit des collectivités territoriales. La relance de la décentralisation initiée en 2003[772] s'est rapidement heurtée aux difficultés de financement des nouvelles compétences des collectivités territoriales. Parallèlement, l'Etat a mis en place une politique continue de réduction des déficits publics qui impacte fortement les collectivités. Ainsi, les lois de programmation des finances publiques traduisent cet objectif en initiant pour la première fois une diminution nette des concours de l'Etat aux collectivités territoriales[773]. Dans le cadre d'une vision globalisée des finances publiques, les collectivités sont mises à contribution au regard de l'effort de réduction des déficits publics. Ainsi, l'Etat réduit son appui financier aux collectivités territoriales,

---

[770] Loi n° 2010-476 du 12 mai 2010 *relative à l'ouverture à la concurrence et à la régulation du secteur des jeux d'argent et de hasard en ligne, J.O.*, 13 mai 2010, p. 8881.

[771] «*Tous secteurs confondus : Etat, sécurité sociale, communes et autres bénéficiaires de fiscalité affectée). Ces recettes s'élevaient à 5 Mds € en 2007, à 4,6 Mds € en 2008, 4,4 Mds € en 2009* » : Réponse du ministère chargé du Budget à une question écrite de M. F Marc, *J.O. Sénat* 31 janvier 2013, p. 334.

[772] Loi constitutionnelle n° 2003-276 du 28 mars 2003 *relative à l'organisation décentralisée de la République, JO,* 29 mars 2003, p. 5568.

[773] 750 millions d'euros de réduction par an prévus dans la loi n° 2012-1558 du 31 décembre 2012 *de programmation des finances publiques pour les années 2012 à 2017, J.O.* 1er janvier 2013, p. 10. Le montant de la baisse a été réévalué à 1,5 milliard par an en 2013.

comme il avait auparavant limité son contrôle de légalité opéré par l'intermédiaire du préfet[774]. Pour autant, l'Etat reste le « *grand architecte du local* »[775] dans la détermination des structures territoriales et garde un rôle dans leur fonctionnement. Le recouvrement des prélèvements publics sur les jeux témoigne de cette évolution : l'Etat s'assure du bon recouvrement des recettes des collectivités par les comptables publics, agents de l'Etat, ce qui lui permet, à la fois d'assurer un contrôle symbolique persistant sur ces recettes et de continuer à percevoir des frais de gestion sur cette base[776].

En ce qui concerne les juridictions financières, le rôle de l'Etat n'est assurément pas de la même nature. Les juridictions bénéficient d'une indépendance organique et statutaire incontestable. Néanmoins, la spécificité de la fonction comptable exige de l'Etat un contrôle particulier sur les acteurs du recouvrement. Ainsi, la responsabilité personnelle et pécuniaire des comptables engagée devant les juridictions financières peut conduire à leur mise en débet. Néanmoins, le ministre, par le mécanisme de remise gracieuse, pourra dispenser le comptable de la charge pécuniaire de cette responsabilité. Ce mécanisme est depuis longtemps contesté[777] et les dernières évolutions législatives témoignent d'ailleurs d'une atténuation de la place de l'Etat en ce domaine[778].

Ainsi, le rôle de l'Etat apparaît variable en fonction des hypothèses. L'exemple des casinos confirme le double mouvement qui guide l'Etat. S'agissant, d'une part, de la détermination des prélèvements, on constate la persistance du rôle de l'Etat aux côtés des collectivités

---

[774] Sur ce point, voir le rapport de J. Mézard, Sénat, N°300, rapport d'information *au nom de la délégation aux collectivités territoriales et à la décentralisation sur les contrôles de l'Etat sur les collectivités territoriales,* 25 janvier 2012, qui qualifie le contrôle de légalité de : « *passoire à géométrie variable* », *spéc.,* pp. 26-49.

[775] Selon l'expression de J.-F. Brisson, L'Etat, grand architecte du local, *Pouvoirs locaux*, n° 83 IV/2009, p. 85.

[776] L'Etat perçoit aujourd'hui 1% du montant des taxes locales pour les frais d'assiette et de recouvrement auquel s'ajoutent 2% de celles-ci en contrepartie des frais de dégrèvement et de non-valeurs qu'il prend à sa charge, *cf* article 1641 CGI.

[777] Pour une analyse des évolutions récentes voir, C. Michaut, P. Sitbon, La réforme des conditions de mise en jeu de la responsabilité des comptables publics, *AJDA,* 2013, p. 681.

[778] Loi n°2011-1978 du 28 décembre 2011 *de finances rectificatives pour 2011, J.O.* 29 décembre 2011, p. 22510.

territoriales et s'agissant d'autre part des responsabilités, on observe, à l'inverse, une atténuation du rôle de l'Etat au profit du juge.

I/ La persistance du rôle de l'Etat aux côtés des collectivités territoriales dans la détermination des prélèvements

Le montant des prélèvements publics en matière de jeux des casinos a diminué depuis 2007 de façon légère mais régulière[779]. Trois raisons principales peuvent l'expliquer : l'interdiction de fumer dans les casinos depuis 2008[780], qui a suivi de peu la vérification obligatoire de l'identité des joueurs renforcée en 2007[781], et a précédé la légalisation des jeux d'argent en ligne en 2010[782].
Ces trois raisons ont distinctement, mais conjointement limité le chiffre d'affaires des casinotiers, et ce faisant, les prélèvements publics. La détermination de ceux-ci est basée sur la notion de produit brut des jeux (PBJ) qui révèle certaines ambiguïtés (A) tout en confirmant le rôle de l'Etat par l'intermédiaire du contrôle opéré (B).

A/ La complexité technique des prélèvements publics sur les casinos, source d'ambiguïté pour les collectivités territoriales

La fiscalité spécifique des casinos repose principalement sur une notion particulière : le produit brut des jeux (PBJ). Celui-ci « *résulte de l'addition des encaisses des différentes tables de jeux traditionnels et des encaisses des machines à sous (MAS) du casino* »[783]. De nombreux prélèvements sont assis sur le produit brut des jeux notamment les prélèvements sociaux, les prélèvements fixes et progressifs de l'Etat, mais également le prélèvement des

[779] *Cf supra*, note 4.
[780] Article 5 du décret n° 2006-1386 du 15 novembre 2006 *fixant les conditions d'application de l'interdiction de fumer dans les lieux affectés à un usage collectif*, *J.O.*, 16 novembre 2006, p. 17249.
[781] Article 21 de l'arrêté du 14 mai 2007 *relatif à la réglementation des jeux dans les casinos*, *J.O.*, 17 mai 2007, p. 9568.
[782] Loi n° 2010-476 du 12 mai 2010 *relative à l'ouverture à la concurrence et à la régulation du secteur des jeux d'argent et de hasard en ligne, préc.*
[783] N° 223 Sénat, Rapport d'information *sur la mission sur les jeux de hasard et d'argent en France*, F. Trucy, 13 février 2002, p. 108.

communes[784]. S'agissant de ce dernier, son calcul est complexe : il se base sur un barème applicable et tient compte d'abattements. L'ensemble[785] permet l'établissement de deux barèmes progressifs. Le premier fixe le pourcentage du prélèvement par tranche en fonction du montant croissant du produit brut des jeux[786]. Le second retrace ce que devrait être le prélèvement si les abattements établis n'existaient pas[787]. La différence entre ces deux barèmes détermine des « *recettes supplémentaires* » que les casinos perçoivent mais doivent, à hauteur de 50%, consacrer « *à des travaux d'investissement destinés à l'amélioration de l'équipement touristique* »[788]. Il s'agit donc à la fois d'une contrainte et d'une opportunité pour les casinos. La situation économique globale et celle des casinotiers en particulier ont conduit ces derniers à demander un réexamen des conditions de détermination des prélèvements publics. Le gouvernement a accédé à cette demande par l'adoption du décret du 26 août 2009 qui relève le montant du produit brut des jeux pris en compte pour chaque tranche du barème des prélèvements[789]. Cette évolution révèle par la même occasion la complexité, si ce n'est l'opacité, de la réglementation. En effet, dans ce cadre, l'augmentation du barème permettant de déterminer les recettes supplémentaires est moins importante que celle du barème réel : mécaniquement, cela entraîne une hausse des recettes supplémentaires, ce qui a pu être assimilé à un « *jackpot* »[790] pour les casinotiers. En effet, même si ces recettes supplémentaires sont réglementairement astreintes à l'obligation de réinvestissement mentionnée plus haut, les collectivités territoriales ne sont pas assurées

---

[784] Fixé initialement par le cahier des charges, et plafonné à 15% du PBJ, après abattement de 25% (articles L 2333-54 et s. du Code général des collectivités territoriales).

[785] Défini à l'article D. 2333-74 du Code général des collectivités territoriales.

[786] De 10% à 80%, de moins de 87000 euros à plus de 14 millions d'euros.

[787] Les tranches s'établissent alors de moins de 66000 euros à plus de 13 millions d'euros.

[788] Article L 233-57 du Code général des collectivités territoriales.

[789] Décret n° 2009-1035 du 26 août 2009 *relatif aux dispositions du code général des collectivités territoriales concernant le prélèvement progressif sur le produit des jeux dans les casinos, J.O.*, 28 août 2009, p. 14228.

[790] Selon l'expression de J.-B. Vila, « Les précisions du régime juridique des délégations de casinos : le mini-jackpot des casinotiers », *JCP Administration Collectivités territoriales*, 30 novembre 2009, n° 49-50.

de celui-ci dans les faits, même si elles suivent précisément les projets des casinotiers[791].

En ce qui concerne les collectivités territoriales, on constate que, même si elles bénéficient en partie du prélèvement public sur les casinos, celui-ci reste déterminé et façonné largement par l'Etat qui s'avère encore plus nettement présent dans le contrôle à travers le rôle essentiel du comptable public.

B/ Le contrôle des recettes entre les mains du comptable public, appui aux collectivités territoriales

Le mécanisme de contrôle des prélèvements publics sur les jeux ne se distingue que partiellement de celui des autres recettes publiques. L'exécution des recettes et des dépenses publiques fait très classiquement intervenir deux acteurs principaux, l'ordonnateur et le comptable[792]. Leurs compétences sont aujourd'hui déterminées par le décret du 7 novembre 2012 *relatif à la gestion budgétaire et comptable*[793]. L'article 11 de ce décret précise, s'agissant de la recette, que l'ordonnateur la constate (c'est l'engagement), la liquide (c'est la détermination du montant de celle-ci), puis l'ordonnance (c'est-à-dire qu'il donne l'ordre au comptable de la recouvrer par l'émission d'un titre de recettes). Le comptable lui, contrôle la régularité de la procédure et met en œuvre les mécanismes permettant le recouvrement de la recette.

Formellement, le comptable doit attendre le titre de recettes émanant de l'ordonnateur pour procéder au recouvrement mais en pratique, celui-ci est établi en fonction de la liquidation pour laquelle le comptable joue un rôle décisif en informant l'ordonnateur du montant déclaré par le casinotier. Ce mécanisme conduit à l'atténuation matérielle de la séparation des fonctions entre l'ordonnateur et le comptable. Plus largement, les obligations à la charge des casinos

---

[791] Comme en témoigne la délibération du conseil municipal de la ville de Bordeaux approuvant l'affectation d'une partie des recettes supplémentaires du Casino à la réalisation d'une terrasse extérieure pour celui-ci, délibération D- 2013-41, extrait du registre des délibérations du conseil municipal, séance du 28 janvier 2013, article 2.

[792] Sur la genèse de la distinction, voir notamment A. Girault, Deux siècles de comptabilité publique (1814-2008), *Gestion et Finances publiques,* n° 5, 2009, pp. 418 et s.

[793] Décret n° 2012-1246 du 7 novembre 2012 *relatif à la gestion budgétaire et comptable, J.O.,* 10 novembre 2012, p. 17713 qui remplace le décret du 29 décembre 1962 *portant règlement général sur la comptabilité publique.*

doivent être relevées. Ainsi, le décret du 29 octobre 2010 a modifié les dispositions du code général des collectivités territoriales relatives aux modalités d'encaissement, de recouvrement et de contrôle de ces prélèvements en tenant compte des nouvelles dispositions relatives aux jeux en ligne[794]. L'arrêté du même jour a précisé les conditions de déclarations des casinos et du contrôle[795]. Il a été récemment modifié par l'arrêté du 28 février 2013 qui opère une simplification de la procédure[796]. De ces textes, il résulte que les casinos sont astreints à une déclaration et à un versement mensuel auprès du comptable de la commune le cinq du mois suivant celui duquel ont été réalisées les opérations. La déclaration doit être mensuelle même s'il n'y a pas lieu à prélèvement. Jusqu'au mois de mars 2013, la déclaration devait être accompagnée d'une copie certifiée conforme du carnet des prélèvements et du bordereau de versement : deux documents issus de la comptabilité spéciale des jeux que chaque casino doit tenir. Depuis cette date, la déclaration seule est suffisante.

En ce qui concerne les recettes supplémentaires astreintes à l'obligation d'investissement, elles doivent être retracées dans un compte spécial du casino et l'emploi de celles-ci doit être approuvé par la collectivité[797]. A la fin de chaque saison de jeux, le casinotier doit transmettre à la Direction générale des finances publiques, un relevé dudit compte et les pièces justificatives des dépenses. Le comptable vérifie alors la liquidation du montant de ces recettes supplémentaires et leur conformité au cahier des charges. Il peut alors rectifier l'assiette de ces prélèvements.

Le rôle du comptable public est donc décisif dans tout le processus de contrôle de ces prélèvements. En cas d'erreur sur le calcul, le principe

---

[794] Décret n° 2010-1300 du 29 octobre 2010 *relatif aux dispositions du code général des collectivités territoriales concernant les modalités d'encaissement, de recouvrement et de contrôle des prélèvements spécifiques aux jeux de casinos exploités en application de la loi du 15 juin 1907*, *J.O.*, 30 octobre 2010, p. 19558.

[795] Arrêté du 29 octobre 2010 *relatif aux modalités d'encaissement, de recouvrement et de contrôle des prélèvements spécifiques aux jeux de casinos exploités en application des articles L. 321-1 et suivants du code de la sécurité intérieure*, NOR BCRE1016749A.

[796] Arrêté du 28 février 2013 *modifiant l'arrêté du 29 octobre 2010 relatif aux modalités d'encaissement, de recouvrement et de contrôle des prélèvements spécifiques aux jeux de casinos*, NOR EFIE12399766A.

[797] Voir par exemple la délibération D- 2013-41 du Conseil municipal de Bordeaux, extrait du registre des délibérations du conseil municipal, séance du 28 janvier 2013, article 2, *préc.*

est celui de la compensation : la restitution ou le prélèvement supplémentaire sera effectué lors de la déclaration suivante, mais des responsabilités peuvent être recherchées en cas de fraude ou d'erreurs. Dans ce domaine, les réformes récentes ont tendance à renforcer la place du juge dans la mise en jeu de la responsabilité et à limiter plus nettement le rôle de l'Etat.

II/ L'atténuation du rôle de l'Etat au profit du juge en matière de responsabilités liées aux prélèvements

L'exercice du contrôle des prélèvements publics sur les jeux par le comptable public le conduit soit à reconnaitre la régularité des versements, soit à constater une irrégularité susceptible d'engager des procédures de rectification voire de sanctions.
En termes de responsabilités, il faut distinguer la responsabilité du comptable lui-même, spécifique et distincte de celle de la collectivité publique pour laquelle il agit. Cette responsabilité pécuniaire et personnelle du comptable a connu une transformation profonde qui témoigne d'une normalisation de celle-ci et d'un effacement de l'Etat (A). En revanche, la mise en jeu de la responsabilité des autres acteurs du jeu reste souvent dépendante de l'administration fiscale (B).

A/ Une limitation manifeste du rôle de l'Etat à travers l'évolution de la responsabilité personnelle et pécuniaire des comptables

La responsabilité personnelle et pécuniaire des comptables publics est une constante du droit financier[798]. Elle caractérise la fonction de comptable et justifie à la fois la nécessité pour lui d'obtenir un agrément du ministre du Budget et de constituer des garanties pécuniaires afin de pallier une éventuelle mise en cause. Basée sur l'article 60 de la loi portant loi de finances pour 1963[799], elle connait depuis quelques années plusieurs réformes initiées notamment après l'arrêt de la Cour européenne des droits de l'homme *Martinie c/ France* du 12 avril 2006 remettant en cause les procédures suivies

[798] Voir J.-L. Girardi et L. Renouard, Evolutions de la responsabilité personnelle et pécuniaire des comptables publics, *A.J.D.A.*, 2012, p. 317.
[799] Dans sa version initiale : loi n° 63-156 *de finances pour 1963* du 23 février 1963, *J.O.*, 24 février 1963, p. 1818.

depuis près de deux siècles[800]. Ainsi, la loi du 28 octobre 2008 *relative à la Cour des comptes et aux chambres régionales des comptes* a transformé la procédure juridictionnelle de jugement des comptes des comptables publics en supprimant la règle historique dite « *du double arrêt* » et mis en conformité le jugement des comptes avec les règles du procès équitable[801]. Plus tard, l'article 90 de la loi de finances rectificatives pour 2011 a modifié les conditions de mise en jeu de la responsabilité des comptables publics[802]. Enfin, le décret du 7 novembre 2012 *relatif à la gestion budgétaire et comptable* parachève cette transformation en prenant la suite du décret du 29 décembre 1962 *portant règlement général sur la comptabilité publique*[803].
Ces textes précisent les conditions de mise en jeu de la responsabilité du comptable public. On se limitera ici à la responsabilité dans le cadre du recouvrement des recettes et on relèvera les spécificités existantes et les transformations issues des réformes. En ce qui concerne les recettes, l'article 19 du décret du 7 novembre 2012 précise que le comptable est tenu d'exercer le contrôle « *de la régularité de l'autorisation de percevoir la recette* et *dans la limite des éléments dont il dispose, de la mise en recouvrement des créances et de la régularité des réductions et des annulations des ordres de recouvrer* » [804]. L'article 60 de la loi de finances pour 1963 précise en ce qui concerne la responsabilité du comptable qu'elle est engagée « *dès lors qu'un déficit ou un manquant en monnaie ou en valeurs a été constaté* » ou « *qu'une recette n'a pas été recouvrée* ». Néanmoins, le texte précise un peu plus loin, « *hors le cas de mauvaise foi, les comptables publics ne sont pas personnellement et pécuniairement responsables des erreurs commises dans l'assiette et la liquidation des*

[800] CEDH, 12 avril 2006, *Martinie c/ France*, req n° 58675/00, *A.J.D.A.* 2006, p. 986, note F. Rolin.
[801] Loi n° 2008-1091 du 28 octobre 2008 *relative à la Cour des comptes et aux chambres régionales des comptes, J.O.*, 29 octobre 2008, p. 16416.
[802] L'article 90 de la loi n° 2011-1978 du 28 décembre 2011 *de finances rectificatives pour 2011*, modifie l'article 60 de la loi n° 63-156 *de finances pour 1963* précité, *J.O.*, 29 décembre 2011, p. 22510.
[803] Décret n° 2012-1246 du 7 novembre 2012 *relatif à la gestion budgétaire et comptable, préc.*
[804] Article 19 du décret n° 2012-1246 du 7 novembre 2012 *relatif à la gestion budgétaire et comptable, préc.*

droits qu'ils recouvrent »[805]. Ainsi, l'erreur de liquidation (même dans l'hypothèse où comme on l'a vu le comptable participe directement à la liquidation) n'engage pas la responsabilité du comptable, en dehors de l'hypothèse de la mauvaise foi. Il en est de même en cas de « *force majeure* »[806].

La mise en jeu de la responsabilité du comptable repose donc sur deux hypothèses, l'absence de recouvrement, ou l'erreur dans le recouvrement ayant entraîné un manquant en monnaie ou en valeurs.

Dans le premier cas, le comptable doit mettre en œuvre toutes les « *diligences nécessaires* » pour le recouvrement de la recette. La Cour des comptes exige qu'elles soient « *adéquates, complètes et rapides* »[807]. Si le comptable justifie de ces diligences, sa responsabilité ne pourra pas être engagée.

Dans la seconde hypothèse, l'erreur du comptable dans la procédure de contrôle du recouvrement a entrainé un manquant en monnaie ou en valeurs. Dans ce cas, la procédure juridictionnelle, initiée dans le cadre du jugement des comptes, peut conduire à sa mise en débet.

S'agissant de cette procédure, les changements sont également importants. Deux hypothèses de mise en jeu de la responsabilité du comptable coexistent en fonction du manquement : si celui-ci n'a pas causé de préjudice financier à l'organisme public concerné, le juge des comptes peut alors l'obliger à s'acquitter d'une somme arrêtée, pour chaque exercice, en tenant compte des circonstances de l'espèce[808]. Il s'agit ici d'une petite révolution juridique puisque le ministre ne peut revenir sur cette somme arrêtée par le juge financier. C'est dans ce cadre que l'on peut parler d'atténuation du rôle de l'Etat. D'autre part, si le manquement du comptable a causé un préjudice financier à l'organisme public concerné ou que, par le fait du comptable public, l'organisme public a dû procéder à l'indemnisation d'un autre

[805] Article 60 de la loi *de finances pour 1963*, dans sa rédaction issue de la loi n° 2006-1771 du 30 décembre 2006 *de finances rectificatives pour 2006*, *J.O.*, 31 décembre 2006, p. 20228.

[806] 1er alinéa du V de l'article 60 de la loi *de finances pour 1963,* dans sa rédaction issue de la loi n° 2006-1771 du 30 décembre 2006 *de finances rectificatives pour 2006*, *préc.*

[807] C. Comptes, 25 juin 1936, *David-Chaussé, receveur spécial de la commune de Bordeaux*, *Rec.*, 1937, p. 45, *Les grands arrêts de la jurisprudence financière*, *Dalloz*, 5ème édition, 2007, n° 22, p. 202.

[808] Article 60 de la loi *de finances pour 1963*, dans sa rédaction issue de l'article 90 de la loi n° 2011-1978 du 28 décembre 2011 *de finances rectificatives pour 2011*, *préc.*

organisme public ou d'un tiers ou a dû rétribuer un commis d'office pour produire les comptes, le comptable a l'obligation de verser immédiatement de ses deniers personnels la somme correspondante. Dans cette dernière hypothèse, le comptable peut demander au ministre une remise gracieuse d'une partie de la somme constituée en débet[809].

La procédure de la remise gracieuse, forme persistante du ministre-juge, maintient la toute-puissance de l'Etat capable d'« effacer » la mise en débet du comptable. Il peut sembler néanmoins paradoxal de critiquer cette procédure à l'heure où les dernières réformes l'ont rendue résiduelle, mais elle traduit le rôle persistant de l'Etat. On retrouve cet élément dans le cadre de la mise en jeu de la responsabilité des autres acteurs.

B/ Des interrogations persistantes sur le rôle de l'Etat à travers la mise en jeu des responsabilités des autres acteurs des jeux

Les prélèvements sur les jeux se rattachent la plupart du temps aux mécanismes traditionnels de contrôle opérés par l'administration fiscale, et en ce qui concerne les sanctions, les règles classiques en matière fiscale s'appliquent. Néanmoins, il faut relever deux exemples qui illustrent les limites des procédures existantes : d'une part lorsque l'administration fiscale voudrait poursuivre mais ne le peut pas et d'autre part lorsqu'elle a le monopole des poursuites mais ne les engage pas.

La première hypothèse concerne moins les casinos que les jeux de cercle en ligne. La loi du 12 mai 2010[810] détermine une nouvelle fiscalité des jeux en ligne, exigeant des opérateurs établis à l'étranger qu'ils désignent un représentant en France chargé de remplir les formalités fiscales[811]. Un défaut de mise en œuvre de cette obligation

---

[809] *Ibid.*

[810] Article 47 de la loi n° 2010-476 du 12 mai 2010 *relative à l'ouverture à la concurrence et à la régulation du secteur des jeux d'argent et de hasard en ligne, préc.*

[811] Art. 302 bis ZN du CGI *« Lorsqu'une personne non établie en France est redevable de l'un des prélèvements mentionnés aux articles 302 bis ZG, 302 bis ZH et 302 bis ZI, elle est tenue de faire accréditer auprès de l'administration fiscale un représentant établi en France, qui s'engage à remplir les formalités lui incombant et à acquitter les prélèvements à sa place. Il tient à la disposition de l'administration fiscale ainsi que de l'Autorité de régulation des jeux en ligne la comptabilité de l'ensemble des*

peut être sanctionné par le retrait de l'agrément par l'Autorité de régulation des jeux en ligne (ARJEL). Cette exigence a pour but de lutter contre la fraude fiscale. Pour autant, en cas de défaillance de cet intermédiaire, les conditions de mise en jeu de sa responsabilité pourraient être difficiles à réunir.
La seconde hypothèse vise plus précisément le délit de fraude fiscale. Dans ce domaine, l'Etat détient le monopole des poursuites. L'article L 228 du LPF subordonne certes le dépôt de la plainte à l'avis conforme de la Commission des infractions fiscales, mais le procureur ne peut enclencher la procédure seul[812]. Dans cette hypothèse, l'Etat peut donc décider de ne pas poursuivre un fraudeur présumé. Cette procédure révèle un pouvoir discrétionnaire de l'Etat et se rapproche en partie du mécanisme de la remise gracieuse qui permet à l'Etat d'atténuer les effets d'une décision de justice, alors qu'ici, il peut empêcher le juge d'être saisi. Dans ces deux cas, le rôle de l'Etat persiste et la liberté du juge reste encadrée.

A l'issue de ce rapide tour d'horizon du rôle de l'Etat en matière de prélèvements publics sur les jeux, le postulat de départ semble confirmé : l'Etat reste un acteur essentiel. D'une part, il assiste financièrement les collectivités territoriales par l'attribution des prélèvements et la participation au recouvrement par l'intermédiaire des comptables publics. D'autre part et de façon plus novatrice, il s'autolimite dans la redéfinition des conditions de mise en jeu des responsabilités. Ce positionnement central de l'Etat n'est finalement pas étonnant au regard du domaine concerné. En effet, les jeux d'argent et de hasard témoignent sans conteste, dans toutes leurs dimensions, de la persistance de l'emprise étatique. Mais plus largement, dans un contexte budgétaire contraint, l'enjeu financier que représentent les prélèvements publics sur les jeux est loin d'être négligeable. La présence tutélaire de l'Etat est donc non seulement justifiée, mais elle permet également à celui-ci de fixer les limites de la liberté des collectivités territoriales. En matière de casinos, l'Etat ne quitte donc pas la table de jeux…

---

sessions de jeu ou de pari en ligne mentionnées au premier alinéa de l'article 302 bis ZL. » : rédaction issue de l'article 47 de la loi du 12 mai 2010, *préc.*

812 « *Sous peine d'irrecevabilité, les plaintes tendant à l'application de sanctions pénales en matière d'impôts directs, de taxe sur la valeur ajoutée et autres taxes sur le chiffre d'affaires, de droits d'enregistrement, de taxe de publicité foncière et de droits de timbre sont déposées par l'administration sur avis conforme de la commission des infractions fiscales* », Art. L.228 LPF.

POLITIQUES PUBLIQUES ET ADDICTION AUX JEUX D'ARGENT : UNE APPROCHE COMPARATISTE

Christophe ALONSO
Maître de conférences en Droit public,
Membre du Centre Maurice Hauriou pour la recherche en droit public,
Université Paris 5 Descartes

Le thème de l'addiction aux jeux d'argent et de hasard émerge bien souvent des discussions sur ce type de jeux. C'est, en effet, un sujet sensible qui ne cesse de soulever des interrogations sinon des inquiétudes.

Inquiétudes qui peuvent s'avérer fondées tant les politiques publiques en matière d'addiction aux jeux d'argent et de hasard sont confrontées à des difficultés d'ordres divers aussi bien en France qu'à l'étranger.

Ces difficultés proviennent, d'abord, du caractère spécial des jeux d'argent et des addictions qu'ils entrainent. La loi française n°2010-476 du 12 mai 2010 relative à l'ouverture à la concurrence et à la régulation des jeux d'argent et de hasard en ligne le souligne clairement dans son article 1er : « *Les jeux d'argent et de hasard ne sont ni un commerce ordinaire, ni un service ordinaire* » avant de les définir comme des jeux payants « *où le hasard prédomine sur l'habileté et les combinaisons de l'intelligence pour l'obtention d'un gain*[813]. » Quant aux comportements de dépendance que ces jeux peuvent provoquer, ils sont aujourd'hui entendus comme de véritables addictions et entrent dans la catégorie des addictions comportementales aussi appelées « addictions sans produit » ou « sans substance psychoactive » pour les distinguer notamment des addictions les plus connues comme les toxicomanies, l'alcoolisme ou

[813] Article 2 de la loi n°2010-476 du 12 mai 2010 relative à l'ouverture à la concurrence et à la régulation des jeux d'argent et de hasard en ligne.

encore le tabagisme. Or « l'addiction est un phénomène connu et mesuré lorsqu'elle est liée à des substances (alcool, drogues, cigarettes…), mais beaucoup moins bien cerné en l'absence de substances, et singulièrement en matière de jeu[814] ». A cette épidémie silencieuse des addictions comportementales s'ajoute le fait qu'il n'y a pas de consensus international sur une définition unique de l'addiction aux jeux d'argent. L'Autorité de régulation des jeux en ligne (ARJEL) a rappelé récemment que « l'essentiel est de retenir que celle-ci ne se définit pas par la fréquence de jeu ou par les sommes dépensées, mais par la notion de perte de contrôle et par les conséquences de la pratique de jeu sur la vie de l'individu[815] ».

Des difficultés existent ensuite, pour les décideurs publics, quant à l'attitude à adopter vis-à-vis des jeux d'argent. Ils doivent parvenir à trouver cet équilibre difficile mais nécessaire entre les intérêts économiques des acteurs du marché et l'intérêt public de protection des citoyens. Ce « conflit d'intérêts », au sens littéral du terme, explique peut-être d'ailleurs ce sentiment de prise de conscience récente, pour ne pas dire tardive, de l'existence même d'une dépendance au jeu. Tout donne l'impression que l'addiction aux jeux d'argent est un phénomène récent. Pourtant des recherches historiques permettent de considérer qu'à l'époque romaine déjà « le jeu faisait partie de ces actes juridiques pour lesquels un joueur trop assidu pouvait être placé sous curatelle[816] » et ainsi de démontrer que des législations anciennes prenaient en compte les méfaits du jeu d'argent sur l'homme. On peut alors imaginer que cette négligence de la

---

[814] Rapport d'information fait au nom de la commission des finances sur l'évaluation de la loi n°2010-476 du 12 mai 2010 relative à l'ouverture à la concurrence et à la régulation du secteur des jeux d'argent et de hasard en ligne par M. François Trucy, 12/10/2011, p.204.

[815] Conséquences qui, selon l'ARJEL, peuvent être « financières, relationnelles, sociales et psychologiques ». ARJEL, *Lutter contre le jeu excessif ou pathologique. Recommandations trois ans après l'adoption de la loi d'ouverture du marché des jeux en ligne*, 2013, p.7.

[816] M. Escande, *Les mutations de l'ordre public en droit des jeux d'argent et de hasard*, Thèse, Toulouse, 2012, p.52. L'auteur s'appuie sur *Les cours de droit romain* de Boyer, 1944-1945, Toulouse, pp. 55 et s. L'empereur Justinien, quant à lui, décrivait une forme d'addiction aux jeux d'argent : « Cette passion ayant captivé une infinité de nations étrangères, elle a bien fait verser des larmes. Quelques-uns, en effet, sans même savoir jouer, ont perdu, en pariant seulement, toute leur fortune, en risquant jour et nuit de l'argent, des ornemeux, des pierres précieuses ou de l'or ». Alexandre Pascal Tissot, *Les douze livres du Code de l'empereur Justinien*, Metz, Behmer, Tome 1er, 1807, pp. 516 et s.

dépendance aux jeux comme problème de santé publique serait une conséquence même de l'embarras des pouvoirs publics à l'égard de ce type de jeux : les jeux d'argent constituent une manne financière importante pour les Etats mais sont aussi, en contrepartie, un risque pour les populations auxquelles les gouvernements doivent apporter une protection. L'histoire des législations sur les jeux d'argent ou, selon la formule anglo-saxonne, du « gambling » est d'ailleurs marquée de cette tension. Elle se ponctue de périodes au cours desquelles les gouvernements ont tantôt promu tantôt prohibé le jeu. Ce « dilemme ludique[817] » n'est pas, à ce jour, résolu et se manifeste de différentes manières que cette présentation vise à identifier.
De plus, il faut aussi tenir compte du contexte particulier dans lequel s'inscrivent les politiques publiques récentes de lutte contre l'addiction aux jeux d'argent. Ces dernières doivent aujourd'hui faire face à un phénomène, qui n'est plus tout à fait nouveau, qui est celui de l'utilisation massive d'Internet avec les risques « nouveaux » que cela engendre dans le domaine des addictions aux jeux d'argent et de hasard en ligne.
Pour toutes ces raisons, il apparaît utile de renouveler régulièrement le questionnement autour du rôle des politiques publiques et de s'interroger sur la manière dont celles-ci sont définies pour lutter contre le phénomène d'addiction aux jeux d'argent et de hasard.
En l'absence de modèle unique de comparaison mais surtout devant l'hétérogénéité des réglementations existant en la matière, nous nous intéresserons d'abord globalement à la manière dont sont déterminées les politiques publiques de lutte contre les addictions aux jeux d'argent et de hasard un peu partout dans le monde (I) puis nous concentrerons sur les moyens concrets de leur mise en œuvre (II).

I/ La détermination des politiques publiques en matière d'addiction aux jeux d'argent et de hasard

Les pouvoirs publics ont besoin de mesurer le phénomène d'addiction pour pouvoir légitimer mais aussi déterminer leur champ d'action (A). Cette étape préalable à toute action de politique publique est essentielle pour considérer l'addiction aux jeux d'argent comme un véritable problème de santé publique. Elle permet de rendre compte

[817] Rapport INSERM, *Jeux de hasard et d'argent - Contextes et addictions*, Expertise collective, Paris, 2008, p.12.

de la complexité de ce phénomène et par incidence de soulever les ambiguïtés qui entourent les constructions scientifiques aux fondements de ces politiques publiques (B).

A) La mesure des problèmes dus à l'addiction

Afin de déterminer une politique de santé publique adéquate, les pouvoirs publics sont amenés à se poser deux séries de questions : combien de personnes sont en difficulté face à ce comportement de dépendance aux jeux d'argent et quelles sont les conséquences économiques et sociales de ce type d'addictions ? Pour tenter d'y répondre, deux types d'enquêtes existent : il s'agit des études épidémiologiques de prévalence sur la dépendance aux jeux et des enquêtes économiques sur le coût social de la pratique du jeu.
Les enquêtes de prévalence réalisées en population générale permettent de donner une estimation, pour l'ensemble de la population (ou d'un groupe d'âge précis) d'une zone géographique donnée, de la prévalence c'est-à-dire du nombre de personnes concernées par l'addiction aux jeux de hasard et d'argent. Elles permettent, en outre, de disposer de données sur la pratique de jeu des joueurs (fréquence de jeu par grandes catégories de jeu, sommes misées, durée de jeu, part de joueurs dépendants) et ainsi « d'adapter en conséquence les moyens de prévention et de lutte contre l'addiction[818] ».
Trois principaux outils de repérage, fondés sur différents critères de diagnostic de l'addiction aux jeux d'argent, sont appliqués au domaine de l'épidémiologie : le *South Oaks Gambling Screen* (SOGS) qui est de loin le plus utilisé dans le monde, le test adapté du *Diagnostic Statistical Manual IV* (DSM-IV, Manuel diagnostic et statistique des maladies mentales) et l'Indice canadien du jeu excessif (ICJE). Il ressort de ces outils de repérage deux notions d'appréhension de l'addiction aux jeux d'argent qui sont dégagées à partir d'une définition américaine du « jeu pathologique » et d'une définition canadienne du « jeu excessif ». Enfin, une troisième notion, celle de « jeu problématique », permet de regrouper à la fois les joueurs dont la pathologie est déjà avérée (joueurs pathologiques ou excessifs) ainsi que les joueurs à risque modéré.
Les tentatives de mesure d'une prévalence nationale de la dépendance au jeu sont principalement le fait des pays anglo-saxons comme les

---

[818] Rapport du sénateur F. Trucy, précité, 12/10/2011, p.136.

Etats-Unis, pays ayant le plus investigué la question du jeu pathologique, mais aussi du Canada qui dispose d'une riche expérience de recherches et d'enquêtes, notamment dans ses provinces du Québec et d'Ontario, ou encore de la Nouvelle-Zélande et de l'Australie qui accordent une attention particulière aux problèmes liés aux jeux d'argent depuis près de vingt ans. En Europe, les faibles travaux menés à l'échelle nationale se sont longtemps limités à quelques pays comme la Suède, la Norvège, le Royaume-Uni ou encore la Suisse. Jusqu'en 2010, la France accusait un retard important en la matière puisqu'elle n'avait jamais mis en œuvre, contrairement à la plupart des grands pays développés, ce type d'enquête. La première enquête nationale de prévalence sur l'addiction au jeu a été réalisée puis rendue publique en septembre 2010 par l'Observatoire français des drogues et des toxicomanies (OFDT), dans le cadre du baromètre Santé de l'Institut national de prévention et d'éducation pour la santé (INPES) (échantillon représentatif de 25 000 Français âgés de 18 à 75 ans) en s'appuyant sur l'Indice canadien du jeu excessif. Il ressort de cette étude que 1,3% de la population française présenterait des comportements de jeu problématique, dont 0,9% de joueurs à risque modéré (soit 400 000 personnes) et 0,4% de joueurs excessifs (soit 200 000 personnes)[819]. Cette première estimation ne concerne toutefois que la période précédant l'ouverture à la concurrence des jeux en ligne et ne permet donc pas, pour l'heure, de mesurer l'impact de la loi du 12 mai 2010 sur le comportement des joueurs[820]. Elle demeure toutefois utile pour servir de point de

---

[819] Enfin parmi la population de joueurs en ligne, 22,7% présenteraient des comportements de jeu problématique, parmi lesquels 14,4% seraient des joueurs à risque modéré et 8,3% des joueurs excessifs. Recommandations ARJEL précitées, 2013, p.10.

[820] Selon l'ARJEL, « une étude complémentaire, traitant de la prévalence du jeu excessif en population générale depuis l'ouverture des jeux en ligne en 2010 devrait être publiée dans le courant de l'année 2014 ». Ibidem. Cependant, une enquête menée conjointement par l'OFDT et l'Observatoire de jeux (ODJ) au cours du quatrième trimestre 2012 laisse entrevoir l'impact de l'ouverture des jeux en ligne sur les comportements addictifs. En effet, selon cette dernière enquête, 17% de la population des joueurs en ligne correspondraient à des comportements de jeu problématique, dont 10,4% de joueurs à risque modéré et 6,6% de joueurs excessifs ce qui constitue une proportion bien plus élevée de joueurs problématiques parmi les joueurs en ligne que pour l'ensemble de la population. Tendances, *Les jeux d'argent et de hasard sur Internet en 2012*, juin 2013.

comparaison avec d'autres pays pour lesquels des enquêtes de prévalence sur ce sujet ont pu être recensées.
Bien que la comparaison des taux entre plusieurs pays s'avère délicate compte tenu des différents outils d'évaluation utilisés, des différentes périodes de référence concernées ou encore des périodes variables d'études réalisées, les auteurs d'une revue américaine ont choisi de pondérer les résultats des études recensées et ainsi de proposer un taux moyen de prévalence afin de comparer les pays entre eux[821]. Il ressort des résultats de cette enquête que les taux de prévalence du jeu problématique varient entre 0,4% et 11% de la population générale avec des taux constatés plus bas essentiellement en Europe et notamment au Danemark (0,5%), aux Pays-Bas (0,5%) et en Allemagne (0,7%) mais aussi, et dans une moindre mesure, en Grande-Bretagne (0,9%), en Norvège (1,1%) ou encore en France (1,1%) ; des taux moyens sont identifiés en Suède (1,5%), en Suisse (1,7%), au Canada (1,8%), en Finlande (2,0%) ou en Italie (2,3%) puis un peu au-dessus de ces taux moyens se situent la Belgique (2,8%), les Etats-Unis (3,2%) et l'Irlande (3,3%). En ce qui concerne les taux les plus élevés, ils sont retrouvés essentiellement en Asie (Singapour (3,8%) et Hong Kong (5,6%)) en Australie (3,9%) ainsi qu'en Afrique du Sud (6,4%).
Les différences de niveau de prévalence ente les pays demeureront, sans doute, encore largement discutées tout comme les tendances d'évolution qui se dessinent avec la démocratisation des jeux en ligne[822], c'est pourquoi les recherches scientifiques et les recommandations proposées de toutes parts insistent sur la nécessité d'amplifier ce type d'enquêtes en leur accordant un caractère régulier

---

[821] Williams, R.J., Volberg, R.A. & Stevens, R.M.G. (2012)., *The Population Prevalence of Problem Gambling: Methodological Influences, Standardized Rates, Jurisdictional Differences, and Worldwide Trends. Report preâred for the Ontario Problem Gambling Research Centre and the Ontario Ministry of health and Long Term Care.*, 08/05/2012.

[822] Si la propension de personnes qui jouent sur Internet se multiplie à un rythme soutenu, le gouvernement français a fait le choix de légiférer avant de prendre connaissance de l'ampleur de la mesure. Une autre manière de voir les choses est celle du Canada. En effet, « bien qu'il existe un certain nombre d'incitations économiques et politiques des gouvernements à élargir les possibilités de jeu dans le domaine en ligne, il serait irresponsable de le faire sans obtenir d'abord une compréhension plus complète des coûts sociaux et des risques de cette entreprise ». R. Wood, R. Williams, *Internet gambling : Prévalence, caractéristiques, problèmes et options politiques*, Enquête et prévalence du jeu d'argent sur Internet en Ontario.

et en distinguant les différents canaux de distribution de l'offre de jeu (en dur ou en ligne)[823].

Le calcul du coût social constitue un autre moyen, particulièrement utile, pour prendre la mesure de l'activité « jeu » dans une société actuelle et aider les pouvoirs publics à mener une politique adaptée. Cette approche, complexe à réaliser, soulève quelques controverses et est appuyée par des outils utilisés par les économistes, elle ne s'intéresse qu'à l'aspect « coût » engendré par la pratique des jeux d'argent. En effet, l'addiction aux jeux a de multiples conséquences néfastes, bien connues, sur la vie et la santé du joueur. Le coût social résume, par un chiffre unique, exprimé en somme monétaire, la diversité des effets dommageables sur la personne, sa famille et la société. « Tout en fournissant une estimation de la perte globale de bien-être que subit la société, il sert aussi de mesure des bénéfices potentiels d'une politique efficace de prévention de la dépendance au jeu. Le coût social réalise, en définitive, la somme de trois éléments : les dépenses de santé attribuables à cette addiction (le coût direct), la diminution de performances des personnes au travail ayant une dépendance ou des problèmes de comportement face au jeu (coût indirect), enfin la perte de la qualité de vie liée à la santé subie par les joueurs et les membres de leur famille (coût humain)[824] ». Ainsi décrites, « les conséquences de l'addiction aux jeux d'argent constituent un coût économique si elles détournent d'un autre usage ou si elles se traduisent par une baisse de la qualité de vie des joueurs ou de leurs proches »[825].

Sur les quinze dernières années, les études d'envergure nationale du coût social de la dépendance aux jeux qui ont été effectuées demeurent rares. Certes, un premier élan a été donné aux Etats-Unis en 1996 avec la création de la *National Gambling Impact Study Commission* qui a

---

[823] Recommandations ARJEL, *op.cit.*, 2013, proposition n°33 : « réaliser, sur une base périodique, des études permettant de mesurer l'évolution du nombre de joueurs pathologiques tout en distinguant les différents canaux de distribution et les conditions de régulation », p.48. Voir également, Rapport du sénateur F. Trucy, Proposition n°33 : « Mettre en place une étude de prévalence au jeu problématique dans le secteur des jeux en ligne et renouveler régulièrement ce type de démarche », *op.cit.*, 2011, p.205.

[824] C. Jeanrenaud, M. Gay, D. Kohler, J. Besson, O. Simon, *Le coût social du jeu excessif en Suisse*, décembre 2012, p.3.

[825] Les dépenses qui ont la nature de « transferts » ou encore dits de « coûts réels » ou « coûts pécuniaires »- les prêts non remboursés par exemple – ne constituent pas des coûts pour la société. Rapport précité, *Le coût social du jeu excessif en Suisse*, 2012.

commandé un rapport sur les conséquences économiques et sociales de la dépendance au jeu. Il a été suivi, dès 1999, par une enquête australienne de la *Productivity Commission* sous l'impulsion du gouvernement australien. Enfin, on relève également la réalisation d'une évaluation nationale entreprise par des universitaires canadiens au cours de l'année 2000 ainsi que deux importants rapports Suisse, le premier en 2004 sur la pratique des jeux d'argent et de hasard, le second, rendu en décembre 2012 sur « le coût social du jeu excessif en Suisse ». En ce qui concerne la France, on peut se référer aux propos du sénateur François Trucy pour résumer l'état actuel de la recherche sur le coût social du jeu : « En France ? » s'interroge-t-il ! « Rien sur le sujet…ceci est pour le moins décevant, même s'il est évident qu'il est extrêmement difficile de faire ces calculs.[826] »

Le calcul du coût social, aussi complexe soit-il à mettre en œuvre, ne se limite pas à fournir une estimation chiffrée des conséquences néfastes du jeu excessif mais contribue, à l'analyse, à tirer des enseignements utiles à l'élaboration des politiques publiques. Il permet, d'une part, de constituer une évaluation du niveau légitime d'intervention des pouvoirs publics en pointant du doigt les inefficacités engendrées par la pratique du jeu et, d'autre part, de définir la forme souhaitable de l'intervention de l'Etat pour lutter contre la dépendance au jeu. C'est au regard de ces analyses notamment que certains chercheurs émettent des critiques sur les politiques dites « paternalistes » qui touchent indifféremment l'ensemble des joueurs nonobstant l'existence de consommateurs parfaitement rationnels qui se voient imposer d'importants coûts pour protéger les joueurs excessifs[827]. Toujours sur le fondement des résultats de ce type d'enquêtes, certains auteurs considèrent qu'il peut être utile de favoriser des mécanismes d'autocontrôle ou d'auto-exclusion qui donnent aux joueurs les moyens de rationaliser leurs actions et permettront finalement de les aider à sortir de leur dépendance. De tels mécanismes existent aujourd'hui et sont largement utilisés. Ils ont prouvé leurs effets positifs de lutte conte le jeu excessif mais semblent, tout de même, imprégnés de certaines ambiguïtés idéologiques.

---

826 Rapport Trucy, 2006, p.147.

827 « Concrètement, cela signifie qu'il faut favoriser des mesures comme la diffusion d'information sur les dangers du jeu, l'offre d'un soutien, voire l'interdiction de jouer pour les joueurs en difficulté, par rapport à des interdictions ou des limitations de jeu visant indifféremment tous les joueurs ». Rapport INSERM, 2008, *op.cit.*, p.265.

B) Les ambiguïtés situées au fondement des politiques publiques de lutte contre l'addiction

La prise en compte de la dépendance aux jeux d'argent par les pouvoirs publics est relativement récente. Comme l'explique le rapport dévoilé par l'INSERM en 2008 : « Plusieurs facteurs concourent à la prise de conscience du phénomène de dépendance aux jeux de hasard et d'argent, parmi lesquels, l'acceptation sociale du *gambling* et sa légalisation, ainsi que la multiplication des accès aux espaces de jeu[828] ». Ces facteurs semblent aujourd'hui se conjuguer, si bien que les gouvernements de plusieurs pays ont décidé de considérer le « jeu pathologique » comme un problème de santé publique. Mais cette considération semble ne pas aller de soi pour tous.
En effet, pour comprendre le développement des actions des politiques publiques en matière d'addiction aux jeux d'argent, il faut rappeler le contexte dans lequel ces actions sont nées et se sont déployées. C'est aux Etats-Unis, et particulièrement à Las Vegas dans l'Etat du Nevada que le jeu a été officiellement légalisé en 1931 dans un contexte de crise économique. Le modèle du Nevada est ensuite devenu une référence à la fois sur le continent américain et dans le reste du monde. Devant l'expansion des jeux d'argent, « Les Gamblers anonymes » sont fondés en 1957 et obtiennent rapidement une visibilité publique ainsi que le soutien des instances médicales du pays. C'est en 1972 qu'est formé officiellement le Conseil national du joueur compulsif par les *Gamblers anonymous* avec la collaboration du corps médical ; c'est alors que commence la diffusion d'un discours médical. Dès lors, l'attention du monde médical se porte sur le syndrome du jeu excessif qui est inscrit comme maladie psychiatrique en 1980.
Ce rattachement du jeu excessif à la pathologie mentale a été analysé par le sociologue canadien Jacob Amnon Suissa. Selon lui, « ce qui était auparavant considéré comme un péché, un vice, un comportement déviant et une industrie hors la loi, est aujourd'hui compris comme une maladie, une pathologie psychiatrique teintée d'une perte de contrôle et d'un désordre d'impulsion[829] ». Cette construction sociale serait fondée sur le discours dominant qui a permis, à l'issue d'un processus long, de légitimer le caractère

---

[828] Rapport INSERM, *op.cit.*, 2008, p.12.

[829] J. A. Suissa, « La construction d'un problème social en pathologie : le cas des jeux d'argent et de hasard (gambling) », in *Nouvelles pratiques sociales*, vol. 18, n°1, 2005, pp.148-161.

pathologique du jeu excessif en minorant certains autres facteurs explicatifs de nature politique, historique, culturelle et psychosociale. Dès lors, le résultat de ce discours conduit à estimer que face à une majorité sociale qui peut jouer sans développer de dépendance, il existe une minorité composée de quelques joueurs pathologiques ou compulsifs. Envisagé ainsi, le jeu excessif est étiqueté comme pathologie ce qui amène à se focaliser sur la dépendance de quelques joueurs et, subrepticement, à distancier voire effacer les traces de la responsabilité de l'industrie du jeu puisque le joueur pathologique est désigné comme malade. Plus encore, cette « pathologisation » du jeu excessif – au sens de processus de médicalisation de la dépendance aux jeux - se fonde sur la conception même de l'individualisme[830] qui permet, cette fois à l'Etat, de se désengager d'une part de ses responsabilités dans la mesure où celui-ci présente ce problème social complexe comme relevant plus d'une défaillance individuelle que collective alors même qu'il est, très souvent, le principal maître d'œuvre des divers espaces de jeu. De sorte que l'ambiguïté du rôle des pouvoirs publics dans le domaine des jeux d'argent, à savoir de promoteurs du jeu en même temps que protecteurs des citoyens au plan public, devient insoutenable. Elle constitue « un obstacle réel à la mise place d'une politique publique efficace, socialement acceptable et légitime au plan éthique[831] ».
Plus concrètement, cette attitude ambiguë des pouvoirs publics est également révélée par la mise en œuvre d'une action politique concrète de lutte contre le jeu excessif : la politique du « jeu responsable ». Si pour une grande majorité de joueurs la pratique des jeux d'argent et de hasard reste une activité récréative, pour certains elle conduit à développer une véritable addiction. C'est afin de protéger ces publics à risque, que les pouvoirs publics ont mis en place des mesures, nécessitant l'implication des opérateurs de jeux, publics ou privés, pour promouvoir une politique du « jeu responsable ». Ce type de politique apparaît particulièrement active au Canada depuis un certain nombre d'années déjà[832], notamment en matière

[830] « La conception même de l'individualisme repose sur une philosophie qui voit l'individu comme une entité séparée et séparable de son contexte social (…) » J. A. Suissa, *op.cit.*

[831] A. J. Suissa, *op.cit.*, p.158.

[832] Ainsi le Conseil du jeu responsable de Toronto (capitale de la province de l'Ontario au Canada), créé en 1983 en tant que fondation canadienne du jeu compulsif, a été le premier organisme à but non lucratif de jeu responsable dans le pays.

d'informations, de prévention, de formation et de recherches. Elle se traduit, dès les années 2002/2003, par des lancements de plans de recherches thématiques par le gouvernement québécois ainsi que par des plans d'action pour prévenir le jeu pathologique instaurés directement par la société d'Etat Loto-Québec. Ce dernier plan a permis, par exemple, pour limiter le jeu, de peindre le cabinet des machines à sous en noir pour les rendre moins attrayantes, de fixer une somme de jeu maximale et de contraindre les joueurs à indiquer leur séquence de jeu tout en faisant apparaître des horloges sur l'écran des appareils de loterie vidéo.

Bien que critiquée par certains aspects, cette politique de jeu responsable a largement été reprise en Europe. Il a d'ailleurs été créé, en septembre 2008, par *l'European Gaming and Betting Association*, un code international de pratiques de jeu responsable que les opérateurs de jeu et les régulateurs se sont engagés à respecter. Cette politique repose toutefois sur des modalités de mise en œuvre variables selon la législation des Etats. Elle se manifeste, par exemple, en Grande-Bretagne par une politique fondée sur la responsabilisation (ou l'autodiscipline) des professionnels de jeu avec la possibilité notamment, pour le ministre compétent, de brandir la menace réglementaire d'introduire une redevance spécifique à la charge de ces derniers lorsque les dispositifs de lutte contre la dépendance au jeu mis en œuvre ne fonctionnent pas. Elle se traduit encore par une réglementation incitative, aux Pays-Bas, obligeant les personnels de l'opérateur Holland Casino de suivre une formation spécifique de repérage des joueurs dépendants ; ou par des autorisations et agréments donnés aux principaux opérateurs, au Danemark, assortis de contreparties leur interdisant de faire crédit aux clients ou de leur offrir des cadeaux ou des primes de jeu.

La France n'est pas en reste, de ce point de vue, puisqu'en 2005, les syndicats professionnels de casino ont signé avec le gouvernement un protocole du jeu responsable. Peu de temps après (2006/2007), les actions entreprises par la Française des Jeux (FDJ) et le Pari mutuel urbain (PMU) en faveur du jeu responsable se sont concrétisées notamment par la mise en place d'un « Comité consultatif pour la mise en œuvre de la politique d'encadrement des jeux et du jeu responsable (COJER) » chargé de conseiller le ministre du Budget dans la mise en œuvre de la politique d'encadrement des jeux exploités par la FDJ, la rédaction de la charte éthique, la diffusion de slogans et de publications sur le jeu responsable. Cette expansion de la politique du jeu responsable est aussi traduite dans la loi du 12 mai 2010, le sénateur François Trucy évoquant à ce sujet un dispositif fondé sur « la coresponsabilité de l'opérateur et du joueur », l'opérateur devant proposer des modérateurs de jeu ou encore des mécanismes d'exclusion volontaire que le joueur doit paramétrer et mesurer lui-même. Quant aux pouvoirs publics français, ils sont chargés d'expertiser ces dispositifs, par l'intermédiaire de l'ARJEL - l'organe de régulation - qui évalue chaque année dans un rapport obligatoire les « efforts » effectués, dont lui rendent compte les opérateurs, en faveur du jeu responsable.

Sans juger ici de l'efficacité de ces mesures, il ressort de la lecture d'une politique du jeu responsable deux types de constats qui soulèvent des interrogations. Premièrement, en impliquant les opérateurs de jeux d'argent à prendre des mesures en faveur d'un jeu responsable, on remarque que ce sont, en fait, les bénéficiaires des marchés du jeu qui sont directement chargés d'en limiter les risques. On ne peut alors, avec le professeur Elizabeth Fortis, « que relever cet évident paradoxe que le droit valide et qui fait que celui qui a intérêt à ce que l'on joue plus doit simultanément établir un dispositif pour que l'on joue moins[833] ». Ce paradoxe atteint d'ailleurs son paroxysme lorsque l'on observe les campagnes massives de publicité qui sont lancées par les opérateurs sur les jeux en ligne et, dans le même temps, les obligations législatives et réglementaires qui viennent encadrer ces mêmes publicités. Quoi de plus dissuasif ?... On peut alors se demander jusqu'à quel point les opérateurs se considèrent responsables et de quelles manières les pouvoirs publics contrôlent cette responsabilité ? A la lecture des modèles français ou étrangers décrits précédemment, on s'aperçoit que les incitations, menaces, évaluations ou encore recommandations[834] dispensées par les pouvoirs

---

[833] E. Fortis, « L'addiction aux jeux d'argent », in *Les addictions*, *Archives de politique criminelle*, n°31, 2009, pp.79-91, spéc. p.91.

[834] En France, par exemple, l'article 27 de la loi du 12 mai 2010 introduit la notion d'obligation de moyen en prévoyant que « *l'opérateur de jeux ou de paris en ligne (...) rend compte dans un rapport annuel, transmis à l'ARJEL, des actions qu'il a menées et des moyens qu'il a consacrés pour promouvoir le jeu responsable et lutte contre le jeu excessif ou pathologique* » ; l'article 34 de la même loi ajoute que l'ARJEL « *évalue les résultats des actions menées par les opérateurs agréés en matière de prévention du jeu excessif ou pathologique et peut leur adresser des recommandations à ce sujet* », ce qui tend à démontrer la faiblesse du dispositif par le peu de contraintes qui pèsent sur les opérateurs et permet de postuler le souhait d'une augmentation des pouvoirs de sanctions de l'ARJEL à l'égard des opérateurs.

publics confèrent plus des obligations de moyen que de résultat aux opérateurs laissant ainsi une large place à la « discrétion » des mesures mises en œuvre pour lutter contre la dépendance au jeu.
Deuxièmement, la construction idéologique du jeu responsable « concentre un ensemble d'arguments concernant le joueur excessif qui tournent autour de la faute morale, du self-control, d'explications médicales et sociales, de prises en charge thérapeutiques, laissant dans l'ombre les questions liées à l'accès au jeu, à ses formes et aux profits[835] ». A travers le concept de jeu responsable, l'attention est portée sur le joueur car l'idée véhiculée est qu'il demeure libre de ses choix. Les problèmes sociaux afférents au jeu excessif sont transformés en problèmes individuels et sont, de ce fait, dépolitisés. Plus encore, la conception du jeu responsable se révèle être paradoxale, « puisque ce système s'évertue à expliquer qu'il n'y a plus de responsable[836] » si ce n'est le joueur lui-même. Les termes utilisés par le législateur et les opérateurs sont explicites : « auto-exclusion », « autolimitation », « modération du jeu »..., etc. L'Etat donne, en définitive, une image neutre, ni incitative, ni protectrice, qui met l'individu face à ses responsabilités et, par là même, semble le dédouaner des siennes.

II/ La réalisation des politiques publiques en matière d'addiction aux jeux d'argent et de hasard

La mise en œuvre des politiques publiques de lutte contre l'addiction aux jeux d'argent et de hasard se concrétise par différents types d'actions classiques qui s'étalent de la prévention, déclinée sous de multiples formes et réalisée auprès de publics variés, en passant par des mesures d'interdiction, d'encadrement ou de modération de jeu, jusqu'aux dispositifs de prise en charge des joueurs excessifs (A). Mais devant l'ampleur de certains phénomènes, comme le développement des nouvelles technologies et du jeu sur Internet, qui concernent tous les segments de la population, les pouvoirs publics sont tenus d'adapter leur stratégie de lutte et de prévention (B).

[835] Rapport INSERM, *op.cit.*, 2008, p.14.
[836] M. Escande, *op.cit.*, p.418.

A) La mise en œuvre des politiques publiques : les dispositifs classiques de lutte contre l'addiction aux jeux d'argent

Avant toute chose, il faut reconnaître que le risque de dépendance aux jeux d'argent n'est pas reconnu et pris en compte de la même manière partout et à chaque époque[837]. Quelques Etats se démarquent cependant par leur prise en compte précoce du jeu excessif en tant que problème de santé publique : il s'agit notamment du Canada et de la Nouvelle-Zélande ou encore de l'Espagne. Il règne toutefois une certaine hétérogénéité dans ce domaine, que la Commission européenne a rappelée dans une communication au Parlement européen du 23 octobre 2012 à propos des Etats membres de l'Union européenne : Tous partagent « l'objectif de protéger les citoyens mais les moyens réglementaires et les techniques employés pour atteindre cet objectif divergent[838] ». L'ARJEL a d'ailleurs récemment confirmé ce constat et considère que « bien que chaque pays européen puisse se défendre d'avoir mis en place au moins une mesure de prévention du jeu pathologique, celles-ci restent extrêmement hétérogènes – puisqu'on recense plus d'une quarantaine d'outils ou de mesures différentes – et à l'efficacité très variable[839] ».

On relèvera, par exemple, nonobstant quelques évolutions récentes, que l'Italie ne mène aucune réelle politique de lutte contre l'addiction aux jeux[840] ; que la Grande-Bretagne, sans se désintéresser du problème - qu'elle consacre explicitement dans la loi - ne dispose que de peu de dispositions normatives en la matière car celles-ci constitueraient des entraves à la liberté individuelle. Tandis que

---

[837] Seules certaines législations nationales reconnaissent explicitement la pathologie du jeu : en Grande-Bretagne, la loi de 2005 sur les jeux se fixe pour objectif la protection des personnes vulnérables ; la loi belge de 1999 modifiée comprend un chapitre sur les mesures de protection des joueurs et des parieurs. La loi française du 12 mai 2010 fixe comme priorité de la politique de l'Etat, dans son article 3, la prévention du jeu excessif ou pathologique et la protection des mineurs.

[838] Commission européenne, *communication au Parlement européen* : « Vers un cadre européen global pour les jeux de hasard en ligne », 23/10/2012.

[839] Recommandations ARJEL, précitées, 2013, p.13.

[840] V. Paeno, « Comment réussir à concilier une politique responsable de développement des activités de jeux avec une industrie globale de plus en plus performante ? L'approche italienne », in C. Duanand, M. Rihs-Middel, O. Simon, *Prévenir le jeu excessif dans une société addictive. D'une approche bio-psycho-sociale à la définition d'une politique de santé publique*, oct. 2010, pp.233-237. L'auteur confirme que « contrairement à d'autre pays, l'Italie n'a pas adopté une politique de modération des activités de jeux », spéc. p.237.

d'autres pays, dont la France, disposent d'un arsenal normatif relativement fourni mais assez hétérogène. Au regard de ce « patchwork » normatif, il est très difficile aujourd'hui, voire même impossible, de réaliser des classifications de ces réglementations qui puissent être utiles à l'analyse des politiques de lutte contre l'addiction aux jeux d'argent. Il vaut alors peut-être mieux se contenter de dégager quelques grandes tendances à partir de l'examen des divers instruments utilisés, dans l'ensemble des Etats, pour tenter d'endiguer le phénomène du jeu excessif.

De façon générale, les actions menées par les pouvoirs publics se réalisent au cours de deux étapes distinctes du processus de lutte contre l'addiction aux jeux d'argent : il s'agit d'abord d'actions préventives, primaires ou secondaires, puis d'actions curatives nécessitant, le plus souvent, la prise en charge et le traitement des joueurs dépendants.

Ainsi que le précise l'INSERM dans son expertise collective sur l'addiction aux jeux d'argent, la prévention consiste, d'abord, à agir en amont sur les facteurs de risques qui peuvent conduire à la dépendance. Elle intervient antérieurement à l'apparition des problèmes afin d'éviter que le jeu n'ait des conséquences néfastes sur les individus, leur famille ou plus largement la société. Mais la prévention intervient aussi et, ensuite, en aval lorsque les problèmes d'addiction liés aux jeux sont avérés, en tentant de réduire les méfaits d'un usage inapproprié des jeux d'argent[841]. De ce point de vue, trois types de prévention sont généralement distingués :

La « prévention universelle » est l'approche la plus générale. Elle s'adresse à l'ensemble de la population sans tenir compte du profil de risque particulier et se manifeste par des campagnes d'information sur le jeu et de sensibilisation sur les potentialités nocives de celui-ci. Ces campagnes nationales, souvent menées conjointement avec des opérateurs, se réalisent par des spots télévisés, des messages à la radio ou des articles dans les journaux. Elles constituent des moyens simples pour délivrer des messages de prévention à une large partie de la population et peuvent être ainsi de bons vecteurs d'atteinte du jeune public. Très répandues au Canada[842], elles le sont un peu moins en Europe, où ce type de campagne prend la forme de messages de mise

[841] Rapport INSERM, *op.cit.*, p.269.

[842] A l'image de l'organisme canadien « Mise sur toi », qui a lancé au cours de ces dernières années des campagnes de sensibilisation générale auprès de la population québécoise sur le « jeu responsable » ou des campagnes plus ciblées sur les joueurs à risque.

en garde insérés dans les publicités pour des jeux d'argent, à l'instar du dispositif français actuel[843].
Une autre forme de prévention, la « prévention sélective », s'adresse aux groupes d'individus ayant un facteur de risque. Elle s'intéresse donc principalement aux joueurs et se traduit essentiellement par l'information et le conseil qui peuvent leur être apportés. De telles initiatives sont généralement assurées et respectées par les opérateurs et les établissements de jeux mais avec plus ou moins d'inspiration[844]. Une des raisons en est qu'elles sont souvent inscrites dans la loi comme en Belgique où depuis 1999 des dépliants contenant des informations sur la dépendance aux jeux et indiquant les références de lieux de traitement doivent être mis à la disposition des clients des établissements de jeux. La loi française du 12 mai 2010, à son tour, contraint les opérateurs de jeux en ligne à informer les joueurs en permanence de l'existence du service d'assistance téléphonique[845], créé par les pouvoirs publics sous la responsabilité de l'INPES, dont ils disposent.
Enfin une dernière forme de prévention dite « ciblée » s'intéresse aux individus présentant un problème de dépendance. Elle se matérialise par la mise en œuvre de mesures de repérage des joueurs excessifs et dans l'orientation de ces derniers vers des structures de soins adaptées. Ce type de prévention implique préalablement une formation des personnels placés au contact de joueurs qui tend à se développer depuis quelques années. Certaines législations, comme en Belgique, au Danemark ou aux Pays-Bas, notamment, imposent ce type de

---

[843] Voir en ce sens, recommandations ARJEL, 2013, *op.cit.*, p.14. Le sénateur François Trucy rappelle d'ailleurs que c'est l'objectif de mise en place de campagnes nationales de prévention à destination de toute la population « qui avait justifié l'affectation d'une fraction des prélèvements sociaux sur les jeux à l'INPES, agence qui propose des campagnes de communication dans le secteur sanitaire ». Rapport du sénateur F. Trucy, *op.cit.*, p.206.

[844] Dans son récent rapport de recommandations, l'ARJEL observe que depuis une dizaine d'années, ont été mis en place des centres d'information sur le jeu responsable au sein même des casinos. Elle indique alors, que « ce type de dispositifs peut prendre la forme d'une zone « jeu responsable » sur les sites des opérateurs de jeu ». Rapport précité, p.14.

[845] Ce type de service existe aussi en Allemagne où l'Agence fédérale pour l'information sanitaire (Bundeszentrale für gesundheitliche Aufklärung) a créé un numéro d'appel téléphonique afin de répondre aux questions des joueurs dépendants et de leur entourage. Législation comparée du Sénat, *op.cit.*, p.14.

formations[846] qui peuvent ensuite être complétées par des dispositifs de repérage des joueurs à risque et par l'instauration d'une obligation d'intervention. C'est le cas notamment en Suisse, où les casinos peuvent mettre en place une liste de critères permettant à leurs employés de déceler les comportements potentiellement problématiques. Lorsque ces critères sont réunis, le personnel a l'obligation d'approcher le client afin d'évaluer avec lui la nécessité de mettre en place une limitation des visites voire une procédure d'auto-exclusion. Des initiatives très proches de celle-ci ont été développées en Autriche et aux Pays-Bas, pays dans lesquels le suivi informatique personnalisé des entrées et sorties des joueurs permet aux établissements de jeux d'enregistrer la fréquence des visites. De sorte que si un joueur augmente significativement ses visites ou s'il dépasse un seuil fixé sur une période de temps, il est considéré comme « client régulier » et est automatiquement approché, en vue d'un « entretien préventif », par un membre du personnel qui permettra d'évaluer les actions à mener. Ce type de mesures est efficace à un double point de vue : elles permettent une détection en amont du processus d'addiction « qui pourrait dès lors limiter le nombre de prises en charge sanitaires et sociales de problèmes de jeu avérés[847] ». Elles sont, de plus, aisément transposables aux jeux en ligne à l'image notamment de ce qui se fait aujourd'hui en Suède par la technique de traitement des données de jeu appelée « data-mining ».

Si la prévention constitue un moyen d'intervenir avant que l'addiction ne s'installe, elle se caractérise aussi par des actions qui ont pour but de contenir le phénomène, lorsqu'il est révélé, de l'addiction. C'est en ce domaine que les dispositifs de lutte contre l'addiction sont les plus nombreux et les réglementations les plus variables. Les dispositifs de modération de jeu, d'interdictions de jeux volontaires dits encore « d'auto-exclusion » en sont des illustrations. Ce dernier mécanisme qui donne la possibilité à tout individu de demander à être interdit de jeu s'est d'abord développé dans les établissements de jeux pour être

---

[846] La loi belge subordonne ainsi l'exercice d'une activité professionnelle dans le secteur des jeux d'argent à l'obtention d'un certificat délivré à l'issue d'une formation portant notamment sur la dépendance au jeu. Quant à la législation danoise, elle impose aux quelques milliers (4000 en 2007) de personnes qui gèrent des point de vente de l'opérateur Danske Spil de suivre une formation intégrant la dépendance aux jeux. Sénat, *Etudes de législation comparée*, « La lutte contre la dépendance aux jeux », n°175, septembre 2007.

[847] Recommandations ARJEL, *op.cit.*, 2013, p.16.

progressivement étendu aujourd'hui aux jeux en ligne. Appliquée dans de très nombreux pays, cette mesure laisse entrevoir d'importantes variations dans ses modalités de mise en œuvre : selon que la mesure est d'origine législative ou non ; qu'elle est assurée et contrôlée par les pouvoirs publics directement ou par les opérateurs de jeu (comme en Grande-Bretagne), selon qu'un fichier d'interdits de jeux permettant de sauvegarder une identification existe ou non (comme c'est le cas en Grande-Bretagne), que les données sont archivées ou non[848], selon la nature temporaire ou illimitée de l'auto-exclusion et de surcroît selon sa durée qui peut parfois même être fixée par la personne concernée (comme ce fut le cas en Allemagne, ou encore aujourd'hui au Danemark ou aux Pays-Bas) ou imposée pour une durée plus ou moins longue dans d'autres pays ; ce mécanisme garantira une utilité et permettra de responsabiliser les joueurs qui le désirent. L'ARJEL a eu l'occasion de rappeler que ces programmes d'interdiction volontaire de jeux ont su prouver leur utilité, en particulier pour limiter les rechutes de joueur, notamment lorsque les exclusions recouvrent des périodes longues d'une durée minimale de deux ans (voire trois ans comme c'est le cas en France actuellement). Au regard de ces multiples modalités, la réglementation hollandaise sur les jeux en dur est sans doute l'une des plus intéressantes en ce qu'elle permet, d'abord, à toute personne de se faire interdire de casinos ou seulement de faire limiter le nombre de ses visites mensuelles qu'elle pourra établir elle-même. Ensuite parce qu'en cas de demande d'interdiction pour une période illimitée, l'intéressé est invité à avoir un entretien avec un membre du personnel, ce qui établit un suivi personnalisé maintenant une certaine proximité avec le joueur.

Par ailleurs, il faut relever que si pour l'ensemble des systèmes mis en œuvre en matière d'interdiction de jeux la demande ne peut émaner que de l'intéressé lui-même - ou ce qui intervient dans certains cas à l'issue d'un accord entre l'opérateur et le joueur - le législateur belge

[848] CE, 26 novembre 2012, req. n°351163. Le Conseil d'Etat français a pu considérer que les opérateurs agréés n'étaient tenus à l'archivage que des seules données « sur les évènements de jeu ou de pari et, pour chaque joueur, les opérations associées ainsi que toute autre donnée concourant à la formation du solde du compte joueur ». Par conséquent, il découle de cette interprétation que les opérateurs ne sont pas tenus d'archiver l'identité de chaque joueur (adresse, email), le compte des joueurs et ses références. Cette jurisprudence s'avère, selon l'ARJEL, de nature à empêcher le suivi adéquat des joueurs à risque. Cf. ARJEL, 2013, p.31.

a fait le choix d'aller plus loin[849]. Par la loi du 12 janvier 2010, il ouvre une brèche controversée en autorisant que l'interdiction d'accès aux établissements de jeux puisse être prononcée à la demande de toute personne intéressée[850]. Dans ce cas exceptionnel, les proches et les responsables des centres d'aide financière pour les populations vulnérables notamment seront habilités à demander l'exclusion de personnes qui ont un problème de dépendance en motivant leur demande et après avis de la Commission des jeux de hasard[851] qui rendra sa décision après avoir invité l'individu dépendant à présenter ses moyens de défense.

Le second type d'actions pouvant être menées par les pouvoirs publics concerne les actions curatives. Celles-ci englobent la prise en charge et le traitement des joueurs dépendants. Ce dernier peut être assuré par trois types d'intervention : l'intervention psychologique, l'intervention thérapeutique dont la thérapie cognitive et comportementale a prouvé les effets, et l'approche médicamenteuse qui commence à voir le jour[852]. Très souvent délaissée des politiques

---

[849] E. Marique, « Demande par des tiers d'interdiction d'accès aux établissements de jeux de hasard : mesure légale en Belgique », in J.-L Vénisse et M. Grall-Bronnec, *Les addictions sans drogue. Comprendre, prévenir, traiter*, Paris, édition Masson, 2012, pp.85-89. Selon l'auteur : « Lorsque la maladie du jeu s'installe chez un être humain, celui-ci ne maîtrise plus son libre arbitre. (...) il ne s'agit pas d'un droit fondamental de l'homme que de pouvoir s'asseoir à une table de jeu ou de glisser de l'argent dans un automate de jeu (...). Jouer ne constitue pas un droit indispensable au citoyen pour vivre en société (...). Une mesure d'interdiction imposée par la demande d'un tiers constitue une disposition de sûreté pour assurer une meilleure utilisation de cette faculté de jouer qui réduit les dégâts collatéraux des tiers (conjoints, etc.) (...). Les Etats membres sont donc libres de fixer, selon leur propre échelle de valeurs, les objectifs de leur politique en matière de jeux de hasard et, le cas échéant, de définir avec précision le niveau de protection recherché. » Spécialement pp.86-87.

[850] L'arrêté royal du 21 juin 2011 portant modification de l'arrêté royal du 15 décembre 2004 relatif au mode d'interdiction d'accès aux établissements de jeux de hasard de classe I et II, en définit les modalités d'introduction. Source : site de la Commission des jeux de hasard belge.

[851] La commission des jeux de hasard est un organisme d'avis à l'égard du gouvernement et du parlement, de protection des joueurs et des parieurs, de contrôle en matière de jeux de hasard, de décision en ce qui concerne l'octroi ou le refus de licence. Elle est présidée par un magistrat qui siège avec six représentants de ministres.

[852] S. Achab, Y. Khazal, D. Zullino, « Approches médicamenteuses », in M. Grall-Bronnec (ss. la dir.), *Le jeu pathologique. Comprendre, prévenir, traiter*, Paris, Editions Masson, 2012, Chapitre 28.

publiques à cause de la faible demande de soins[853], la prise en charge sanitaire constitue, pour reprendre l'expression du sénateur François Trucy, « le maillon oublié de la politique de lutte conte l'addiction[854] ». Elle est, dans la plupart des pays, assurée par des structures issues du secteur associatif (Italie, Pays-Bas, Grande-Bretagne), des établissements de santé privés (Danemark), des centres médicaux sociaux (centre de soins d'accompagnement et de prévention en addictologie ou CSAPA en France, gérés soit par des établissements publics de santé soit par des associations) ou des centres de recherche et de formation en santé (Institut fédératif des addictions comportementales en France). Le financement de ces structures est, dans la grande majorité des cas, directement le fait des opérateurs de jeux mais il peut aussi se traduire par une redistribution des prélèvements sociaux sur les jeux en s'inscrivant dans le cadre de plans nationaux d'actions dédiés à la prévention et la lutte contre l'addiction aux jeux d'argent ainsi qu'ils ont été mis en place dans certains pays comme l'Autriche, la France[855], le Portugal ou encore la Suède.

A ces dispositifs classiques de lutte contre le jeu excessif s'impose aujourd'hui l'ajout de mesures spécifiques.

---

[853] Dans son expertise collective de 2008, l'INSERM rapporte que l'un des problèmes majeurs dans la prise en charge des joueurs pathologiques est constitué par la faible demande de soins. (...) Dans certains pays (Canada, Nouvelle-Zélande), des programmes de santé publique ont tenté d'améliorer entre autres l'accès aux soins ». Rapport précité, p.283. Voir notamment, D. Allard, E. Papineau, *Evaluation du programme expérimental sur le jeu pathologique/ Rapport synthèse*. Institut national de santé publique du Québec, 2006.

[854] Rapport Trucy, *op.cit.*, 2011, p.170.

[855] L'article 48 de la loi du 12 mai 2010 prévoit ainsi que 5% du produit des prélèvements sur les paris et jeux de cercle en ligne –s'élevant respectivement à 1,8% et 0,2% des mises – sont affectés, chaque année dans la limite d'un plafond de 5 millions d'euros, à l'Institut national de prévention et d'éducation pour la santé (INPES). Cet article ajoute que le surplus de ces prélèvements est affecté aux régimes obligatoires d'assurance maladie « afin de permettre notamment la prise en charge des joueurs pathologiques ». Or dans les deux cas, qu'il s'agisse du retour prévu au bénéfice de l'INPES ou celui versé au régime d'assurance maladie, il n'est pas avéré que la lutte contre l'addiction ait été le véritable bénéficiaire de ces sommes, ce qui porterait préjudice au financement des centres de soin d'accompagnement et de prévention en addictologie (CSAPA).

B) L'adaptation des politiques publiques aux défis soulevés par les jeux d'argent

Les jeux d'argent et de hasard ne cessent de soulever des problématiques nouvelles. Le développement des technologies et du jeu sur Internet touche une population plus diversifiée que les jeux traditionnels et interpelle sur la nécessité de mettre en place des stratégies de prévention adaptées, particulièrement auprès des publics jeunes, très concernés par ces évolutions. A cela s'ajoute le fait que des études nombreuses démontrent que les jeunes, surtout les adolescents, seraient plus fragiles face à la dépendance aux jeux à cause notamment de leur impulsivité non maîtrisée[856]. C'est pourquoi la restriction de l'offre de jeux à certaines populations considérées « plus vulnérables », comme les mineurs, constitue l'un des dispositifs de lutte contre le jeu excessif les plus communément utilisés aujourd'hui[857]. D'importantes variations peuvent toutefois être relevées entre certains Etats, « allant d'aucune restriction d'âge pour les loteries en Pologne ou en Slovénie, ou encore pour les machines à

[856] « Les experts s'accordent à dire que plus la dépendance à une conduite s'installe précocement, plus sa durée sera longue ». Il est aussi possible que « les adolescents ne perçoivent pas, du fait de leur âge et de leur inscription dans le monde social, les conséquences à long terme d'un problème de jeu. (…) Par ailleurs, il conviendra d'être vigilant par rapport à la prévalence élevée du jeu pathologique à l'adolescence (notamment à cause d'une attractivité du comportement interdit liée à ce moment-là de la vie) même si des guérisons spontanées ont souvent lieu à l'âge adulte ». Guide de la fédération addiction. *Les addictions sans substance*, p.10.

[857] Tous les pays n'ont pas mis en œuvre cette interdiction aux mêmes périodes. Ainsi, au Canada, les mineurs bénéficient d'une protection législative depuis 1993 en ce qui concerne les établissements de jeux et depuis 1999 il y est défendu de vendre l'ensemble des jeux de hasard et d'argent aux moins de 18 ans. En France, des interdictions règlementaires éparses sont prévues pour les casinos depuis 1959, pour les hippodromes et paris hippiques depuis 1985 (arrêté 13 septembre 1985 portant règlement général du PMU). L'interdiction a enfin été étendue aux paris sportifs et jeux de loterie par décrets n°2007-728 et n°2007-729 du 7 mai 2007 relatifs à l'organisation et à l'exploitation des jeux de pronostics sportifs et à l'exploitation des jeux de loterie autorisés. Désormais, la loi française présente cette interdiction comme une « obligation de résultat » pour les opérateurs. En vertu de son article 5 : « les opérateurs de jeux d'argent et de hasard légalement autorisés sont tenus de faire obstacle à la participation des mineurs, même émancipés, aux activités de jeu et de paris qu'ils proposent ».

sous en Grande-Bretagne jusqu'à une interdiction totale d'entrée dans les casinos avant l'âge de 25 ans pour Malte[858] ».

En complément à cette restriction, différents types d'actions peuvent aussi être mises en place dans le cadre de l'information et de la sensibilisation sur les risques liés aux jeux chez les jeunes. C'est le cas notamment des programmes d'intervention pendant l'enfance et en milieu scolaire visant la prévention précoce des jeux d'argent qui ont principalement été développés en Australie, au Québec et aux Etats-Unis à l'attention des élèves du primaire[859], du collège et du lycée. Ces actions ont pour objectif d'accroître les connaissances des jeunes sur le jeu et de modifier les conceptions erronées concernant les jeux de hasard et d'argent. Au Québec[860], par exemple, plusieurs programmes préventifs structurés destinés aux mineurs ont été testés. Parmi eux, le programme vidéo de prévention « Lucky, le hasard on ne peut rien y changer » réservé aux jeunes et aux enseignants du secondaire permet, de façon adaptée, d'attirer l'attention des élèves sur les potentialités addictives du jeu. Effectué à partir d'un support vidéo, ce programme de prévention est un moyen pratique qui permet une intervention peu coûteuse, rapide et facile à utiliser dans le cadre scolaire. A la lumière de l'étude menée récemment en Italie pour envisager d'y adapter ce programme, il semble que ce dispositif de prévention puisse tout à fait être traduit, adapté, puis utilisé dans d'autres pays aux contextes culturels différents[861], notamment européens, dans le but de promouvoir une véritable politique d'éducation et de prévention sanitaire et sociale en matière de jeu. La France est, au premier plan, concernée. En effet, l'interdiction même de vente des jeux de hasard

---

[858] Recommandations ARJEL, *op.cit.*, 2013, p.14.

[859] Ce type de programme existe aussi dans d'autres pays comme en Belgique, particulièrement dans la province de Liège, où se déroulent des opérations de sensibilisation aux dépendances, au sens large, à l'attention de publics spécifiques (enseignants, intervenants psycho-médicaux-sociaux, etc.) et notamment des enfants. On relèvera, par exemple, l'opération « Diabolo-Manques » effectuée auprès des élèves du 1er cycle de primaire (préconisation du vecteur autobus).

[860] Il faut également relever la publication récente du guide québécois de la prévention du jeu pathologique auprès des jeunes « Bien joué » qui est aussi disponible en version électronique sur le site de l'Agence de la santé et des services sociaux de Montréal, www.dsp.santemontreal.qc.ca dans l'onglet Publications sous la thématique « jeunes ».

[861] D. Capitanucci, R. Smaniotto, A. Biganzoli, M. Alippi, "Prévention du jeu excessif: modifier les biais cognitifs et accroître les connaissances en adaptant la vidéo ''Le hasard, Lucky, on peut rien y changer !'' au contexte Italien », in *Prévenir le jeu excessif dans une société addictive.*

et d'argent aux mineurs[862] y est encore mal connue par le grand public et les actions de prévention menées en milieu solaire n'abordent pas le champ spécifique des jeux d'argent. Pourtant, comme le relève l'ARJEL, si les évaluations de ces programmes sont rares, « il est reconnu que les interventions auprès des enfants, familles et enseignants sont efficaces pour prévenir et réduire l'apparition de comportements de jeux excessifs chez les adolescents[863] ».

Le développement des jeux d'argent et de hasard est aujourd'hui accéléré par l'utilisation popularisée de nouvelles technologies offrant des supports tels que les terminaux mobiles ou les téléviseurs connectés grâce à Internet. Si la plupart des experts se montrent prudents et évoquent un manque de recul ainsi que leur difficulté à établir un lien de corrélation direct entre « l'ouverture » des jeux d'argent en ligne et l'augmentation des addictions, ils n'en minimisent pas pour autant les risques potentiels. Les arguments sont connus : l'offre de jeu sur Internet accroît de façon générale le nombre de joueurs, elle crée une activité séduisante et confortable par son accessibilité physique et financière (à toute heure et en tout lieu : lieu de travail par exemple) en donnant la sensation au joueur d'un contrôle sur son contenu et en le rendant anonyme (ce qui évite au joueur d'être stigmatisé par sa pratique). Mais dans le même temps, la pratique des jeux d'argent sur Internet fait aussi disparaître l'éventuelle mise en garde physique d'un employé de l'établissement de jeux et réduit, par le caractère virtuel de la monnaie électronique, considérablement le sens de la valeur financière.

Si Internet provoque une avalanche d'inquiétudes quant à ses conséquences spécifiques sur l'utilisation des jeux d'argent, il peut constituer, en retour, un moyen subtil pour contrôler[864] ou du moins

---

[862] Interdictions précitées concernant les paris sportifs et les jeux de loterie prévues par deux décrets du 7 mai 2007.

[863] ARJEL, *op.cit.*, 2013, p.14.

[864] Afin de lutter contre le jeu des mineurs, le sénateur François Trucy propose de réfléchir à impliquer « le secteur bancaire aux vérifications préalables à l'ouverture définitive d'un compte joueur, afin de s'assurer que les mineurs entre 16 et 18 ans, possédant un compte en banque, ne puissent s'inscrire sur les sites de jeux en ligne. » Rapport, Trucy, 2011, *op.cit.*, p.197. De manière proche, le député Jean-François Lamour propose d'attribuer « un numéro d'identification unique, sur le modèle de l'Italie qui utilise le code fiscal obligatoire ». Proposition de J.-F. Lamour n°II. *Rapport d'information sur la mise en application de la loi n°2010-476 du 12 mai 2010 relative à l'ouverture à la concurrence et à la régulation du secteur des jeux d'argent et de hasard en ligne présenté par Aurélie Filippetti et Jean-François Lamour.*

prévenir et limiter les pratiques des joueurs ainsi qu'un outil prometteur de traitement de la dépendance.

Les dispositifs de modérateurs de jeu consistent à permettre aux joueurs de se fixer, eux-mêmes, des limites temporelles ou financières avant de s'engager dans le jeu. Ils se traduisent notamment par des interdictions de jeu à certaines plages horaires (comme par exemple la nuit) ou dans la fixation de temps de pause obligatoires après une certaine durée de jeu ainsi que par des fixations proposées aux joueurs à l'avance de leurs mises, de leurs dépôts ou encore de leurs pertes. Si ces mesures s'avèrent relativement efficaces, elles impliquent l'idée d'autolimitation du joueur et constituent bien souvent des obligations de moyen pour les opérateurs qui les fixent de manière variable parfois même en l'absence de base légale ou réglementaire. Ce qui soulève alors la question de savoir s'il faut maintenir cette responsabilisation des joueurs encadrée par les opérateurs ou au contraire si les pouvoirs publics doivent intervenir en imposant des mesures contraignantes et impératives et par conséquent non volontaires[865] à l'image de la Belgique où la commission des jeux de hasard prescrit aux opérateurs la mise en place d'un taux maximal de perte horaire. Cela pourrait autrement se concrétiser par la coupure du jeu, après une certaine durée ou après un certain taux de mises effectuées ou de pertes écoulées[866], ce que permettrait d'ailleurs assez facilement Internet.

Sans aller jusqu'à imposer ou fixer des contraintes aux joueurs, des dispositifs préventifs de repérage et d'information peuvent être mis en œuvre à partir de logiciels informatiques. La Suède, par exemple, utilise la technique du « data-mining[867] » ou d'exploration des

---

[865] Une obligation imposée, et donc non volontaire, pourrait selon le sénateur François Trucy, se révéler contre-productive d'une part compte tenu du profil très variable des joueurs, des modérateurs trop standardisés risquent d'être inefficaces (D'abord parce que le risque d'addiction ne repose pas tant sur le montant de la mise que la fréquence jeu et de réapprovisionnement du compte joueur. Ensuite, car un niveau adéquat de plafonnement des mises est délicat à définir : selon le niveau de revenu du joueur, un même montant maximum d'enjeu se révèlera soit symbolique, soit considérable). D'autre part, comme en matière de procédures d'inscription, de trop fortes contraintes risquent de reporter les joueurs vers l'offre de jeu illégale.

[866] A. Filippetti, Proposition n°II, « Imposer, comme en Belgique, aux opérateurs la mise en place d'un taux maximal de perte horaire (70 euros par heure, par exemple) » en vue de compléter les règles relatives aux modérateurs de jeux visés par l'article 26 de la loi 12 mai 2010. Rapport d'information précité.

[867] A distinguer des sites ou logiciels qui utilisent le « tracking » non pas pour aider les joueurs mais pour exploiter leurs données.

données, qui permet le traitement des données de jeu via l'utilisation de logiciels spécifiques analysant le comportement des joueurs en ligne. Grâce à ces logiciels, la fréquence de jeu des joueurs est observée et ces derniers reçoivent automatiquement un avertissement dès qu'ils présentent des signes de jeu problématique prédéfinis. On peut imaginer, ainsi que le propose l'ARJEL dans ses recommandations, un suivi humain de ce type de procédures obligeant les opérateurs à « contacter personnellement les joueurs qu'ils auront identifiés comme ayant un comportement de jeu problématique, afin de les rediriger vers un dispositif d'aide ou d'assistance[868] ».
Dans ce même objectif, les sites de jeux d'argent peuvent prévoir soit des zones de jeu responsable soit encore des liens vers des sites de prise de conscience comme cela se fait déjà. Depuis 1995, les chercheurs canadiens, par exemple, effectuent des études pour développer des sites de promotion de la santé avec les jeunes, à l'image du site Internet « YouthBet.net » dont l'objet est de prévenir les problèmes de jeu chez les jeunes. De tels sites pourraient peut- être servir d'outils d'éducation et de pédagogie pour les enseignants en classe.
Enfin, l'utilisation d'Internet peut être un moyen, non négligeable, de traitement des joueurs. En effet, l'un des problèmes majeurs relatifs au traitement des joueurs dépendants est constitué par la faible demande de soins dont l'une des explications se situe dans les barrières de l'accès aux soins : démarches trop lourdes pour les joueurs, mauvaise connaissance du système de soins, stigmatisation liée à leur prise en charge, coût de la prise en charge. De ce point de vue, les programmes de traitement sur Internet offrent de nombreux avantages et permettent de pallier en partie ces obstacles en offrant une alternative aux modes classiques de thérapie. Ainsi que le souligne l'INSERM dans son expertise collective, « de nombreux formats de conseils et de soins existent déjà sur Internet comme la thérapie online (en ligne), la cyberthérapie ou la e-thérapie[869] ».
Quoi qu'il en soit, l'ensemble de ces dispositifs de politiques publiques adaptées repose, avant tout, sur une meilleure connaissance du phénomène de l'addiction aux jeux d'argent et de hasard. Cette connaissance implique une réelle mesure de l'importance et des évolutions de cette dépendance spécifique ainsi que de l'efficacité des

[868] Rapport ARJEL, *op.cit.*, 2013, proposition n°29, p.44.
[869] Rapport INSERM, *op.cit.*, 2008, p.285.

dispositifs de prévention mis en œuvre. S'il existe, de toute évidence, des retombées potentielles de l'innovation technologique, celles-ci peuvent et doivent être exploitées pour la prévention et le traitement de la dépendance aux jeux d'argent mais à condition d'être réfléchies puis encadrées, ce qui implique en définitive que la recherche se poursuive et que les pouvoirs publics jouent leur rôle.

LA PSYCHOLOGIE SOCIALE AU CŒUR DES JEUX D'ARGENT ET DE HASARD

Frédéric MARTINEZ
Maître de conférences,
Membre du GRePS, équipe PSeCO
Institut de psychologie,
Université de Lyon II

Un nouveau module du Baromètre santé de l'Institut national de prévention et d'éducation pour la santé introduit en 2010, a permis d'estimer, pour la première fois, le nombre de joueurs à des jeux d'argent et de hasard dans la population française[870]. Les questions sur le jeu ont été analysées chez les 18-75 ans, soit un effectif de 25 034 personnes. « Près d'une personne sur deux (47,8 %) âgée de 18 à 75 ans déclare avoir joué de l'argent au cours des 12 derniers mois. Une grande majorité des personnes qui jouent le font assez occasionnellement et n'investissent que d'assez petites sommes d'argent. En effet, seul un peu plus d'un joueur sur cinq (soit 10,9 % de la population générale) joue régulièrement dans l'année (52 fois ou plus) et un peu moins d'un sur dix (soit 4,7 % de la population générale) déclare dépenser dans l'année plus de 500 euros ». Les répondants satisfaisant à un de ces deux critères sont considérés comme joueurs actifs et complètent alors l'indice canadien du jeu excessif. Les résultats révèlent que 3,7 % des joueurs actifs sont classés comme joueurs excessifs, 7,1 % sont à risque modéré et 12,2 % à risque faible. En effet, lorsque le plaisir de jouer se transforme progressivement en besoin de jouer, on parle alors de « dépendance » au jeu, de jeu « compulsif », « excessif » ou encore de jeu « pathologique ». L'apparition « officielle » du terme jeu pathologique, dans la littérature médicale et scientifique, s'est produite

[870] Les niveaux et pratiques des jeux de hasard et d'argent en 2010, Baromètre santé INPES 2010, module jeux de hasard et d'argent, Tendances (77), 2011.

en 1980, par son introduction dans le DSM-III. Par la suite, selon le DSM-IV (1994), le jeu pathologique est défini comme : « *une pratique inadaptée, persistante et répétée du jeu* ». Beaucoup d'explications ont été proposées pour comprendre le caractère récurrent des conduites de jeu, explications qui ne sont d'ailleurs pas contradictoires entre elles. Une première explication se réfère à la personnalité du joueur, personnalité dite névrotique, animée d'un désir inconscient de perdre et d'autopunition. En effet, dans la perspective psychanalytique (Bergler[871], 1957 ; Freud[872], 1928), le jeu ne serait que l'expression d'un masochisme moral, ayant pour but l'élimination des désagréments liés au principe de réalité, au profit du seul principe de plaisir. Cette conception trouve son origine dans les interprétations de Freud (1928) sur la passion du jeu de Dostoïevski : Le jeu serait le châtiment par l'entité paternelle, nécessaire au joueur pour « calmer » son sentiment de culpabilité. Certains résultats (Kusyszyn & Rutter[873], 1985 ; Ladouceur & Mayrand[874], 1986) montrent, contrairement au postulat de la perspective psychanalytique, que les « *joueurs réguliers sont en aussi bonne santé mentale que des non-joueurs.* » (Ladouceur & Maryland, 1986, p. 433). Les orientations cognitivo-comportementales du jeu excessif, quant à elles, considèrent que les joueurs ne souffrent pas forcément de pathologies graves mais attribuent un rôle prépondérant à l'illusion de contrôle dans l'apparition des conduites de jeu. Le joueur aurait le sentiment illusoire de pouvoir investir des connaissances pertinentes pour contrôler l'issue du jeu. Nous expliciterons ce sentiment illusoire de contrôle dans une première partie, après avoir défini la trajectoire « classique » du jeu excessif, permettant ainsi au lecteur de prendre en considération l'importance de cette illusion dans l'explication des conduites de jeu. Nous montrerons alors que cette illusion de contrôle semble découler d'une perception erronée du hasard, souvent néanmoins activée par les caractéristiques de certains jeux ainsi que

---

[871] Bergler, E. (1957). *The Psychology of Gambling.* New York : Hill and Wang.

[872] Freud, S. (1928). Dostoïevski et le parricide. Traduit par J. B. Pontalis, C. Heim, & L. Weibel, in *Résultats, idées, problèmes*, 2. (1985). Paris : Presses Universitaires de France.

[873] Kusyszyn, I., Rutter, R. (1985). Personality characteristics of male heavy gamblers, light gamblers, non-gamblers, and lottery players. *Journal of Gambling Behavior, 1*, 59-63.

[874] Ladouceur, R., & Mayrand, M. (1986). Caractéritiques psychologiques de la prise de risque monétaire des joueurs et des non-joueurs à la roulette. *International Journal of Psychology, 21*, 433-443.

par les annonces publicitaires. Une limite de cette explication réside dans le fait qu'elle repose sur l'idée d'un joueur qui est seul à décider. Cependant, nous mettrons en évidence dans une dernière partie la présence d'une influence sociale sur la prise de risque et la perception de contrôle dans un jeu de hasard et nous en proposerons un modèle explicatif.

I. La trajectoire « classique » du joueur excessif

La littérature révèle un consensus sur les principales phases d'évolution vers le jeu excessif. Selon de nombreux auteurs (Ladouceur, Sylvain, Boutin, & Doucet[875], 2000 ; Valleur & Matysiak[876], 2002), et observations cliniques (Lesieur & Rosenthal[877], 1991), la trajectoire habituelle vers le jeu excessif se divise en trois phases progressives de durée variable :

- La phase de gain qui correspond à la phase initiale. Le joueur n'y comptabilise que ses gains en oubliant ses pertes. Cette phase de gain favorise alors le retour au jeu ainsi que l'émergence d'une illusion de contrôle. En d'autres termes, les mises sont de plus en plus élevées, et le joueur mise avec le sentiment illusoire de pouvoir investir dans la situation des connaissances pertinentes, lui permettant d'augmenter sa probabilité de réussite.
- La phase de perte : Le temps est l'ennemi du joueur. En effet, du fait de l'espérance de gain négative, le joueur finit par perdre. Durant cette phase, la personne joue régulièrement et pense de plus en plus souvent au jeu. Le joueur ne peut accepter de perdre et se convainc qu'il pourra « se refaire ». Le joueur attribue ses pertes à la malchance et non à l'échec de ses stratégies. Il ne peut donc pas saisir l'incontrôlabilité du jeu. Ainsi, le joueur rentre dans un engrenage, s'enferme dans le cercle vicieux du jeu excessif.
- La phase de désespoir : Le jeu devient une obsession. La situation du joueur se dégrade sur tous les plans : économique, familial, professionnel, social et psychologique. L'esprit du joueur est entièrement obnubilé par le jeu. Le paradoxe dans cette phase réside

---

875 Ladouceur, R., Sylvain, C., Boutin, C., & Doucet, C. (2000). *Le jeu excessif. Comprendre et vaincre le gambling*. Paris : Les éditions de l'Homme.

876 Valleur, M., & Matysiak, J. C. (2002). *Les Addictions. Dépendances, toxicomanies : Repenser la souffrance psychique*. Paris : Armand Collin.

877 Lesieur, H., & Rosenthal, R. (1991). Pathological gambling : A Review of the literature. *Journal of Gambling Studies, 7* (1), 5-39.

dans le fait que le jeu constitue non seulement le problème mais également la solution. En d'autres termes, le joueur pense, malgré ses pertes incessantes, qu'un gain pourrait résoudre ses problèmes

En résumé, la phase de gain, dont le montant n'est pas forcément colossal, mais significatif pour le joueur (Achour-Gaillard[878], 2004), conduit celui-ci à croire en la possibilité de contrôler l'incontrôlable, à savoir le hasard. Suite à ce gain, « *le joueur est convaincu qu'il possède les moyens et les habiletés nécessaires pour vaincre le hasard* » (Ladouceur et *al.*, 2000, p. 20). Il n'hésitera donc pas à jouer et à rejouer puisqu'il est « sûr de gagner », se précipitant ainsi dans le cercle vicieux du jeu excessif. En effet, le joueur finira tôt ou tard par perdre puisque l'espérance de gain de tous les jeux de hasard et d'argent est négative. Il mise incessamment pour tenter « de se refaire ». Les conséquences peuvent alors se révéler catastrophiques sur le plan tant financier que psychologique. La trajectoire habituelle vers le jeu excessif ainsi qu'une abondante littérature mettent en exergue la centralité de la perception illusoire de contrôle des joueurs sur l'issue des événements aléatoires dans l'explication des conduites de jeu de hasard et d'argent. Explicitons maintenant cette croyance illusoire

II. L'illusion de contrôle

Langer[879] (1975, p. 311) définit l'illusion de contrôle comme « *an expectancy of a personnal succes probabilility inappropriately higher than the objective probability woud warrant* » [une importante surestimation de la probabilité de succès personnel par rapport à la probabilité objective]. Autrement dit, il s'agit d'une « *perception de réussite qui dépasse les espoirs légitimes que prescrivent les lois de la probabilité* » (Ladouceur & Mayrand[880], 1983, p. 83). Tout d'abord, nous illustrerons cette perception illusoire en évoquant les différentes recherches qui ont attesté de l'existence de perceptions erronées en situation de jeu. Une pensée est ici qualifiée d'erronée lorsque le «

[878] Achour-Gaillard, A. (2004). http: www.sosjoueurs.org

[879] Langer, E.J. (1975). The illusion of control. *Journal of Personality and Social Psychology*, *32*, 311-328.

[880] Ladouceur, R., & Mayrand, M. (1983). L'évaluation de l'orientation d'adresse en fonction de quatre types de jeux de hasard et d'argent. *Revue canadienne des sciences du comportement, 15*, 82-91.

joueur fait référence à d'autres facteurs que le hasard pour justifier le choix de sa mise » (Ladouceur, Paquet, Lachance & Dubé[881], 1996, p.94). Les justifications des joueurs à propos du choix de leurs mises peuvent cependant, traduire différents types d'illusion de contrôle qu'il convient de distinguer.
Ensuite, afin de différencier ces types d'illusion, nous présenterons une approche plus nuancée de l'illusion de contrôle, nécessaire à une meilleure compréhension des conduites de jeu (Letarte, Ladouceur & Mayrand[882], 1986). En effet, Rothbaum, Weitz, et Snyder[883] (1982) distinguent deux types d'illusion de contrôle : Les gens tentent d'exercer du contrôle, non seulement, en modifiant l'environnement en fonction de leurs souhaits (illusion de contrôle primaire) mais également en adaptant leurs perceptions des événements et de leur production (illusion de contrôle secondaire).

« Imaginez-vous accoudé à une table de roulette française, le noir est sorti dix fois de suite. Sur quelle couleur allez-vous miser ? Sur le rouge ou sur le noir ? *Pourquoi* ? »

A cette question, certains répondent :

- Sur le rouge, parce que l'équilibre doit être rétabli !
- Sur le noir, parce qu'il s'agit d'une série !
- Sur le noir, parce que c'est ma couleur chanceuse aujourd'hui !
- Sur le rouge, parce que ma bonne étoile a guidé ce choix !

L'apparition du rouge au prochain tour n'est pas plus probable que celle du noir et réciproquement, puisque les événements aléatoires sont indépendants. L'importance de cet exemple ne réside, toutefois pas, dans la couleur sur laquelle vous choisissez de miser, mais plutôt dans la justification que vous en donnez. En effet, bien que les gens reconnaissent généralement que les résultats des jeux de hasard et

---

[881] Ladouceur, R., Paquet, C., Lachance, N., & Dubé, D. (1996). Examen d'une erreur fondamentale dans la perception du hasard. *Journal International de Psychologie, 31*, 93-99.
[882] Letarte, A., Ladouceur, R., & Mayrand, M. (1986). Primary and secondary illusory control and risk-taking in gambling (roulette). *Psychological Reports, 58*, 299-302
[883] Rothbaum, F., Weitz, J. R., & Snyder, S. S. (1982). Changing the world and changing the self: A two-process model of perceived control. *Journal of Personality and Social Psychology, 42*, 5-37.

d'argent reposent strictement sur le hasard, la majorité élabore des stratégies et croit en son habileté à prédire les résultats. Cette croyance erronée en la possibilité de pouvoir prédire avec justesse le prochain événement aléatoire est dominante chez la plupart des personnes en situation de jeu (Wagenaar[884], 1988 ; Griffiths[885], 1994 ; Ladouceur & Walker[886], 1996 ; Walker[887], 1992). L'étude princeps de Gaboury et Ladouceur[888] (1987) indique que 70% des verbalisations, émises pendant la situation de jeu, sont erronées. Une verbalisation est considérée comme erronée lorsqu'elle fait appel à d'autres éléments que le hasard pour justifier le pari (par exemple : « *je mise sur rouge car trois numéros noirs viennent de sortir* »). Cette présence majoritaire de verbalisations erronées parmi les verbalisations relatives au jeu s'observe à la roulette américaine (Gaboury & Ladouceur[889], 1989 ; Ladouceur & Gaboury[890], 1989 ; Ladouceur, Gaboury, Dumont & Rochette[891], 1988), au black jack (Gaboury, Ladouceur, Beauvais, Marchand & Martineau[892], 1988), au poker vidéo (Ladouceur, Sylvain, Duval, Gaboury & Dumont[893], 1989 ; Sylvain & Ladouceur[894], 1992), aux machines à sous (Delfabro &

---

[884] Wagenaar, W. A. (1988). *Paradoxes of gambling behavior*. East Sussex : Erlbaum.

[885] Griffiths, M. D. (1994). The role of cognitive bias and skill in fruit machine gambling. *British Journal of Psychology, 85*, 351-369.

[886] Ladouceur, R., & Walker, M. (1996). A cognitive perspective on gambling. In P. M. Salkovskis (Ed.), *Trends in cognitive therapy* (pp. 89-120). Oxford : Wiley

[887] Walker, M. B. (1992). *The psychology of gambling*. Oxford : Pergamon

[888] Gaboury, A., Ladouceur, R. (1987). *Irrational thinking and gambling*. Communication pésentée au « Seventh International Conference on Gambling and Risk Taking ». Reno, Nevada.

[889] Gaboury, A., & Ladouceur, R. (1989). Erroneous perceptions and gambling. *Journal of Social Behavior and Personality, 4*, 411-420.

[890] Ladouceur, R., & Gaboury, A. (1989). Jeu de hasard et d'argent sous forme vidéo: la roulette américaine. *Revue québécoise de psychologie, 10*, 20-28.

[891] Ladouceur, R., Gaboury, A., Dumont, M., & Rochette, P. (1988). Gambling: Relationship between the frequency of wins and irrational thinking. *Journal of Psychology, 122*, 409-414.

[892] Gaboury, A., Ladouceur, R., Beauvais, G., Marchand L., & Martineau, Y. (1988). Dimensions cognitives et comportementales chez les joueurs réguliers et occasionnels au Black Jack. *International Journal of Psychology, 23*, 283-291.

[893] Ladouceur, R., Sylvain, C., Duval, C., Gaboury, A., & Dumont, M. (1989). Correction des verbalisations irrationnelles chez des joueurs de vidéo poker. *International Journal of Psychology, 24*, 43-56.

[894] Sylvain, C., & Ladouceur, R. (1992). Correction cognitive et habitudes de jeu chez les joueurs de poker vidéo. *Revue canadienne des sciences du comportement, 24*, 479-489.

Winefield, 2000[895]) ou dans les loteries (Gaboury, Ladouceur & Bussiéres[896], 1989). « *La dominance de verbalisations inadéquates ne semble donc pas spécifique à un jeu mais généralisable à l'ensemble des jeux de hasard et d'argent* » (Gaboury & Ladouceur[897], 1990, p.418).
Selon Sylvain et Ladouceur (1992), les perceptions erronées rendent compte d'un des quatre points suivants :

- ♣(1) Une identification de liens de cause à effet objectivement inexistants (e.g : « *Je vais miser sur rouge puisque le noir vient de sortir trois fois* »)
- ♣(2) Une référence aux habiletés personnelles (e.g : « *Il faudrait que je me concentre pour gagner* »)
- ♣(3) Une attribution du résultat à son action (e.g : « *J'ai vraiment bien joué* »)
- ♣(4) Une superstition (e.g : « *Je mise sur le 20 parce que c'est mon chiffre fétiche* »)

En accord avec la perspective théorique de Rothbaum et *al.* (1982), ces pensées erronées en situation de jeu peuvent se regrouper en deux grands ensembles, à savoir une illusion de contrôle « primaire » et une autre « secondaire ». Rothbaum et *al.* (1982) opèrent la distinction entre l'illusion de contrôle de type « primaire » et celle de type « secondaire ». L'illusion de contrôle primaire se réfère à la possibilité perçue de modifier son environnement. Ainsi par exemple, les joueurs pensent illusoirement contrôler le jeu et vaincre le hasard à l'aide de leurs stratégies. Il s'agit du contrôle au sens usuel du terme, une croyance chimérique en la maîtrise du jeu. En d'autres termes, les joueurs sont convaincus que leurs probabilités de réussite dépendent de leurs stratégies de jeu. Il est à noter que les perceptions erronées illustrent majoritairement une illusion de contrôle primaire ; ainsi, dans les quatre types de perceptions erronées isolées par Sylvain et Ladouceur (1992), les trois premières reflètent une illusion de contrôle

---

895 Delfabro, P. H., & Winefield, A. H. (2000). Predictors of irrational thinkingin regular slot machine gamblers. *The Journal of Psychology, 134*, 117-128.

896 Gaboury, A., Ladouceur, R., & Buissiéres, O. (1989). Structures des loteries et comportements des joueurs. *Revue de psychologie appliquée, 39*, 197-207.

897 Gaboury, A., & Ladouceur, R. (1990). Correction de perceptions inadéquates entretenues au sujet de la roulette américaine. *Revue canadienne des sciences du comportement, 22,* 417-424.

primaire chez les participants en situation de jeu. En effet, l'identification de liens de cause à effet (1), la référence aux habiletés personnelles (2) et l'attribution du résultat à son action (3) traduisent la croyance en la possibilité de pouvoir prédire la prochaine issue, pourtant aléatoire, dans un jeu. Les joueurs s'imaginent, donc, que de leurs méthodes de jeu dépendent la réussite ou l'échec. Ce type d'illusion peut s'illustrer par le choix des numéros au Loto : « *je vais choisir le 10 puisque voilà 100 tirages qu'il n'apparaît pas* » Cette exclamation, on peut l'entendre ici ou là, à la loterie, à la roulette, au Rapido, dès lors que l'individu a pu observer une suite d'événements pourtant aléatoires, la plupart des gens attribuent effectivement aux nombres qui ne sont pas «sortis» depuis un certain temps, une probabilité d'apparition plus grande. Néanmoins, dans une étude publiée en 1994, Keren et Lewis[898] mettent en évidence l'existence de la perception erronée opposée ; leurs résultats indiquent une tendance chez des joueurs de roulette à parier sur le numéro qui vient d'être gagnant en supposant que la roulette est biaisée. Dans la même veine, les joueurs de loterie croient qu'il existe des numéros « chauds » et d'autres « froids » ; les numéros « chauds » apparus dans un passé récent avec le plus de régularité sont perçus comme ayant plus de chances d'être gagnants dans un futur proche (Coups, Haddock & Webley[899], 1998). En revanche, Clotfelter et Cook[900] (1993) ont montré que les joueurs de loterie ont tendance à réduire le montant de leurs mises lorsqu'ils parient sur des numéros « chauds » parce qu'ils craignent la fin de la série. De même, les joueurs privilégient, par la suite, les numéros « froids » puisqu'ils vont se « réchauffer ». Cette pensée erronée, valable à court terme, semblerait donc moins robuste que la volonté « d'équilibration » des événements qui reste valide à long terme. Le point commun de ces pensées erronées, outre qu'elles établissent un lien illusoire de dépendance entre des événements aléatoires, demeure la croyance des joueurs en la possibilité d'investir dans la situation des connaissances pertinentes afin d'augmenter leurs chances de réussite. En d'autres termes, les joueurs pensent

[898] Keren, G., Lewis, C. (1994). The two fallacies of gamblers: Type I and type II. *Organizational Behavior and Human Decision Processes, 60*(1), 75-89.
[899] Coups, E., Haddock, G., & Webley, P. (1998). Correlates and predictors of National Lottery play in the United Kingdom. *Journal of Gambling Studies, 14*, 285-303.
[900] Clotfelter, C. T., & Cook, P. J. (1993). The gamblers fallacy in lottery play. *Managment Science, 39*(12), 1521-1525.

« illusoirement » contrôler le jeu et triompher de l'aléa grâce à leurs stratégies. Et... c'est cela l'illusion de contrôle primaire !
Ce type de contrôle illusoire est celui qui a reçu le plus d'attention dans les recherches sur l'illusion de contrôle, sans doute du fait de sa présence majoritaire chez les joueurs en situation de jeu. Cependant, le joueur qui ne peut pas intervenir sur la situation afin qu'elle corresponde à ses désirs peut toutefois manifester une illusion de contrôle de type secondaire. L'illusion de contrôle secondaire reflète une adaptation des perceptions par rapport à un événement, afin d'avoir l'impression d'en contrôler l'issue. En d'autres termes, les joueurs tentent de s'associer à la chance afin d'en partager le pouvoir. Seul le dernier type de perceptions erronées, isolé par Sylvain et Ladouceur (1992), renvoie à une illusion de contrôle secondaire chez les participants en situation de jeu. En effet, les superstitions (4) traduisent l'idée commune que ces rituels peuvent « appeler » la chance, qui ne serait donc pas un phénomène totalement aléatoire, mais plutôt contrôlable. Ce type d'illusion peut s'illustrer par des exclamations du type : *« Tu devrais jouer, tu es chanceux aujourd'hui, nous avons trouvé une place de parking immédiatement. Ça, c'est sûrement parce que tu as mis ta chemise verte. »* ; *« Non, avant de gratter, utilise cette pièce, elle m'apporte la chance »*. Même pour rire, les joueurs pensent effectivement que la possession d'un objet particulier augmente la possibilité de faire des gains importants (Ladouceur et *al.*, 2000). Dans un registre quasi similaire, les joueurs croient illusoirement qu'ils peuvent exercer un contrôle sur la puissance de la chance en parlant aux cartes (Hayano[901], 1978) aux machines à sous (Martignoni-Hutin[902], 2000) ou en informant les dés du numéro qu'ils comptent faire (Henslin[903], 1967). Le point commun de ces superstitions réside dans la croyance que la chance est une force stable avec laquelle on peut s'associer en utilisant des rituels parce que cette dernière est interne et contrôlable. En d'autres termes, ces superstitions reflètent l'idée que la chance n'est pas une série de faits aléatoires, et corollairement qu'on peut se l'approprier. En effet, si

---

901 Hayano, D. M. (1978). Strategies for the management of luck and action in an urban poker parlor. *Urban Life, 6*, 475-488.
902 Martignoni, J.P. (2000). *Ethnosociologie des machines à sous : Que le hasard vous serve mais préparez vous à l'accueillir*. Paris : L'Harmatan, Collection Logiques Sociales.
903 Henslin, J. M. (1967). Craps and magic. *The American Journal of Sociology, 73*, 316-330.

certaines personnes se représentent la chance d'une manière « rationnelle », en la considérant comme aléatoire et instable, d'autres au contraire la voient comme une force stable pouvant influencer les événements en leur faveur. Certains joueurs adapteraient ainsi leurs perceptions de la chance et penseraient illusoirement la contrôler, en l'apprivoisant. Et c'est cela l'illusion de contrôle secondaire !
Finalement selon ces différentes études, l'individu s'adonnant à un jeu de hasard et d'argent perd rapidement de vue la dimension aléatoire du jeu, en centrant son attention sur les possibilités d'améliorer ses chances de réussite. Les joueurs manifestent ainsi soit une illusion de contrôle primaire en développant des stratégies de mise, soit une illusion de contrôle secondaire par des comportements de superstition. Les termes « primaire » et « secondaire » traduisent le fait que la manifestation d'une illusion de contrôle secondaire n'est possible que lorsque l'illusion de contrôle primaire a échoué ou n'est pas possible. Ces deux types d'illusion de contrôle ne s'expriment donc pas simultanément. En revanche, il existe dans la littérature des exemples empiriques de la présence en situation de jeu aussi bien de l'illusion de contrôle primaire que de l'illusion de contrôle secondaire. Quelles sont les causes de ces deux types d'illusion de contrôle ?

III. Une perception erronée du hasard et de la chance mais souvent réactivée

En raison de son importance dans les comportements de jeu, la question de l'origine de l'illusion de contrôle devient cruciale. Les travaux révèlent que ces illusions découlent de perceptions erronées du hasard pour l'illusion de contrôle primaire et de la chance pour l'illusion de contrôle secondaire.
Le joueur pense que la chance est une force avec laquelle il peut s'associer en utilisant des rituels car cette dernière est une caractéristique personnelle et contrôlable. Les résultats de Darke et Freedman[904] (1997) montrent que les participants qui pensent que la chance est un facteur interne et stable sont plus confiants et prennent plus de risque que ceux qui considèrent la chance comme un facteur

---

[904] Darke, P. R, & Freedman, J. L. (1997a). Lucky events and beliefs in luck : Paradoxical effects on confidence and risk taking. *Personnality and Social Psychology Bulletin, 23*(4), 378-388.

aléatoire. Cette croyance en la chance est d'ailleurs réactivée par des opérations publicitaires (par exemple, la cagnotte du vendredi 13).
Les joueurs sont incapables de respecter le principe de base de tout phénomène aléatoire, à savoir l'indépendance entre les événements. Ils pensent pouvoir interpréter le passé pour prédire avec plus de justesse les événements subséquents. La croyance en des liens de dépendance entre les événements aléatoires est attestée par la recherche de l'équilibre, l'évitement de séquences logiques et de répétitions excessives. Autrement dit, les gens évitent les répétitions et cherchent à équilibrer les événements lorsqu'on leur demande de produire des séquences aléatoires car ils croient que les événements aléatoires sont dépendants les uns des autres. Une cause de cette perception erronée du hasard pourrait résider dans le caractère déterministe du jugement humain, qui cherche à relier une cause à tout événement, et donc aux phénomènes aléatoires. Ceci dit, le réflexe d'attribuer des liens de causalité entre des événements fortuits est bien légitime. En effet, les situations aléatoires, comme les jeux de hasard et d'argent, sont les seules qui, pour être correctement perçues, obligent l'individu à faire fi de son expérience passée. Or, tout au long de notre vie, nous apprenons du passé, et nous nous référons à nos expériences antérieures pour améliorer nos comportements, notre performance.

Il est cependant primordial de noter que cette perception erronée du hasard est souvent catalysée par les caractéristiques du jeu. En effet, selon Langer (1975), le degré de l'illusion de contrôle serait influencé par les caractéristiques du jeu. Ce chercheur a ainsi montré expérimentalement que, plus une situation de jeu de hasard et d'argent possède des caractéristiques inhérentes (ou du moins pouvant être reliées) à une situation d'adresse, plus les joueurs croient qu'ils peuvent y investir des connaissances pertinentes afin de maximiser leurs chances de gagner. La compétition, la possibilité de faire un choix, la familiarité et la participation active représentent des éléments d'adresse susceptibles d'accentuer l'illusion de contrôle des joueurs. L'industrie du jeu semble bien avisée sur ces différentes caractéristiques génératrices d'illusion de contrôle. Par exemple, les joueurs de machines à sous déclenchent eux-mêmes les rouleaux et s'illusionnent ainsi sur le fait qu'ils participent activement au jeu (Griffiths, 1994). Pour lancer les rouleaux, ces derniers peuvent d'ailleurs choisir soit d'appuyer sur un bouton, soit d'actionner un levier. Il s'agit d'un choix illusoire puisque les types de symboles

indiqués par les rouleaux sont totalement indépendants de ce choix. Force est de constater que l'intégralité des jeux de hasard offre cette illusion de choix. En effet, nous pouvons sélectionner les numéros sur lesquels nous misons, au Loto, au Keno, au Rapido, à la roulette ou même croire que nous pouvons choisir le « bon » ticket de grattage parmi la multitude proposée. Cette permanente illusion de choix augmenterait l'illusion de contrôle. Dans une étude publiée par Langer (1975 , étude 2), des joueurs de loteries ont acheté un billet au prix d'un dollar, soit en choisissant eux-mêmes leur billet, soit en le recevant directement du vendeur. Les résultats montrent que les participants qui ont choisi eux-mêmes leur billet exigent en moyenne $8,67 pour le céder, alors que les autres le cèdent en moyenne pour $1,96. Or d'un point de vue purement rationnel, la probabilité de gagner est, bien entendu, la même, qu'on ait choisi le billet ou non. Si les sujets de Langer (1975) acceptent ainsi de revendre le billet choisi quatre fois plus cher que ceux qui ne l'ont pas choisi, c'est bien parce qu'ils lui attribuent une probabilité de gain plus élevée et donc « qu'ils considèrent que dans leur choix est intervenue une habileté qui permet de contrôler l'incontrôlable, à savoir le hasard » (Dubois[905], 1987, p.29).
Cette illusion de choix véhiculée par la quasi-intégralité des jeux de hasard et d'argent (par exemple, le choix de ses numéros de Loto, le choix du type de jeu dans une machine à sous) n'est pas la seule «arme » pour amener les joueurs à considérer le gain comme possible et non illusoire. En effet, les journaux, la radio et la télévision exhibent les gagnants dans les foyers de millions de joueurs potentiels. Si les 34 300 points de vente de la Française des jeux présents dans près de 12 000 communes urbaines et rurales se contentent d'affichage du type : « Au Black Jack : ici, un gagnant à 1500 euros le 30.09.2013 », le site Internet de la Française des Jeux quant à lui possède son onglet : « A vous de jouer ! 1 000€ gagnés par Isabelle et Philippe à Cash (mise 5€) le 12 septembre, 5 838€ gagnés par Marie-Françoise à Bingo Max (mise 2€) le 12 septembre », son onglet : « Les gagnants racontent leur histoire ! » (Afin de ne pas donner une vision biaisée, le site a également son onglet « jeu responsable »). De telles publicités reposent manifestement sur l'hypothèse d'un impact d'autrui : la connaissance du gain d'autrui conduirait les joueurs à accepter un

[905] Dubois, N., 1987. La psychologie du contrôle. Presses Universitaires de Grenoble, Grenoble

risque accru. À l'heure actuelle, peu de travaux ont été menés dans cette perspective et pourtant à l'instar des travaux sur les caractéristiques des jeux initiés par Ellen Langer, ils permettraient de décentrer l'explication des conduites de jeu d'un joueur isolé ne comprenant pas les notions de hasard et de chance.

IV. La connaissance du gain d'autrui : Une incitation au risque par le biais de l'illusion de contrôle primaire

Des études basées sur la théorie de l'apprentissage social[906] (Bandura, 1977) ont montré que la participation à des jeux de hasard et d'argent est implicitement renforcée par des facteurs tels que l'influence des pairs et de la famille (Browne & Brown[907], 1994, Hardoon & Derevensky[908], 2001). En d'autres termes, les parents et les amis serviraient de modèles.

Afin d'accroître la prise de risque, il ne semble pas nécessaire que les joueurs soient des témoins directs du gain d'autrui. En effet, la moitié des 182 participants (âge moyen 32,5 ans) d'une étude de Mushquash[909] (2004), interrogés *via* Internet, indiquent qu'ils ressentent l'envie de jouer lorsqu'ils savent que quelqu'un a gagné ; peu importe, d'ailleurs, que cette information provienne d'un proche, d'une vague relation ou d'un simple affichage. Une étude récente (Rockloff & Dyer[910], 2007) a testé un effet de facilitation sociale (Zajonc[911], 1965) sur la prise de risque lors d'une session de jeu aux machines à sous. Dans cette recherche, certains participants ont reçu de faux avertissements, laissant entendre que d'autres joueurs, dans des salles adjacentes, jouaient au même jeu et parfois gagnaient. Cette expérience a démontré que la présence implicite ainsi que les gains des autres joueurs intensifient la pratique de jeux de hasard et d'argent, illustrée par une plus grande persistance et des paiements finaux

[906] Bandura, A. (1977). *Social learning theory*. Englewood Cliffs, NJ : Prenctice-Hall.
[907] Browne, B. A., & Brown, D. J. (1994). Predictors of lottery gambling among American college students. *Journal of Social Psychology, 134*(3), 339-347
[908] Hardoon, K. K., & Derevensky, J. L. (2001). Social influences in children's gambling behavior. *Journal of Gambling Studies, 17*(3), 191-214.
[909] Mushquash, C. (2004). *An examination of the cue-reactivity of Gambling wins.* MA Thesis : Department of Psychology, Lakehead University.
[910] Rockloff, M., & Dyer, V. (2007). An experiment on the social facilitation of gambling behavior. *Journal of Gambling Studies*, 23, 1–12.
[911] Zajonc, R. B. (1965). Social Facilitation. *Science*, 149 (3681), 269–274

inférieurs. Martinez, Le Floch, Martinez et Gaffié[912] (2004) ont testé directement, en laboratoire, l'hypothèse selon laquelle la connaissance du gain d'autrui dans un jeu de hasard et d'argent augmente la prise de risque subséquente à ce même jeu. Cette étude n'a certes pas évalué, écologiquement, les effets de la présence de coacteurs sur le comportement de jeu en temps réel. Néanmoins, cette dernière a suggéré que l'information sur le gain des autres est susceptible d'aggraver le comportement de jeu, illustré par une hausse de la prise de risque. Dans cette étude, les participants jouaient individuellement à un jeu de roulette française, simulé sur ordinateur. L'expérimentateur annonçait à la moitié des participants qu'un joueur précédent avait réalisé un gain important. Les résultats indiquent que la simple connaissance de ce gain suffit à augmenter la prise de risque. Il reste donc à identifier les mécanismes responsables de cette accentuation

Les résultats de la première étude de Langer (1975) indiquent que l'instauration d'un contexte de compétition augmente la prise de risque, en fonction des capacités supposées de l'adversaire. En ce qui concerne la compétition, les situations d'adresse ont des caractéristiques propres : les chances de gagner sont proportionnelles à la capacité supposée de l'adversaire ; il est par exemple plus probable de gagner contre un adversaire nerveux que contre un adversaire confiant. Si les gens traitent les événements dus au hasard , mais dans lesquels on introduit une compétition, comme des événements déterminés par l'adresse, alors le montant misé devrait varier en fonction de la vraisemblance de gagner, et donc en fonction des caractéristiques de l'adversaire. Dans cette étude, Langer (1975) propose à un participant ainsi qu'à un complice de tirer une carte. Celui qui tire la plus forte gagne. Avant de piocher la carte, ils misent une somme comprise entre 0 et 25 cents, sans la montrer à leurs adversaires respectifs. Cette procédure est répétée quatre fois, et ensuite l'issue de chaque tour est dévoilée. Dans la condition « dapper », le participant doit percevoir le compère comme confiant. En revanche, dans l'autre condition « schnook », le complice doit se présenter comme nerveux, et ainsi montrer qu'il n'est pas sûr de lui. Avant d'examiner si oui ou non le montant d'argent varie selon la

[912] Le Floch, V., Martinez, F., & Gaffié, B. (2004). L'annonce du résultat d'autrui : un second point de référence? *Canadian Journal of Behavioural Science, 36*(*4*), 310-320.

« compétence » du complice, Langer vérifie par un prétest si le complice est perçu différemment dans les deux conditions par les participants. Elle constate l'absence de recouvrement dans les deux conditions : Les participants confrontés au complice nerveux estiment qu'ils croisent le fer contre un complice moins compétent que ceux, opposés au complice confiant. Les résultats indiquent que les joueurs parient, en moyenne sur les quatre tours, davantage quand ils sont confrontés à un adversaire nerveux (M = 16.25 cents), que lorsque l'adversaire leur paraît confiant (M = 11.04 cents). Cette étude met donc en évidence que l'instauration d'un contexte de compétition augmente la prise de risque en fonction des capacités supposées de l'adversaire, comme s'il s'agissait d'une tâche d'adresse. Selon, Langer (1975), cet effet est à attribuer à la croyance des joueurs quant à l'intervention de l'adresse dans le jeu. En d'autres termes, les joueurs s'illusionneraient sur le fait que dans les jeux de hasard, c'est le meilleur qui gagne, à savoir le plus compétent.
Dans une étude ultérieure, Dykstra et Dollinger[913] (1990) étendent les résultats de Langer (1975) en montrant que l'observation du résultat d'autrui conduit également les joueurs à redéfinir le jeu de hasard comme une tâche d'adresse. Dans cette étude, les participants visionnaient tout d'abord une cassette, dans laquelle un compère « ostensiblement » compétent *versus* incompétent gagnait à 11 reprises sur 30. Ce nombre de victoires correspond à la probabilité objective de succès. Les participants devaient ensuite estimer leurs propres probabilités de réussite à ce même jeu. D'une part, les résultats indiquent que les participants perçoivent le modèle s'étant présenté avantageusement, comme plus compétent que celui s'étant présenté négativement. D'autre part, les participants confrontés au modèle incompétent avançaient, pour eux-mêmes, des probabilités subjectives de succès significativement supérieures au résultat de ce modèle. En d'autres termes, les participants confrontés au modèle incompétent font part d'une illusion de contrôle, telle qu'elle est définie par Langer (1975), à savoir une perception subjective de réussite significativement supérieure à la probabilité objective. Ils pensaient donc, réaliser un meilleur résultat qu'un modèle incompétent, comme si la tâche requérait de l'adresse. Par ailleurs, les estimations de probabilités de succès des participants exposés au modèle compétent

---

913 Dykstra, S.P., & Dollinger, S.J. (1990). Model competence, depression, and the illusion of control. *Bulletin of the Psychonomic Society, 28*(3), 235-238.

ne différaient pas significativement du résultat de ce modèle. Cette observation laisse supposer que les participants pensaient pouvoir faire preuve d'autant de connaissances pertinentes que le modèle compétent et égaler ainsi le résultat de celui-ci. Dans cette optique, l'annonce d'un gain d'autrui pourrait amener les joueurs à croire qu'il est possible et non illusoire de gagner, à condition de trouver de bonnes stratégies comme dans une tâche d'adresse. En résumé, cette étude montre qu'un contexte de compétition directe n'est pas nécessaire à l'induction d'une illusion de contrôle, illustrée par la croyance en l'intervention de l'adresse dans un jeu de hasard ; il suffit de faire référence au résultat d'autrui et à ses compétences. La seule annonce du résultat d'autrui pourrait induire également une croyance en l'intervention de l'adresse dans un jeu de hasard, et corollairement une illusion de contrôle primaire, incitant alors une hausse de la prise de risque. Les résultats de Martinez, Le Floch, & Gaffié[914] (2005) valident, en effet, dans un jeu de roulette française, le modèle causal selon lequel la connaissance du gain d'autrui accentue l'illusion de contrôle, engendrant alors une hausse de la prise de risque. On notera cependant, la complexité du jeu de la roulette française. La roulette française est un jeu basé sur la sélection au hasard d'un numéro parmi 37 numéros possibles. Ces 37 numéros sont le zéro et les chiffres de 1 à 36 inclusivement. Sur la roue, le zéro est en vert et les autres numéros sont alternativement rouge et noir. Les paris se divisent en trois grandes catégories. Les paris simples (noir ou rouge, pair ou impair, passe ou manque) rapportent le moins (1 fois la mise), mais sont les moins risqués (probabilité de réussite : 18 chances sur 37 = .4865) ; les paris doubles (choix d'une colonne ou choix d'une douzaine) rapportent 2 fois plus (2 fois la mise) pour une probabilité de réussite inférieure (12 / 37 =.3243) ; les paris multiples (sur un numéro, 2 numéros adjacents, 3 numéros formant une rangée, ou 4 numéros formant un carré) offrent des rapports nettement supérieurs mais présentant des probabilités de réussite beaucoup plus faibles. Le joueur sélectionne donc ses paris parmi six types possibles et le croupier lance la bille pour déterminer les paris gagnants. En outre, toutes les combinaisons de ces paris sont possibles, c'est-à-dire que le joueur peut miser durant le même tour, sur un ou plusieurs paris

[914] Martinez, F., Le Floch, V., & Gaffié, B. (2005). Lien entre perception de contrôle et prise de risque dans un jeu de hasard: Quand l'annonce d'un gain d'autrui intervient. *Revue internationale de psychologie sociale,18 (3),*129-151.

simples et sur un ou plusieurs paris doubles et sur un ou plusieurs paris multiples. Il peut en effet gagner ou perdre sur plusieurs paris durant le même tour. Cette multiplicité de paris, et cette possibilité de choisir une combinaison de paris pourraient favoriser l'émergence d'une illusion de contrôle suite à l'annonce d'un gain notable d'autrui. Or, nous sommes continuellement informés du gain d'autrui dans des jeux d'apparence plus simple, tels que les jeux de tirage (Loto, Euro-Millions) et les jeux instantanés de grattage. Suite à une analyse sur le contenu des loteries télévisées au Québec, Taillefer et Ladouceur[915] (2002) proposent l'hypothèse selon laquelle « *l'affichage des montants gagnés et la verbalisation des différentes sommes d'argent cumulatives offertes depuis le début de l'émission, voire depuis le début de la saison, peuvent être associés à une croyance erronée quant à la probabilité réelle de faire des gains* ». Dans cette optique, nous avons obtenu des résultats expérimentaux validant le modèle causal selon lequel l'annonce d'un gain notable d'autrui dans un jeu de pur hasard de conception élémentaire, accentue la perception subjective de réussite personnelle, engendrant alors une augmentation de la prise de risque (Martinez, & Le Floch[916], 2008). Le jeu consistait à piocher une carte parmi un jeu classique de 32, du 7 à l'as, composé de 8 cartes de cœur, 8 cartes de carreau, 8 cartes de pique et enfin 8 cartes de trèfle et de parier sur le type de carte pioché.

Les résultats expérimentaux de Martinez, Le Floch, Gaffié, & Vilejoubert[917] (2011) révèlent néanmoins que ce n'est pas en soi la connaissance du gain d'autrui qui accentue la prise de risque dans un jeu de hasard et d'argent, mais la croyance que ce gain émane du contrôle d'autrui. La présente étude a permis, en agissant sur la variable médiatrice, de contrecarrer l'accentuation de la prise globale de risque consécutive à l'annonce d'un gain d'autrui. En rendant saillant le fait que le gain d'autrui est à attribuer uniquement au hasard, les participants exposés à ce gain ne pensent plus qu'autrui contrôlait la situation. Ainsi, les participants exposés à un gain d'autrui, mais qui estiment que le bénéficiaire du gain ne contrôlait pas la situation, ne

---

[915] Taillefer, A., & Ladouceur, R. (2002). Les loteries télévisées, leur contenu et la notion de hasard. *Revue québécoise de psychologie, 23,* 5-16.

[916] Martinez, F., Le Floch, V. (2008). La connaissance du gain d'autrui. Une incitation au risque ? *Psychologie française*, 53 (1), 25-38.

[917] *Martinez*, F, Le Floch, V., Gaffié, B, & Vilejoubert, G. (2011). Reports of wins and risk taking : An Investigation of the mediating effect o the illusion of control. *Journal of Gambling Studies*, 27, 271-285.

manifestent ni accentuation de leur niveau d'attente de réussite personnelle, ni augmentation de leurs perceptions illusoires de contrôle primaire. L'accentuation de la prise globale de risque est alors supprimée.

V. Conclusion

Ainsi, la promotion d'un gain d'autrui pourrait constituer un facteur explicatif des conduites de jeu et de leur renouvellement, alors que ces dernières sont le plus souvent abordées dans la perspective d'une dynamique intra-individuelle. En premier lieu, en accord avec la théorie des perspectives (Kahneman & Tversky[918], 1979), nous avançons l'idée selon laquelle nos préférences envers le risque, et par voie de conséquence la pratique des jeux de hasard et d'argent, ne préexistent pas mais sont construites au cours du processus décisionnel. En second lieu, nous adhérons au principe de l'effet de cadrage (Tversky & Kahneman[919], 1981), mettant en exergue le fait que ces préférences peuvent être influencées par une représentation différente de la situation, induite par des messages diffusés en amont. Concernant les jeux de hasard et d'argent, nous proposons l'hypothèse selon laquelle certains messages ainsi que certaines caractéristiques, notamment l'annonce du gain d'autrui, pourraient transformer la perception de la situation de jeu de hasard et d'argent en une tâche d'adresse au lieu d'une tâche aléatoire, engendrant alors une hausse de la prise de risque. Dans la lignée des travaux de Langer (1975), montrant que le degré de l'illusion de contrôle serait influencé par les caractéristiques du jeu (i.e. choix, participation, familiarité, contexte de compétition), il conviendrait de mener des programmes de recherche sur les jeux de hasard et d'argent, dépassant la conception d'un joueur ayant des représentations erronées des notions de hasard et de chance afin de faire émerger les facteurs générateurs de ces croyances fallacieuses pour que le jeu demeure un plaisir.

---

[918] Kahneman, D., & Tversky, A. (1979). Prospect theory : An analysis of decision under risk. *Econometrica, 47*, 263-291.

[919] Tversky, A., & Kahneman, D. (1981). The framing of decisions and the psychology of choice. *Science, 211,* 453-458.

LA VOCATION DU DROIT A SE SAISIR DE L'ADDICTION AUX JEUX

Isabelle POIROT-MAZERES
Professeur de droit public,
Membre de l'Institut Maurice Hauriou (IMH),
Université de Toulouse I Capitole

Ce que la vie doit au jeu, nous le savons tous depuis que nous sommes enfants, ce que le jeu de hasard et d'argent partage avec la prise de risque, les conduites ordaliques, chacun l'a certainement ressenti. Mais certains, pour avoir cru ou n'avoir pu maîtriser cette confrontation, y laissent l'essentiel de leur vie et d'abord leur équilibre physique et psychique[920].

Car derrière les dés qui roulent, le palet qui hésite, la bille qui saute de case en case, ou au travers des cartes retournées ou des cavalcades hippiques, ce qui se joue c'est l'illusion de transformer le hasard en destin et d'être parmi tous distingué par la fortune, comme le relevait déjà Montesquieu[921] et l'a si bien analysé Roger Caillois[922]. Cette quête peut conduire à l'aliénation et à l'esclavage, si l'on en revient aux sources étymologiques. Le terme *addictus*, en latin, désignait celui qui avait été attribué, la condition d' « esclave pour dette », celui dont le corps avait été saisi, gage d'une dette impayée. Alors même qu'elle est passée du domaine juridique à la médecine, et d'un sens concret à

---

[920] M. Valleur, « Jeu pathologique et conduites ordaliques », *Psychotropes,* 2005/2 - vol. 11, pages 9 à 30, Cairninfo.

[921] *Essai sur le goût. Dans les choses de la nature et de l'art ou Réflexions sur les causes du plaisir qu'excitent en nous les ouvrages d'esprit et les productions des beaux arts:* « Le jeu nous plaît parce qu'il excite notre avarice c'est-à-dire l'espérance d'avoir plus ; il flatte notre vanité par l'idée de la préférence que la fortune nous donne et de l'attention que les autres ont sur notre bonheur ; il satisfait notre curiosité en nous donnant un spectacle ; enfin il nous donne les différents plaisirs de la surprise », 1757.

[922] *Les jeux et les hommes. Le masque et le vertige*: « L'aléa marque et révèle la faveur du destin », Idées Gallimard, 1958, p.58.

un sens abstrait, l'idée demeure, de la perte d'autonomie du sujet[923] qui légitime que les pouvoirs publics s'immiscent dans cette sphère éminemment privée. De fait, la liberté n'existe pas dans l'addiction, celle-ci correspondant à un comportement de dépendance, avec ou sans substance (travail, sexe, sport, achats, jeux d'argent…). Moment où le joueur n'est plus en mesure de dire : « Je ne joue plus. »
Longtemps négligé, largement méconnu comme ont pu le relever l'INSERM dans son rapport de 2008 sur les jeux de hasard et d'argent[924] puis les parlementaires lors des débats sur l'ouverture des jeux en ligne, le phénomène de l'addiction aux jeux est actuellement plus clairement appréhendé par les pouvoirs publics. Il a fallu attendre septembre 2011 pour que soient rendus publics les résultats de la première étude sur la prévalence du jeu problématique dans la population générale française, menée sous l'égide l'Observatoire français des drogues et des toxicomanies (OFDT)[925]. De cette étude, menée avant l'entrée en vigueur de la loi n°2010-476 du 12 mai 2010 *relative à l'ouverture à la concurrence et à la régulation du secteur des jeux d'argent et de hasard en ligne*, il est ressorti que si la moitié des Français a joué de l'argent au cours des 12 derniers mois, seul 1,3% de la population présenterait des comportements problématiques, dont 0,9% à risque modéré (400 000 personnes) et 0,4% de joueurs excessifs (200 000 personnes). Parmi ces joueurs actifs, on dénombrerait 3,7 % de joueurs excessifs, 7,1 % de joueurs à risque modéré et 12,2 % de joueurs à risque faible. Ces chiffres rejoignent ceux exposés par l'ARJEL dans ses recommandations d'avril dernier[926] comme les résultats lors d'une enquête BVA menée du 29 août au 24 septembre 2011, après les premiers mois d'application de la nouvelle loi. Même si les comparaisons internationales sont délicates en la matière, compte tenu de la diversité des méthodologies retenues, l'enquête de l'INPES-OFDT soulignait

---

[923] M. Saïet, *Les Addictions*, Que sais-je ?, PUF, 2011.

[924] *Jeux de hasard et d'argent, Contexte et addictions*, Expertise collective, INSERM, 2008.

[925] Cette étude s'est « greffée » sur une enquête existante, le baromètre Santé de l'INPES. Le questionnaire spécifique aux jeux, élaboré par un comité scientifique en concertation avec le Comité consultatif pour l'encadrement des jeux et du jeu responsable (COJER), a été ainsi soumis, entre novembre 2009 et mai 2010, à 25 034 personnes, âgées entre 18 et 75 ans.

[926] ARJEL, *Lutter contre le jeu excessif ou pathologique. Recommandations trois ans après l'adoption de la loi d'ouverture du marché des jeux en ligne,* avril 2013, p.9 et s.

ainsi que « *la France se situe à un niveau relativement bas par rapport aux pays développés ayant déjà réalisé ce type d'enquête*». Tel semble toujours le cas, pratique loin d'être excessive, comme le note aussi la Commission dans son livre vert sur les jeux d'argent et de hasard en ligne dans le marché intérieur[927].

Et si l'on s'accorde à admettre que l'ouverture du marché aux jeux en ligne a eu des répercussions sur les comportements et donc sur la prévalence du jeu pathologique, il est encore trop tôt pour en livrer la mesure. Toutefois, comme le leur impose la responsabilité particulière qui est la leur en matière de protection de la santé et de lutte contre les dépendances, les pouvoirs publics s'efforcent de garder la maîtrise de la situation, d'anticiper tout débordement et dérive, de renforcer les dispositifs mis en place, comme de développer le corpus de connaissances sur le sujet. Autant de préconisations que l'on retrouve dans le rapport d'évaluation de l'ouverture à la concurrence et à la régulation du secteur des jeux d'argent et de hasard en ligne[928] ou les publications de l'ARJEL.

Alors, dans ce contexte, renouvelé par l'ouverture, le droit a-t-il vocation à se saisir de l'addiction aux jeux ? C'est une réponse nuancée qu'il convient de faire, en deux temps. Si l'on entend par vocation, l'idée d'une mission à remplir, une tâche à accomplir au service de tous comme pour la préservation de chacun, oui, le droit, depuis toujours et plus encore au vu des données recueillies, se doit d'intervenir : le tableau clinique est en effet préoccupant (I). Mais le traitement mis en place, compromis entre exigences contradictoires, peut à certains égards apparaître modeste. Il est appelé sans doute à suivre les progressions éventuelles du jeu pathologique comme l'évolution des équilibres qui le déterminent. Avec, en contrepoint, un questionnement réitéré sur la volonté réelle, l'effective détermination des pouvoirs publics à faire face à ce qui peut être qualifié, en faisant un peu violence aux termes, de nouvelle « toxicomanie légale », et donc sur la vocation du droit, c'est-à-dire ici sa qualification, à en traiter (II).

---

[927] 24 mars 2011, COM(2011) 128 final.

[928] Rapport dont le principe était prévu par la loi dans son article 69 qui prévoit que « *dans un délai de dix-huit mois à compter de la date d'entrée en vigueur de la présente loi, un rapport d'évaluation sur les conditions et les effets de l'ouverture du marché des jeux et paris en ligne est adressé par le gouvernement au Parlement* », octobre 2011.

I.Un tableau clinique préoccupant

Le droit doit-il se saisir de l'addiction aux jeux ? Si la question se pose, c'est que le jeu est avant tout un divertissement, manifestation de l'autonomie individuelle[929] et que la dépendance est finalement d'abord affaire personnelle, jusqu'au moment où sa pratique incontrôlée déborde de la sphère privée. Ainsi depuis longtemps, le jeu excessif, maladif, est objet de droit dès lors qu'il rejaillit sur les comportements individuels ou collectifs, source de criminalité et de déchéance sociale. L'intervention publique se justifie alors pour protéger l'individu contre lui-même et ses propres errements, préserver sa situation et ses proches, mais aussi protéger le groupe social. Car le jeu compulsif, pathologique, a un coût social[930], des incidences sanitaires et il est devenu, la loi de 2010 l'a confirmé en y consacrant l'un de ses chapitres, enjeu de santé publique (A). Ainsi appréhendé sous l'angle nouveau de l'addiction, fût-elle sans drogue, le jeu est traité dans le cadre global de la lutte contre la dépendance, et singulièrement celui des « toxicomanies légales » (alcool, tabac). Or les politiques publiques en la matière sont marquées d'ambivalence, l'Etat étant à la fois arbitre du jeu et intéressé à celui-ci, au point de faire douter d'une intervention de la puissance publique définitivement schizophrène (B).

A.Un enjeu de santé publique désormais patent

Il y a longtemps que tous les pouvoirs terrestres ont compris cela, qui voient dans le jeu d'argent et de hasard tout à la fois le lieu du diabolique et le moyen d'en contrôler, voire d'en organiser, les manifestations. Simplement cette vision du jeu excessif a évolué, du mal au mal-être, et elle a trouvé son ultime forme laïque sous la focale médicale et psychiatrique qui permet d'en mesurer aujourd'hui l'impact sanitaire.

1.Une nouvelle focale: du « vice » à l'« assuétude »

Le jeu en soi n'a jamais été stigmatisé. Seuls les jeux de hasard et d'argent et uniquement les excès auxquels ils conduisent, l'asservissement de la volonté qu'ils traduisent, ont donné lieu à

---

[929] Roger Caillois, préc. : « Il n'y a pas de doute que le jeu ne doive être défini comme une activité libre et volontaire, source de vie et d'amusement » (p.36), « on ne joue que si l'on veut, que quand on veut, que le temps qu'on veut. En ce sens, le jeu est une activité libre » (p.38).

[930] *Jeux de hasard et d'argent, Contexte et addictions*, INSERM, préc. p.253.

condamnation. Aux origines, ils furent condamnés par l'Eglise car donnant l'illusion d'un contrôle possible de l'homme sur le cours des choses, à l'encontre de la Providence divine[931]. La meilleure connaissance des probabilités, portée par les travaux mathématiques du XVIIe puis du XVIIIe, aura raison de cette condamnation théologique en introduisant de la rationalité dans le hasard, qui devient même, avec le divertissement et le pari pascalien, l'une des clés de la résolution du doute. Le siècle voit alors s'imposer une autre vision du jeu, non plus péché, mais « vice », « passion », débordement irrationnel porteur d'autres dévoiements, avarice et oisiveté, signant désormais d'un dysfonctionnement psychique. Le discours moraliste fait alors du jeu une tare individuelle et une déviance collective lorsqu'elle est organisée par l'Etat, comme elle l'est pourtant[932]. Dès l'origine, l'aspect morbide est saisi par les divers discours religieux, philosophique, littéraire… et forcément juridique. Mais il ne s'impose que progressivement et de façon toujours seconde. Car si le jeu d'argent et de hasard est saisi par le droit, c'est d'abord parce qu'il porte en lui-même la menace de ses excès et de ses détournements, et que sa maîtrise par l'Etat garantit ainsi l'ordre et l'affectation de ses bénéfices à des causes collectives, vertueuses, faillites personnelles régénérées par l'intérêt général. Si au XIXème siècle, la première justification de l'intervention publique est la sécurité publique, la suivante est la salubrité et l'hygiène publiques. L'image du joueur frénétique rejoint alors celle de l'ivrogne, à la silhouette du joueur de Dostoïevski répond celle de Gervaise inexorablement attirée par les vapeurs de l'alambic. Cette approche par le poison qui altère corps et esprit est le premier pas vers une prise en considération de la pathologie ludique et du jeu compulsif. Mais nous sommes loin encore d'un regard scientifique sur le jeu. Comme le relève à cet égard Jean-Baptiste

---

[931] Ibid. 2008 : « L'une des justifications de la condamnation des jeux de hasard et d'argent repose sur l'interprétation du troisième commandement – « Tu ne prononceras pas le nom de l'Éternel, ton Dieu, en vain » –, qui voit dans l'utilisation du sort un outrage à la providence divine. Lorsque des joueurs lancent leurs dés ou distribuent des cartes, ils s'en remettent au verdict du Créateur. Or, la Bible commande d'employer l'arbitrage divin dans les situations graves seulement, pour maintenir la paix entre les hommes, ce qui n'est pas le cas des jeux de chance… », p.3-4.

[932] F. Durand, « La liberté du jeu », in *Jeux de hasard et société* (M. Fèvre et F. Durand, dir.), L'Harmattan, série Droit de la Société et de la Défense, p.13 et s.; J.-L. Harouel « De François Ier au pari en ligne, histoire du jeu en France », in *Les jeux d'argent*, Revue Pouvoirs, n° 139, novembre 2011.

Darracq, « pendant longtemps, la prise en compte médicale du jeu a été imprégnée de moralisme, notamment avec le courant hygiéniste, conservant une approche liée à la dégénérescence de l'individu »[933] doublée de considérations franchement réactionnaires et racistes[934]. La vision funeste des errements dus aux jeux a inspiré de la sorte le régime pénal mais aussi la conception qu'en garde encore le droit civil. Celle d'une volonté dévoyée et asservie, affaiblie et impotente, qu'il appartient soit au joueur lui-même de redresser, soit au système juridique de pallier les défaillances par un régime d'incapacité, l'absence de maîtrise de soi étant assimilée à l'aliénation psychiatrique, amorce d'une lecture « médicalisante ». Si certaines recherches anciennes sont désormais redécouvertes en tant qu'elles avaient déjà adopté cette perspective[935], il a fallu attendre, pour qu'émerge une lecture médicale du rapport aux jeux de hasard, les débuts de la psychologie, la lecture psychanalytique ensuite (Freud analyse en 1928 cette question du jeu pathologique dans un article sur *Le joueur* de Dostoïevski et *Vingt-quatre heures de la vie d'une femme* de Zweig.)[936], puis la reconnaissance, encore discutée, des addictions non sans objet mais « sans drogue »[937]. Longtemps associée aux recherches sur la psychologie, l'addiction au jeu ne sera reconnue en tant que telle dans les outils de classification psychiatriques qu'en 1980 dans la troisième version du Diagnostic and Statistical Manual of Mental Disorders (Manuel diagnostique et statistique des troubles

---

933 *L'Etat et le jeu : étude de droit français,* PUAM 2008, p.133-135.

934 M. Valleur et C. Bucher, *Le Jeu pathologique,* PUF, Que sais-je ?, p.46.

935 L. Nadeau, « Enjeux et perspectives : aux limites de l'addiction », in J.-L.VENISSE et M. Grall-Bronnec (coord.), *Prévenir et traiter les addictions sans drogue. Un défi sociétal,* Elsevier-Masson, 2012, p.336-337. Est ainsi évoqué *De alea libri duo sive de curanda ludendi in pecuniam cupiditate.,* ouvrage, en deux livres consacrés *Au jeu, ou Au remède du désir de jouer pour de l'argent*, paru pour la première fois à Bâle en 1561, sous la plume du médecin flamand Pâquier Joostens d'Eeklo, qui fut un joueur compulsif. Il traite de la "maladie" des joueurs (Livre I) et des remèdes pour lutter contre cette dépendance (Livre II).

936 Ch. Bucher, « Les « paradis artificieux » de l'addiction aux jeux », in *Jeux de hasard et société*, (dir. M. Fèvre et F. Durand), L'Harmattan, 2008, p.63.

937Cf les travaux du psychanalyste Otto Fenichel qui dès 1945 opère un rapprochement entre la dépendance à l'alcool et aux drogues, et certains comportements impulsifs répétitifs aux caractéristiques similaires, et évoque aux côtés des addictions classiques des « addictions sans drogue », Cf Ch. Bucher, préc.p. 69.

mentaux, DSM)[938], et c'est seulement en 1987 qu'une grille de diagnostic clinique a été élaborée. Le terme d'addiction remplace désormais celui de dépendance dans la dernière version du DSM[939], ce qui traduit le « triomphe de la psychopathologie et redonne une place centrale au sujet »[940], devenu victime et malade, alors qu'il était jusqu'alors vu comme un coupable ou un irresponsable. Cette prise en considération par les professionnels de la santé a conduit les pouvoirs publics à appréhender ces addictions sans drogue comme de vraies pathologies, objets de nécessaires politiques publiques de prévention, de soins et de prise en charge. De fait, le rapprochement avec l'alcoolisme a souvent été fait, il est repris dans les rapports et avis parlementaires[941]. S'il en est ainsi, c'est simplement que les caractères de l'addiction, le jeu pathologique les a tous, au point que l'on a pu parler à son sujet d' « addiction exemplaire »[942]. L'approche par le biais des addictions avec drogue, si elle est discutée par les spécialistes, a le mérite de justifier et d'imposer l'intervention publique, l'ordre public rejoignant désormais les préoccupations de santé publique.

---

938 Cité par N. About, *Avis présenté au nom de la commission des affaires sociales sur le projet de loi, adopté par l'Assemblée nationale, relatif à l'ouverture à la concurrence et à la régulation du secteur des jeux d'argent et de hasard en ligne*, n°227, p.9-10.

939 Version publiée le 18 mai 2013.

940 M. Reynaud « Du morphinisme aux conduites addictives : les liens entre l'évolution sémantiques et les concepts », Dépendances, 1993, 5, 1, 4-11 ; Ch. Bucher, préc.p.68.

941 F. Trucy, *Rapport d'information au nom de la commission des Finances, du contrôle budgétaire et des comptes économiques de la nation (1) sur la mission sur les jeux de hasard et d'argent en France*, Sénat,2002; A.-M. Payet, *Rapport d'information au nom de la commission des affaires sociales, sur les addictions*, Sénat, 2008 ; J.-F. Lamour, *Rapport n°1860, présenté au nom de la commission des finances, de l'économie générale et du contrôle budgétaire, sur le projet de loi, relatif à l'ouverture à la concurrence et à la régulation du secteur des jeux d'argent et de hasard en ligne*, Ass.Nat., 2009 ; E. Blanc, *Avis n°1838, au nom de la commission des lois constitutionnelles, de la législation et de l'administration générale de la République sur les articles 1, 25, 26, 27, 29, 32, 33, 34,35, 36, 47, 48, 49 et 50 du projet de loi(N° 1549), relatif à l'ouverture à la concurrence et à la régulation du secteur des jeux d'argent et de hasard en ligne*, Ass.nat., juillet 2009 ; N. About, *Avis n°227, présenté au nom de la commission des affaires sociales,* Sénat 2010, préc.p.9 et s. ; F. Trucy, *Rapport d'information n°17 au nom de la commission des finances sur l'évaluation de la loi n° 2010-476 du 12 mai 2010 relative à l'ouverture à la concurrence et à la régulation du secteur des jeux d'argent et de hasard en ligne,* Sénat, octobre 2011.

942M.Valleur, « Le jeu comme une drogue »*, in Jeux de hasard et société*, préc.p.4.

D'autant que l'explosion de l'offre, les nouvelles modalités de jeu, les pratiques actuelles, celles développées par les professionnels ou induites par la dématérialisation des supports, aggravent les phénomènes d'addiction, nouveaux déterminants à prendre en compte dans la partie qui se joue…

2.La démultiplication des facteurs de risque
Il faut ici évoquer l'impact des nouveaux modes de jeux, actuellement en plein essor, qui obligent à renforcer les vigilances existantes.

a) L'impact de la dématérialisation des supports
C'est bien sûr à propos de la facilité accrue d'accès aux jeux via Internet et de l'ouverture à la concurrence des jeux en ligne qu'a pu être posée la question de l'aggravation des conduites pathologiques. Le rapport de Nicolas About soulignait le lien entre non seulement Internet et le développement exponentiel de la pratique des jeux mais aussi entre l'arrivée des jeux en ligne et les modifications de cette pratique : « effacement de la frontière entre jeu public et jeu privé », qui modifie le rôle du jeu dans la société, dissout le jeu public et ses recettes jusqu'alors redistribuées vers d'autres missions publiques, triomphe du jeu « sensation » », avec l'accès désormais facilité aux jeux de hasard et d'argent, pourvoyeurs de sensations fortes, et vecteurs privilégiés des addictions[943].
La loi de 2010 intègre cette problématique, à la suite de diverses études soulignant les risques en lien avec les caractéristiques d'Internet (possibilité de mises de faible montant, accessibilité immédiate et unité de lieu, anonymat, trois notions identifiées, *access, affordability, anonymity*). Même si la relation n'est pas encore scientifiquement démontrée, de nombreux experts rappelant « l'importance des facteurs individuels dans les pratiques ludiques excessives »[944] -ce que corrobore le refus de l'APA d'intégrer dans sa dernière version du DSM-5 et dans les troubles psychiatriques la cyberdépendance-, la vigilance s'impose car l'intuition commune est que cette proximité du jeu, sans régulation autre que la discipline du joueur, ne peut qu'alimenter les tendances à la dépendance de certains. Si l'évolution des modalités d'accès et la plus grande disponibilité ne bouleversent pas les données de l'addiction aux jeux, elles rendent les

[943] Rapport préc.p.13-14.
[944] INSERM, Rapport préc.p.36 et s., p.241 et s. ; Rapport F. Trucy 2011, préc. p.145.

problématiques sanitaires plus visibles et donc plus aigües pour les pouvoirs publics.

b) Les points de focalisation

Les études menées sur le sujet ont révélé que les différents facteurs de risque et de vulnérabilité concernant le jeu pathologique sont en fait du même ordre que ceux retrouvés à propos de l'ensemble des conduites addictives. A cet égard, deux aspects concentrent l'attention sur les deux terrains de la santé et de la sécurité :

-*la protection des personnes vulnérables*, singulièrement les mineurs dès lors que la précocité de l'initiation aux jeux est un facteur de risque et en toute hypothèse un facteur de gravité, à l'instar des addictions aux substances psychoactives[945]. En parallèle, il est également souligné que les personnes âgées constituent une population à risque, mais plutôt pour les loteries et les machines à sous, sous la double influence de l'isolement et de l'inactivité. Les publics dits « fragiles », singulièrement les mineurs et les majeurs protégés, sont ainsi placés depuis l'origine, avec les joueurs qui ont pris l'initiative de se faire interdire de jeux, sous la protection des textes. Différentes mesures ont été mises en place par les pouvoirs publics et les opérateurs de jeux pour promouvoir une politique de « jeu responsable », inspirée des initiatives déjà prises à l'étranger. La protection des mineurs a d'ailleurs constitué, avec le contrôle de l'offre de jeu et la prise en charge des joueurs excessifs, l'une des conditions de l'ouverture à la concurrence des jeux en ligne.

[945] Alors que des études montrent qu'un nombre important d'élèves du secondaire a déjà reçu en cadeau au moins un billet de loterie ou une carte à gratter, le *Centre international d'étude sur le jeu et les comportements à risque chez les jeunes* de l'Université McGill, le *National Council on Problem Gambling* (NCPG) et des dizaines de sociétés de loterie dans le monde ont décidé de travailler ensemble afin de sensibiliser aux risques que présente le fait d'offrir ces produits à des mineurs. Ainsi, plusieurs joueurs problématiques ont indiqué avoir commencé à parier vers l'âge de 9 ou 10 ans." Dans le cadre d'une étude récente réalisée à l'Université Yale, le Dr Marc Potenza – qui siège au Conseil du NCPG – et ses collaborateurs ont observé que les jeunes qui avaient reçu des billets de loterie en cadeau commençaient à parier à un plus jeune âge, ce qui pourrait constituer un facteur de risque de jeu compulsif plus tard au cours de leur vie", précise Keith Whyte, directeur général du NCPG.

- La vigilance s'impose d'autant plus que *l'addiction aux jeux croise d'autres problèmes de santé publique*. Certains liens ont été récemment découverts entre la pratique débridée du jeu et la prise de certains médicaments dits agonistes dopaminergiques, donnés pour le traitement de la maladie de Parkinson. Les molécules en cause provoquent une dysrégulation dopaminergique et favorisent les comportements compulsifs, hyperactivité, comportements hypersexuels parfois déviants, hallucinations et jeu pathologique. A cet égard, le laboratoire GSK a été condamné en novembre 2012 à verser 197 000 euros à un malade dont l'existence a été dévastée par sa réactivité au Requip®[946]. Autre phénomène en relation avec le jeu pathologique, plus anciennement constaté, la comorbidité. Plusieurs études en effet se sont spécifiquement intéressées à l'association des conduites excessives de jeu à d'autres conduites addictives, alcoolisme, tabagisme, dans une moindre mesure consommation de drogues illicites, et même conduites impulsives et délinquantes, violences conjugales, surtout chez des hommes jeunes[947].

Quelle que discutée que soit l'analogie entre les différentes dépendances, avec ou sans substances, c'est dans le cadre d'analyse et de traitement des toxicomanies légales, alcool, tabac, qu'est envisagée l'addiction aux jeux. Elle est ainsi intégrée au sein d'une politique publique légale, la lutte contre les dépendances, qui relève de la responsabilité de l'Etat, et dont l'efficacité dépendra, ici comme ailleurs, de la détermination des pouvoirs publics à dépasser l'équivoque de leur position, hors et dans le jeu.

---

[946] S. Canselier, « Le traitement de la maladie de Parkinson et la responsabilité du fait des médicaments, note sous Cour d'appel de Rennes, 28 novembre 2012, RDSS 2013 n°3, p.476; Cf notamment, P. Pollak « L'actualité sur les agonistes dopaminergiques », L'Echo, n°108, mars 2011.

[947] INSERM, rapport préc.p.235. Aux Etats-Unis, Brasfield et al. (2012) ont réalisé une étude sur la relation entre la violence conjugale, la consommation d'alcool et les comportements de jeu. Ils ont fait passer divers questionnaires à 341 hommes arrêtés pour violences conjugales et sommés de suivre un programme d'intervention pour agresseurs. Les 9% des sujets interrogés se révèlent être des joueurs pathologiques et 17% présentent des problèmes avec les jeux de hasard et d'argent. Les joueurs pathologiques sont plus souvent victimes de problèmes d'alcool que les joueurs récréatifs. Inversement, les sujets ayant des problèmes d'alcool sont plus fréquemment touchés par les problèmes de jeu que les autres. Les comportements de jeu sont aussi couplés avec d'autres dérives, singulièrement agressions physiques et sexuelles.

B. Une intervention de la puissance publique définitivement schizophrène

Garant de la protection de la santé publique, l'Etat se doit de maintenir les équilibres au regard d'autres intérêts prégnants, et de concilier des politiques publiques aux enjeux contradictoires.

1. La recherche des équilibres : l'Etat arbitre

Dans cette mobilisation autour des jeux d'argent et de hasard, la préoccupation de santé publique a toujours été présente et revendiquée, elle est désormais hissée au rang d'objectif prioritaire comme en témoigne l'article 1er de la loi n°2010-476 du 12 mai 2010 *relative à l'ouverture à la concurrence et à la régulation du secteur des jeux d'argent et de hasard en ligne*, « les jeux d'argent et de hasard ne sont ni un commerce ordinaire, ni un service ordinaire ; dans le respect du principe de subsidiarité, ils font l'objet d'un encadrement strict au regard des enjeux d'ordre public, et de protection de la santé et des mineurs ». Saisies sous l'angle de la protection de la santé, les pratiques de jeu entrent alors dans les compétences de l'Etat comme lui en fait obligation l'alinéa 11 du préambule de la Constitution de 1946[948]. La lutte contre les dépendances est ainsi placée sous la responsabilité de l'Etat, dans ses traductions singulières[949] comme dans ses objectifs généraux. Le Code de la santé publique lui consacre plusieurs livres et la loi n°2004-806 du 9 août 2004 *relative à la politique de santé publique* en fait l'un des objectifs premiers des politiques publiques et programmes de santé, dans le cadre défini par les articles L.1411-1 et s. du CSP[950]. C'est à ce titre que, suivant en

---

[948] La nation « garantit à tous, notamment à l'enfant, à la mère et aux vieux travailleurs la protection de la santé ».

[949] Ainsi en matière de lutte contre l'alcoolisme, L.3311-1 CSP : « L'Etat organise et coordonne la prévention et le traitement de l'alcoolisme, sans préjudice du dispositif prévu à l'article L. 3221-1 du même code. Les dépenses entraînées par l'application du présent article sont à la charge de l'Etat, sans préjudice de la participation des régimes d'assurance maladie aux dépenses de soins de ville et d'hospitalisation, et aux dépenses médico-sociales des centres mentionnés à l'article L. 3311-2 ».

[950] Art. L. 1411-1 CSP : « La nation définit sa politique de santé selon des objectifs pluriannuels. La détermination de ces objectifs, la conception des plans, des actions et des programmes de santé mis en oeuvre pour les atteindre ainsi que l'évaluation de cette politique relèvent de la responsabilité de l'Etat. La politique de santé publique concerne: 1° La surveillance et l'observation de l'état de santé de la population et de ses déterminants (…) ; 3° La prévention des maladies, des traumatismes et des incapacités ; 4° L'amélioration de l'état de santé de la population et de la qualité de vie des personnes malades, handicapées et des personnes dépendantes ; 5°

cela les positions des médecins, sous la pression aussi des associations, les autorités publiques envisagent le jeu compulsif selon l'approche générale des addictions et que la MILDT revendique l'extension de son champ de compétences à ces « nouvelles toxicomanies » que sont les addictions comportementales.

Cette compétence de la puissance publique ne saurait être éludée, sauf à ouvrir, en cas de dommages, un droit à réparation pour les victimes[951]. Le juge a régulièrement l'occasion de rappeler les obligations positives qui sont celles des autorités publiques en matière de santé publique au titre de leur pouvoir de police, mais aussi dans leurs obligations d'information, de prévention et d'organisation des soins : ainsi en matière de lutte contre le tabagisme ou de prévention du syndrome d'alcoolisation fœtale. Mais ce sont surtout les constats de carence, d'incurie dans la prévention des risques ou le contrôle des institutions, qui ont donné lieu à questionnements sur la responsabilité des pouvoirs publics. De plus en plus, c'est la réglementation elle-même, dans son insuffisance, ses lacunes ou les flous rendus possibles dans sa mise en œuvre qui devient source de responsabilité. La mise en cause et la condamnation de l'Etat en 1994 du fait de l'insuffisance des mesures de réglementation pour prévenir les dommages et les carences dans la réalisation des études permettant de connaître, d'évaluer et de limiter les risques liés à l'exposition aux poussières d'amiante sert désormais d'indicatif et de repoussoir[952]. De telle sorte qu'aujourd'hui, toute politique de santé publique s'efforce de remplir

---

L'information et l'éducation à la santé de la population et l'organisation de débats publics sur les questions de santé et de risques sanitaires ; 6° L'identification et la réduction des risques éventuels pour la santé liés à des facteurs d'environnement et des conditions de travail, de transport, d'alimentation ou de consommation de produits et de services susceptibles de l'altérer ; 7° La réduction des inégalités de santé, par la promotion de la santé, par le développement de l'accès aux soins et aux diagnostics sur l'ensemble du territoire ; (...) 9° L'organisation du système de santé et sa capacité à répondre aux besoins de prévention et de prise en charge des maladies et handicaps ;... » . Art. L. 1411-1-1 : « L'accès à la prévention et aux soins des populations fragilisées constitue un objectif prioritaire de la politique de santé ».

[951] I. Poirot-Mazères, « Responsabilité administrative et santé publique », in *La responsabilité administrative*, Les Travaux de l'AFDA, Colloques et débats, Lexis Nexis, 2013, p.67-87.

[952] CE, ass., 3 mars 2004, *Min. Emploi et Solidarité* c/ *Cts Botella : Rec.* CE 2004, p. 126 ; *RFDA* 2004, p. 612, concl. Prada-Bordenave ; *AJDA* 2004, p. 974, chron. Donnat et Casas ; *RDP* 2004, p. 1433, note Delhoste; *JCP G* 2004, II, 10098, note Trébulle ; *JCP A* 2004.1204 note Benoît ; *D.* 2004, p. 973, note Arbousset ; *Dr.soc.*2004.569, obs. Prétot ; *Dr. adm.* 2004, n° 87, note Delaloy.

toutes ces obligations, arsenal complet de lutte, de l'information systématique à la réglementation la plus drastique (interdictions ; sanctions pénales...), de la prévention des risques et comportements délétères au soutien affiché à la recherche et aux soins. A cet égard, les dispositions de la loi n°2010-476 sont exemplaires : institutions dédiées, obligations d'information sur les risques, procédures de protection des plus vulnérables, mesures en faveur de la prévention et de la recherche. Sauf à méconnaître ces obligations en pratique, ce qui est loin d'être exclu comme le révèlent certaines mises en cause récentes de l'Etat[953] ou des opérateurs[954], la reconnaissance d'une responsabilité publique devrait être ici des plus hypothétiques.

2. L'Etat dans le jeu : dépasser les contradictions

Au titre de cette compétence et de cette responsabilité reconnues comme incombant aux Etats à la mesure de ce qu'exige leur conception de l'ordre public et social, les autorités nationales peuvent non seulement réglementer le secteur des jeux mais aussi limiter certains droits et libertés. Cette possibilité a été admise par le Conseil constitutionnel à propos de la loi Evin[955], puis rappelée lors de l'examen de la loi de 2010[956] ; elle est aussi reconnue par la CJUE, dès lors, jurisprudences constantes, que les limitations apportées sont justifiées par « d'impérieuses raisons d'intérêt général », « telles que

---

[953] A propos d'une erreur technique commise dans la gestion du fichier des interdits de jeu par le ministère de l'Intérieur, un joueur de poker en ligne a recherché la responsabilité de l'Etat pour ne pas avoir fait respecter son inscription sur le fichier et ne l'avoir pas ainsi empêché de se ruiner.

[954] Mise en cause de la responsabilité de la FDJ par l'un de ses buralistes pour « rupture de contrat abusive » à la suite du retrait par celle-ci de son agrément pour avoir accepté qu'un joueur joue à crédit jusqu'au suicide, information publiée le 22 octobre 2012.

[955] L'on sait que le Conseil lors de l'adoption de la loi Evin sur la lutte contre le tabagisme et l'alcoolisme avait été saisi de la contradiction, qu'il avait résolue en reconnaissant que le législateur pouvait limiter le droit de propriété et la liberté d'entreprendre par d'autres « exigences constitutionnelles ou justifiées par l'intérêt général », sous réserve que ces limitations soient proportionnées à l'objectif poursuivi, Cf Décision n°90-283 DC 8 janvier 1991, *Loi relative à la lutte contre le tabagisme et l'alcoolisme.*

[956]CC, 12 mai 2010, n°2010-6056DC, AJDA 2010.1048 ; D.2010.1321, note A. Levade ; ibid.1229, chron. P. Fombeur ; ibid.1234, chron. P. Cassia et E. Saulnier-Cassia ; ibid.1945, chron. V. Lasserre-Kiesow et P. Le More ; RFDA 2010, p.458, note P. Gaïa ; Cah.Cons.const. 2010.63, étude D. Simon et A. Rigaux ; RTD civ. 2010, 2010.499, obs. P.Deumier.

les conséquences moralement et financièrement préjudiciables pour l'individu et la société susceptibles de résulter de la pratique des jeux de hasard », nécessaires et proportionnées[957]. Règles reprises par le Conseil d'Etat[958], qui a ainsi pu légitimer le monopole de la FDJ, au motif de « la protection de l'ordre public par la lutte contre la fraude, la prévention des risques d'une exploitation des jeux d'argent à des fins criminelles et la prévention des phénomènes de dépendance ».

Il importe d'autant plus de maintenir ces équilibres que l'Etat lui-même est en position de les infléchir. Il a souvent été évoqué, à propos des jeux, l'image d'une puissance publique schizophrène, d'un Etat à la fois gendarme et toxicomane, d'un Etat censeur et rentier, encaissant « sans trop d'état d'âme, les recettes que les jeux lui procurent, auxquelles s'ajoutent, dans le cas de la Française des Jeux, ses dividendes d'actionnaire principal »[959]. Contradiction, flagrante, dans les objectifs poursuivis, obligeant la puissance publique à un dédoublement de personnalité : il s'agit dans le même mouvement, d'un côté, de lutter contre la fraude, de développer en ce sens une offre légale suffisamment attractive, de préserver les filières économiques concernées comme les infinies recettes provenant du secteur de jeux, qu'elles proviennent du monopole ou des jeux en ligne, et de l'autre, de garantir, comme la Constitution lui en fait obligation, la sauvegarde de l'ordre public et la protection de la santé publique. Contradiction désignée parfois comme la « contradiction de

---

957 CJUE, C-42/07, 8 septembre 2009, *Liga Portuguesa de Futebol profissional et Bwin Interational Ltd c/ Departamento de Jogos da Santa Casa de Misericordia de Lisboa*, AJDA 2009.1584 ; ibid.2184, note M.Le Roy ; ibid.2276, chron. M. Aubert, E. Broussy et F. Donnat; D.2009.2585, note J.-L. Clergerie; ibid.2218, obs. S. Lavric ; RTD eur.2010.7, étude F. Péraldi Leneuf ; ibid.129, chron. A.-L. Sibony et A. Defossez. Cf aussi F. Picod, « L'appréciation de la proportionnalité des restrictions des jeux de hasard. Rien ne va plus à la Cour de justice ? », JCP 2009, p.12 ; D. Alland, « Droit de l'Union européenne et droit français des jeux de hasard et d'argent. Histoire d'une instrumentalisation », AJDA 2010, p.1970 ; J-B. Vila « L'ouverture à la concurrence des jeux d'argent et de hasard en ligne « Première étape ou simple palier » d'une régulation ? », AJDA 2010, p.1366. CJUE, C-212/08 30 juin 2011, *Zeturf* ; C-186/11 et C-209/11, 24 janvier 2013, *Stanleybet et Sportingbet*.

958 CE, 30 décembre 2011, *Société Bwin Interactive Entertainment AG*, n°321.920, RLDI 2012.81, note L. Grynbaum.

959 F. Trucy, Rapport Sénat n°223, *au nom de la commission des Finances, du contrôle budgétaire et des comptes économiques de la nation (1) sur la mission sur les jeux de hasard et d'argent en France,* 13 février 2002, p.246.

Gambelli »[960], situation d'un Etat qui, pour lutter contre la fraude et les jeux illégaux, développe une offre légale qui pour être efficace se doit d'être suffisamment attractive, au risque d'aller à l'encontre de la politique de lutte contre les addictions. Cette pesée, pour reprendre l'heureuse formule de Denis Alland, peut être délicate mais « elle demeure de l'ordre d'un choix national et ne saurait résulter d'une contrainte d'ordre communautaire »[961], pour l'instant. Le problème à ce jour est que cette pesée est mal calibrée dès lors que le phénomène de l'addiction au jeu est peu documenté et que l'on en est réduit, à défaut d'études systématiques, à des conjectures sur le nombre de victimes, d'autant, soulignent les spécialistes, que seul un joueur pathologique sur dix, consulte…

Et, à balancer ainsi entre intérêts économiques réels et préoccupations sanitaires pour l'instant virtuelles et marginales, le législateur ne pouvait que promouvoir des dispositions « entre deux eaux », forcément évolutives, clair-obscur normatif d'un traitement du problème a minima.

II.Un traitement normatif appelé à évoluer

L'addiction aux jeux a bien été prise en compte et, par analogie avec les autres addictions, son traitement conçu sur le même modèle avec trois objectifs, prévenir surtout au vu de la hiérarchie actuelle des enjeux, puis soigner et comprendre. Pour y parvenir, deux axes sont traditionnellement privilégiés autour desquels sont articulés aussi bien les différents programmes de santé publique que des dispositifs de répression, en France comme ailleurs[962] : il s'agit d'abord de garder la maîtrise de l'objet même générateur de l'addiction ; dans le même temps, il faut aussi agir sur les sujets, buveurs, fumeurs, joueurs, tous plus ou moins toxicomanes… à protéger, même contre eux-mêmes. Est ainsi mobilisé l'ensemble des actions propres à la lutte contre les

---

960 CJUE, C-243/01, 6 novembre 2003, *Piergiorgio Gambelli e.a.*, concl. S. Alber, AJDA 2004, p.315, pt 69 : « dans la mesure où les autorités d'un État membre incitent et encouragent les consommateurs à participer aux loteries, aux jeux de hasard ou aux jeux de paris afin que le Trésor public en retire des bénéfices sur le plan financier, les autorités de cet État ne sauraient invoquer l'ordre public social tenant à la nécessité de réduire les occasions de jeu pour justifier des mesures telles que celles en cause au principal ».

961 AJDA 2010, préc.

962 *L'organisation des jeux d'argent*, Les documents de travail du Sénat, n°LC 171, avril 2007 ; *La lutte contre la dépendance aux jeux*, n°LC 175, septembre 2007.

dépendances et plus généralement à la gestion des risques. Il est reconnu à cet égard qu'une prévention efficace requiert la «coordination de mesures pédagogiques et de mesures contraignantes», les premières «essentielles pour diffuser l'information, améliorer les connaissances, les attitudes, les croyances et transmettre ainsi aux joueurs les dispositions et compétences pour changer les comportements et empêcher la progression du jeu problématique », associées aux secondes qui « impliquent des restrictions officielles ou un contrôle du jeu visant à restreindre l'adoption de pratiques risquées »[963]. Sur l'un et l'autre terrain, et au-delà de l'affichage, il n'est cependant pas certain que toutes les mesures prises atteignent leurs objectifs, certaines à conforter, d'autres à ajuster, voire à reprendre. Plasticité voulue et revendiquée des règles posées, appelées ainsi à suivre les évolutions du contexte scientifique et sanitaire.

A. L'action sur le jeu ou la maîtrise de l'objet

Elle suppose tout à la fois de garder le contrôle de l'offre de jeux et de réguler, dans un premier temps in abstracto, les pratiques.

1. L'encadrement de l'offre

a) Quantitativement, en premier lieu. Il s'agit ici de maîtriser la dispensation du produit. Les pouvoirs publics mobilisent à cette fin un arsenal complet: de l'interdiction comme dans le cas des stupéfiants, au contrôle de la composition et de la délivrance, comme pour l'alcool et le tabac, chaque obligation étant pénalement sanctionnée, certaines fiscalement identifiées. Par-là sont assurées tant l'information des pouvoirs publics au travers des autorisations accordées que la limitation de l'offre, y compris sur le plan géographique, à la mesure de ce qu'exigent les intérêts, bien entendu, de la santé et des finances publiques. Ce sont les mêmes logiques qui ont été activées pour les jeux de hasard et d'argent. Une fois écartées les préoccupations théologiques, ce n'est pas le jeu lui-même qui a retenu l'attention des autorités publiques mais ses excès pour les uns et les risques d'exploitation abusive par d'autres. Depuis lors, le système français oscille entre deux pôles, liberté et encadrement, sur une base d'interdiction/autorisation. La pratique du jeu est libre, mais

---

963 ARJEL, Rapport préc.p.3

l'exploitation publique est interdite par principe et punie par la loi. Le régime juridique des jeux de hasard est donc bien celui d'une interdiction de principe, constamment reprise par la loi. La loi du 12 juillet 1983, issue du Code pénal de 1810, punit la tenue de maison de jeux de hasard, la tenue de jeux sur la voie publique, l'exploitation des machines à sous ; les lois du 15 juin 1907 et du 30 juin 1923 réglementent le jeu dans les casinos et les cercles ; la loi du 21 mai 1836 prohibe, sauf exception, les loteries; celle du 2 juin 1891 réglemente les courses de chevaux et les paris hippiques[964]. Ce principe d'interdiction permet ainsi à l'administration, habilitée par le législateur, d'organiser les dérogations, chacune gardée sous contrôle public étroit. Tel a été le sens de l'instauration des monopoles comme de leur maintien dans les conditions et sous les justifications admises par les autorités communautaires. Ainsi, les monopoles accordés à la FDJ d'une part, sur les loteries et les paris sportifs, au PMU d'autre part, sur les paris hippiques pris hors des hippodromes, sont apparus comme le moyen le plus propre à garantir la maîtrise de l'offre, faciliter le contrôle de l'Etat comme à assurer l'affectation des recettes à des finalités vertueuses. Cette appréciation a été laissée par la CJUE au législateur français, qui dans la loi n°2010-476 a maintenu le monopole complet de la FDJ sur les loteries tout en ouvrant une brèche dans le monopole du PMU en admettant la concurrence pour les paris en ligne. La CJUE a souligné qu'il appartenait aux autorités nationales d'apprécier non seulement s'il fallait au regard des objectifs affichés restreindre les jeux mais même les interdire, de vérifier que les restrictions prévues n'étaient pas disproportionnées au regard de ces objectifs et de définir en conséquence le niveau de protection recherché[965]. En parallèle, l'ouverture à la concurrence des jeux en ligne telle qu'encadrée par la loi, en particulier dans l'agrément nécessaire pour les opérateurs, les contrôles qui s'imposent à eux via des institutions dédiées et indépendantes, le régime de sanctions susceptibles d'être mobilisées, a été jugée conforme à la Constitution par le Conseil constitutionnel[966]. Singulièrement, l'attention portée

---

[964] Corpus législatif désormais intégré au sein du Code de la sécurité intérieure qui reprend ainsi dans son titre II, *Jeux de hasard, casinos, loteries*, les régimes législatifs sur le « offline », ou jeux en dur.

[965] CJUE, C-42/07, 8 septembre 2009, *Liga Portuguesa de Futebol profissional et Bwin Interational Ltd c/ Departamento de Jogos da Santa Casa de Misericordia de Lisboa*, préc.

[966] CC, 12 mai 2010, n°2010-6056DC, préc.

aux joueurs a été clairement instituée comme l'une des conditions de l'octroi de l'agrément.
D'autres procédés permettent aussi de restreindre l'attractivité des jeux -telle la limitation du taux de retour aux joueurs (TRJ)[967]- et d'en circonscrire l'offre, comme une fiscalité lourde et des procédures contraignantes afin de décourager joueurs. De facto, tel a été l'effet de la nouvelle loi de 2010 qui a détourné un bon nombre d'entre eux du marché français, mais dont l'effet pervers a aussi été de renvoyer certains joueurs vers les sites illégaux, échappant de la sorte aux dispositifs de protection, 10% d'entre eux selon l'ARJEL.

b) Qualitativement, ensuite. A cet égard, le législateur, afin de limiter l'attraction des jeux, a encadré, à différents niveaux, la publicité : l'article 7 de la loi du 12 mai 2010 prévoit que toute communication commerciale en faveur des jeux est assortie d'un message de mise en garde contre le jeu excessif, ainsi que d'un message faisant référence au système d'information et d'assistance mis à la disposition des joueurs problématiques et de leur entourage par les pouvoirs publics. L'impact de la publicité sur les pratiques doit aussi faire l'objet d'évaluations régulières par le CSA. S'agissant des jeux en ligne, le décret n°2010-624 du 8 juin 2010[968] impose aux opérateurs de jeux agréés l'obligation d'associer une phrase du type « Jouer comporte des risques : endettement, dépendance... » à chaque communication commerciale, de manière accessible et aisément lisible, et quel que soit le support utilisé. Il est aussi interdit de diffuser toute communication commerciale dans des publications destinées à la jeunesse ou lors de communications audiovisuelles, cinématographiques ou en ligne, accessibles ou à destination de mineurs[969].
Demeurent des zones grises. Certains supports sont hors champ en raison de leur taille et sont donc inadaptés : tablettes et surtout Smart phones alors que la pratique des jeux s'y développe très rapidement.

---

[967] Le décret n° 2010-605 du 4 juin 2010 *relatif à la proportion maximale des sommes versées en moyenne aux joueurs par les opérateurs agréés de paris hippiques et de paris sportifs en ligne*, le fixe à 85%. Le taux de redistribution dans les casinos est fixé à 88% aux jeux de table et à 85% aux machines à sous.
[968] Décret n°2010-624 du 8 juin 2010 relatif à la réglementation des communications commerciales en faveur des opérateurs de jeux d'argent et de hasard ainsi qu'à l'information des joueurs quant aux risques liés à la pratique du jeu
[969] Article 7 de la loi n° 2010-476 du 12 mai 2010 relative à l'ouverture à la concurrence et à la régulation du secteur des jeux d'argent et de hasard en ligne.

Par ailleurs, relève l'ARJEL, « les exigences de diffusion des messages de mise en garde, prévues par le décret 8 juin 2010..., apparaissent aujourd'hui difficiles à mettre en oeuvre pour un certain nombre de communications commerciales, telles que le placement de produits dans les programmes cinématographiques ou télévisuels, la panneautique autour des terrains de sport ou directement imprimée sur la pelouse, ou encore certains liens commerciaux de petite taille sur Internet ». Elle propose ainsi de réfléchir à de nouvelles modalités d'affichage, au cas par cas[970]. Deux autres mesures devraient permettre de parachever le dispositif. Remarquant que certains programmes, télévisés notamment, suivis largement par des mineurs tels les programmes sportifs, se voient précédés, entrecoupés et suivis de nombreux messages publicitaires en faveur d'opérateurs de jeux en ligne, et alors même que le CSA ne s'est pas saisi de la question[971], l'ARJEL propose que soit limité à un seul spot le nombre de messages diffusés par un même opérateur, dans une même tranche horaire. Enfin, l'Autorité attire l'attention sur les publicités présentes sur Internet qui représentaient plus de la moitié des budgets marketing bruts des opérateurs (hors bonus) en 2012 et qui échappent pourtant aux dispositifs contraignants instaurés pour les communications commerciales audiovisuelles ou radiophoniques. Là encore, le réalisme impose des adaptations, qui s'avèrent également nécessaires sur le terrain des pratiques de jeux.

2.La régulation des pratiques

a) Depuis l'origine de l'encadrement des jeux par la puissance publique, il est apparu nécessaire d'inciter aussi à la co-responsabilité des partenaires et de mettre en place des mécanismes de nature à freiner les comportements compulsifs et pathogènes. Dans cette perspective, la loi de 2010 oblige ainsi les opérateurs à instituer des

---

[970] « A titre d'exemple, un message de mise en garde pourrait être inséré : par un message déroulant diffusé à intervalles réguliers dans les stades abritant une panneautique proposant la publicité d'un opérateur de jeux en ligne; dans une « bulle » surgissant au passage de la souris sur les liens commerciaux de petite taille sur Internet ou sur les réseaux sociaux », Recommandations préc.p.23.

[971] La délibération n°2011-09 du 27 avril 2011 du Conseil supérieur de l'audiovisuel précise les conditions de diffusion, par les services de communication audiovisuelle, des communications commerciales en faveur d'un opérateur de jeux légalement autorisé, mais n'évoque aucunement la question de la quantité de messages diffusés dans un intervalle de temps donné.

modérateurs de jeu[972], singulièrement des modérateurs d'argent, que le joueur doit paramétrer lui-même. Ont ainsi été institués des dispositifs d'autolimitation des dépôts et des mises. Dès l'ouverture d'un compte joueur, et avant même d'ouvrir la possibilité de jouer, l'opérateur est tenu de demander au joueur d'encadrer sa capacité de jeu par la fixation de limites d'approvisionnement de son compte et d'engagement des mises. Ce mécanisme s'accompagne d'un autre dispositif qui permet le reversement des excédents du compte joueur vers le compte bancaire du joueur. Ces dispositifs pourraient être utilement complétés par des modérateurs de temps, de l'information sur le temps passé à jouer sans interruption à la limitation des phases de jeu.
Enfin, décision forte de la lutte contre l'addiction, a été interdit le financement à crédit du jeu, forte incitation à entrer dans la spirale du jeu et de l'endettement. L'article 30 interdit aussi à tout opérateur agréé de consentir des prêts d'argent, de mettre en place des dispositifs permettant aux joueurs de s'accorder des prêts entre eux, ainsi que de faire de la publicité ou de proposer un lien vers le site « d'une entreprise susceptible de consentir des prêts d'argent aux joueurs ou de permettre le prêt entre joueurs ».

b) La régulation des pratiques des joueurs passe aussi par la formation/information des professionnels sur les risques liés au jeu pathologique[973]. Aspect commun à plusieurs systèmes étrangers, et que l'on retrouve dans la lutte contre l'alcoolisme, l'information et la formation des personnels, actions diverses de sensibilisation au jeu problématique. Il s'agit tout à la fois de diffuser des connaissances sur les symptômes ainsi que sur les actions à mettre en œuvre. Dans les casinos, une formation est délivrée aux responsables et managers des personnels, afin qu'après avoir été alertés de comportements problématiques, ils prennent contact avec le joueur et l'orientent vers un spécialiste ou un centre de traitement spécialisé. Dans le même sens, Adictel propose des stages de sensibilisation en ce sens des personnels de casinos, à l'instar, aux Pays-Bas, de *Holland Casino*, dont le personnel en contact avec la clientèle a l'obligation de suivre

---

[972] Article 26 de la loi n°2010-476. Rapport F. Trucy, Ouverture à la concurrence et à la régulation du secteur des jeux d'argent et de hasard en ligne, préc.p.160 et s. et 207 et s.; Rapport d'évaluation du gouvernement, préc.p.51.
[973] ARJEL, Rapport préc. « La formation et la sensibilisation au jeu problématique », p.16.

des cours, notamment afin d'être en mesure de reconnaître les joueurs dépendants, les croupiers recevant une formation particulière à cet effet[974]. Ces actions s'accompagnent de tout un arsenal de mesures en direction des partenaires, destinées à prévenir et lutter contre l'addiction.

B. L'action sur les acteurs ou la fixation des règles du jeu

La dépendance au jeu constituant un enjeu de santé publique, le législateur se doit « de ne pas priver de garanties légales cette exigence constitutionnelle, quitte à ce que ces mesures restreignent la liberté d'établissement »[975], comme il le fait en matière de lutte contre le tabagisme ou l'alcoolisme. Ont été en ce sens prévus différents dispositifs visant à protéger les joueurs comme à les prendre en charge sur le plan thérapeutique. Le schéma est celui des addictions, entre droit et soins, prévention du jeu pathologique et protection des pratiques de jeu « normales ». Les équilibres sont subtils, les engagements fermes, ils ne sont pas tous tenus. Quoi qu'il en soit, les uns comme les autres, ils supposent la mobilisation de tous.

1. Des dispositifs à conforter

A été consacrée au fil des textes une notion, d'abord portée par les associations de joueurs et autour de laquelle se retrouvent désormais pouvoirs publics, opérateurs et professionnels du soin, celle de « jeu responsable ». Conformément aux grandes orientations du plan gouvernemental 2007-2011 sur « la prise en charge et la prévention des addictions », la prévention doit s'accompagner d'un dispositif de prise en charge des joueurs dépendants et d'une politique de soutien à la recherche, le tout en partie financé par les opérateurs, une fraction des recettes du jeu venant ainsi compenser le coût de sa pathologie[976].

---

[974] Sénat, Etudes de législation comparée, n°175, septembre 2007.

[975] Commentaire de la décision n° 2010-605 DC du 12 mai 2010, Loi relative à l'ouverture à la concurrence et à la régulation du secteur des jeux d'argent et de hasard en ligne, Cahiers du Conseil constitutionnel, n°29, p.15.

[976] Contribution au financement des politiques de santé publique : l'article 48 de la loi du 12 mai 2010 prévoit la mise en place d'un prélèvement sur les paris et jeux de cercle en ligne – respectivement 1.8% et 0.2% des mises – au bénéfice de l'assurance maladie, *« afin de permettre notamment la prise en charge des joueurs pathologiques»*. Cet article prévoit par ailleurs que 5% des sommes récoltées au titre dudit prélèvement soient affectés, dans la limite d'un plafond de 5 millions d'euros, à l'Institut national de prévention et d'éducation pour la santé (INPES). En 2012, 40.7

a) Prévenir l'addiction

La prévention des risques en relation avec les jeux de hasard et d'argent revêt deux formes pour répondre à deux finalités précises : il est nécessaire d'abord de limiter autoritairement l'accès aux jeux dans certains cas risqués, et ensuite d'informer les joueurs dont les pratiques sont normales afin d'éviter qu'elles ne deviennent pathologiques.

- **Limiter l'accès au jeu**. Premier aspect, le plus sensible et le plus traditionnel, l'interdiction de jeux des mineurs et des majeurs protégés, population psychologiquement fragile, ne disposant pas en principe de ressources propres et vulnérable à toutes les tentations. Le législateur en 2010 a ainsi réaffirmé, dans l'article 5 de la loi[977], le principe d'interdiction et l'a étendu aux jeux en ligne. La protection des mineurs constitue tout à la fois, « une des conditions à une ouverture à la concurrence maîtrisée des jeux en ligne et un des piliers de la prévention de la dépendance au jeu »[978]. Il s'agit aussi d'une obligation de résultat pour les opérateurs, dès lors qu'ils sont « tenus de faire obstacle à la participation des mineurs, même émancipés, aux activités de jeu et de pari qu'ils proposent». Cette exigence traditionnelle devrait valoir aussi pour les majeurs sous protection juridique qui posent souvent des problèmes de comportements de jeu. L'ARJEL propose ainsi de prévoir expressément, que « l'ouverture d'une mesure de protection emporte interdiction de prendre part aux jeux d'argent et de hasard dont l'offre publique est autorisée par la loi. L'instauration de cette mesure de protection des majeurs vulnérables impliquerait la mise en place d'un mécanisme d'information à l'attention des opérateurs agréés, afin que ceux-ci

---

millions d'euros ont ainsi été versés aux régimes obligatoires de l'assurance maladie par les opérateurs de jeux en ligne et 2.1 millions d'euros ont été versés à l'INPES.

[977] « Les mineurs, même émancipés, ne peuvent prendre part à des jeux d'argent et de hasard dont l'offre publique est autorisée par la loi, à l'exception des jeux de loterie mentionnés aux articles 5, 6 et 7 de la loi du 21 mai 1836 portant prohibition des loteries. Les opérateurs de jeux d'argent et de hasard légalement autorisés sont tenus de faire obstacle à la participation de mineurs, même émancipés, aux activités de jeu ou de pari qu'ils proposent. Ils ne peuvent financer l'organisation ou parrainer la tenue d'événements à destination spécifique des mineurs. Les opérateurs de jeux ou de paris en ligne mettent en place, lors de toute connexion à leur site, un message avertissant que les jeux d'argent et de hasard sont interdits aux mineurs. La date de naissance du joueur est exigée au moment de son inscription, ainsi qu'à chacune de ses visites sur le site de l'opérateur »

[978] Rapport F. Trucy 2011, p.123.

empêchent l'inscription de ceux-là sur leur site». Surtout, il pourrait être prévu, par intervention législative nécessaire sur cette question relative à la capacité des personnes, que « l'ouverture d'une mesure de sauvegarde de justice, de curatelle ou de tutelle emporte inscription de la personne protégée sur le fichier des interdits de jeu tenu par le ministère de l'Intérieur »[979], règle qui pourrait être intégrée dans le code civil ou la loi du 12 mai 2010.
Ensuite, cette même loi a étendu aux jeux en ligne le dispositif des interdits de jeux prévu pour les casinos et cercles, procédure ouverte à tout joueur, et qui s'accompagne d'une possibilité de prise en charge sanitaire et sociale. Limite de la mesure : elle ne vaut ni pour la FDJ ni le PMU en dur. Lors de chaque demande d'ouverture d'un compte joueur et mensuellement pour chaque joueur ayant un compte, les opérateurs se doivent de consulter le fichier des interdits, via l'ARJEL, fichier qui peut leur être opposé. Ils doivent clôturer tout compte joueur dont le titulaire viendrait à être touché par une interdiction ou exclusion. L'opérateur doit, enfin, mettre en permanence à la disposition du joueur un dispositif lui permettant de demander son exclusion du jeu, de manière temporaire ou définitive. L'ensemble du dispositif est utile et efficace selon les premières données[980]. Il n'en demeure pas moins qu'il s'agit de démarches parfois complexes dont la simplification est préconisée, de plus strictement personnelles, soumises à la seule appréciation du joueur, et dont l'efficacité est tributaire de l'information délivrée.
-Partant, exigence corrélative, l'information, à tous les niveaux, à chaque étape. Information d'abord au plus près, sur les données « live » du jeu : au soutien de la responsabilisation, il est prévu que l'opérateur communique en permanence à tout joueur fréquentant son site le solde

---

[979] ARJEL, *Lutte contre le jeu excessif ou pathologique,* rapport préc.p.33-34.
[980] Selon les données du ministère de l'Intérieur, au 31 décembre 2012, 34 739 noms sont inscrits dans ce fichier. Selon l'ARJEL, sur l'année 2012, « ce sont ainsi environ 40 millions d'interrogations mensuelles qui ont été réalisées par les opérateurs agréés. Si l'on ne prend en compte que les interrogations uniques (suppression des interrogations multiples portant sur les mêmes personnes), le chiffre s'établit à un peu plus de 3,15 millions d'interrogations chaque mois. Au total, en 2012, près de 527 millions d'interrogations ont été effectuées, pour un total de 10,5 millions d'interrogations uniques. Chaque joueur a ainsi été « interrogé » en moyenne 50 fois sur l'année ». Il est à noter aussi que « 23,1 % des personnes inscrites sur le fichier des interdits de jeu en décembre 2012 ont tenté d'ouvrir un compte depuis l'ouverture du marché », Cf Rapport d'activité 2012, p.52. Ces données démontrent toute l'importance du dispositif.

instantané de son compte. Information sanitaire surtout, sur les risques psychologiques et sociaux du jeu excessif et les dispositifs d'aide, d'écoute et de prise en charge, qui doit être délivrée à la fois de façon générale par les pouvoirs publics, et de façon personnalisée par les opérateurs à destination de chaque joueur. Ainsi, selon la loi, les opérateurs doivent délivrer une triple information : sur les risques par le biais d'un message de mise en garde, sur la faculté de s'inscrire sur le fichier des interdits de jeu tenu par le ministère de l'Intérieur, enfin sur l'existence d'un numéro d'appel destiné aux joueurs pathologiques et à leur entourage, sous la responsabilité de l'INPES. A l'instar de ce qui existe déjà pour le tabac et l'alcool, les conditions de délivrance de l'information comme le contenu des messages sont strictement encadrés[981], sans être, selon les premières évaluations, toujours adaptés dans leur forme aux nouveaux supports informatiques de plus en plus utilisés pour jouer (Smartphones, tablettes informatiques, télévision…), et dans leur fond à leurs destinataires. En particulier, les messages doivent être, selon les spécialistes, revus afin notamment de lutter contre les « croyances erronées » des joueurs quant à leur maîtrise du jeu, être plus compréhensibles et « différenciés selon les cibles visées »[982]. Enfin, est souvent évoquée l'utilité que présenterait le regroupement de tous les messages et informations (interdiction des jeux d'argent aux mineurs, messages de prévention, interdiction volontaire de jeux, rubrique jeu responsable de l'opérateur…) au sein d'une « zone de jeu responsable », démarche déjà suivie par certains opérateurs, et qui pourrait devenir obligatoire.

---

[981] Ainsi le décret n° 2010-623 du 8 juin 2010 fixant les obligations d'information des opérateurs agréés de jeux ou de paris en ligne pour la prévention des risques liés à la pratique du jeu a tout d'abord précisé l'emplacement de ces messages : le message de mise en garde et la procédure d'inscription sur le fichier des interdits de jeu doivent figurer sur la page d'accueil de chaque site de jeu ; le numéro d'appel doit, lui, apparaître sur l'ensemble des pages du site de jeu, à l'exception des pages d'accueil. Le joueur qui active ce message doit être dirigé vers le site Internet du service d'aide au joueur géré par les pouvoirs publics. Le contenu et les modalités d'affichage des messages ont ensuite été définis, de façon extrêmement détaillée, par deux arrêtés (Arrêté du 8 juin 2010 relatif aux contenus et modalités d'affichage du message d'informations relatif à la procédure d'inscription sur le fichier des interdits de jeux ; Arrêté du 8 juin 2010 fixant le contenu et les modalités d'affichage des messages de mise en garde prévus par les articles 26, 28, 29 et 33 de la loi n° 2010-476 du 12 mai 2010 relative à l'ouverture à la concurrence et à la régulation du secteur des jeux d'argent et de hasard en ligne).

[982] ARJEL, Rapport préc. p.22 et s.

b) Soigner et comprendre

Autre grand volet de la lutte contre les dépendances, la prise en charge des malades et le soutien aux recherches destinées à améliorer les connaissances sur ce type d'addiction sans produit. La lutte contre le jeu excessif a été ainsi inscrite, et la position de la MILDT sur le sujet est sans équivoque, dans le cadre des addictions et des actions afférentes organisées par le plan 2007-2011.

-Repérer**.** L'une des priorités identifiées par le Plan est de « favoriser le repérage précoce et les interventions brèves pour modifier les comportements » (point 4). Cela passe par une meilleure compréhension du phénomène, l'information des professionnels du secteur, des médecins et du grand public (via les campagnes de l'INPES), mais aussi par les démarches volontaires. A cet égard, un numéro d'appel est mis à la disposition des joueurs excessifs et de leur entourage, géré par les pouvoirs publics, service d'appel et d'assistance assuré par le GIP ADALIS[983], aux côtés des dispositifs mis en place par les opérateurs avant la loi. Le rapport Trucy souligne à cet égard la nécessité de renforcer la structure publique « parallèlement à la mise en oeuvre d'une procédure de «labellisation» des autres organismes d'information et d'assistance ». L'objectif est d'organiser un dispositif à « deux étages » : « une ligne de qualité, financée et gérée par les pouvoirs publics qui puisse renvoyer, dans un second temps, les joueurs vers des associations d'aide labellisées par l'Etat »[984]. De plus l'opérateur a pour obligation de remettre un rapport annuel rendant compte des actions menées et des moyens consacrés pour promouvoir le jeu responsable et lutter contre le jeu excessif ou pathologique. Ce rapport doit notamment présenter les moyens de repérage utilisés par l'opérateur pour déceler d'éventuels comportements pathologiques et les mesures mises en place pour orienter les joueurs à risque vers une prise en charge[985].

---

[983] Avant l'entrée en vigueur de la loi du 12 mai 2010, le groupement d'intérêt public « Addictions drogues alcool info service » (GIP ADALIS) proposait trois lignes d'appel : « Drogues info service », «Ecoute alcool » et « Ecoute cannabis ». L'article 29 de la loi du 12 mai 2010 a proposé d'y adjoindre un numéro d'appel spécifiquement destiné aux joueurs excessifs et à leur entourage. Les opérateurs de jeu en ligne sont dans l'obligation de mentionner sur leur site les coordonnées du GIP ADALIS.

[984] Rapport F. Trucy, préc.p.209.

[985] Article 27 de la loi n°2010-476.

-Soigner. Si le diagnostic comme le traitement supposent une intervention médicale, la démarche d'entrée dans les soins est strictement personnelle, en fonction de la perception qu'a la personne de la perte de contrôle que suscite en elle le jeu. Et les gradients de l'addiction apparaissent alors relatifs[986]. « Un peu trop, c'est juste assez pour moi», disait Cocteau... Il appartient au système juridique de tracer le cadre de la prise en charge mais non les critères et conditions de celle-ci.

L'addiction aux jeux, exclusive de toute substance de nature à altérer les circuits cérébraux, se soigne mieux que l'addiction aux psychotropes. Deux paramètres rendent parfois plus difficile le traitement : l'absence de produit de substitution, et la dépendance à d'autres produits. De surcroît, elle s'accompagne souvent de phénomènes dépressifs. Tout ceci a conduit d'une part à intégrer ces malades dans les cursus de soins à trois niveaux prévus pour les addictions, et d'autre part à singulariser progressivement cette prise en charge[987]. La principale difficulté demeure l'état embryonnaire de cette prise de charge, encore mal appréhendée, de sorte qu'« au sein

---

[986] M. Valleur, « Le concept d'addictions sans drogue : historique, évolution des idées et perspectives », in Prévenir et traiter les addictions sans drogues, préc. p.7.

[987]Cf ministère des Affaires sociales: « le dispositif repose sur des structures sanitaires et médico-sociales (centres de soins d'accompagnement et de prévention en addictologie - CSAPA) et son organisation est détaillée dans la circulaire DGS/6B/DHOS/O2 n° 2007-203 du 16 mai 2007 relative *à l'organisation du dispositif de prise en charge et de soins en addictologie.* Le dispositif sanitaire est gradué en trois niveaux, constituant une filière hospitalière complète, détaillée dans la circulaire DHOS/O2/2008/299 du 26 septembre 2008 *relative à la filière hospitalière de soins en addictologie,* La base est constituée des établissements relevant du niveau 1, niveau de proximité, qui sont dotés d'une consultation d'addictologie et d'une équipe de liaison et de soins en addictologie, ainsi que de lits dédiés à l'addictologie dans une unité d'hospitalisation référente non spécialisée en addictologie. Par ailleurs, chaque établissement doté d'une structure des urgences au sens du décret 2006-576 du 22 mai 2006 doit disposer d'une équipe de liaison et d'une consultation, directement ou par convention avec un établissement doté. Les établissements relevant du niveau 2, niveau de recours, disposent, outre des équipements de niveau 1, de lits d'hospitalisation en addictologie pour soins complexes, d'un hôpital de jour en addictologie et de soins de suite et de réadaptation. Les établissements de niveau 3, niveau de référence en addictologie, se trouvent dans les CHU. Outre les prestations et les composantes de niveau 1 et 2, le niveau 3 est chargé de l'enseignement et de la recherche en addictologie ». Circulaire DGS/MC2/2008/79 du 28 février 2008 r*elative à la mise en place de centres de soins, d'accompagnement et de prévention en addictologie et à la mise en place des schémas régionaux médico-sociaux d'addictologie.*

des mesures mises en oeuvre, il est assez délicat d'identifier les crédits spécifiquement destinés à l'addiction au jeu C'est pourquoi le rapport Trucy insiste sur la nécessité, « après une évaluation précise des besoins sur le terrain: d'accroître le financement des associations d'aide aux joueurs, qui aujourd'hui reçoivent, pour l'essentiel, leurs financements des opérateurs de jeu en raison, pendant longtemps, des carences de l'Etat en la matière; de renforcer les moyens des Centres de soins d'accompagnement et de prévention en addictologie (CSAPA), structures de premier recours indispensables; de développer les consultations spécialisées dans les établissements de santé; de soutenir les centres de recherche et de formation en matière d'addictologie »[988]. C'est en ce sens qu'a été adoptée la circulaire interministérielle du 7 juin 2012[989] qui prévoit une dotation de plus de 7 millions d'euros supplémentaires en 2012 pour le renforcement des structures médico-sociales d'addictologie, ainsi que 1,25 million d'euros afin d'améliorer la capacité des CSAPA à prendre en charge les addictions aux jeux.

- **Rechercher.** Comme cela avait été relevé lors de l'examen du projet de loi, alors que les addictions avec substances sont des phénomènes connus et mesurés, il en va différemment pour l'instant des addictions comportementales. Professionnels du soin comme autorités publiques appellent ainsi à un renforcement des études et recherches sur le sujet : d'une part sur les aspects sanitaires du jeu compulsif afin de mieux en cerner les mécanismes cérébraux et biologiques pour améliorer la prise en charge; et d'autre part, sur les pratiques de jeu, le profil socioéconomique des joueurs[990], les conséquences individuelles et collectives du jeu comme son coût social, ses liens aussi avec d'autres addictions, et ce, afin d'adapter de façon pertinente la politique de prévention et de lutte contre l'addiction. L'impact de l'ouverture des

---

[988] Rapport préc.p.210.

[989] Circulaire n° DGCS/SD5C/DGS/DSS/2012/199 *relative à la campagne budgétaire pour l'année 2012 des établissements et services médico-sociaux accueillant des personnes confrontées à des difficultés spécifiques, Appartement de coordination thérapeutique (ACT), Lits halte soins santé (LHSS), Centre d'accueil et d'accompagnement à la réduction des risques pour les usagers de drogues (CAARUD), Communautés thérapeutiques (CT), Centres de soins, d'accompagnement et de prévention en addictologie (CSAPA), Lits d'accueil médicalisé (LAM) et l'expérimentation « Un chez-soi d'abord ».*

[990] Cf notamment ARJEL, Enquête 2012, Sociologie des joueurs en ligne, mars 2013 ; INSERM, préc. p.25 et s.

jeux en ligne doit en particulier être régulièrement évalué car même si l'on ne dispose pas encore de données, les médecins soulignent que les services voient de plus en plus de patients. A cet égard, l'INPES a prévu d'effectuer des analyses sur les déterminants associés à la pratique des jeux et plus particulièrement à la pratique excessive des jeux en ligne. Au-delà des déterminants sociodémographiques, il s'agira notamment de connaître les motivations des joueurs, le contexte de jeu ou encore les liens avec les autres consommations de substances addictives (alcool, tabac, drogues). S'agissant des études sur l'impact social du jeu, l'implication des associations familiales, de consommateurs et de lutte contre le surendettement est recommandée. De fait, l'ensemble des dispositifs n'atteindra sa pleine efficacité que soutenu par l'engagement de chacun des partenaires, aspect névralgique de la lutte contre l'addiction.

2. L'investissement nécessaire de l'ensemble des partenaires

De l'Etat aux joueurs en passant par les exploitants et opérateurs, tous doivent contribuer, à leur mesure, à la lutte contre le jeu excessif et pathologique, mécanismes de coresponsabilités dont les défaillances pourraient inspirer d'éventuelles actions en réparation et en exonération…

a) La mobilisation des opérateurs

Très tôt, les opérateurs tant publics que privés ont compris l'importance d'une autorégulation, économiquement pertinente dès lors que la mise en exergue de l'éthique et la promotion du « jeu responsable » étaient de nature à estomper le caractère sulfureux de l'exploitation de cette faiblesse humaine. Ils ont ainsi spontanément mis en place des systèmes de contrôle et d'accompagnement des joueurs pour faire respecter les interdictions, limiter les mises et détecter les comportements à risque. Plusieurs chartes déontologiques ont, en outre, été signées avec les différents acteurs intervenant dans le secteur de la publicité[991]. Selon l'ARJEL, si tous les opérateurs respectent leurs obligations légales et réglementaires en la matière, les

[991] Comme cela a été précédemment rappelé, les régies, les annonceurs et leurs agences de publicité ont anticipé la préoccupation légitime des pouvoirs publics d'encadrement de la publicité en faveur des jeux d'argent, en élaborant dès 2009 sous l'égide de l'Autorité de régulation professionnelle de la publicité (ARPP), une recommandation déontologique consacrée aux jeux d'argent.

rapports annuels d'activité mettent en évidence d'importantes disparités.

b) La responsabilisation des joueurs

La pression mise sur les personnes, du moins tant qu'elles disposent de leur libre arbitre, est un axe fort de la lutte contre l'addiction. Outre la procédure traditionnelle de l'interdiction, que renouvellent les procédures d'autoexclusion prévue par la loi 2010, le texte offre au joueur la faculté de se limiter : il peut en effet paramétrer lui-même les différents dispositifs de modération et d'autolimitation de jeu proposés. Tous les opérateurs doivent en assurer la possibilité en mettant en place des modérateurs de jeu destinés à alerter les joueurs de leur comportement éventuellement excessif (article 26 de la loi du 12 mai 2010). Autant de techniques qui devraient libérer les opérateurs d'une part de leur responsabilité par appel à la responsabilité individuelle, forme renouvelée de la « faute de la victime » ou de l'exception de « risque accepté ».

c) L'engagement des pouvoirs publics

Tout le propos finalement se réduit à cela, car c'est là la question éminemment politique, celle du degré d'investissement des pouvoirs publics dans la lutte contre les addictions. Question sociale, économique forcément, sanitaire parce qu'il le faut admettre. La vigilance reste ici de mise tant l'attitude des pouvoirs publics reste marquée d'équivoque, entre souci de santé publique et préoccupations financières, le tout drapé dans l'invocation de l'état embryonnaire des connaissances scientifiques sur le sujet. L'on doute ainsi, forcément de la volonté des pouvoirs publics quand on sait que sur les 5 millions d'euros dévolus à l'INPES, la moitié à peine finance la prévention et la prise en charge des joueurs pathologiques. L'exigence désormais porte sur la meilleure compréhension des mécanismes biologiques qui induisent l'addiction et des déterminants qui la favorisent, mais aussi sur un suivi plus assuré des fonds qui lui sont en principe dédiés. Les addictions comportementales sont encore mal connues et doivent être mieux documentées. L'INPES a reçu en 2012 plus de 2 millions d'euros à ce titre, et l'assurance maladie 40,7 millions pour la prise en charge des patients. Or comme le relève l'ARJEL, ni dans un cas ni dans l'autre « il n'est avéré que la lutte contre le jeu excessif ou pathologique ait été le véritable bénéficiaire de ces sommes ». Il serait dès lors utile, souligne-t-on, « de prévoir que l'INPES et l'assurance maladie rendent compte annuellement de l'utilisation des sommes (...) allouées à la lutte contre le jeu excessif ou à la prévention de l'addiction »[992].

Mieux comprendre, mieux traiter... cela suppose aussi que l'on réfléchisse encore sur la notion même d'addiction, et sur les réponses médicales et juridiques à lui apporter. « Ce pourrait être l'apport majeur des addictions sans drogue au champ des addictions dans leur ensemble », rappeler que toutes les addictions « ne seront jamais simplement un problème technique, de clinique ou de santé publique, mais un problème de société, c'est-à-dire une question politique au sens le plus noble du terme »[993].

---

[992] ARJEL, *Lutter contre le jeu excessif ou pathologique*, préc.p.44-45.
[993] M. Valleur, préc.p.11.

Ouverture

Quel(s) modèle(s) postmoderne(s) pour l'Etat et les jeux d'argent et de hasard ?

LES JEUX DE HASARD ET D'ARGENT ET LA MORALE DE L'ETAT

Sociologies et droit d'une passion coupable et de ses intérêts marchands

Dominique SISTACH
Membre du CDED/CERTAP/
MIGRINTER (UMR 6588 CNRS Poitiers),
Université de Perpignan Via Domitia

Cette contribution[994] a pour objet de présenter une réflexion sur les interconnexions entre les différents points, contradictoires, paradoxaux, voire hérétiques, liant le commerce des jeux et l'organisation juridique de l'État les limitant, les monopolisant, et au final les utilisant comme modalité de gouvernement. Au cœur de cette investigation, nous faisons le choix de traiter ces interconnexions par une étude portant sur la sociologie *et* le droit[995]. Il ne s'agit pas d'une étude de sociologie du droit, le but de la réflexion n'étant ni de connaître les conditions sociologiques de mise en œuvre des décisions, ni de connaître l'ensemble de leurs effets. La juxtaposition et l'interpénétration de la sociologie et du droit, dont on connaît l'intérêt depuis l'origine contemporaine de ce domaine, notamment par l'œuvre d'Émile Durkheim, mais aussi de celle de Max Weber, nous permettent d'investir le champ des valeurs et des normes morales que véhicule *normalement* l'État et que contient juridiquement le droit.
Nos recherches portent sur ces articulations complexes dont notre temps contemporain n'est pas avare. Œuvrant, notamment, pour la mission préfectorale de la région Languedoc-Roussillon en dirigeant la mission scientifique de la Mission interministérielle de lutte contre

---

[994] Je remercie chaleureusement l'historienne Caroline Perche pour sa relecture pointilleuse du manuscrit.
[995] Ce choix fait écho au titre que Patrick Pharo a donné à l'un de ses ouvrages. *Cf. Morale et sociologie. Le sens et les valeurs entre nature et culture*, Paris, Gallimard, Folio *Essais*, 2004.

la drogue et la toxicomanie (MILDT) durant deux ans (2011-2013), les investigations menées se sont orientées vers les terrains des marginalités, essentiellement ceux portant sur les usagers des stupéfiants et de la prostitution[996], vers les terrains des dépendances sans produit dont les jeux de hasard et d'argent constituent une ligne de l'action publique d'État.

La sociologie et l'anthropologie contemporaines ont, depuis les travaux de Roger Caillois, mis en perspective la société comme lieu symbolique et réel se constituant notamment par les pratiques ludiques. Les *sociétés sans État* se déploient avec les jeux de simulacre et de vertige, la dissimulation et la transe étant au cœur des pratiques symboliques et de l'imaginaire social, alors que les sociétés contemporaines usent des jeux de compétition et de hasard, représentant et instituant l'alternative aux règles de la naissance et au mérite de la réussite sociale[997]. Si l'on se réfère à une autre tradition scientifique, celle de l'école de Chicago, le jeu doit être considéré comme une *« institution bâtarde »*[998]. Par ces termes peu amènes, Everett C. Hughes a voulu montrer en quoi le jeu, tout comme la prostitution, le racket, le marché noir, le recel, le crime organisé, la contrebande, etc. sont simultanément distingués par le droit et intégrés par la pratique sociale ; ces institutions bâtardes *« adoptent des formes*

[996] Dominique Sistach, « La transhumance festive Nord/Sud des toxicomanes en Catalogne : à la recherche des normes et des espaces *défaits* », *in* la revue *Sud-Ouest Européen*, n° 28, 2009, Éd. Toulouse-Le Mirail, p. 45-53 ; « L'institution de la prostitution de masse en Catalogne : les voies de la transmigration sexuelle », *in Transmigrations*, (dir. Alain Tarrius), Paris, *Multitudes/Samizdat*, n° 49, juin 2012 ; « La gouvernance mondiale de la prostitution et les réglementations locales : Le cas de la Catalogne », *in Le droit public à l'épreuve de la gouvernance*, Jacobo Rios (dir.), Perpignan, PUP, 2012 ; « Au fin fond des 'bordels' de Catalogne : les clients roussillonnais de la prostitution », *in Ruixat*, Revue transdisciplinaire en sciences sociales, *Perpignan vu d'ici et d'ailleurs* (dir. Dominique Sistach), éditions Trabucaire, 2012.

[997] Roger Caillois, *Les Jeux et les Hommes* [1958, révisé en 1967], Folio essais, 1992. *« Je propose [...] une division en quatre rubriques principales selon que, dans les jeux considérés, prédomine le rôle de la compétition, du hasard, du simulacre ou du vertige. Je les appelle respectivement* Agôn, Alea, Mimicry *et* Ilinx. *[...] On joue au football ou aux billes ou aux échecs (*agôn*), on joue à la roulette ou à la loterie (*alea*) on joue au pirate ou on joue Néron ou Hamlet (*mimicry*), on joue à provoquer en soi, par un mouvement rapide de rotation ou de chute, un état organique de confusion ou de désarroi (*ilinx*). » Ibid.* p. 75.

[998] Everett C. Hughes, *Le regard sociologique, Essais choisis*, Textes rassemblés et présentés par Jean-Michel Chapoulie, éd. de l'EHESS, 1996, p. 155 et s.

organisées qui ne sont pas sans ressembler aux autres institutions. » [999] Il ne s'agit donc pas de les considérer *« comme des écarts pathologiques par rapport à ce qui est juste et bon, mais comme des éléments constitutifs de l'ensemble du système des activités et des entreprises humaines. »* [1000] Aussi, les jeux correspondent à un usage économique permettant de considérer les règles d'attribution de la richesse hors des normes et des fonctions capitalistiques : aux normes de la reproduction sociale et des rentes les matérialisant et aux normes de rareté du travail et du capital, l'institution bâtarde du jeu propose une alternative par le hasard organisé pour attribuer une fortune à quelques-uns et l'illusion de la fortune au plus grand nombre. Si les jeux de hasard et d'argent peuvent être présentés comme des *« marchandises contestées »*[1001], leur intégration à une économie légitime n'est possible qu'à la condition que l'institution publique lui confère un statut licite.

Si l'on suit la définition que donne Max Weber du capitalisme, qui *« peut s'identifier directement avec la maîtrise, ou du moins avec la modération rationnelle de cette impulsion irrationnelle au gain »*[1002], on peut penser que toutes les marchandises ou tous les services sont susceptibles d'être exploités pour peu que l'on puisse dépasser, selon les règles politiques en vigueur et les normes sociales applicables, les débats moraux que posent de tels usages. C'est en ce sens que la question de l'intégration marchande des jeux déplace les réalités normatives de la complexité sociale vers les réalités juridiques de la complexité politique. Il semble nécessaire de présenter une sociographie de l'État qui établit l'intégration normative des jeux dans la société. Les politiques de moralité, pour reprendre la formulation anglo-saxonne (*moral policy*), sont un puissant révélateur de la courbe d'évolution des institutions de production normative, non pas seulement, selon la tradition wébérienne, parce que l'État devient la seule institution apte à tracer les lignes de la licéité, le marché et ses procédures de véridiction scientifique y pourvoyant aussi, mais plus spécifiquement, parce que l'État, par sa *duplicité*, peut jouer lui-même sur l'ensemble de ses fonctions pour être simultanément celui qui

---

[999] *Ibid.*p. 156.

[1000] *Ibid.*p. 157.

[1001] Philippe Steiner et Marie Trespeuch, « "Maîtriser les passions, construire l'intérêt" Les jeux d'argent en ligne et les organes humains à l'épreuve du marché », Revue française de sociologie, 2013/1 Vol. 54, p. 155-180.

[1002] Max Weber, *Sociologie des religions* [1920], Paris, Gallimard, 1996, p. 493.

interdit et exploite l'activité ludique. L'interdit juridique est ainsi progressivement puis radicalement inversé au profit d'une administration juridique a-morale des activités ludiques. Que signifient alors cette intégration et cette inversion des valeurs par l'autorité dépositaire des normes ? C'est ce que nous allons tenter de comprendre et d'analyser.

1 – La duplicité morale de l'État et des individus

Le sociologue Norbert Élias propose une analyse singulière, mais de nombreuses fois réaffirmée par ses successeurs, présentant le parallèle de la constitution de la civilisation occidentale par des États centralisés monopolisant tant la violence militaire que leur capacité fiscale, et la logique générale des pulsions individuelles constituant une société d'individus de plus en plus rationnelle[1003]. Pour dépasser les représentations communes sur l'histoire de l'évolution politique de l'Occident, comme une logique rationnelle planifiée, ou par ailleurs, comme une logique empirique chaotique, Élias propose une sociologie historique fondée sur le principe d'interdépendance des actions et des plans humains impliquant des *« transformations et des structures qu'aucun individu n'a projetées ou créées. L'interdépendance entre les hommes donne naissance à un ordre spécifique, ordre plus impérieux et plus contraignant que la volonté et la raison des individus qui président. »*[1004]
À l'aune de cette connaissance quant au développement simultané et concomitant de l'État et de la société des individus, qu'Élias qualifie de *« sociogenèse de l'État »*[1005], la question problématique des jeux de hasard dans les sociétés occidentales ne peut pas être conçue comme une majorité d'auteurs l'entend : une pulsion humaine universelle, irrépressible, incontrôlable que les institutions religieuses et politiques ont réprimée, contrôlée et exploitée[1006] ; l'État, la société et l'individu

[1003] Norbert Élias, *La civilisation des mœurs*, Paris, Pocket Agora, 1973 [1939] ; *La dynamique de l'Occident*, Paris, Pocket Agora, 1975 [1939].
[1004] Norbert Élias, *La dynamique de l'Occident*, *op. cit.*, p. 183.
[1005] Le monopole centralisé *« prend peu à peu l'aspect d'un instrument au service de la société tout entière, société pratiquant la division des fonctions : autrement dit il devient l'organe central de cette unité sociale que nous appelons aujourd'hui* l'État. *»* Norbert Élias, *La dynamique de l'Occident*, *op. cit.*, p. 30.
[1006] La religion catholique, sous l'influence thomiste, tend à limiter le jeu pour modérer les passions humaines (« eutrapélie »), mais également, parce que le joueur

sont séparés, comme le bien serait séparé du mal, et ces séparations fondent les principes politiques et juridiques qui permettent la compréhension des phénomènes humains de la modernité. Avec Élias, il faut penser le traitement du jeu de hasard comme l'ensemble des interdépendances entre les pulsions humaines, les valeurs morales religieuses et les contrôles politiques ambivalents tendant alternativement ou simultanément à l'exploitation et à la limitation de telles pratiques humaines. L'État est à l'identique de son humanité, un appareil ou un champ de duplicité morale.

La pratique sociale des jeux est un dispositif qui, bien que condamné par l'Église catholique, connaît assez rapidement un statut politique de contrôle social (ordre public) et un statut économique de développement de la richesse publique (finances publiques)[1007]. À ces deux titres principaux, cette pratique sociale apparaît comme un moteur de l'État moderne, non seulement comme phénomène de gouvernementabilité, au sens foucaldien du pouvoir pastoral des institutions exercé sur les populations, mais également, au sens strict du développement de l'institution de gouvernement, au-delà de ce que l'on entend traditionnellement du déploiement stratégique et juridique de la souveraineté. L'usage et le contrôle public des jeux ne sont pas des phénomènes exclusifs de l'administration des marges sociales, c'est un axe de gouvernementabilité des populations normées et de déploiement de la souveraineté de l'État pour l'État. Proscrire les jeux, ainsi que les monarques de France le font depuis le XIIIe siècle, procède de la volonté exprimée par la loi royale de prévenir et de limiter les effets sociaux des jeux, la colère comme le blasphème, le désespoir individuel comme la perdition des familles[1008], tout autant que de limiter les effets délétères sur l'ordre public, notamment la nuit et sur l'ensemble de la voirie urbaine[1009]. Permettre les jeux, par

---

en usant du sort et de la divination remet potentiellement en cause l'ordre du divin. Élisabeth Belmas, *Jouer autrefois. Essai sur le jeu dans la France moderne (XVIe-XVIIIe siècle)*, Seyssel, Champ Vallon, 2006. On retrouve le même double argumentaire dans la religion musulmane.

[1007] Francis Freundlich, *Le monde du jeu à Paris, 1715-1800*, Albin Michel, 1995.

[1008] Une ordonnance royale du 15 décembre 1722, étendant l'application des textes aux colonies françaises d'Amérique, prévoit une justification des sanctions pénales à raison du *« dérèglement du commerce, la ruine des familles, la débauche et le libertinage des jeunes gens »*.

[1009] Olivier Grussi, *La vie quotidienne des joueurs sous l'Ancien Régime à Paris et à la cour*, Paris, Hachette, 1985. Jean-Michel Mehl, *Les Jeux au royaume de France du 13e siècle au début du 16e siècle*, Paris, Fayard, 1990. Jean-Louis Harouel, « De ailleurs, c'est aussi soulager la couronne de ses dettes, c'est contrôler incidemment la noblesse, l'occuper ou la perdre comme Louis XIV le fera. La naissance de l'État moderne, révélé par le gouvernement des jeux, met à jour la dualité de la puissance et des compétences publiques, mais également, la dualité de l'État *contre* l'institution vaticane, simultanément proche de la théologie morale de l'interdit social des jeux et opposé à ce que cette règle puisse s'appliquer à l'institution d'État.

À la naissance de notre modernité économique et sociale, à la fin du XVIIIe siècle, les jeux représentent un levier financier de circulation monétaire, un moyen caché de fiscalisation du plus grand nombre, un *« impôt volontaire »* en quelque sorte, *« et surtout un refuge pour les "joueurs passionnés" qui forment la clientèle des "assemblées pernicieuses" (lieux clandestins où se pratiquent les jeux). »*[1010] Même si la grande Révolution met fin momentanément à la *« loterie du despotisme »* (l'exercice financier de 1789 de la loterie d'État, en plein cœur d'une crise économique qui ébranle le royaume, ne prête pas à ambiguïté : 44 millions de revenus pour cette seule année sont collectés), le Directoire rétablit la loterie d'État.

Les régimes politiques se succèdent, et tous invariablement institutionnalisent les jeux, sous la forme la plus convenue de la duplicité d'État : le principe général est l'interdiction des maisons de jeux, la dérogation appartient au ministre de la Police qui peut fixer les lieux de perdition. Sous l'Empire, les villes connaissant des dérogations, telles que fixées par le décret du 24 juin 1806, sont la ville de Paris et les villes d'eaux. La Ferme des Jeux existait déjà depuis 1797, tel que le décret de 1806 le reprit : une autorisation administrative offerte à *« un entrepreneur en vue d'établir et de gérer, dans des conditions fixées par un cahier des charges, un lieu ouvert au public dans lequel sont pratiqués des jeux normalement interdits. »* [1011] Deux choses apparaissent assez nettement à cette période. La tolérance des jeux est le produit direct de la naissance de l'institution

---

François Ier au pari en ligne, histoire du jeu en France », *Pouvoirs*, 2011/4 n°139, p. 5-14.

[1010] *Réflexion sur les loteries*, Paris, 1778. Pans : Bibliothèque nationale. 3LF 7815. Ouvrage anonyme et non daté, paru sans doute vers 1778, ce texte reflète les idées courantes qui circulent dans les administrations, notamment policière et fiscale, à l'aune de la Révolution française. *In* Marc Guillaume, « Tu ne joueras point », Réseaux, 1983, volume 1 n°1, pp. 65-77.

[1011] Marc Guillaume, « Tu ne joueras point », *op. cit.*, p. 74.

policière qui nécessite la localisation d'activités illicites qui fuient le contrôle difficile, voire impossible, de telles pratiques. Le cahier des charges pour la Ferme des Jeux est explicite: *« La tolérance des jeux doit être considérée moins comme un produit de revenus que comme un moyen de resserrer dans des limites étroites la passion du jeu, d'en éloigner la classe ouvrière et laborieuse, de reconnaître promptement les scandales et les atteintes à l'ordre qu'il convient de réprimer, d'éviter les dangers et la fraude de la clandestinité, de surveiller constamment les chevaliers d'industrie, les escrocs, les émissaires de fausse monnaie, etc. ». « Jusqu'à ce moment, la police n'a tiré aucun parti des maisons de jeux ; les agents ont paru se borner à dénoncer les maisons qui n'étaient pas autorisées [...]. Cependant, il paraît que la police pourrait se procurer dans ces maisons des renseignements fort utiles : c'est là surtout que se rendent les étrangers, les émigrés, les réquisitionnaires, les gens sans occupation et sans moyens d'existence. La police doit connaître tous ces hommes ainsi que ceux qui font au jeu des pertes beaucoup au-dessus de leur fortune afin de pouvoir rechercher les moyens qu'ils emploient pour se procurer l'argent. »* [1012] L'administration en tant qu'institution différenciée de l'État et de la société produit sa propre logique. Pour parler comme Niklas Luhmann, au système étatique succède un sous-système bureaucratique autonome et dépendant du premier, dans ce que le sociologue allemand dénomme dynamique de perdifférenciation systémique[1013], qui permet de préserver intellectuellement l'intégrité morale de l'État, et de sacrifier à l'ordre de la nécessité le cynisme du gouvernement policier.

À notre époque, une fois passée l'anthropologie nébuleuse du « cela a toujours existé », et une fois confrontés à la sociologie de l'ingouvernable, du « on ne peut arrêter telle ou telle pratique », on constate que la dualité de l'institution et de ses modes de

---

[1012] Note pour le ministère de la Police sur l'organisation de la Police des jeux, anonyme et non datée (probablement vers 1798), Pans : Archives Nationales. F 3036. *In* Marc Guillaume, « Tu ne joueras point », *op. cit.*, p. 75.

[1013] La perdifférenciation est le néologisme choisit par les traducteurs français pour le terme allemand *Ausdifferenzierung*. La perdifférenciation désigne le résultat des processus de différenciation dynamique au sein d'un système, donnant lieu à différents sous-systèmes qui permettront à ce système d'accéder à un plus haut niveau de complexité et d'autonomie. Niklas Luhmann, *Politique et complexité. Les contributions de la théorie générale des systèmes*, Paris, Cerf, « Humanités », 1999, p. 44.

gouvernement profile une relecture de la définition de l'État. Il n'est pas la chose commune que nous partageons rationnellement et raisonnablement, et donc moralement, selon la pensée issue de la philosophie des Lumières, que réécrit à l'époque contemporaine Éric Weil[1014]. L'État est un espace de mœurs et un espace sans mœurs. En tant que communauté protégée par la loi qu'il énonce et qui le fonde, l'État produit les conditions structurelles de son existence et de son inexistence, de sa possibilité et de son impossibilité, de sa force et de sa faiblesse. Ce n'est pas un phénomène historique transitoire, d'un droit naturel divin, cheminant vers un état de contrainte, de force ou de violence positive le renouvelant. La naissance de l'État moderne fait saillir, immédiatement, tout d'un coup, le paradoxe des valeurs antithétiques qu'il contient, qui le fonde et qu'il promeut. Cette institution sans corps, de Dieu et du roi, n'est plus qu'un ensemble de textes à fonction performative, perlocutoire ; bref, l'État n'est qu'un mot qui contraint le sujet dans un espace que l'on imagine, notamment depuis la pensée classique de la Renaissance européenne comme un lieu neutre, alors qu'il faut seulement l'envisager comme un lieu *vide* de valeurs à produire, comme un *champ* à disposition de ceux qui l'habitent[1015].

La sécularisation de l'institution, la dé-théologisation de son discours sur l'origine institutionnelle, et le synchronisme entre dépolitisation et rationalisation de la légitimation politique[1016], sont autant

[1014] *« L'État est l'organisation rationnelle et raisonnable (morale) de la communauté. »* Éric Weil, *Philosophie politique*, Vrin, Éric Weil, *Philosophie politique*, Vrin, « Problèmes & Controverses », 1996, p. 131.

[1015] Pierre Bourdieu, *Sur l'État. Cours au Collège de France. 1989-1992*, Paris, Raisons d'agir/Seuil « Cours et travaux », 2012.

[1016] *« Cette même dialectique investit la figure de l'État. Celui-ci comme nous l'avons vu – naît du processus de dé-théologisation en quoi consiste la laïcisation moderne ; il est ainsi vidé de toute substance politique ».* Roberto Esposito, *Catégories de l'impolitique*, L'ordre philosophique, Seuil, 2005 (1ère édition italienne, 1988), pp. 11 et 12.

d'« événements »[1017] qui marquent la naissance du contemporain[1018], lors du deuxième mouvement de la modernité politique, quand débute l'*ère des révolutions*. Disons-le rapidement, sans pouvoir trouver ici la place pour présenter tous les débats en ces domaines, l'homme se substitue à Dieu, l'anthropologie prend la place de la théologie, les droits positifs de l'homme subsument l'ensemble des droits naturels. L'État devient une centralité de la politique. La production légale des normes induit la production de la légitimité de cette norme et de l'institution qui la dicte dans un système clos qui produit sa substance autant que sa justification. L'État a supprimé l'*extérieur*[1019]. Il lui reste ainsi la fonction essentielle d'établir le licite et l'illicite. Les frontières déterminées apparaissent alors souvent comme établies par le seul sceau de la légitimité de l'instance qui produit le droit à faire ou ne pas faire la chose récriminée ou permise. La frontière délimitant l'institution et le crime, vieille question augustinienne, revient alors depuis l'éveil de notre modernité[1020]. Qu'est-ce qui différencie alors

---

[1017] *« Il y a de la tautologie dans tout événement : il advient parce qu'il se produit, il est cause de lui-même, et c'est d'ailleurs la raison pour laquelle il lui arrive d'être le créateur et la "cause" de ses propres causes, parce que c'est en lui qu'elles tiennent leur sens causal. L'étymologie du mot garde une trace de cette propriété : avant d'être synonyme de tout ce qui advient et à quelque importance, l'événement s'entend comme un aboutissement, un dénouement qui a sa part de* surprise *et a quelque chose de l'*avènement. » Yves Barel, *La Marginalité sociale*, Paris, PUF, « La politique éclatée »,1982.

[1018] Henry Rousso, *La Dernière Catastrophe. L'histoire, le présent, le contemporain*, Paris, Gallimard, NRF essais, 2012, p. 206 et s.

[1019] Le principe de légitimation *« n'avait de sens qu'à titre de principe juridique et sous les présupposés du droit naturel. La légitimation présupposait une hiérarchie des sources du droit et une société stratifiée sur le plan structurel. Ces conditions se sont également évanouies au cours de la seconde moitié du XVIII*ème *siècle et ont été remplacées par une théorie du droit positif. À partir de ce moment, la légitimation pouvait seulement être conçue comme un exercice factuellement compétent et contraignant du pouvoir politique. La réintroduction d'un concept complexe de légitimité par Georg Jellinek et Max Weber ne devait aucunement atteindre où elle repose seulement sur un consensus plus ou moins partagé de fait. Enfin, les débats plus récents des années 1960 et 1970 indiquent que sous l'étiquette de "légitimité", on ne trouve finalement guère plus que la popularité des gouvernements et la rhétorique politique. »* Niklas Luhmann, *Politique et complexité. Les contributions de la théorie générale des systèmes*, *op. cit.*, pp. 148-149.

[1020] Nous retrouvons cette interrogation sous la plume de Norbert Élias (*La Dynamique de l'Occident*, *op. cit.*, p. 152) , Hans Kelsen, *Théorie pure du droit*, Dalloz, trad. Fr. 2ème éd., trad. Charles Eisenmann, 1962, p. 60, de Charles Tilly (« La guerre et la construction de l'État en tant que crime organisé », Politix, Vol. 13, n°49, l'État de la bande de voleurs ? Hans Kelsen le dit clairement : le droit[1021] . Sans droit, rien ne distingue l'État de la bande de voleurs. L'État, s'il contient la menace violente bien avant d'être une communauté réunie autour d'une idée de paix, est avant tout une institution qui mémorise par le droit sa capacité menaçante de « protection »[1022]. L'économie morale, pour reprendre les termes de Robert E. Park, alcool, jeux de hasard, sexualité tarifée, stupéfiants, etc., est une affaire publique par nature, voire selon les périodes un monopole d'État que se disputent les organisations criminelles et les pouvoirs publics[1023].

2 – Les impasses morales et sociologiques du droit à l'administration des jeux de hasard

La duplicité de l'État, telle que nous venons de la présenter, marque indubitablement son droit. Du principe général, le droit n'est que répressif. Des exceptions, le droit est celui de l'administration. *« C'est en fait l'appât du gain,* dit Bertrand Mathieu, *non celui du joueur ou du tenancier d'un établissement de jeu, mais celui des collectivités publiques, qui va emporter la décision. La loterie permettra à l'État de renflouer ses caisses, et les casinos aideront au développement des stations, notamment thermales, dont les maires se font les ardents défenseurs du jeu. »*[1024] Nous n'évoquerons que marginalement les régimes répressifs, car pour l'essentiel, le régime de l'exception a vaincu le principe de l'interdit, les activités de jeu sont depuis leur libéralisation marchande de plus en plus réglementées, alors que l'interdit ne fait plus partie que de régimes largement dérogatoires, notamment encore quand il s'agit de proscrire les loteries clandestines,

---

2000, pp. 97-117), de Pierre Bourdieu (*Sur l'État. Cours au Collège de France. 1989-1992*, *op. cit.*, pp. 205-206). Pour ne citer que les plus notables.

1021 Hans Kelsen, *Théorie pure du droit*, Dalloz, *op. cit.*, p. 60.

1022 Charles Tilly, « La guerre et la construction de l'État en tant que crime organisé », Politix, Vol. 13, n°49, 2000, pp. 97-117.

1023 La mafia *« opère en régime de monopole, de la même façon qu'agirait l'État : il ne s'agit pas de monopoles naturels, mais de monopoles d'autorité, liés à la capacité de réprimer par la force tous ceux qui tentent de s'y insérer sans autorisation. »* Luigi Campiglio, « Le relazioni di fiducia nel mercato e nello stato », in Stephano Zamagni (dir.), *Mercati illegali e mafie. L'economia del crimine organizzato*, Bologne, Il Mulino, 1993, p. 111.

1024 Bertrand Mathieu, « Les jeux d'argent et de hasard en droit français », Petites affiches, 8 janvier 1999, n° 6, p. 8.

mais aussi pour ce qu'il s'agit de protéger les plus faibles, les mineurs ou les incapables juridiques[1025]. Il s'agit alors de faire lien par une analyse sociologique des contradictions entre droit et morale dans ce que le droit administratif des jeux de hasard et d'argent tisse comme lien entre les institutions et les individus.

Même si cette histoire juridique est connue d'un grand nombre d'entre vous, il semble nécessaire d'en rappeler les grandes lignes. La loi financière habilitait les pouvoirs publics à fixer par décret les conditions d'aménagement et ainsi d'évolution de la Loterie nationale, telle qu'elle avait été fixée durant l'entre-deux-guerres (article 136 de la loi de finances du 31 mai 1933[1026]), pour permettre le financement moral par des ressources qualifiées comme immorales[1027]. Immédiatement, un paradoxe politique faisait jour puisque ce que le droit pénal proscrivait pour tous, la loi le permettait à l'administration. Depuis 1978, et la création de la Française des Jeux en société d'économie mixte, mise sous tutelle de contrôle du ministère du Budget et agissant par convention avec ce dernier, le juge administratif a admis la capacité étendue de la Loterie nationale en faisant toujours état de la justification morale à l'interdit des jeux[1028], et ainsi à la nécessaire monopolisation de cette activité licencieuse à l'État ou au nom de l'État, si ces jeux sont assortis de conditions suffisantes de publicité et de contrôle public. Même si nombre d'administrateurs détournaient les yeux jusqu'à peu[1029], la procéduralisation de la

[1025] Jean-Baptiste Darracq, *L'État et le jeu. Étude de droit français*, Aix-en-Provence, Presses Universitaires d'Aix-Marseille, 2008.

[1026] *« Le gouvernement fixera par décret les conditions d'organisation et les modalités d'une loterie dont le produit sera, après prélèvement d'une somme de 100 millions, affecté à la caisse de solidarité contre les calamités agricoles, rattaché selon la procédure des fonds de concours au chapitre 14 du budget des pensions (retraite du combattant) dont le crédit sera réduit à due concurrence. »*

[1027] La MILDT, en sus de sa dotation budgétaire, bénéficie d'une ressource complémentaire alimentée par le produit de la cession des biens confisqués au trafiquant de drogue (Décret n° 95-322 du 17 mars 1995 autorisant le rattachement par voie de fonds de concours du produit de cession des biens confisqués dans le cadre de la lutte contre les produits stupéfiants). La loi du 9 juillet 2010 (Loi n° 2010-768 du 9 juillet 2010 visant à faciliter la saisie et la confiscation en matière pénale), en instituant l'Agence de gestion et de recouvrement des avoirs saisis et confisqués (AGRASC), a permis de centraliser et ainsi de rationnaliser les saisies, afin de rendre la production et la redistribution plus efficace.

[1028] CE, 10 juillet 1975, D. 1975. J. 613.

[1029] *« Le droit positif français demeure marqué, pour les jeux de hasard, par la force des principes moralisateurs qui ont conduit à leur interdiction générale. »* Laurent

mutation entrepreneuriale permet à la justice administrative de reconnaître la légalité des nouveaux dispositifs, tout en rappelant que seule l'autorité du gouvernement prévaut, et qu'ainsi ce n'est pas à la Française des jeux de fixer les conditions essentielles des jeux dont elle a la gestion[1030]. C'est ce que rappellera en substance le gouvernement par le décret du 31 juillet 1997[1031].
L'usage de la notion de service public ainsi que le déploiement des casinos et des villes thermales relèvent de la même ambiguïté. Certes, les jeux concourent au développement des communes, mais ils ne peuvent se voir reconnaître la qualification juridique d'un service public que parce qu'il contribue indirectement à l'animation culturelle ou touristique de la commune[1032]. L'activité ludique des jeux d'argent ne suffit pas à elle seule à recevoir cette qualification. Franck Moderne l'affirme sans ambages : *« les concessions de casinos sont ainsi parvenues à se laver du péché originel que constitue la pratique des jeux d'argent. »*[1033] Ou disons-le autrement, l'activité de jeu n'est incidemment rendue à la licéité que parce que les activités touristiques et culturelles sont insuffisantes, l'argent du jeu est « blanchi » par le financement d'activités déficitaires. Le service public de ce type de jeux ainsi institué par la jurisprudence, puis là encore, réglementé par l'État (arrêté du 23 décembre 1959 et arrêté du 9 mai 1997), instaure un régime d'activité duale : une autorisation de police attribuée par le ministre de l'Intérieur et une situation contractuelle résultant du contrat de délégation de service public entre la commune et le casino.
Dans les deux domaines de régulation juridique où le droit public interne des jeux s'est développé, l'État a conservé l'autorité juridique pour veiller aux activités des autorités distinctes de lui, au point que d'aucuns lui reprochent simultanément de mener de telles activités licencieuses et de ne pas respecter la liberté de gestion qui appartient à certaines collectivités[1034]. La difficulté posait par les rappels à l'ordre

Touvet et Jacques-Henri Stahl, « Conditions de la création de nouveaux jeux par la Société de la loterie nationale », AJDA 1995, p. 375.

1030 C. E., 17 mars 1995, Syndicat des casinos autorisés de France. Sur cette dernière décision, *cf.* les conclusions du commissaire du gouvernement, Mme Denis Linton, R.D.P., 1995, p. 810.

1031 J.O. du 12 août 1997.

1032 CE, avis 4 avril 1995, EDCE 1995 n° 47 p. 414.

1033 Franck Moderne, « Les concessions de casinos municipaux », Cahiers Espaces n° 38.

1034 Bertrand Mathieu, « Les jeux d'argent et de hasard en droit français », Petites affiches, 8 janvier 1999, n° 6, p. 12.

de l'Union européenne pour libéraliser le marché, et particulièrement de la France[1035], notamment à raison de l'ouverture des jeux au réseau Internet qui déterritorialise l'activité et déplace la problématique : l'État ne sera plus totalement en surplomb juridique des institutions pour garantir l'ordre public qu'il n'assumait pas totalement en incitant à la consommation excessive de jeux aux plus vulnérables[1036]. La question morale réapparaît alors sous une autre formulation : si l'Union européenne garantit la libre prestation de service et l'État est gardien de l'ordre public, qui est maître de la production d'un devoir-être moral, source des normes ?
La loi du 12 mai 2010 relative à l'ouverture à la concurrence et à la régulation du secteur des jeux d'argent et de hasard en ligne et qui rappelle que *« les jeux de hasard ne sont ni un commerce ordinaire ni un service ordinaire »*, renforce le fait désormais acquis que le principe de prohibition des jeux est largement entamé[1037]. Les paradoxes qui en découlent sont nombreux[1038]. L'un nous importe plus particulièrement : comment le principe de subsidiarité s'applique-t-il ? Et quels sont ses effets ?
Avant le vote de la loi, la jurisprudence de la Cour européenne de justice laissait aux États une assez grande marge d'appréciation, en considérant malgré tout qu'*« il n'[était] pas possible de faire*

[1035] Avis motivé 2005/4953 du 27 juin 2006, IP/07/99, qui concerne dix Etats membres de l'Union européenne dont la France, la Suède et la Grèce.

[1036] *« Certains jeux sont "structurellement" plus addictifs que d'autres en raison de différents facteurs : des facteurs temporels (délai court entre la mise et la révélation du gain, fréquence et durée du jeu), des facteurs financiers (montant des mises, taux de retour aux joueurs), des facteurs physiques (disponibilité et accessibilité des jeux, environnement favorisant la répétition du jeu) et des facteurs liés à l'implication du joueur (expertise, sentiment de maîtriser le hasard). En ce qui concerne les jeux sur Internet, l'expertise collective de l'INSERM de mars 2008 renvoie aux travaux de Mark Griffiths, qui considère que certaines caractéristiques de ces jeux sont de nature à encourager la dépendance (caractère anonyme du jeu, confort du domicile, possibilité de simuler avant de jouer de l'argent). »* Bruno Durieux (dir.), « Rapport de la mission sur l'ouverture du marché des jeux d'argent et de hasard », Paris, La Documentation française, 2008, p. 4. Les jeux Rapido apportent leur lot de controverses. Ce jeu de bar procédait par la présence physique des joueurs en ces lieux, et ainsi, toutes les cinq minutes, un tirage était lancé en promettant au joueur *« une chance sur 5,5 de gagner »* (tract promotionnel). Bernard Stiegler, « "Rapido", l'assommoir contemporain », août 2000, Le Monde diplomatique.

[1037] Loi n° 2010-476 du 12 mai 2010 relative à l'ouverture à la concurrence et à la régulation du secteur des jeux d'argent et de hasard en ligne (JO du 13 mai, p. 8881).

[1038] Jean-Baptiste Vila, « L'ouverture à la concurrence des jeux d'argent et de hasard en ligne "Première étape ou simple palier" d'une régulation ? », AJDA 2010, p. 1366.

abstraction [...] des considérations d'ordre moral, religieux ou culturel qui entourent les loteries comme les autres jeux d'argent dans tous les États membres. »[1039] Chaque État pouvant définir les conditions de l'ordre qu'il impose, *« entendu comme la préservation de valeurs auxquelles il n'est pas possible de déroger. »*[1040] La jurisprudence de la CJCE rappelle ainsi à chaque État que les jeux de hasard *« constituent [...] une incitation à la dépense qui peut avoir des conséquences individuelles et sociales dommageables. »*[1041] Autrement dit, l'Union européenne garantit les conditions de libre circulation des biens et de libre prestation des services, et par ce biais une libre concurrence, même si le service présente un caractère illicite dans certaines situations de droit, quand les États membres garantissent les conditions de l'ordre public qui comprennent les conditions et les traditions morales que l'État entend imposer ou faire respecter. En ces cas, la justice européenne utilise les mêmes critères de jurisprudence pour l'interruption volontaire de grossesse[1042], ainsi que pour ceux plus récents concernant la prostitution[1043], pour définir les jeux d'argent ; seuls les stupéfiants sont écartés d'une telle reconnaissance juridique[1044]. Ainsi, depuis la décision *Schindler*, on

---

[1039] CJCE 24 mars 1994, *Schindler*, C-275/92, Rec. I-1039 ; CJCE 6 nov. 2003, *Gambelli*, C-243/01, Rec. I-13031 ; CJCE 6 mars 2007, *Placanica et autres*, aff. jtes C-338/04, C-359/04, C-360/04, D. 2007. Juris. 1314, note Jean-Louis Clergerie ; Actualité du droit communautaire, AJDA 2007. 1117.

[1040] Anne Jacquemet, « Monopole des jeux de hasard et ordre public », AJDA 2007 p. 1282.

[1041] CJCE 24 mars 1994, *Schindler*, préc. ; CJCE 21 sept. 1999, *Läärä*, C-124/97, Rec. I-6067.

[1042] CJCE 4 octobre 1991, *Society for the Protection of Unborn Children Ireland*, C-159/90, Rec. p. I-4685, point 20.

[1043] CJCE, 20 novembre 2001, *Aldona Malgorzata Jany et autres,* Aff. C-268/99, Rec. I, 8657.

[1044] CJCE 28 févr. 1984, *Einberger*, 294/82, Rec. 1177. CJCE 16 décembre 2010, Marc Michel Josemans contre Burgemeester van Maastricht, Affaire C-137/09. Précisons-le ici, l'interdiction de l'usage des stupéfiants connaît un alignement normatif idéal. À l'inverse des autres activités ludiques, l'interdit est anthropologique comme Caillois l'exprime (*ibid.*), mais il est également politique comme Alain Ehrenberg le présente, soit comme un comportement social allant contre la citoyenneté (*cf. L'individu incertain*, Paris, Hachette Littératures, *Pluriel*, 1995), et il est au final, juridique, tant en droit interne comme la loi de 1970 le présente, que comme les positions communautaires le fixent. D'où cette situation paradoxale qui fait que la politique de l'interdit semble contribuer au développement des usages de stupéfiants, tout en étant présentée comme la seule alternative politique possible à son considère qu'*« à supposer que la moralité des loteries puisse, du moins, être mise en cause, il n'appartient pas à la Cour de substituer son appréciation à celle des législateurs des États membres où cette activité est légalement pratiquée. »*[1045] Comme le dit Niklas Luhmann, *« tout ce que l'on peut faire, c'est essayer de transformer le paradoxe, d'en faire autre chose, d'un ordre moins troublant. »*[1046]

Si l'on comprend ainsi la logistique juridique de répartition des compétences et de l'autorité entre l'Union européenne et les États membres, il est plus difficile de saisir quelles options sont en cours pour les normes de conduite. Il y a une sorte de triangulation (freudienne) de l'État, du droit et de la morale, qui comme dans le cadre théorique de la triangulation œdipienne, fait disparaître l'un des facteurs de la triade : l'organisation juridique des jeux par l'État fait disparaître la question morale tout en la laissant comme part absente et omniprésente de leur organisation et surtout des conduites sociales restant en suspens. Le positionnement a-moral des institutions européennes renvoie les États membres à leurs responsabilités politiques à produire ou à conserver une cohérence morale, chacun devant décider, *« selon ses propres échelles de valeur. »*[1047] Ce phénomène dissociatif, du droit et de la morale, de la morale et des institutions, présente la singularité de l'intégration de conduites sociales en rupture dans les rouages classiques de la gouvernementalité. En termes sociologiques, serait-ce le résultat de l'intégration normative d'une *« majorité déviante »*[1048] ? C'est là mon hypothèse. Elle est en opposition avec celle de Jürgen Habermas qui défend l'idée, contre le scepticisme désenchanté de Max Weber et de Niklas Luhmann, que la légitimité du droit est fondée sur le principe que les normes juridiques sont rationnelles, notamment en vertu de leur fondement moral[1049]. L'un des rares cas du droit se référant à un

---

traitement (*cf.* Michel Kokoreff, *La Drogue est-elle un problème ? Usages, trafics et politiques publiques*, Paris, Petite Bibliothèque Payot, 2010).

[1045] *Ibid.*

[1046] Niklas Luhmann, « "La troisième question" Le droit, l'histoire du droit et le recours au paradoxe », Le Débat, 1993/2 n° 74, p. 87.

[1047] Arrêts précités *Placanica*, point 47, ainsi que, CJCE 8 sept. 2009, *Liga Portuguesa de Futebol Profissional et Bwin International*, C-42/07, point 57, AJDA 2009, p. 2184, note M. Le Roy.

[1048] Franco Basaglia et Franca Basaglia-Ongaro, *La majorité déviante* [1971], Paris, 10/18, 1976.

[1049] Jürgen Habermas, *Droit et morale, Tanner Lectures* [1986], Paris, Seuil, « Traces écrites », 1997.

ordre social établi procède de la déclinaison des compétences sociales des États visant à garantir les familles contre la ruine d'une pratique ludique excessive[1050]. Dans tous les autres cas, le jeu d'argent excessif est présenté comme une maladie relevant alors d'un régime de protection de santé et d'hygiène publique[1051], à la condamnation morale succédant une réprobation médicale discriminant tout particulièrement les couches populaires[1052]. Il n'y a pas de tentateur, il n'y a que des pathologies individuelles[1053]. Les jeux ne sont pas intrinsèquement néfastes, à l'identique de la consommation d'alcool, seul l'abus est dangereux. La responsabilité individuelle que tout un chacun a, pour peu qu'il détienne la capacité de la maîtriser, une fois qu'il est dûment informé de ceci, et qu'il puisse vaincre ce qu'il vit, devient un refouloir de l'ordre public. Le décret du 16 mai 2006 affirme la nécessité d'*« encadrer la consommation des jeux afin de prévenir le développement des phénomènes de dépendance »* et impose de *« veiller à ne pas inciter les mineurs de moins de 16 ans à jouer. »*[1054] C'est en quelque sorte le paradoxe de l'action de protection juridique sur des individus juridiquement libres, une sorte de paternalisme d'État tel que le décrit Jon Elster, *« où l'individu n'est*

1050 CJCE 21 oct. 1999, *Zenatti*, C-67/98, Rec. I-7289.

1051 Anne-Claire Mangel, *Analyse de la construction sociale de la notion de « jeu pathologique » et de ses effets sur les représentations et pratiques des joueurs de la Française des Jeux*, thèse de doctorat en sociologie, Paris, Université Paris Descartes, 2009.

1052 Didier Fassin, *L'espace politique de la santé. Essai de généalogie*, Paris, Presses Universitaires de France, 1996, p. 256 ; Pierre Aïach, Daniel Delanoë (dir.), *L'ère de la médicalisation. Ecce homo sanitas*, Paris, Économica, 1998.

1053 Gabriel Tarde écrit déjà, il y a plus d'un siècle, que notre histoire découle bien de cette préconception du libre arbitre individuel, *« que le fait dominant de l'histoire est l'emploi bon ou mauvais, moral ou immoral, de cette liberté, et que tout s'explique par-là, les bons comme les mauvais exemples s'accumulant par contagion et s'enracinant en coutumes en vertu de la "solidarité morale" et donnant naissance à des institutions bienfaisantes ou funestes, à des vertus ou à des vices nationaux, à l'établissement de la justice ou au développement des guerres, de l'esclavage, du despotisme. »* Gabriel Tarde, *Les transformations du pouvoir*, Paris, Félix Alcan, 1899, pp. 246-247. Les joueurs excessifs sont désormais assimilés à des usagers d'une *« drogue sans substance »*, soit comme des individus ayant perdu leur libre arbitre. *Cf.*, Marc Valleur, Jean-Claude Matysiak, *Les pathologies de l'excès. Drogue, alcool, jeux, sexe : les dérives de nos passions*, Paris, J.-C. Lattès, 2006.

1054 Décret n° 2006-174 du 17 février 2006 relatif à l'organisation et à l'exploitation des jeux de loterie autorisés par l'art. 136 de la loi du 31 mai 1933 et par l'art. 48 de la loi n° 94-1163 du 29 déc. 1994 et modifiant le décret n° 78-1067 du 9 nov. 1978, art. 2, J.O. 18 févr. 2006, p. 2507.

plus sujet, mais l'objet d'une protection bienveillante. »[1055] Cette prise en charge n'est pas que le résultat d'une factualité ou d'un essor incontrôlé de la puissance d'État. C'est aussi le résultat et le signe de l'étiolement individuel et collectif de la volonté : dans un système juridique et politique fondé sur le consentement, le développement d'un consentement acratique (soit d'un consentement frappé par la faiblesse de volonté de celui qui l'opère[1056]) ne peut qu'imposer les contradictions de gouvernement de ce type. Sur ce point, la thèse d'Elster semble juste.

La prédominance des normes d'organisation met à jour le phénomène d'hybridation morale des institutions par la défonctionnalisation du droit[1057] : les joueurs sont en quelque sorte abandonnés à leur sort[1058],

---

[1055] Jon Elster, *Agir contre soi. La faiblesse de volonté*, Paris, Odile Jacob, 2007, p. 103.

[1056] Pour une démonstration de la complexité logique du phénomène, Patrick Pharo, « Naturalisme et phénoménologie dans l'explication sociologique : le cas de l'addiction », L'Année sociologique, 2007, 57, n° 1, pp. 119-120.

[1057] Comme le dispose Norberto Bobbio, en faisant un état critique de la proposition de Friedrich Hayek qui voit dans le développement de l'État-providence le déploiement de normes d'organisations (normes secondaires), de droit public donc, au détriment de normes de conduites (normes primaires), de droit privé, le propos est bien sûr caricatural (Norberto Bobbio, *De la structure à la fonction. Nouveaux essais de théorie du droit*, Paris, Dalloz, « Rivages du droit », 2012, p. 50 et s.) Pour ce qui nous préoccupe, Norberto Bobbio propose une autre dichotomie : celle tendant vers les droits répressifs et les droits promotionnels. D'un côté, les interdits sont déterminés, de l'autre, les droits servent à encourager telles ou telles conduites. *« Au sein d'un système normatif, les actes humains peuvent être divisés en actes conformes et en actes déviants. Or concernant les actes conformes, la technique du découragement vise à en défendre l'exercice en protégeant la possibilité de faire ou de ne pas faire s'il s'agit d'actes permis, la possibilité de faire s'il s'agit d'actes obligatoires, la possibilité de ne pas faire s'il s'agit d'actes interdits. Concernant les actes déviants, la technique du découragement vise, en leur attribuant des conséquences déterminées, uniquement les actes déviants par défaut, les actes proprement non conformes, et se borne à tolérer, sans leur attribuer aucun effet juridique, les actes déviants par excès, c'est-à-dire les actes super-conformes. » Ibid.* p. 53.

[1058] La pénaliste, Elisabeth Fortis, le formule très bien : *« Le droit va donc investir un domaine, celui du gain sans travail, contesté par la morale et combattu par la religion. Civilement, en réglementant les obligations contractées au jeu. Pénalement en légitimant le rôle de l'État non seulement dans l'organisation des jeux de hasard mais aussi dans d'autres activités où le hasard et l'argent interviennent ensemble, les paris et loteries. [...] Cette orientation fondamentale semble ignorer le joueur. »* Elisabeth Fortis, « L'addiction aux jeux d'argent », Archives de politique criminelle, 2009/1 n° 31, p. 79.

que la norme interdit le jeu et prévienne de ses risques, et que les pratiques sociales se perpétuent dans la clandestinité, ou que la norme organise le jeu, et que les pratiques sociales soient une part subséquente de cette organisation. *« L'introduction de la technique de l'encouragement,* dit Norberto Bobbio, *reflète une véritable transformation de la fonction du système normatif dans son ensemble et de la façon de mettre en œuvre le contrôle social ; elle marque le passage d'un contrôle passif, qui consiste davantage à défavoriser les actions nocives qu'à favoriser les actions avantageuses, à un contrôle actif, qui consiste à favoriser les actions avantageuses plutôt qu'à défavoriser les actions nocives. »*[1059] La difficulté, pour ne pas dire la complexité normative, est que l'encouragement normatif ne vaut exclusivement pour les sujets de droit passif. Ainsi quand la Française des Jeux veux réaliser *« une offre de jeu responsable »*, l'offre ne signifiant pas stimulation du joueur, les prestations de services étant contrebalancées par des modérateurs de jeux notamment pour tous les jeux d'impulsion, elle est contrainte de trouver des règles d'organisation pour elle-même, pour limiter la nocivité qu'elle pourrait engendrer par les excès à vouloir développer des pratiques d'incitation dangereuses pour la majorité des consommateurs de jeux, et non plus exclusivement pour les joueurs compulsifs et maladifs. Si, comme le suggère Bobbio, le droit est une *« forme d'organisation sociale »*[1060], peut-il être porteur des mêmes risques qu'il est censé limiter pour les acteurs sociaux ? C'est probablement la question et la limite qui se posent à nous.

*

L'imaginaire interagissant des joueurs contient la potentialité d'un garde-fou étatique que les perdants se transmettent entre eux (les gagnants connaissent peu les avantages qu'offrent les institutions marchandes du jeu qui peuvent les accompagner dans leur nouvelle vie). Les gens, au sens juridique classique, attendent donc du droit qu'il soit déterminé pour sa fonction protectrice. Or, cette fonctionnalité n'est que rarement posée, et surtout imposée par des institutions du droit qui seraient en mesure de l'assumer. Le jeu fait-il l'objet d'une sanction sociale ? Il ne s'agit pas d'un interdit, mais

1059 *Ibid.* pp. 53-54.
1060 *Ibid.* p. 110.

d'une menace sociale qui engage la plupart du temps chez le joueur compulsif la nécessité de se cacher ou de mentir quand il joue. Guère plus. En retour alors, quelle norme, quelle morale façonne-t-on et quelle éthique actionne-t-on dans un système qui tolère, interdit, permet et accompagne tout ou à peu près tout ? Quel régime général du droit et des institutions publiques avons-nous en l'état, quand on connaît une telle incitation morale des individus à une vie bonne par et pour l'argent dans les seuls espaces privés ? C'est là encore, me semble-t-il, des questions qui restent en suspens.

---

[i] CE, 12 mai 1922, *Ville de Saint-Malo*, publié au Rec. CE p. 413
[ii] CE, 25 mars 1966, *Ville de Royan*, publié au Rec CE
[iii] CE sect., 13 juill. 1968, *Narcy*, publié au Rec. CE p. 401

Questions juridiques aux éditions L'Harmattan

Dernières parutions

DROIT (LE) DE L'EXÉCUTION DES PEINES
Espoirs ou désillusions ?
Sous la direction de Fabienne Ghelfi
Les contributions proposent une analyse du droit actuel de l'exécution des peines et apportent une réflexion pertinente sur la mise en œuvre de ce droit. La promotion des aménagements de peine, comme le bracelet électronique ou la libération conditionnelle, est-elle une solution appropriée ? Est-il opportun de faire sortir les condamnés avant l'heure, sachant qu'ils ne sont pas suffisamment suivis ? Le juge d'application des peines et le ministère public sont-ils en mesure de prendre les «bonnes décisions» ?
(Coll. Droit privé et sciences criminelles, 17.50 euros, 160 p.)
ISBN : 978-2-343-03378-5, ISBN EBOOK : 978-2-336-35313-5

MÉDECINE (LA) À L'ÉPREUVE DU RISQUE PÉNAL
Sous la direction de Lina Williatte-Pellitteri
L'exercice médical offre un fort potentiel de contentieux pénal. Ce potentiel, les professionnels du droit comme les professionnels de la santé en ont conscience. Les premiers dénoncent l'absence de procédure pénale propre au monde de la santé, les seconds dénoncent une justice qu'ils ne comprennent pas. Le contexte rendant difficile une discussion efficace et constructive, ces réflexions s'efforcent de renouer le dialogue et de construire une communication intelligible pour tous.
(Coll. Droit, Société et Risque, 13.50 euros, 126 p.)
ISBN : 978-2-343-00774-8, ISBN EBOOK : 978-2-336-35266-4

PAIEMENT (LE)
Responsables scientifiques : Marc Mignot et Jérôme Lasserre Capdeville
En droit, la notion de paiement est un thème récurrent, que ce soit en droit civil, en droit des affaires, en droit bancaire ou encore en droit des procédures collectives. Comme le paiement est un acte économique avant d'être un acte juridique, plusieurs contributions sont consacrées à ce qu'un juriste peut considérer comme sa dimension matérielle. Le présent ouvrage contribue à dévoiler quelques-uns des secrets de l'acte de paiement. Il étudie les délais de paiement, les usages des instruments de paiement et les moyens de paiement.
(Coll. Droit privé et sciences criminelles, 31.00 euros, 300 p.)
ISBN : 978-2-343-03983-1, ISBN EBOOK : 978-2-336-35322-7

CONCILIATION ET MÉDIATION PRUD'HOMALES
Collectif GEMME-France
À l'initiative du Groupement européen des magistrats pour la médiation, conseillers prud'hommes, juges départiteurs, magistrats des cours d'appel et de la Cour de cassation ainsi que syndicalistes dressent ici un état des lieux et lancent des pistes de réflexion pour améliorer la qualité et l'efficacité de l'institution prud'homale. La question de la médiation prud'homale y est abordée avec les débats qu'elle suscite.
(12.00 euros, 108 p.)
ISBN : 978-2-343-00955-1, ISBN EBOOK : 978-2-296-53756-9

INTELLIGENCE (L') TERRITORIALE, UNE NÉCESSITÉ
Fath Bernard
Préface de Gérard Marcou
L'enjeu majeur pour les années à venir serait pour les collectivités territoriales de se doter des moyens propres à imaginer leur futur. Cependant l'État retire son ingénierie des territoires et s'ouvre sur les privatisations concurrentielles... Des solutions s'imposent, l'intelligence territoriale apparaît comme une hypothèse nécessaire pour impulser un futur mis en prospective. Le monde local foisonne d'initiatives propres à donner corps à l'intelligence territoriale.
(Coll. Grale, 27.00 euros, 274 p.)
ISBN : 978-2-343-00778-6, ISBN EBOOK : 978-2-296-53772-9

MARCHÉS (LES) PUBLICS À PROCÉDURE ADAPTÉE
Entre liberté et contrainte pour les collectivités territoriales
Ravignot Béatrice
Cette étude met en évidence les limites de la liberté octroyée aux pouvoirs adjudicateurs par le Code des marchés publics, dans le cadre de la conclusion de marchés à procédure adaptée. Du lancement de la procédure jusqu'au choix de l'attributaire et ses conséquences, les collectivités territoriales restent en effet soumises à des contraintes formelles ou procédurales, qui sont souvent identiques ou proches de celles existant dans le cadre des procédures formalisées.
(Coll. Master Collectivités territoriales et politiques publiques, 16.50 euros, 162 p.)
ISBN : 978-2-343-00223-1, ISBN EBOOK : 978-2-296-53768-2

FRANCE INTERCOMMUNALE (LA)
Regards sur la loi de réforme des collectivités territoriales du 16 décembre 2010
Sous la direction de Pierre-Yves Monjal et Vincent Aubelle
Les communautés de communes, d'agglomération et urbaines et autres métropoles, ne vont-elles pas porter un coup définitif à l'organisation décentralisée de la République ? La France n'est-elle pas sur le point de changer de mode de gouvernance locale en recourant à des procédés politiques et juridiques fondés sur les notions de mutualisation, de territoire pertinent, de développement, de communautarisation ?
(Coll. Grale, 39.00 euros, 406 p.)
ISBN : 978-2-336-29370-7, ISBN EBOOK : 978-2-296-53725-5

TRAITEMENT DES RESPONSABILITÉS CIVILE ET PÉNALE
Approche comparée en droit français et iranien
Nory Yoshanloey Jafar
La distinction contemporaine n'a pu empêcher le rapprochement pratique des responsabilités civile et pénale tant en droit français qu'iranien. Il apparaît qu'à la fonction réparatrice de la responsabilité civile peut s'additionner une fonction punitive qui s'incarnerait dans «la peine privée», et à la fonction répressive de la responsabilité pénale une fonction réparatrice appelée «restitution pénale». Ces deux modes de responsabilité doivent se rejoindre dans une cohérence juridique afin que la justice soit rendue avec une dimension sociale.
(Coll. Sciences criminelles, 35.00 euros, 348 p.)
ISBN : 978-2-336-29122-2, ISBN EBOOK : 978-2-296-53750-7

JACQUES VERGÈS
Un aristocrate de refus
Charvin Robert
Préface de Hervé de Charette
J. Vergès, avocat des causes difficiles, ne laisse personne indifférent. Il est l'ennemi de certains ayant fait son procès dans quelques mauvais livres mais l'ami des simples gens, l'encourageant à combattre encore et toujours les puissants. Sa vie est un roman, mais il n'est pas question de faire un roman de sa vie : il conserve son mystère comme tout homme dans sa complexité. Un avocat qui possède en lui des éléments de dignité, qui a dévoré sa vie avec sincérité.
(13.50 euros, 120 p.)
ISBN : 978-2-343-00533-1, ISBN EBOOK : 978-2-296-53645-6

SANG (LE) ET L'ENCRE

Et si Christian Ranucci était innocent ?

Le Meur Yann

Christian Ranucci, 22 ans, est guillotiné le 28 juillet 1976 à Marseille pour l'enlèvement et le meurtre d'une fillette de 8 ans. De la fin de l'instruction au pied de l'échafaud, où il demande à ses avocats de le réhabiliter, il a toujours clamé son innocence. S'appuyant sur des contre-enquêtes relatives à l'affaire, le dossier pénal et de longues investigations documentaires et de terrain, ce livre aboutit à des conclusions, toutes dans le sens de l'innocence de Ranucci.

(29.50 euros, 302 p.)

ISBN : 978-2-343-00604-8, ISBN EBOOK : 978-2-296-53558-9

IMMIGRÉ (L') ET LA GESTION DU PATRIMOINE

Loubassou Nganga Maixent

Cet ouvrage met à la disposition des personnes qui viennent d'arriver en France et qui ne connaissent pas l'environnement fiscal, juridique, bancaire et financier français, des outils indispensables pour une gestion optimale de leur patrimoine : choisir le meilleur régime matrimonial, organiser ou réorganiser de façon optimale leurs placements, trouver des produits de défiscalisation adaptés, choisir le meilleur placement immobilier.

(Coll. Pour Comprendre, 12.00 euros, 106 p.)

ISBN : 978-2-336-30090-0, ISBN EBOOK : 978-2-296-53639-5

ADMINISTRATION PÉNITENTIAIRE ET JUSTICE

Un siècle de rattachement

Sous la direction de Paul Mbanzoulou et François Dieu

Depuis le décret du 13 mars 1911, l'administration pénitentiaire est rattachée au ministère de la Justice. Au-delà de l'éclairage historique, qui occupe une place notable dans cet ouvrage, les contributions réunies ici examinent le positionnement actuel de l'administration pénitentiaire, ainsi que ses perspectives d'évolution à la lumière de quelques expériences étrangères.

(Coll. Criminologie, 26.00 euros, 256 p.)

ISBN : 978-2-343-00412-9, ISBN EBOOK : 978-2-296-53667-8

DÉMOCRATIE (LA) LOCALE À LA RECHERCHE D'UN NOUVEAU SOUFFLE

Marceau Anne – Préface de Gérard Marcou

Comment peuvent se concilier démocratie représentative et démocratie participative ? La multiplication des procédures de consultation ne nuit-elle pas à leur efficacité ? Quels seront les acteurs de la démocratie locale demain : les élus, les citoyens, les habitants, les usagers ? Les outils de démocratie locale mis en place ces dernières années constituent-ils un véritable renouveau ou apparaissent-ils comme le simple rhabillage de formules anciennes ?

(Coll. Grale, 32.00 euros, 308 p.)

ISBN : 978-2-343-00118-0, ISBN EBOOK : 978-2-296-53527-5

CONSEIL (LE) DES DROITS DE L'HOMME ET SES PRINCIPAUX MÉCANISMES

Bilan et perspectives d'actions pour le Burkina Faso à l'entame de son second mandat de membre

Merindol Ouoba Clarisse

Le Conseil des droits de l'homme a remplacé la Commission des Nations unies aux droits de l'homme. Cet ouvrage contribue à la dynamique de promotion et de protection de ces droits, notamment à travers les actions entreprises par cet important organe du système des Nations unies, dont le Burkina Faso est membre depuis 2008. L'auteur apporte un regard personnel sur les quatre années de présence de ce pays en son sein.

(14.50 euros, 142 p.) *ISBN : 978-2-336-29180-2, ISBN EBOOK : 978-2-296-53513-8*

NOUVEAU (LE) DROIT DU PROCÈS ADMINISTRATIF

Les évolutions choisies, les évolutions subies

Sous la direction de Jacques Fialaire et Jerry Kimboo

Plus de 10 ans après l'entrée en vigueur du Code de justice administrative, l'office du juge s'est profondément transformé. Parmi les évolutions subies par le juge administratif figure l'institution

du «rapporteur public», mettant en harmonie le contentieux administratif avec le principe d'égalité des armes entre les parties, développé dans la jurisprudence de la Cour EDH. Certaines innovations procédurales destinées à accélérer l'instruction des affaires semblent, quant à elles, davantage choisies.
(Coll. Logiques Juridiques, 22.00 euros, 224 p.)
ISBN : 978-2-343-00571-3, ISBN EBOOK : 978-2-296-53519-0

GOUVERNER, ADMINISTRER RÉVOLUTIONNAIREMENT : LE COMITÉ DE SALUT PUBLIC
(6 avril 1793 - 4 brumaire an IV)
Matta-Duvignau Raphaël - Préface de Vida Azimi
Le comité de salut public se présente comme la commission de la Convention nationale ayant pris en charge, du 6 avril 1793 au 4 brumaire an IV, la surveillance, le contrôle et la direction des fonctions gouvernementales et administratives tout en ayant exercé une dictature soutenue par la Terreur. Cette étude explique comment le Comité, initialement conçu comme simple instrument de la Convention, est devenu le principal sujet actif du Gouvernement révolutionnaire.
(Coll. Logiques Juridiques, 59.00 euros, 732 p.)
ISBN : 978-2-336-29065-2, ISBN EBOOK : 978-2-296-53498-8

CONCLUSION (LA) DES CONTRATS ÉLECTRONIQUES
Étude de droits africains et européens
Kabre Windpagnangde Dominique
Les contrats électroniques se distinguent des contrats formés entre parties présentes ou conclus par les moyens traditionnels de communication à distance. Ces caractéristiques donnent lieu à un mode technique particulier de conclusion des contrats, régi par des règles juridiques qui constituent ce qu'on appelle le «droit spécial des contrats électroniques». L'ouvrage montre que ce droit spécial engendre un processus de formation du contrat différent de celui du droit commun des contrats, tant en droit burkinabé et de la CEDEAO qu'en droit européen, belge et français.
(Coll. Etudes africaines, 52.00 euros, 584 p.)
ISBN : 978-2-336-29211-3, ISBN EBOOK : 978-2-296-53666-1

AGRICULTURE (L') ET LES EXIGENCES DU DÉVELOPPEMENT DURABLE
Agriculture and the requirements of a sustainable development
Die Landwirtschaft und die Anforderungen an deren nachhaltige Entwicklung
Sous la direction de Prof. Dr. Paul Richli
Délégué général au nom du Comité européen de Droit Rural
L'agriculture et les exigences du développement durable, l'affectation et la protection du territoire rural et enfin le développement du droit rural dans l'UE, dans les États et les régions et dans l'OMC : ces trois thèmes autour de l'agriculture et les exigences du développement durable gagnent en importance, obligeant les politiques publiques à intervenir au moyen d'une série d'instruments juridiques. (Ouvrage en trois langues).
(Coll. Droit et Espace Rural, 51.00 euros, 568 p.)
ISBN : 978-2-343-00584-3, ISBN EBOOK : 978-2-296-53656-2

SÉCURITÉ : VRAIES QUESTIONS ET FAUX DÉBATS
Sous la direction de Roger Vicot
Les questions de sécurité génèrent beaucoup de passions et commentaires. Le bon sens populaire donne libre cours à ses *a priori*, préjugés, solutions toutes prêtes, clichés et autres caricatures. L'objectif de ce livre est de dépassionner le débat et d'analyser sereinement chacune des affirmations. Chercheurs, universitaires, spécialistes, élus : une vingtaine d'entre eux ont accepté de remettre les choses en perspective mais aussi de faire émerger la réalité.
(33.00 euros, 330 p.)
ISBN : 978-2-343-00363-4, ISBN EBOOK : 978-2-296-53314-1

L'HARMATTAN ITALIA
Via Degli Artisti 15; 10124 Torino

L'HARMATTAN HONGRIE
Könyvesbolt ; Kossuth L. u. 14-16
1053 Budapest

L'HARMATTAN KINSHASA
185, avenue Nyangwe
Commune de Lingwala
Kinshasa, R.D. Congo
(00243) 998697603 ou (00243) 999229662

L'HARMATTAN CONGO
67, av. E. P. Lumumba
Bât. – Congo Pharmacie (Bib. Nat.)
BP2874 Brazzaville
harmattan.congo@yahoo.fr

L'HARMATTAN GUINÉE
Almamya Rue KA 028, en face du restaurant Le Cèdre
OKB agency BP 3470 Conakry
(00224) 60 20 85 08
harmattanguinee@yahoo.fr

L'HARMATTAN CAMEROUN
BP 11486
Face à la SNI, immeuble Don Bosco
Yaoundé
(00237) 99 76 61 66
harmattancam@yahoo.fr

L'HARMATTAN CÔTE D'IVOIRE
Résidence Karl / cité des arts
Abidjan-Cocody 03 BP 1588 Abidjan 03
(00225) 05 77 87 31
etien_nda@yahoo.fr

L'HARMATTAN MAURITANIE
Espace El Kettab du livre francophone
N° 472 avenue du Palais des Congrès
BP 316 Nouakchott
(00222) 63 25 980

L'HARMATTAN SÉNÉGAL
10 VDN en face Mermoz, après le pont de Fann
BP 45034 Dakar Fann
33 825 98 58 / 33 860 9858
senharmattan@gmail.com / senlibraire@gmail.com
www.harmattansenegal.com

L'HARMATTAN BÉNIN
ISOR-BENIN
01 BP 359 COTONOU-RP
Quartier Gbèdjromèdé,
Rue Agbélenco, Lot 1247 I
Tél : 00 229 21 32 53 79
christian_dablaka123@yahoo.fr

Achevé d'imprimer par Corlet Numérique - 14110 Condé-sur-Noireau
N° d'Imprimeur : 112775 - Dépôt légal : octobre 2014 - *Imprimé en France*